桥梁混凝土结构无损检测技术

刘世建　蒋国富　王龙林　主编

文化发展出版社
Cultural Development Press

图书在版编目（CIP）数据

桥梁混凝土结构无损检测技术 / 刘世建，蒋国富，王龙林主编 .—北京：文化发展出版社有限公司，2019. 6

ISBN 978-7-5142-2591-4

Ⅰ. ①桥… Ⅱ. ①刘… ②蒋… ③王… Ⅲ. ①桥梁结构－混凝土结构－无损检验－研究 Ⅳ. ① U443

中国版本图书馆 CIP 数据核字（2019）第 053232 号

桥梁混凝土结构无损检测技术

主　　编：刘世建　蒋国富　王龙林

责任编辑：李　毅　　　　责任校对：岳智勇
责任印制：邓辉明　　　　责任设计：侯　铮
出版发行：文化发展出版社有限公司（北京市翠微路 2 号　邮编：100036）
网　　址：www. wenhuafazhan. com　www. printhome. com　www. keyin. cn
经　　销：各地新华书店
印　　刷：阳谷毕升印务有限公司

开　　本：787mm×1092mm　1/16
字　　数：362 千字
印　　张：19.375
印　　次：2019 年 9 月第 1 版　2021 年 2 月第 2 次印刷
定　　价：48. 00 元
I S B N：978-7-5142-2591-4

编委会

作　者	署名位置	工作单位
刘世建	第一主编	广西交通科学研究院有限公司
蒋国富	第二主编	广西交通科学研究院有限公司
王龙林	第三主编	广西交通科学研究院有限公司
鞠玉财	副 主 编	广西交通科学研究院有限公司
王海华	副 主 编	广西交通科学研究院有限公司
杨雨厚	副 主 编	广西交通科学研究院有限公司
黎力韬	编　　委	广西交通科学研究院有限公司
王　华	编　　委	广西交通科学研究院有限公司
卓小丽	编　　委	广西交通科学研究院有限公司

前　言

PREFACE

现代科学技术的高速发展推动了我国桥梁工程技术的飞跃。在役与在建桥梁数量越来越多，造价也越来越高。高墩大跨桥梁在国民经济与社会生活中所起的作用尤为重要，人们对桥梁的安全性、适用性以及耐久性提出了更高的要求。目前已建立了各种规模的桥梁健康监测系统，取得了一定的理论研究成果，桥梁检测技术作为该系统的一个基础性研究方向，历来是国内外学者关注的热点，借助现代检测手段的无损检测技术，代表了桥梁检测技术的最新发展方向，也是桥梁健康监测这一大型综合智能型决策系统设计的关键。

无损检测技术是材料学、应用物理学、现代电子技术和计算机技术相结合产物。桥梁工程中无损检测技术的形成和发展与混凝土无损检测技术的发展密切相关。1830年以来，人们就开始探索混凝土无损检测技术，并获得迅速发展。1935年格里姆、艾德用共振法测量混凝土的弹性模量；1949年加拿大的莱斯利和奇斯曼、英国的琼斯等运用超声脉冲法获得成功，1963年罗马尼亚的费格瓦洛提出超声回弹综合法。这些研究为混凝土无损检测技术奠定了基础。1980年以来，随着相关科学技术的日益发展，无损检测技术又取得了重大突破，出现了许多新的测试方法，无损检测技术日臻成熟，英美等国开展了无损检测技术的标准化工作，颁布了BSI(英国)和ASTM(美国)等标准，对无损检测技术的工程应用起到了良好的促进和推动作用。1990年以来，随着现代传感与通信技术的发展，无损检测技术更是出现了前所未有的发展势态，先后涌现出一大批新的检测方法和检测手段。

桥梁的无损检测技术主要是在不损伤桥梁整体结构和构件性能的前提下，直接在桥梁的构件上进行某种特定的检测，用来评定桥梁的整体结构或者某些构件是否发生变化，进而推断出桥梁的内部缺陷和耐久性能等性能现状，并对桥梁的适用性、安全性和可靠性进行科学的评价。技术不破坏被检测桥梁的结构，不影响其使用性能，而且方法非常简捷；无损检测在进行检测时，检测工具可直接作用在构件表面或者内部，无损检测既可对新建桥梁进行检测，也可以对既有桥梁进行检测；无损检测方便、快捷；无损检测对桥梁结构的混凝土构件不具有破坏性，也可以获得破坏检测所不能获得的检测效果。同时，无损检测可在同一构件上进行反复和连续的检测，从而使检测结果具有一定的可比性。

为了满足广大桥梁混凝土结构无损检测技术研究及工作人员的实际要求，编委会的专家们翻阅大量桥梁混凝土结构无损检测技术的相关文献、并结合自己多年的实践经验编写了此书。

由于编写时间和水平有限，尽管编者尽心尽力，反复推敲核实，但难免有疏漏及不妥之处，恳请广大读者批评指正，以便做进一步的修改和完善。

《桥梁混凝土结构无损检测技术》编委会

目　录

CONCENTS

第一章　混凝土无损检测内容及分类桩

第一节　混凝土无损检测内容

不破坏混凝土构件或构筑物，通过测定与混凝土性能有关的物理量，推定混凝土构件或构筑物的强度、密实性、匀质性、缺陷等的测试技术，称为混凝土的无损检测技术。

一、混凝土无损检测的特点

无损检测技术与常规的破损试验方法相比，具有如下特点：

无损于构件或构筑物的组分；直接在构件或构筑物上进行检测，可以现场直接测试评定工程质量；可以在同一构件上按不同龄期、温度变化、冻融、腐蚀、固化、硬化等进行测试，这样可避免因试件变异所带来的测试误差，使试验结果有良好的可比性；既可对小构件进行质量检测，又可对大体积的混凝土结构作表层或内部的质量检测，且简便快速。

无损检测技术虽然具有很多优点，但目前在实际应用中并未做出常规的质量控制手段，而主要用于有争议构件或构筑物的质量评价。随着对混凝土质量的控制，特别是对混凝土制作全过程质量控制要求的不断提高，迫切需要用无损检测技术来评定由于施工管理不善而导致的混凝土空洞、疏松、蜂窝麻面、低强区、断桩、局部缺陷以及使用条件或环境因素对结构物性能的影响，为桥梁结构维修和管理提供数据信息。因此，无损检测技术随其本身的完善和普及，会发挥越来越大的作用。

二、桥梁无损检测内容

桥梁结构的现场检测技术有静载试验、动载试验和无损检测三种检测技术。无损检测技术不仅可了解桥梁结构质量现状，还能推测今后桥梁结构的发展趋势。对用无损检测得到的资料与用静载、动载测定桥梁结构得到的资料进行综合分析研究，可为全面评定桥梁结构性能提供依据。

桥梁无损检测的内容，见表 1–1。

表 1–1　桥梁无损检测的内容

序号	内容
1	检测桥梁结构混凝土缺陷，如裂缝、空洞、不密实区
2	检测桥梁钻孔桩水下混凝土灌注质量，如夹层、断桩、径缩、低强区
3	检测桥梁结构锈蚀钢筋的位置、保护层厚度
4	检测桥梁结构混凝土强度

第二节　无损检测的分类

一、无损检测技术分类

混凝土无损检测方法可分为表面硬度法、声学和超声波法、电磁法及综合法等几大类（见表 1–2）。

表 1–2　混凝土无损检测技术分类

<table>
<tr><th colspan="3">种类</th><th>测定内容</th><th>备注</th></tr>
<tr><td rowspan="11">混凝土无损检测试验方法</td><td rowspan="2">表面硬度法</td><td>弹簧锤法、摆锤法、射球打击法</td><td>对混凝土表面进行打击，测定凹痕的深度、直径、面积等</td><td>使用很少</td></tr>
<tr><td>回弹法</td><td>对混凝土表面进行打击，测定反弹硬度</td><td>应用最多</td></tr>
<tr><td>声学和超声波法</td><td>超声波法、冲击波法、表面波法</td><td>测定混凝土的强度、内部缺陷、厚度及振动弹性系数</td><td>超声波法应用普遍，冲击波法和表面波法未被采用</td></tr>
<tr><td rowspan="3">综合法</td><td>超声—回弹法</td><td rowspan="3">测定混凝土强度</td><td>能提高测试精度</td></tr>
<tr><td>振动弹性系数—对数误减法</td><td>未使用</td></tr>
<tr><td>超声—声波误减法</td><td>正处于研究阶段</td></tr>
<tr><td rowspan="2">电磁法</td><td>电磁感应法</td><td>测定钢筋位置、保护层厚度</td><td>应用普遍</td></tr>
<tr><td>微波吸收法</td><td>测定混凝土含水率</td><td>正处于研究阶段</td></tr>
<tr><td rowspan="2">辐射法</td><td>X 射线法 γ 射线法</td><td>测定混凝土内部缺陷</td><td>尚未实际应用</td></tr>
<tr><td>中子法</td><td>测定混凝土含水率</td><td>尚未应用</td></tr>
<tr><td>局部破损法</td><td>取芯法、拔出法、射钉枪法</td><td>测定混凝土强度</td><td>应用较多</td></tr>
</table>

我国目前已编制的无损检测标准主要有以下几种：

（1）《回弹法检测混凝土抗压强度技术规程》（JGJ/T23—2001）。

（2）《钻芯法检测混凝土强度技术规程》（CECS03—88）。

（3）《超声—回弹综合法检测混凝土强度技术规程》（CECS02—2005）。

（4）《超声法检测混凝土缺陷技术规程》（CECS21—2001）。

（5）《后装拔出法检测混凝土强度技术规程》（CECS69—4）。

我国目前主要使用以下几种混凝土无损检测技术。

1. 混凝土强度的无损检测方法

我国在混凝土的检测中进行了回弹法、“超声—回弹”综合法、钻芯法、拔出法以及无损与其他半破损方法相结合的研究和应用。

（1）回弹法

利用回弹法测定混凝土质量，由于操作简单，设备携带方便，因此在国内广泛应用于工业与民用建筑、桥梁工程和一般构筑物混凝土强度的评定，以及对结构混凝土的匀质性评定。在评定混凝土强度时，若采用地区测强曲线，其相对标准差 e_r 不大于 17.0%；在采用专用测强曲线时，其相对标准差 e_r 不大于 14.0%。

自 1985 年建设部标准《回弹评定混凝土抗压强度技术规程》（JGJ23—85）颁布以来，回弹法有了进一步发展，各地区均建立了地区测强曲线和专用测强曲线，对影响测强的因素以及强度评定方式进行了深入探讨和研究。在仪器方面的研制也较快，回弹值的处理已与回弹仪一体化，可自动打印和显示经修正后的单个回弹值和平均回弹值，计算并打印出测区强度值及推定强度值。2001 年 10 月 1 日起实施修改后的《回弹法检测混凝土抗压强度技术规程》（JGJ/T23—2001）。

（2）超声波法

这种方法主要被用于桥梁工程钻孔灌注桩水下混凝土灌注质量的检测，在全国应用越来越广泛。该法既可检测混凝土缺陷，又能检测混凝土强度。实践证明，采用该法检测灌注桩混凝土的质量准确、无误。

（3）“超声—回弹”综合法

这种方法是超声、回弹两种方法的综合，它不仅操作简单方便、设备便于携带，而且能减少或抵消一些单一方法测强的影响因素，能较全面地反映混凝土的质量，因此在国内广泛应用于建筑结构和构筑物混凝土强度的推定，以及对结构混凝土的匀质性评定，并作为处理混凝土质量问题的一个主要依据，测试精度比单一法高。在推定混凝土强度的精度时，若采用地区测强曲线时，相对标准差为 $e_r \leqslant \pm 12\%$。

（4）钻芯法

这种方法简便、直观、精度高，是国内近年来推行较广的一种半破损检测结构中混凝土强度和混凝土质量的有效方法，是处理工程质量事故的重要方法之一。

1988年建设部正式颁布执行《钻芯法检测混凝土强度技术规程》（CECS03—88），近年来钻芯机配套设备日趋完善，钻孔机也由重达50kg以上而减轻到10kg。

（5）拔出法

这一方法是介于无损和半破损之间的检测方法。拔出法分为两类：一类是先装拔出法，即将预先埋入混凝土中的底部带一凸出台阶的锚固件从混凝土中拔出，并用测力计测量拔出时的力；另一类是后装拔出法，即在已硬化的混凝土上钻孔，然后再错入锚固件进行拔出试验。

拔出法可以用来测定后张法施加预应力时、模板和支撑拆除时、冬季施工防护和养护结束时的结构混凝土或混凝土构件的混凝土强度。

这种方法在我国起步较晚，1985年才开始进行研究，目前冶金、铁道、建工等部门的科研单位和高校的课题都通过了部级鉴定，并已开始在工程中应用。关于拔出设备还未形成系列化的标准产品。拔出法检测混凝土强度技术规程现正在编制。

（6）无损与其他半破损方法相结合

无损检测最大的优点是不破损结构而能获得大量的数据，但有一定的误差。而半破损方法可以直接从被测结构混凝土中钻取芯样或拔出一混凝土锥体，能较直观、可靠地获得数据，但由于钻芯要破损一部分结构，有的结构不可能钻取很多的芯样，而且价格亦较贵。因此，充分利用这两种方法的长处，在某些特殊情况下，能发挥其突出的优越性。比如，某工程需要全面了解混凝土质量情况时，由于被测面积大、测点多，因此适用无损检测方法；而对少量的关键部位，需要提供直接的定量评定，则适宜辅以半破损的钻芯法检测。

2．混凝土缺陷的无损检测方法

混凝土缺陷的无损检测方法多采用超声法。目前超声法检测混凝土内部缺陷主要利用超声的声时、波幅、频率以及波形等参数综合对混凝土的浅裂缝、深裂缝、不密实区和空洞、混凝土结合面质量、表面损伤层以及混凝土内部匀质性等缺陷进行检测和判定。经过近10年的研究及工程应用，已较成熟，不仅通过了部级鉴定，而且编制了《超声法检测混凝土缺陷技术规程》（CECS21—2001），该规程现已正式颁布执行。

3．保护层厚度的无损检测

（1）混凝土保护层厚度的无损检测。

（2）混凝土中钢筋或预埋铁件的位置和数量的无损检测。

以上这两种无损检测均采用电磁感应的方法进行测试。

4．动力试桩法

用静力试桩法确定桩基的桩承载力是一种可信又可靠的方法，但耗资大、时间长，试桩数量受到了一定的限制，因此动力试桩法在我国得到了较快的发展，目前动力试桩法大体可分为两类（见表 1–3）。

表 1–3　动力试桩法的分类

类别	主要内容
小应变法	主要用于测定桩身内有无缺陷。该法使用 PIT 桩身完整性测试仪，可以较准确地对灌注桩混凝土离析、缩径、夹泥和孔洞等做出评价。如用于测定承载力可能有较大误差
大应变法	主要用于测定单桩承载力。这种方法是根据土动力学和波动理论建立的桩基检测技术。目前，锤击贯入试桩法已编制了推荐标准，适用于中小型桩，它以静对比试验参数为依据，其误差在 ±20%。此外，引进的打桩分析仪（PDA）可用于一般桩承载力的检测，误差在 ±10% 左右，其最大优点是力、变形量测准确，用计算和程序分析测试结果，消除了一些不必要的人为误差。目前打桩分析仪已能国产化生产

二、无损检测程序

混凝土的无损检测工作可按工作准备、实测、数据整理与计算、检测报告的审批等步骤进行，图 1–1 为混凝土现场无损检测程序框图。

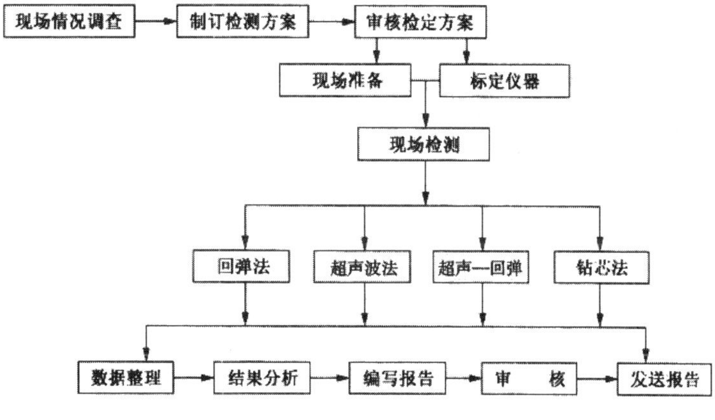

图 1–1　混凝土无损检测程序框图

第二章　回弹法检测混凝土结构强度

第一节　回弹法的基本原理

一、基本原理

回弹法的基本原理是利用混凝土强度与其表面硬度之间的关系，通过一定功能的钢锤冲击混凝土表面，用表面硬度值推定混凝土强度。

回弹仪检测混凝土强度，是用一定的弹力将一个钢锤的冲击力传到混凝土表面上，其初始动能发生再分配，一部分能量以塑性变形或残余变形的形式为混凝土所吸收，而另一部分与表面硬度成正比的能量传给重锤，使重锤回弹一定的高度，根据回弹高度与混凝土强度成正比的关系推算混凝土强度。低标号混凝土回弹值小，高标号混凝土回弹值大。

英国 J. Kolek 引用布氏、维氏的均质弹性体硬度公式，并根据回弹仪水平方向弹击混凝土试体时消耗在印痕中的动能的试验，导出了混凝土表面硬度值与印痕直径的数学关系式。

以一定的静荷载通过硬度较高的钢球施加在均匀弹性体表面，物体表面所留下的印痕大小与静荷载的关系，用布氏硬度 HB 表示为

$$HB = \frac{0.1F_s}{\pi Dt} \tag{2-1}$$

式中：F_s——钢球作用于物体的静荷载，N；

D——钢球的直径，mm；

t——印痕深度，mm。

当印痕直径远小于钢球直径时，则用维氏硬度 HV 表示为

$$HV = \frac{0.4F_s}{\pi d^2} \tag{2-2}$$

式中：d——印痕直径。

回弹仪在水平方向弹击混凝土试体表面所具有的最大冲击能量为

$$E=\frac{nL^2}{2} \tag{2-3}$$

式中：E——最大冲击能量；

n——拉力弹簧的弹性系数，N/m；

L——拉力弹簧的最大伸长量，m。

冲击能量与印痕深度的关系为

$$E=\mu F_d t \tag{2-4}$$

式中：μ——与材料性质有关的系数；

F_d——冲击荷重，N；

t——印痕深度，mm。

假设在静载荷重或冲击荷重的作用下得到的印痕直径相同，则其施加的外力也相等（F_s=F_d），以 F_d 代入（2–1）式，得

$$H=\frac{0.1F_d}{\pi Dt}=\frac{0.1E}{\mu\pi Dt^2} \tag{2-5}$$

由式（2–1）和式（2–2）得

$$t^2=\frac{d^4}{16D^2} \tag{2-6}$$

再以式（2–3）和式（2–6）代入式（2–5）中得

$$H=\frac{0.8nL^2D}{\mu\pi d^4}=c_1d^{-4} \tag{2-7}$$

式中：c_1——系数，$c_1=\frac{0.8nDL^2}{\mu\pi}$。

根据 J. Kolek 的试验，测得回弹值 R 与弹击的印痕直径 d 有如下关系（见图 2–1）：

$$\lg R=\lg c_2-4\lg d$$
$$R=c_2d^{-4}$$

式中：R——回弹值；

c_2——系数；

d——印痕的直径。

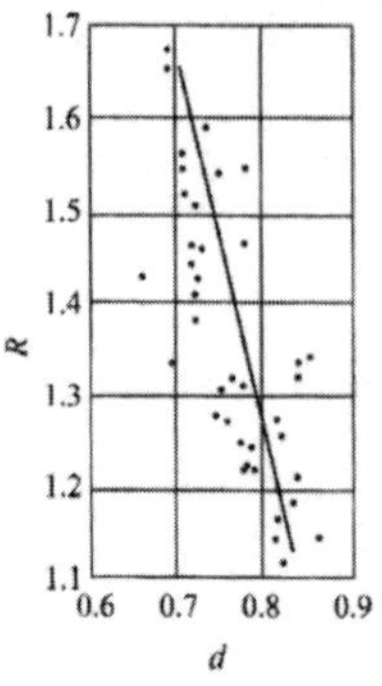

图 2-1　R-d 关系示意图

可见，回弹值 R 即反映了混凝土的表面硬度。印痕的直径越小，说明混凝土表面硬度越大，其相应的回弹值也就越高。由于混凝土表面硬度与其抗压强度有一致性的变化关系，因此回弹值 R 的大小亦反映了混凝土抗压强度的大小，其统计相关的数学关系式有

$$f = a + bR$$

$$f = aR^{b}$$

$$f = a + bR + cR^{2}$$

式中：a、b、c——试验常数。

二、回弹仪类型

目前，常用的回弹仪有三种类型（见表 2-1）。

表 2-1　常用回弹仪的类型

类型	主要内容
小型（L 型）回弹仪	冲击能量为 0.75N · m，适用于轻质混凝土、标号低于 50# 的混凝土和薄壁混凝土构件强度的测定
中型（N 型）回弹仪	冲击能量为 2.25N · m，适用于厚度为 10 ~ 80cm 的普通混凝土构件强度的测定
大型（M 型）回弹仪	冲击能量为 30N · m，主要用于大型、重型构筑物，道路和飞机跑道等混凝土工程强度的测定

第二节　回弹仪的构造及标准状态

确定回弹仪的标准状态，才有可能对测得的数据进行比较，或者说使所测定的强度具有可比性。

仪器的标准状态包括机芯主要零件的装配尺寸、质量要求及仪器的率定三个方面。其中主要零件的质量由制造单位鉴定保证，在此不再赘述。下面就装配尺寸和仪器的率定两方面加以说明。

一、机芯主要零件的装配尺寸

中型回弹仪主要零件的装配尺寸包括拉簧的工作长度 L_0、重锤的冲击长度 L_p 及重锤的起跳点位置三个尺寸。规定这三个尺寸，即能保证仪器工作时的三个条件：重锤在击发的瞬间应具有恒定的 2.25N · m 的能量；重锤与冲杆碰撞的瞬间，拉簧既不受拉也不受压，即能量的变化按回弹值的定义 $R=x/L\times100$ 呈线性关系；消除回弹读数的系统误差。

1. 拉簧的工作长度 L_0

当指针位于刻度尺的“0”时，拉簧的自由工作长度 L_0（自拉簧座后沿口至重锤大面间的距离）应为 61.5mm，这一要求由调节拉簧座的孔位来实现（见图 2–2）。

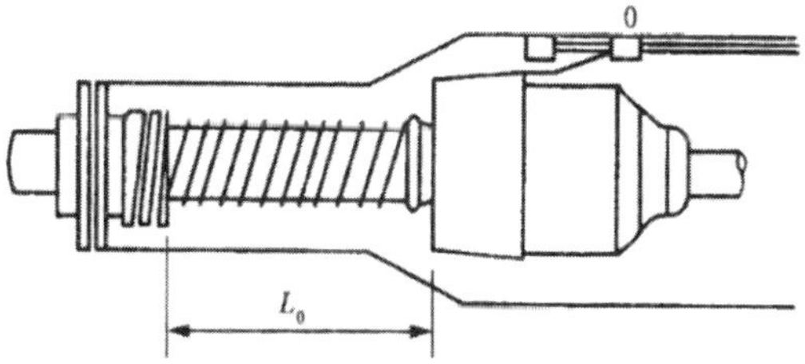

图 2–2　拉簧的工作长度 L_0 示意图

试验表明，当拉簧工作长度 L_0 大于 61.5mm 时，重锤与冲杆碰撞的瞬间产生冲击现象，在试块上测得的回弹值偏高；反之，当 L_0 小于 61.5mm 时，拉簧产生冲拉现象，测得的回弹值偏低。

2．重锤的冲击长度 L_p

当仪器为标准状态时，重锤的冲击长度 L_p 应等于拉簧的拉伸长度 L，如拉簧的刚度系数 c 为 8N/cm，为保证重锤在脱钩的瞬间具有 2.25N・m 的冲击能量 E_0，则拉簧的拉伸长度 L 应为 75.0mm。同时，保证重锤在“0”处起跳，则重锤的冲击长度 L_p（冲杆与重锤的两冲击面间的距离），也即刻度尺上“0 ~ 100”间的距离应与拉伸长度 L 相等，见图 2–3。

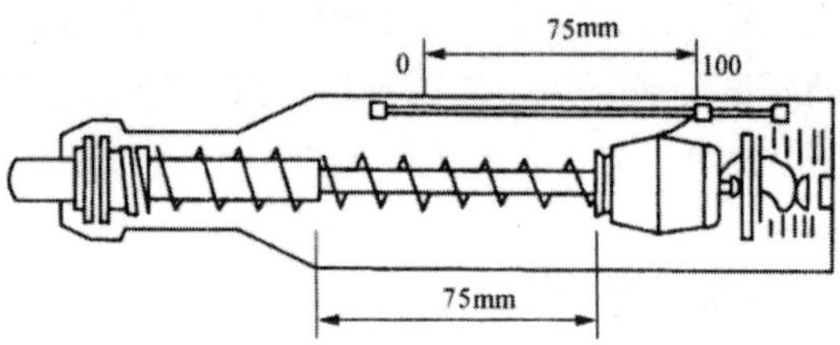

图 2–3　重锤的冲击长度 L_p 示意图

试验表明，当重锤的冲击长度 L_p 大于 75mm 时，重锤与冲杆碰撞的瞬间，拉簧产生冲压现象。但由于重锤的起跳点小于“0”，因而在试块上实际测得的回弹值略偏低；反之，当重锤的冲击长度 L_p 小于 75mm 时，则拉簧产生冲拉现象，但由于重锤的起跳点大于“0”，因而使实际测得的回弹值略偏高。

当机芯在壳体内工作时，压簧对重锤脱钩的瞬间施于拉簧的反力传给冲压簧后，压簧产生的变形约为 0.5mm，因此应使 L_p=75.5mm。

3．重锤的起跳点

根据仪器的构造及其设计原理，重锤的起跳点与刻度尺上的“0”处相对应，而刻度尺上的“0 ~ 100”的长度为 75mm，当仪器处于标准状态时，此值应等于拉簧的拉伸长度 L 和重锤的冲击长度 L_p。因此，当 L_0 及 L_p 值符合标准时，重锤应在“100”处脱钩，如有偏差，可用尾盖调节螺钉进行校正。

上述的机芯主要部件装配尺寸是互相影响的，其中有一个尺寸不合标准，就不可能同时保证工作的三个条件。

二、仪器的率定

目前，回弹仪率定的方法和标准仍沿用在钢砧（洛氏硬度 HRC 为 60 ± 2）上仪器向下弹击率定，其平均率定值应在 78 ~ 82 之间，率定的钢砧如图 2–4 所示。

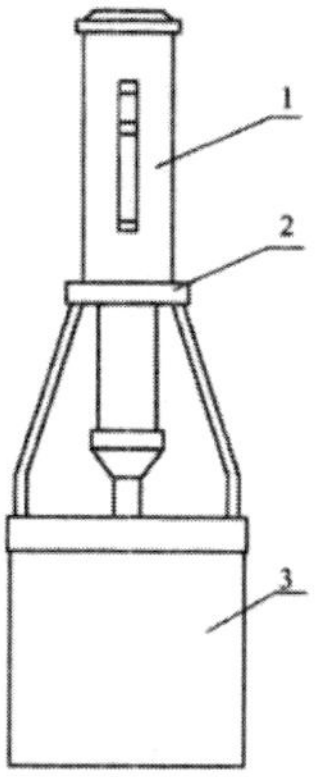

图 2–4　回弹仪率定示意图

1. 回弹仪；2. 定位支架；3. 钢砧

钢砧率定的作用是：

（1）仪器符合标准状态时，检验仪器的冲击能量是否等于或接近 2.25N·m，如能量符合要求，此时率定值应为 80 ± 2。

（2）在仪器处于标准状态下，检验仪器测试的稳定性。它集中反映冲杆与中心导杆及重锤三者的同轴度、垂直度以及冲杆冲击面与重锤冲击面的加工精度。因此率定时应将冲杆在中心导杆内旋转 4 次（每次 90°），每次共弹击 5 次，平均值应为 80 ± 2。

（3）在仪器其他条件符合要求的情况下用以检验冲杆后端冲击面的形状、质量及有无污物。当冲击面为平面且其加工质量符合要求又无污物时，率定值为 80 ± 2，仪器的稳定性较好。当冲击面有环带时，其率定值为 80 ± 2；当冲击面虽为平面但加工质量不符合要求并有污物时，其率定值为 76 ～ 77。这两种情况下，仪器的稳定性较差。

（4）仪器的其他条件符合要求，可以反映重锤的起跳点是否相应于“0”处。尾盖螺钉虽有调“0”的作用，而绝无调整率定值的功能。

第三节　回弹法测强的影响因素

一、配合比（混凝土标号）

低标号混凝土含石量高，高标号混凝土含石量低；当龄期较长时，低标号混凝土的碳化深度大于高标号混凝土的碳化深度，因此在强度相同的情况下，低标号混凝土的回弹值高于高标号混凝土的回弹值。以相同回弹值推算混凝土的强度，则标号高的混凝土计算强度高于标号低的混凝土计算强度。当混凝土的龄期较短时，基本归纳为水灰比对f–R的影响，使实验统计的各种标号的f–R关系曲线有明显的分离，即反映了配合比对回弹值有显著的影响，见图 2–5。

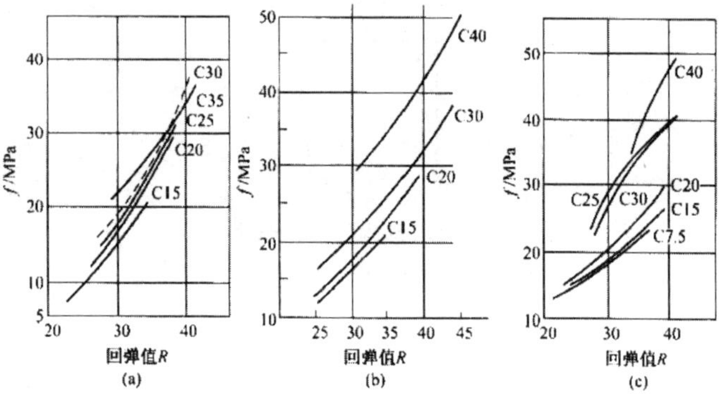

图 2–5　混凝土标号对回弹值的影响示意图

二、混凝土的养护条件

对于标准养护或自然养护的混凝土，f–R 关系曲线如图 2–6 所示。从图中大致可以看出，在相同强度的情况下，自然养护的回弹值高于标准养护的回弹值。这显然是由于标准养护的混凝土含水率高于自然养护混凝土的含水率，使标准养护混凝土的回弹值偏低。但两者的差异将随着混凝土强度的提高而有所减小。

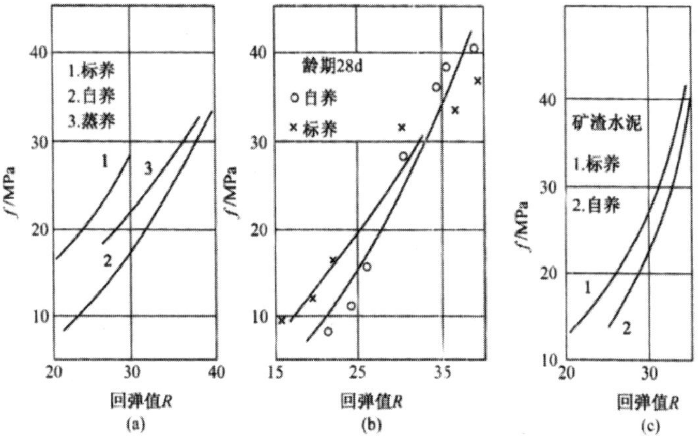

图 2–6　养护条件的影响示意图

三、混凝土的表面状态

混凝土的表面状态包括平滑度、成型面、碳化和龄期和湿度等情况。

1. 测试表面的平滑度

混凝土测试表面的平滑程度对回弹法测强有一定的影响。粗糙不平的测试面，使回弹值离散性较大，即相同强度的混凝土，其回弹值随采用模板性质和种类（钢模、木模、木模的树种、新旧程度、粗糙度和拼装质量）的不同而差异较大。由于难以定出定量修正值，因此，仅规定对于木模成型的混凝土粗糙表面应采用砂轮磨平，以获得良好的测试效果。

2. 成型面

实践证明，在成型构件的表面、侧面和底面上所测的回弹值是不同的。在混凝土的浇捣表面（指抹光面），因泌水、浆层厚度等原因，测得的回弹值较侧面的低（修正值为正值）。混凝土的浇捣底面，由于石子下沉、离析，测得的回弹值较侧面的高（修正值为负值）。测试时，应尽可能以水平方向测试混凝土的侧面，以与试块测试方法相一致。

3. 碳化和龄期

由于回弹法是以反映表面硬度的回弹值来确定混凝土的强度，因此须考虑影响表面硬度的碳化层的影响因素。混凝土在硬化过程中，表面的氧化钙与空气中的二氧化碳起化学作用，形成碳酸钙的结硬层，即碳化深度，使回弹值相应增加。一般认为，当龄期相同时，碳化深度与混凝土的标号近乎成反比；当混凝土的标号相同时，碳化深度与混凝土的龄期成正比；当混凝土的强度相同时，回弹值与碳化深度成正比。

关于碳化影响修正值，应根据各地区自然条件差异制定适合于本地区的修正系数，即根据混凝土不同的标号和碳化深度，分别选取不同的修正值。近年来，已把率定测试中的不同龄期的碳化深度作为回归分析的参量之一，用以建立地区的专用测强曲线。

$$f_{cu}^{c} = AR_{m}^{B} \tag{2-12}$$

式中：A、B——试验常数；

f_{cu}^{c}——测区混凝土的强度换算值；

R_m——测区平均回弹值。

实验证明，采用这种统计方法计算混凝土的强度较符合实际情况，精度较高。

当 $L_i \geqslant 6mm$ 时，则按 $L_i=6mm$ 处理。这些规定对计算混凝土的强度不会产生多大偏差。

4．湿度

混凝土表面的湿度情况及含水率对回弹值有明显的影响。通常，随着混凝土表面湿度的增加，回弹值有所降低。标准养护与蒸汽养护的混凝土湿度大，因而回弹值偏低；而自然养护的混凝土因碳化影响，表面又比较干燥，实测的回弹值偏高。即在相同强度情况下，干燥表面的回弹值比潮湿表面的回弹值高。

四、回弹仪测试角度的影响及修正

如果回弹仪以倾斜角度弹击测试面［见图 2–7（a）］，由于锤受重力的作用，使弹击的能量发生变化而导致回弹值的变化。E. Schmidt 和 J. Kolek 均导出了实质相同的数学关系式，用以修正回弹值。图 2–7（b）表示回弹仪弹击前锤具有最大能量。

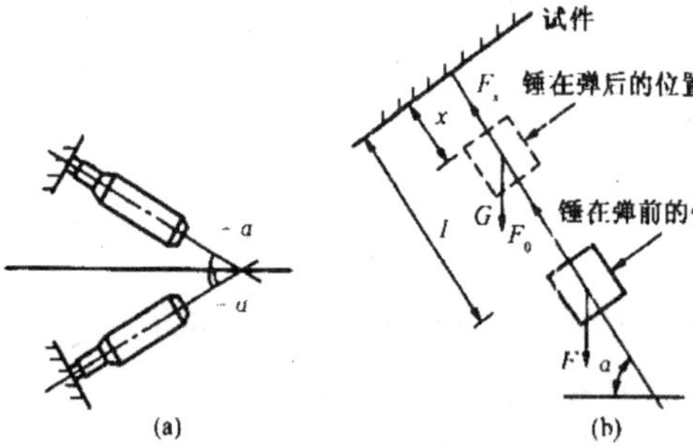

图 2–7　回弹仪倾斜弹击测试面示意图

$$E_{\alpha}=\frac{nL^2}{2}-GL\sin\alpha \tag{2-13}$$

在回弹后锤剩余的能量

$$E_{r}=\frac{nx^2}{2}-Gx\sin\alpha \tag{2-14}$$

式中：α——回弹仪弹击时的倾斜角度；

x——锤回弹的距离；

G——锤的自重。

任意角度弹击的回弹值

$$R_{m\alpha}=\frac{x}{L}\times 100 \tag{2-15}$$

以 $x=\frac{R_{m\alpha}L}{100}$ 代入（2–14）式，得

$$E_r = \frac{n\left(\frac{R_{m\alpha}L}{100}\right)^2}{2} - G\frac{R_{m\alpha}L}{100}\sin\alpha \qquad (2\text{–}16)$$

当 α=0 时，$R_{m\alpha}$=R，由式（2–13）和式（2–16）得

$$\frac{E_r}{E_\alpha} = \frac{nR_{m\alpha}^2 L^2}{2\times 100^2} \div \frac{nL^2}{2} = \frac{R_{m\alpha}^2}{100^2} = \frac{R^2}{100^2} \qquad (2\text{–}17)$$

将式（2–13）、式（2–14）代入式（2–17），得

$$R = R_{m\alpha}\left[\frac{nL - 2G\frac{100}{R_{\alpha x}}\sin\alpha}{nL - 2G\sin\alpha}\right]^{\frac{1}{2}} \qquad (2\text{–}18)$$

为了使用方便，根据式（2–18）制成曲线图表供直接查用，在回弹仪的使用说明书中一般均附有任意角度弹击的测弹曲线。

回弹仪非水平方向测试混凝土灌筑侧面时换算为水平方向测试时的测区平均回弹值。

$$R_m = R_{m\alpha} + R_{\alpha\alpha} \qquad (2\text{–}19)$$

式中：R_m——回弹仪水平方向测试的测区平均回弹值；

$R_{m\alpha}$——回弹仪非水平方向测试的测区平均回弹值；

$R_{\alpha\alpha}$——不同角度 α 时的回弹值修正值。

五、混凝土不同浇筑面的影响及修正

当回弹仪水平方向测试混凝土捣制表面或底面时，应将捣制面或底面测区经计算处理的平均回弹值 R_m^t、R_m^b 按式（2–20）和式（2–21）换算为混凝土捣制侧面的测区平均回弹值：

$$R_m = R_m^t + R_\alpha^t (2-20)$$

$$R_m = R_m^b + R_\alpha^b (2-21)$$

式中：R_m^t、R_α^t——混凝土捣制表面或底面的测区平均回弹值；

R_m^b、R_α^b——不同测试面的回弹值修正值。

第四节 回弹法检测技术

一、一般规定

（1）检测结构或构件混凝土强度时，应具有下列资料：工程名称及设计、施工监理（或监督）和建设单位名称；结构或构件名称、外形尺寸、数量及混凝土强度等级；水泥品种、标号、安定性、厂名，砂石种类、粒径，外加剂或掺和料品种、掺量，混凝土配合比等；施工时材料计量情况，模板、浇筑、养护情况及成形日期等；必要的设计图纸和施工记录；检测原因。

（2）检测结构或构件混凝土强度可采用下列两种方式，其适用范围及构件数量应符合下列规定：①单个检测。适用于单独的结构或构件检测。②批量检测。适用于在相同的生产工艺条件下，混凝土强度等级相同，原材料、配合比、成型工艺、养护条件基本一致且龄期相近的同类构件。按批进行检测的构件，抽检数量不得少于同批构件的 30%，且构件数量不得少于 10 件。抽检构件时应随机抽取并使所选构件具有代表性。

（3）每一构件的测区，应符合下列规定：每一结构或构件测区数不应少于 10 个，对某一方向尺寸小于 4.5m 且另一方向尺寸小于 0.3m 的构件，其测区数可适当减少，但不应少于 5 个。相邻两测区的间距应控制在 2m 以内，测区离构件端部或施工缝边缘的距离不宜大于 0.5m。测区应选在使回弹仪处于水平方向，检测混凝土浇筑侧面。当不能满足这一要求时，方可选在使回弹仪处于非水平方向，检测混凝土浇筑侧面、表面或底面。测区宜选在构件的两个对称可测面上，也可选在一个可测面上，且应均匀分布，在构件的受力部位及薄弱部位必须布置测区，并应避开预埋件。测区的面积宜控制在 $0.04m^2$。检测面应为原状混凝土面，并应清洁、平整，不应有疏松层、浮浆、油垢以及蜂窝、麻面，必要时可用砂轮清除疏松层和杂物，且不应有残留的粉末或碎屑。对于弹击时会产生颤动的薄壁、小型构件应设置支撑固定。

（4）结构或构件的测区应标有清晰的编号，必要时在记录纸上描述测区布置示意图和外观质量情况。

（5）当检测条件与测强曲线的适用条件有较大差异时，可采用同条件试件或钻取混凝土芯样进行修正，试件或钻取芯样数量应不少于 6 个。计算时，测区混凝土强度换算值应乘以修正系数。

修正系数可按式（2-22）或式（2-23）计算。

$$\eta=\frac{1}{n}\sum_{i=1}^{n}f_{cu.i}/f_{cu.i}^{c}\quad(2-22)$$

$$\eta=\frac{1}{n}\sum_{i=1}^{n}f_{cur.i}/f_{cu.i}^{c}\quad(2-23)$$

式中：η——修正系数，精确到0.01；

$f_{cu.i}$、$f_{cor.i}$——分别为第i个混凝土立方体试件（边长为150mm）或芯样试件（φ100mm×100mm）的抗压强度值，精确到0.1MPa；

$f_{cu.i}^{c}$——对应于第i个试件的回弹值和碳化深度值，由附表一查得的混凝土强度换算值；

n——试件数。

（6）泵送混凝土制作的结构或构件的混凝土强度的检测应符合下列规定：①当碳化深度值不大于2.0mm时，每测区混凝土强度换算值应按表2-2修正；②当碳化深度值大于2.0mm时，可按一般规定进行检测。

表2-2　泵送混凝土测区混凝土强度换算值的修正值

碳化深度值/mm	抗压强度值/MPa				
0.0；0.5；1.0	f_{cu}^{c}	≤40.0	45.0	50.0	55.0～60.0
	K	+4.5	+3.0	+1.5	0.0
1.5；2.0	f_{cu}^{c}	≤30.0	35.0	40.0～60.0	
	K	+3.0	+1.5	0.0	

二、回弹值测量

（1）检测时，回弹仪的轴线应始终垂直于结构或构件的混凝土检测面，缓慢施压，准确读数，快速复位。

（2）测点宜在测区范围内均匀分布，相邻两测点的净距一般不小于20mm，测点距外露钢筋、预埋件的距离一般不小于30mm。测点不应设在气孔或外露石子上，同一测点只允许弹击一次。每一测区应记取16个回弹值，每一测点的回弹值读数精确至1。

三、碳化深度值测量

（1）回弹值测量完毕后，应选择不少于构件的30%测区数，在有代表性的位置上测量碳化深度值。

（2）测量碳化深度值时，可用合适的工具在测区表面形成直径约 15mm 的孔洞，其深度大于混凝土的碳化深度。然后去除净孔中的粉末和碎屑（不得用清水冲洗），立即用浓度为 1% 的酚酞酒精溶液滴在孔洞内壁的边缘处，再用深度测量工具测量已碳化与未碳化混凝土交界面到混凝土表面的垂直距离多次，取其平均值，该距离即为混凝土的碳化深度值。每次读数精确至 0.5mm。

第五节 回弹值计算

（1）计算测区平均回弹值时，应从测区的 16 个回弹值中剔除 3 个最大值和 3 个最小值，然后将余下的 10 个回弹值按下列公式计算：

$$R_m = \frac{\sum_{i=1}^{10} R_i}{10}$$

式中：R_m——测区平均回弹值，精确至 0.1；

R_i——第 i 个测点的回弹值。

（2）回弹仪非水平方向检测混凝土浇筑侧面时，应按下列公式修正：

$$R_m = R_{m\alpha} + R_{\alpha\alpha}$$

式中：$R_{m\alpha}$——非水平方向检测时测区的平均回弹值，精确至 0.1；

$R_{\alpha\alpha}$——非水平方向检测时回弹值的修正值。

（3）回弹仪水平方向检测混凝土浇筑表面或底面时，应按下列公式修正：

$$R_m = R_m^t + R_\alpha^t$$
$$R_m = R_m^b + R_\alpha^b$$

式中：R_m^t、R_m^b——水平方向检测混凝土浇筑表面或底面时，测区的平均回弹值，精确至 0.1；

R_α^t、R_α^b——混凝土浇筑表面或底面回弹值的修正值。

（4）如检测时仪器呈非水平方向且测试面为非混凝土的浇筑侧面，则应先按回弹值进行角度修正，然后再按修正后的值进行浇筑面修正。

第六节　测强曲线

一、一般规定

我国地域辽阔，各地区材料、生产工艺及气候等均有差异，尽管已建立了精度满足要求的全国统一测强曲线，但为了进一步提高测试精度，发挥各地区技术作用，通常回弹法可以用三类测强曲线计算混凝土强度换算值（见表 2-3）。

表 2-3　回弹法常用的测强曲线

类型	主要内容
专用曲线	由与结构或构件混凝土相同的材料、成型养护工艺配制的混凝土试件，通过试验所建立的曲线
地区曲线	由本地区常用的材料、成型养护工艺配制的混凝土试件，通过试验所建立的曲线
统一曲线	由全国有代表性的材料、成型养护工艺配制的混凝土试件，通过试验所建立的曲线

凡有条件的地区和部门，应制定本地区的测强曲线或专用测强曲线，经上级主管部门组织审定和批准后实施。各地区或各部门应优先使用本地区或本部门的测强曲线。

二、统一测强曲线

统一测强曲线可用于符合下列条件的混凝土：

符合普通混凝土用材料、拌和用水的质量标准；不掺外加剂或仅掺非引气型外加剂；采用普通成型工艺；采用符合国家现行标准《混凝土结构工程施工及验收规范》规定的钢模、木模及其他材料制作的模板；自然养护或蒸汽养护出池后经自然养护 7d 以上，且混凝土表层为干燥状态；龄期为 14 ~ 1000d；抗压强度为 10 ~ 60MPa。

制定该表所依据的统一测强曲线，其强度误差值为：平均相对误差 $\delta \leq \pm 15.0\%$；相对标准差 $e_r \leq 18.0\%$。

当有下列情况之一时，不得按附录表换算测区混凝土强度值，但可制定专用测强曲线或通过试验进行修正：

粗集料最大粒径大于 60mm；特种成型工艺制作的混凝土；检测部位曲率半径

小于 250mm；潮湿或浸水混凝土。

三、地区和专用测强曲线

地区和专用测强曲线的强度误差值应符合下列规定：

（1）地区测强曲线。平均相对误差 $\delta \leq \pm 14\%$；相对标准差 $e_r \leq 17.0\%$。

（2）专用测强曲线。平均相对误差 $\delta \leq \pm 12\%$；相对标准差 $e_r \leq 14.0\%$。

平均相对误差 δ 和相对标准差 e_r 的计算公式见式（2–29）和式（2–30）。

地区和专用测强曲线只适用于制定该类测强曲线条件的混凝土，不得外推。应经常抽取一定数量的同条件试件进行校核，发现有显著差异时，要及时查找原因、采取措施，否则不得继续使用。

四、专用测强曲线的制定方法

制定专用测强曲线的单位需具有一级试验室的资质。

制定专用测强曲线的试件应与欲测结构或构件在原材料（含品种、规格）、成型工艺与养护方法等方面条件相同。

1. 试件的制作和养护

（1）按最佳配合比设计 5 个强度等级，每一强度等级、每一龄期制作 6 个边长为 150mm 的立方体试件，同一龄期试件宜在同一天内成型完毕。

（2）在成型后的第二天，将试件移至与被测结构或构件相同的硬化条件下养护，试件拆模日期宜与结构或构件的拆模日期相同。

2. 试件的测试应符合下列规定

（1）将达到龄期的试件表面擦净，以贴试模的两个相对侧面置于压力机的上下承压板之间，加压 30 ~ 80kN（低强度试件取低吨位加压）。

（2）在试件保持 30 ~ 80kN 的压力下，用标准状态的回弹仪，按规定的操作方法，在试件的另外两个相对侧面上分别选择均匀分布的 8 个点进行弹击。

（3）从每一试件的 16 个回弹值中分别剔除其中 3 个最大值和 3 个最小值，然后再求余下的 10 个回弹值的平均值，计算精确至 0.1，即得该试件的平均回弹值 R_m。

（4）将试件加荷直至破坏，然后计算试件的抗压强度换算值 f_{cu}^c（MPa），精确至 0.1MPa。

（5）专用测强曲线的计算：

（a）专用测强曲线的回归方程式，应按每一试件求得的 R_m 和 f_{cu}^c 数据采用最小二乘法原理计算。

（b）推荐采用的回归方程式：

$$f_{cu} = AR_m^b \tag{2-28}$$

（c）计算回归方程式的强度平均相对误差 δ 和强度相对标准差 e_r［见式（2-29）和式（2-30）］。当 δ 和 e_r 均符合本章第六节地区和专用测强曲线的强度误差值规定时，即可报请上级主管部门审批。

（6）如需制定具有较宽龄期范围的专用测强曲线，则应在试验及回归分析时引入碳化深度变量，并求得碳化深度修正系数。

$$\delta = \pm\frac{1}{n}\sum_{i=1}^{n}\left|\frac{f_{cu.i}}{f_{cu.i}^{c}}-1\right|\times 100(2-29)$$

$$e_r = \frac{1}{n-1}\sum_{i=1}^{n}\left(\frac{f_{cu.i}}{f_{cu.i}^{c}}-1\right)^2\times 100(2-30)$$

式中：δ——回归方程式的强度平均相对误差，%，精确至 0.1；

e_r——回归方程式的强度相对标准差，%，精确至 0.1；

$f_{cu.i}$——由第 i 个试件抗压试验得出的混凝土抗压强度值，MPa，精确至 0.1MPa；

$f_{cu.i}^{c}$——由同一试件的平均回弹值心按回归方程式算出的混凝土强度值，MPa，精确至 0.1MPa；

n——制定回归方程式的试件数。

第七节　混凝土强度的计算

（1）结构或构件第 i 个测区混凝土强度换算值，可按所求得的平均回弹值 Rm 及所求得的平均碳化深度值 dm 查得有地区测强曲线或专用测强曲线时，混凝土强度换算值应按地区测强曲线或专用测强曲线换算得出。

（2）由各测区的混凝土强度换算值可以计算得出结构或构件混凝土的强度平均值。当测区数不少于 10 个时，还应计算强度标准差。平均值及标准差应按下列公式计算：

$$m_{f_{cu}^{c}} = \frac{\sum_{i=1}^{n} f_{cu.i}^{c}}{n}$$

$$S_{f_{cu}^{c}}=\sqrt{\frac{\sum^{n}(f_{cu.i}^{c})^{2}-n(m_{f_{cu}^{c}})^{2}}{n-1}}$$

式中：$m_{f_{cu}^{c}}$——构件混凝土强度平均值，MPa，精确至 0.1MPa。

n——对于单个检测的构件，取一个构件的测区数；对于批量检测的构件，取被抽取构件测区数之和。

$S_{f_{cu}^{c}}$——构件混凝土强度标准差，MPa，精确至 0.01MPa。

应注意的是：测区混凝土强度换算值是指检测的回弹值和碳化深度值换算成相当于被测结构或构件的测区在该龄期下的混凝土抗压强度值。

（3）构件混凝土强度推定值 $f_{cu.e}$ 应按下列公式确定。

（a）当该结构或构件测区数少于 10 个时，

$$f_{cu.e}=f_{cu.\min}^{c}$$

式中：$f_{cu.\min}^{c}$——构件中最小的测区混凝土强度换算值。

（b）当该结构或构件的测区强度值小于 10.0MPa 时，

$$f_{cu.e}<10.0MPa$$

（c）当该结构或构件测区数不小于 10 个或按批量检测时，应按下列公式计算：

$$f_{cu.e}=m_{f_{cu}^{c}}-1.645S_{f_{cu}^{c}}$$

注意：结构或构件的混凝土强度推定值是指相应于强度换算值总体分布中保证率不低于 95% 的结构或构件中的混凝土抗压强度值。

（4）对按批量检测的构件，当该批构件混凝土强度标准差出现下列情况之一时，则该批构件应全部按单个构件检测：

（a）当该批构件混凝土强度平均值小于 25MPa 时，

$$S_{f_{cu}^{c}}>4.5MPa$$

（b）当该批构件混凝土强度平均值不小于 25MPa 时，

$$S_{f_{cu}^{c}}>5.5MPa$$

（5）检测后应填写检测报告。

第三章　超声脉冲检测法

超声脉冲检测法的基本原理是通过超声波（纵波）在混凝土中传播的不同参数反映混凝土质量，即利用超声波在混凝土中传播的声时、振幅、波形这三个声学参数，综合判断混凝土结构物的强度和内部缺陷等情况。

我国自 20 世纪 50 年代开始这一领域的研究工作。在检测技术的研究方面，近 10 年来投入了较大力量，基本形成了适合于我国特点的方法体系；仪器研究工作已向定型化、小型化、自动化和智能化方向发展；在工程应用方面，我国已积累了丰富的经验，特别是在应用超声脉冲法检测灌注桩水下混凝土的连续性、完整性、均匀性以及混凝土强度和缺陷等方面获得了成功。

第一节　超声脉冲检测法的基本原理

一、超声波特性概述

波是振动的传播过程，波动是自然界中普遍存在的一种物质运动形式。机械振动在物体中的传播即为机械波。当机械波的频率在人耳可闻的范围内（10 ~ 20000Hz）时称为声波，低于此范围的称为次声波，而超过 20000Hz 的称为超声波。用于基桩混凝土检测的超声波频座为 20 ~ 100kHz。

由间歇振动的振源所引发的短暂的间歇超声波，称为超声脉冲。

次声波、声波、超声波以及超声脉冲，它们虽然各有特性，但就其本质而言都是机械波，因而有许多共性。关于超声波的性质是一个内容广泛的研究领域，现仅择其与桩的检测有关的性质做一简述。

1. 超声波的波型、频率、波长和传播速度

根据介质中质点的振动方向与波的传播方法的不同，机械波可分为若干类型。

（1）纵波

质点的振动方向与波的传播方向一致，这种波称为纵波［如图 3-1（a）所示］。

在介质中产生纵波时，物体中的质点群以疏密相间的形式向前传播，介质受到拉伸与压缩的作用。由于纵波是由容变弹性与长变弹性所引起的，因此，凡有容变弹性与长变弹性的物质均能传播纵波，即它在固体、液体、气体中都能传播。

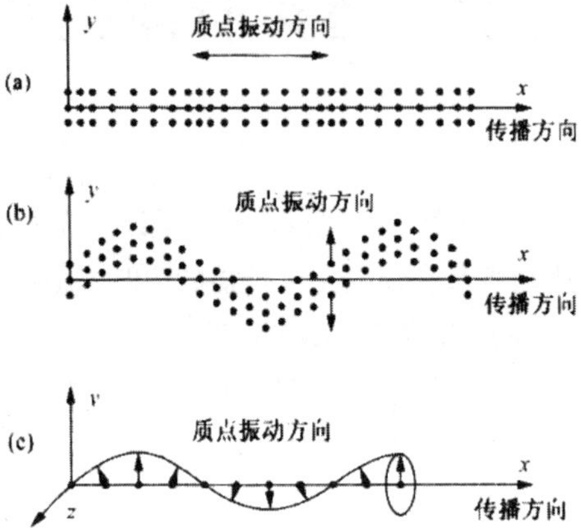

图 3–1　不同波型质点振动方向与波传播方向的关系
（a）纵波；（b）横波；（c）表面波

2．横波

质点的振动方向垂直于波的传播方向，这种波称为横波［如图 3–1（b）所示］。

在介质中产生横波时，介质中的质点间产生剪切变形。由于理想液体和气体没有剪切弹性，因此，横波只能在固体中传播。

3．表面波

质点的振动方向与波的传播方向之间的关系介于纵波与横波之间，介质表面质点绕其平衡位置做椭圆形运动的波，称为表面波［如图 3–1（c）所示］。表面波随距离表面的深度的增加而迅速衰减，它是沿固体表面传播的波。

如果有一波阵面为平面的声波在无衰减的介质中沿 x 方向传播，则在 x=0 的平面上，质点的振动方程为

$$y = d\cos\omega t \tag{3–1}$$

式中：y——振动位移；

d——最大振动位移；

ω——圆频率（ $\omega=2\pi f$, f 为振动频率）；

t——时间。

若声波传播速度为 C，则经时间 t_1 后，声波的传播距离为 $x=C_{t1}$，即在 x 处的平面上各质点的振动比 x=0 平面上的质点振动滞后一段时间 $t_1=x/C$，则在 x 处的振动

应为

$$y = d\cos\omega\left(t - \frac{x}{C}\right) \qquad (3\text{–}2)$$

公式（3–2）描述了介质中沿 x 方向上任何一点在时刻 t 的运动规律。该式即为沿 x 方向传播的平面余弦波的理想介质中的波动方程。从该式可知，若给定某一时刻 t，则某物体中各质点的位移将单纯是 x 的函数，若以 y 为纵坐标、x 为横坐标，则各质点的波动状态如图 3–2 所示。

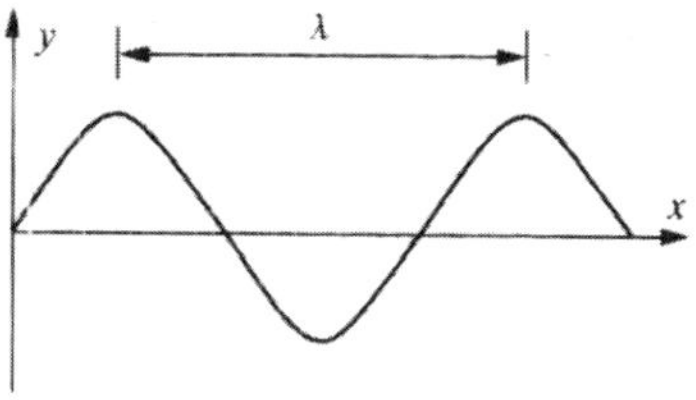

图 3–2　波形图

在波形图上，两相邻的、振动状态相同的质点之间的距离称为一个波长，以 λ 表示。一个波长也就是一个周期 T 内声波传播的距离，即

$$\lambda = CT \qquad (3\text{–}3)$$

因为周期 T 与频率 f 互为倒数，即

$$T = \frac{1}{f} \qquad (3\text{–}4)$$

所以

$$\lambda = \frac{C}{f} = \frac{2\pi C}{\omega} \qquad (3\text{–}5)$$

公式（3–5）表明了声速、波长、频率之间的相互关系。

声波的传播速度与介质的性质、波的类型及介质的边界条件有关。根据波动方程可导出其传播速度的公式。

在无限大的固体介质中，纵波和横波的传播速度公式为

$$= \sqrt{\frac{(1\qquad)}{(1+\mu)(1-2\mu)}}(3-6)$$

$$= \sqrt{\frac{E}{p}\cdot\frac{\qquad}{2(1\qquad)}} = \sqrt{\frac{G}{p}}(3-7)$$

式中：C_p——纵波速度；

C_s——横波速度；

E——介质的杨氏弹性模量；

G——介质的剪切弹性模量；

P——介质的密度；

μ——介质的泊松比。

在有限固体介质中传播时，形成表面波或制导波，其速度变小。表面波的声速公式为

$$C_B = \frac{0.87+1.2\mu}{1+\mu} = \sqrt{\frac{G}{p}} \tag{3-8}$$

在薄板（板厚远小于波长）状的介质中，纵波速度 C_p 为

$$C_p = \sqrt{\frac{E}{p} \cdot \frac{1}{(1-\mu^2)}} \tag{3-9}$$

在细长杆（横向尺寸远小于波长）状的介质中，纵波速度 C_p 为

$$C_p = \sqrt{\frac{E}{p}} \tag{3-10}$$

从以上公式可见，声波速度是介质性质（E、G、P、μ）的函数，所以，若能准确测量材料中声波的传播速度，则能间接推论材料的有关性质。

2. 超声场

超声波所充盈的空间，称为超声场。超声场的状态可用声压、声强、声阻抗等参数来描述。

（1）声压和声阻抗

超声场中的某一点，在某一瞬间，因超声波所引起的压强，称为声压。若在超声场中取出一体积元，该体积元的质量为 M，与声波传播方向垂直的截面面积为 ds，长度为 dx。假若面积元上的压强为 p，则面积元上所受的力为 F=pds，根据动量原理

$$Fdt = M\upsilon \tag{3-11}$$

式中：υ——体积元的振动速度。

当体积元很小时，υ 即为质点振动速度，

$$\upsilon = \frac{dy}{dt} = -d\omega\sin\left(t-\frac{x}{c}\right) \tag{3-12}$$

设密度为 p，则

$$M = pdxds \tag{3-13}$$

将 F、υ 代入式（3–11），得

$$pdsdt = pdsdx\left[-d\omega\sin\omega\left(t-\frac{x}{C}\right)\right] \tag{3-14}$$

因为 dx/dt=C，所以式（3–14）又可写为

$$p = pC\upsilon \tag{3-15}$$

从式（3–14）、式（3–15）可见，超声场中某点的声压与介质密度 p、声速 C、圆频率 ω 及声源振幅 d 成正比。在一定的介质中，pC 为一定值，称为介质的声阻抗率，以 Z 表示，即 Z=pC

（2）声强

在垂直于声波的传播方向上，单位面积、单位时间内所通过的声能量，称为声强。

根据上述定义，声强可用单位时间内声压、力所做的功的平均值表示，即

$$I = \overline{p\upsilon} \tag{3-16}$$

式中：I——声强。

在无衰减平面行波中，可将公式（3–15）代入公式（3–16），得

$$I = \overline{p\upsilon} = pC\upsilon^2 = \frac{p^{-2}}{pC} = \frac{1}{2}pC\upsilon_m^2 = \frac{1}{2}.\frac{p_m}{pC} \tag{3-17}$$

根据式（3–12）可知

$$\upsilon_m = d\omega \tag{3-18}$$

式中：υ_m——质点最大振动速度。

所以式（3–17）又可写成

$$I = \frac{1}{2}pCd^2\omega^2 \tag{3-19}$$

由式（3–19）可知，声强与声阻抗成正比，与质点振动位移的平方成正比，与圆频率的平方成正比。

在实际介质中，某一点振动时声波将向四周辐射，但当声源为一圆板或圆柱状时，声波成束状或柱状辐射，形成一个声场区。在实际声场中，各点的声压和声强往往是不同的。一般在中心部位和接近于声源的部位较高，随着与声源距离的增大而减弱，亦即从声源辐射的声波随声源的形状不同而具有指向性。指向性可用波束的扩散角来表示。就圆板状声源而言，扩散角与超声波的频率成反比。显然，接收换能器只有在该声场区域范围内才能接收到该声源的辐射声波信号。

3．超声波在介质界面上的现象

当超声波传播到两种介质的界面上时，将产生传播方向、能量分配及波形的变化。

（1）超声的反射和折射

1）反射定律。超声波从一种声阻抗率为 $Z_1=C_1p_1$ 的介质传播到另一种声阻抗率为 $Z_2=C_2p_2$ 的介质时，在界面上有一部分能量被反射，产生反射波（见图 3–3）。

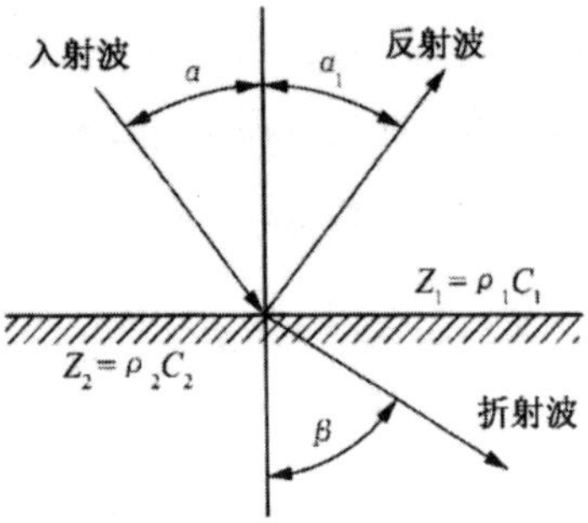

图 3–3　超声波在截面上的反射与折射示意图

令入射波波线及反射波波线与界面法线的夹角分别为入射角 α 和反射角 α_1，则入射角 α 的正弦与反射角 α_1 的正弦之比等于声速之比，即

$$\frac{\sin\alpha}{\sin\alpha_1}=\frac{C}{C'_1}\qquad(3\text{–}20)$$

从式（3–20）中可见，当入射波的波型与反射波的波型相同时，$C_1=C'_1,\alpha=\alpha$。

2）折射定律。超声波在两种介质界面上，其部分能量将穿过界面形成折射波（见图 3–3）。折射波的波线与界面法线的夹角为折射角 β，则入射角 α 的正弦与折射角 β 的正弦之比等于入射波在第一介质中的波速 C_1 与折射波在第二介质中的波速 C_2 之比，即

$$\frac{\sin\alpha}{\sin\beta}=\frac{C_1}{C_2}\qquad(3\text{–}21)$$

3）反射率。反射波声压 p’ 与入射波声压 p 之比，称为反射率 r，即

$$r=\frac{p'}{p}\qquad(3\text{–}22)$$

r 的大小与入射角、介质声阻抗率及第二介质的厚度有关。当第二介质甚厚时，

$$r=\frac{Z_2\cos\alpha-Z_1\cos\beta}{Z_2\cos\alpha+Z_1\cos\beta}\qquad(3\text{–}23)$$

如果声波垂直于界面入射，即 α = β =0° 时，式（3–23）可写成

$$r=\frac{Z_2-Z_1}{Z_2+Z_1} \tag{3-24}$$

当第二介质为薄层时，

$$r=\sqrt{\frac{\frac{1}{4}\left(m-\frac{1}{m}\right)^2\sin^2\frac{2\pi\delta}{\lambda}}{1+\frac{1}{4}\left(m-\frac{1}{m}\right)^2\sin^2\frac{2\pi\delta}{\lambda}}} \tag{3-25}$$

式中：λ——波长；

m——两介质声阻抗率之比，即 $m=Z_1/Z_2$；

δ——第二介质的厚度。

4）反射系数。反射波声强 I’ 与入射波声强 I 之比，称为反射系数 Q，即

$$Q=\frac{I'}{I}=\left[\frac{Z_2\cos\alpha-Z_1\cos\beta}{Z_2\cos\alpha+Z_1\cos\beta}\right]^2 \tag{3-26}$$

若为垂直入射，即 $\alpha=\beta=0°$ 时，则

$$Q=\left[\frac{Z_2-Z_1}{Z_2+Z}\right]^2=r^2 \tag{3-27}$$

5）透过率。透过声压 p_2 与入射波声压 p_1 之比，称为透过率 t，即

$$t=\frac{p_2}{p_1} \tag{3-28}$$

当第二介质甚厚时，

$$t=\frac{2Z_2\cos\alpha}{Z_2\cos\alpha+Z_1\cos\beta} \tag{3-29}$$

若为垂直入射，即 $\alpha=\beta=0°$ 时，则

$$t=\frac{2Z_2}{Z_2+Z_1}=1-r \tag{3-30}$$

当第二介质为薄层时，

$$t=\sqrt{\frac{1}{1+\frac{1}{4}\left(m-\frac{1}{m}\right)^2\sin^2\frac{2\pi\delta}{\lambda^2}}} \tag{3-31}$$

式中各项意义同前。

6）透过系数。透过声强 I_2 与入射波声强 I 之比，称为透过系数 T，即

$$T=\frac{I_2}{I}=\frac{\Delta Z_1Z_2\cos\alpha\cos\beta}{(Z_1\cos\beta+Z_2\cos\alpha)^2} \tag{3-32}$$

当垂直入射时，

$$T = \frac{4Z_1Z_2}{(Z_1 + Z_2)} \approx 1 - r^2 \tag{3-33}$$

（2）波型转换

当纵波从一固体介质射入另一固体介质时，除在两种介质中产生反射纵波和折射纵波外，还可能产生反射横波和折射横波（见图 3-4），在特定条件下还可能产生表面波。这些波的反射角和折射角与入射角的关系均符合前述的反射定律和折射定律，即

$$\frac{C_{p1}}{\sin\alpha} = \frac{C_{p2}}{\sin\alpha_1} = \frac{C_{s1}}{\sin\alpha_2} = \frac{C_{s2}}{\sin\beta_1} = \frac{C_{s2}}{\sin\beta_2} \tag{3-34}$$

式中：α——入射角；

α_1——纵波反射角；

α_2——横波反射角；

β_1——纵波折射角；

β_2——横波折射角；

C_{p1}——纵波在第一介质中的声速；

C_{p2}——纵波在第二介质中的声速；

C_{s1}——横波在第一介质中的声速；

C_{s2}——横波在第二介质中的声速。

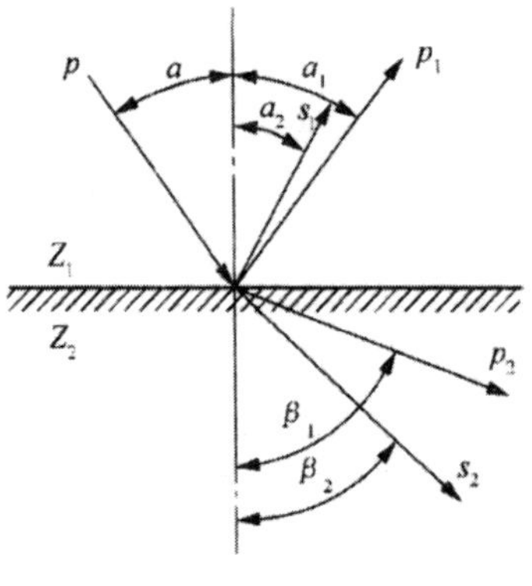

图 3-4 界面上的波型转换示意图

因为固体介质中 $C_p > C_s$，所以 $\alpha_1 > \alpha_2$、$\beta_1 > \beta_2$，当入射角 α 为一适当角度 α_{c1} 时，$\beta_1 \geqslant 90°$，这时在第二介质中将只存在横波。当 β_1 等于 90° 时，此时的入射角 α_{c1} 称为第一临界角。当入射角 α 继续增大，使 β_2 恰好等于 90°，这时横波沿表面

传播即形成表面波，此时的入射角 α_{c2} 称为第二临界角。这一现象可作为在固体中形成横波或表面波的方法之一。

从以上超声波在界面上的现象可知，当超声波在混凝土中传播遇到缺陷时，由于缺陷的内含物（如空气、泥砂、水等）与混凝土的声阻抗率相差很大，必将产生反射，使透过能量明显下降，在其背面形成一个“声阴影”区。部分介质界面上的反射系数列于表 3–1 中。

表 3–1 部分介质界面上的反射系数 Q

介质与界面类型	C_1/（m/s）	P_1/（kg/m^3）	C_2/（m/s）	p_2/（kg/m^3）	Q
混凝土—水	4500	2400	1540	1000	0.563
混凝土—钢	4500	2400	5940	7800	0.384
混凝土—泥	4500	2400	1500	1380	0.460
混凝土—空气	4500	2400	330	1.2	1
混凝土—聚氯乙烯	4500	2400	2240	1446	0.290

4. 超声波的衰减

超声波在介质中传播时，其能量随传播距离的增加而逐渐减弱，这种现象称为衰减。引起声波衰减的原因很多，主要有以下三种类型：

（1）由于材料黏塑性所引起的能量吸收。在材料中，部分超声能量因弛豫过程被转换成其他能量（如热能）在散失，这种衰减现象称为吸收衰减，其衰减系数被称为吸收衰减系数，以 α_{α} 表示。例如，泥的黏塑性明显大于混凝土的黏塑性，因此，超声波在混凝土中遇到夹泥等缺陷时，除界面反射所引起的能量损失外，将产生明显的吸收衰减能量损失。

（2）因材料的颗粒状结构，或因材料中各种缺陷所形成的不定向界面，使超声波在这些界面上产生反射，或颗粒本身受激成为一个新的声源向四周发射声波，导致在传播方向上的能量损失，这种现象称为波的散射。因散射现象而引起的衰减，称为散射衰减，其衰减系数称为散射衰减系数，以 α_s 表示。水泥混凝土是一种典型的颗粒状集结型复合材料，并有众多的原生微缺陷，其中粗、细骨料以及原生微缺陷的界面都可被视为散射体，因此，在其中超声波存在明显的散射衰减。若其中存在大缺陷，则更加大了散射面积，甚至在缺陷的背面形成声阴影区。

（3）因波束扩散，单位面积上的声能随传播距离的增加而减少，通常称这种衰减为扩散衰减，其衰减系数称为扩散衰减系数，以 α_r 表示。扩散衰减只与波束的扩散角的大小及传播距离的长短有关，而与材料本身的性能及内部缺陷无关。若测量时波束的传播距离不变、扩散角不变，则扩散衰减值为一恒定值。

综上所述，超声波在混凝土中的衰减主要由三部分组成，即

$$\alpha = \alpha_{\alpha} + \alpha_{s} + \alpha_{r} \tag{3-35}$$

其中，α_{α} 主要反映混凝土的黏塑性吸收，在一定程度上与混凝土的强度水平有关，而且也反映了内部缺陷有其内含物的性质；α_{s} 反映材料的颗粒结构及各种缺陷界面的散射，从而反映了混凝土的内部均匀性和完整性；α_{r} 则与测距有关，当进行灌注桩的检测时，由于声测管基本平行，即测距（或声程）不变，所以在同一根桩中 α_{r} 为一恒定值。

各种不同原因所造成的衰减系数与频率有如下关系：

当超声频率接近一介质弛豫频率时，

$$\alpha_{\alpha} = Af \tag{3-36}$$

当超声频率大大低于介质弛豫频率时，

$$\alpha_{\alpha} = Bf^{2} \tag{3-37}$$

散射衰减与频率的关系为

$$\alpha_{s} = Df^{4} \tag{3-38}$$

式中：f——频率；

A、B、D——系数；

其余各项意义同前。

从以上关系式中可知，超声衰减值与超声频率密切相关，频率越高，衰减越大。所以，为了使超声波穿过混凝土后有足够的强度，进行灌注桩的检测时宜选择较低频率的超声换能器。

5．脉冲波的特点

在混凝土灌注桩的检测中，一般都采用脉冲超声波，而不采用连续超声波。常见的脉冲波的波形有单个尖脉冲、宽度较大的等幅余弦波列脉冲、宽度较小的等幅余弦波列脉冲、衰减振荡脉冲、等幅调频脉冲 5 种（见图 3–5）。

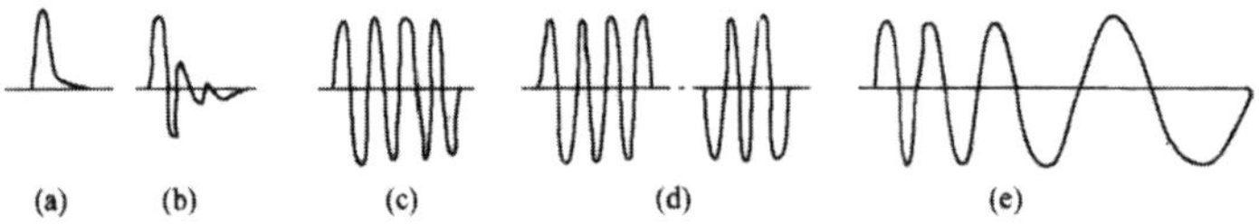

图 3–5　各种脉冲波波形

（a）单个尖脉冲；（b）衰减振荡脉冲；（c）宽度较小的等幅余弦波列脉冲（几个周期）
（d）宽度较大的等幅余弦波列脉冲（几十个周期）；（e）等幅调频脉冲

在检测中常用的超声脉冲有两大特点：①波的持续时间较短，是间歇性发射。我们称脉冲中声波每秒振荡次数为超声频率，而称每秒钟发射的脉冲个数为脉冲重复频率。②超声脉冲经频谱分析后具有众多的频率成分，因此超声脉冲是复频波。

由于脉冲波的以上特点，其传播特性比连续超声波更为复杂。在检测中有以下两点值得注意。第一，各种频率成分的波将以不同的群速度传播，它们到达某一点（如接收换能器）后彼此叠加，因此，接收信号的波形将随着传播距离的增大而发生畸变。不同形式的脉冲波所产生的畸变程度也不同，如图 3-5（c）、（d）两种脉冲的畸变较小，而图 3-5（a）、（b）、（e）三种脉冲的畸变则较大。所以，若以波形畸变作为缺陷分析的依据，则应考虑这一因素的影响。第二，由于脉冲波是复频波，从式（3-6）、式（3-7）及式（3-8）可知，当脉冲穿过被测混凝土后，各频率成分的衰减值不同，频率高的成分比频率低的成分衰减大。因此，频谱将发生变化，主频率（频谱曲线上能量最大的频率成分）将向低频端漂移，称为“频漂现象”。因此，脉冲波主频率的漂移程度也是混凝土对超声衰减作用的一个表征量。

二、超声脉冲检测的基本原理

将超声脉冲发射换能器（又称发射探头）和超声脉冲接收换能器（又称接收探头）置于被测构件上（探头与构件之间涂凡士林为耦合剂），或将探头置于灌注桩预埋的声测管中（管中注满清水作为耦合剂）。由仪器中的脉冲信号发生器发出一系列周期性电脉冲，加在发射换能器的压电体上转换成超声脉冲，该脉冲穿过待测的混凝土，并为接收换能器所接收，再转换成电信号。仪器中的测量系统测出超声脉冲穿过混凝土所需的时间、接收波幅值（或衰减值 α）、接收脉冲主频率、接收波波形及频谱等参数，然后由数据处理系统按判断软件对接收信号的各种参数进行综合判断和分析，即可对混凝土各种内部缺陷的性质、大小、位置做出判断，并给出混凝土总体均匀性和强度等级的评价指标。

第二节　超声脉冲检测装置

超声脉冲检测装置主要由超声检测仪、超声换能器、探头升降装置、记录显示装置或数据采集与处理系统等基本部件组成。

一、超声换能器

所谓超声换能器，就是将电能变换成声能或将声能转换成电能的装置，通常称为发射探头或接收探头。实现这种转换的方法很多，如压电效应、磁致伸缩效应等，在灌注桩的超声脉冲检测中，常用压电效应实现这种转换。

某些晶体或多晶陶瓷受到压力或拉力而产生变形时，晶体产生极化或电场，表面也出现电荷，这种现象称为压电效应；反之，若在某些晶体或多晶陶瓷表面上施加一电压，则在电场的作用下产生变形，这种现象称为逆压电效应。具有压电效应的晶体或多晶陶瓷称为压电体。根据压电效应可知，若在压电体上加一突变的电脉冲，则压电体产生相应的突然激烈变形，同时产生自振而发出一组声脉冲，这就是发射换能器的基本原理；反之，若压电体与一具有声振动的物体接触，则因物体的振动而使压电体被交变地压缩或拉伸，因而压电体输出一个与声波频度相关的交变电信号。这就是接收换能器的基本原理。

目前常用的单晶压电体有石英（SO_2 晶体）、酒石酸钾钠（$NaKC_4H_4O_54H_2O$）和硫酸锂（$Li_2SO_4 \cdot H_2O$）；常用的多晶压电陶瓷有钛酸钡（$BaTiO_3$）、锆钛酸铅（$PbZrO_3 \cdot PbTiO_3$，代号 PZT）、偏铌酸铅（$PbNb_2O_6$）等。由于压电陶瓷的成本较低，而且便于加工成各种形状的压电体，所以在灌注桩的检测中所使用的换能器主要采用多晶压电陶瓷。

超声换能器的研制是一个十分活跃的研究领域，各种新型换能器层出不穷。在灌注桩的检测中常用的换能器主要有用于桩外孔检测方式的平面换能器、用于双孔对测方式的径向发射换能器、用于单孔检测方式的一发双收径向换能器三种。

1. 平面换能器

平面换能器的特点是压电体制成圆片状，当受电脉冲的作用后，压电体沿厚度方向振动，超声脉冲的主发射或接收方向在圆片的法线方向，其构造如图 3-6（a）、（b）所示。其中图 3-6（a）为普通平面换能器，图 3-6（b）为夹心式平面换能器。夹心式平面换能器的特点是能获得较低频率的声脉冲和较高的发射功率。当采用桩外孔测量时，平面换能器置于桩头顶面上，垂直向桩内发射声脉冲。为了增加检测深度，该平面换能器应采用夹心式平面换能器。

2. 径向发射换能器

径向发射换能器利用圆片状或圆管状压电陶瓷的径向振动发射或接收超声脉冲。目前常用的有增压式径向换能器。它是在一个金属圆管内侧等距离排列一组径向振动的压电陶瓷圆片，圆片周边与金属圆管内密合。这种组合方式可使金属圆管表面上所受到的声压全部加在面积较小的压电陶瓷圆片的周边柱面上，从而起到增压和提高灵敏度的作用。为了减少声压在金属圆管上的损失，常把金属圆管剖切成多瓣式。为了在深水下使用，整个换能器和电缆接头均需用树脂或橡胶类材料加以密封。

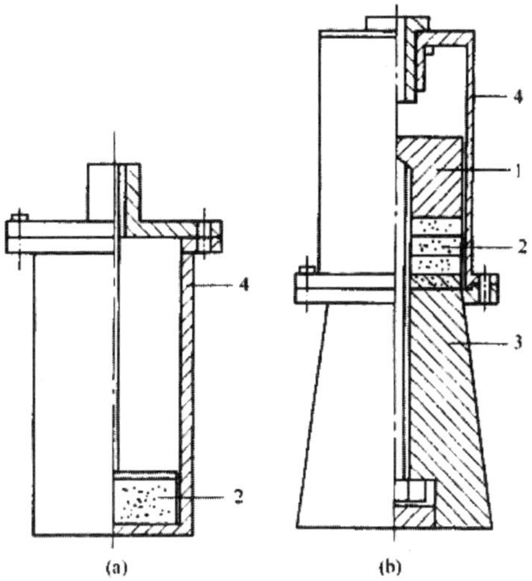

图 3–6　平面换能器示意图

（a）普通平面换能器；（b）夹心式平面换能器

1. 配重块钢；2. 压电体；3. 辐射体（铝合金）；4. 外壳

一般构造的增压式径向换能器可用作发射探头，也可用作接收探头。但有时为了增强接收信号，在接收换能器中加装一个前置放大器。带有前置放大器的径向换能器只能用于接收，不能用于发射。

3．一发双收径向换能器

上述的径向换能器是用于双孔测量的，一发双收径向换能器则将发、收压电体装于同一探头中，并置于单孔内，探测孔壁混凝土的质量。一发双收径向换能器的原理如图 3–7 所示，它以圆环状压电陶瓷作为发射振子，发出一束超声波。若其半扩散角为 θ，则 θ 角的大小与圆环状压电体的高度 h 有关。选择适当高度 h 使 θ 大于水 / 混凝土界面的第一临界角 α_{c1}，则 $\alpha_{c1} = \sin^{-1}\dfrac{C_\omega}{C_c}$。式中，$C_\omega$ 为水的声速，C_c 为混凝土的纵波声速。当 $\theta > \alpha_{c1}$ 时，将有一束超声脉冲经水中以第一临界角射到混凝土表面。由于其折射角为 90°，故该波束沿孔壁滑行，称为滑行波。根据惠更斯原理，波阵面上介质中的每一质点都是新的波源，发射子波，所以孔壁滑行波又将有超声脉冲波束射回管孔，被接收振子 S_1、S_2 所接收。

振子 F 与 S_1、S_2 之间的距离应使沿孔壁传播的滑行波比经由水中传播的直达波先到达 S_1 和 S_2，同时，发射振子 F 与接收振子 S_1、S_2 之间用隔声材料隔离，通常用隔声橡胶或窗栅状尼龙压制件制作，以隔断或延迟由联系物传播的直达波。因此，超声仪测读的首波就是沿孔壁传播的滑行波。由于 F 与 S_1、S_2 在同一轴线上，所以超声波在水中传播的距离 FA、BS、DS_2 各段相等，声时相同，因此，只要测出从发射经水到孔壁再经水传到接收振子 S_1、S_2 所需的声时 t_{FS1} 和 t_{FS2}，则孔壁 BD 段的声速即可按下式计算：

$$C=\frac{\Delta L}{t_{FS1}-t_{FS2}}$$

式中各项如图 3–7 所示。

有关试验认为，用这种方法检测混凝土质量的有效范围，约为距孔壁深度一个波长。

由于超声波在混凝土中的衰减较大，为了使超声脉冲在混凝土中有足够的传播距离，应适当选择换能器的频率。一般来说，大直径灌注桩应选择较低频率的换能器，小直径桩可用较高频率的换能器，频率范围在 20 ~ 100kHz 之间，常用频率为 30 ~ 50kHz。

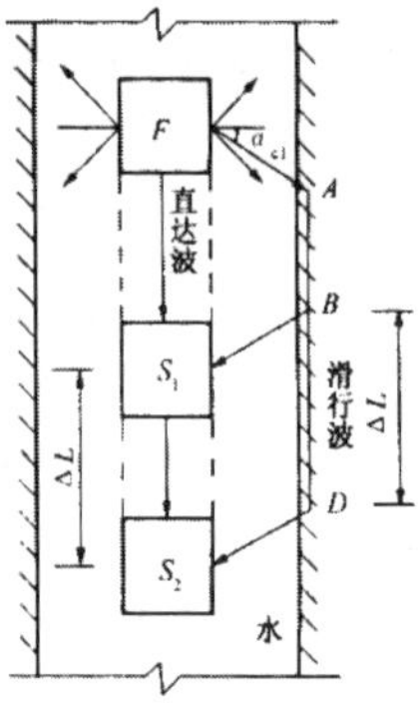

图 3–7　一发双收径向换能器原理示意图

二、超声检测仪

超声检测仪是超声脉冲检测法的基本装置，它能够产生、接收和显示超声脉冲，并具有测量声时、波幅、频率等物理参数的功能。

图 3–8 为 CTS–25 型超声仪电路方框图，图 3–9 为各部分电路主要波形的逻辑关系图。该仪器由主控分频、发射与接收、扫描与示波、计时的显示、电源五部分组成，现分述各部分原理。

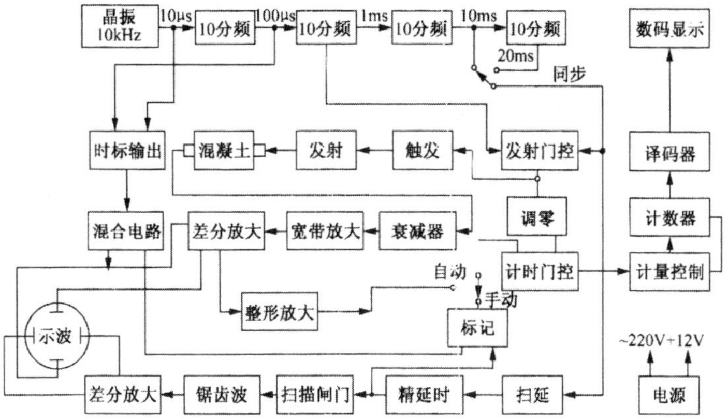

图 3-8　超声仪器电路方框图（CTS-25 型）

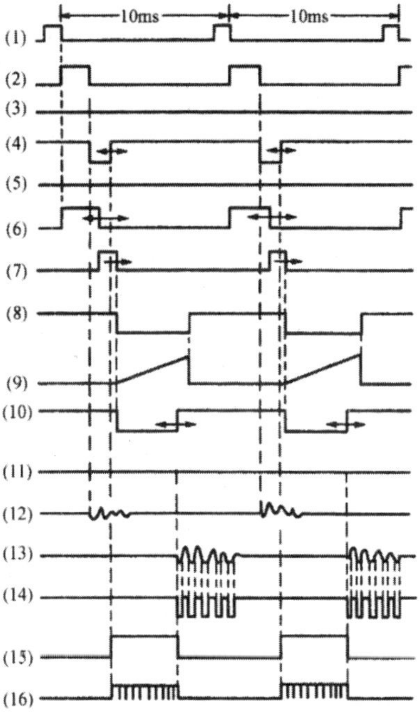

图 3-9　超声仪电路波形逻辑图（CTS-25 型）

（1）同步信号；（2）发射门控；（3）触发输出；（4）调零；（5）开门信号；（6）粗细延迟；（7）精延迟；（8）扫宽；（9）扫描电压；（10）标记；（11）手动开关；（12）发射声波；（13）接收信号；（14）整形信号；（15）计时门控；（16）计数脉冲门

1．主控分频部分

由 100kHz 石英振荡器产生的周期为 10μs 的脉冲，先经 10 分频得到 100μs 的脉冲。将两种脉冲送到时标输出电路，合成复式时标后输给混合电路，最后加至示波管的垂直偏转板，因而在扫描线上产生一系列间隔为 10μs 及 100μs 的尖脉冲复式时标刻度。读数时可用该时标刻度及面板上的"精调"旋钮直接读出声时值。但由于该仪器有数码显示系统，复式时标刻度作为备用装置仅作应急之用，通常可用时标开关将其从示波屏的扫描线上消去。

将周期为 100μs 的脉冲依次经 10 分频，得到 1ms、10ms 和 20ms 的周期信号，以 10ms 或 20ms 周期脉冲作为整机同步脉冲，其波形如图 3-9（1）所示，以使全机各电路统一协调工作。

2. 发射与接收部分

同步脉冲后沿触发发射门控双稳器，使双稳器翻转，而由第二个 10 分频级间引出的 200μs 周期脉冲触发双稳器复原，于是发射门控双稳器输出周期为 10ms 或 20ms、宽度为 200μs 的方波，如图 3-9（2）所示，该方波后沿经由触发输入电路触发可控硅导通，形成触发输出的周期性尖脉冲。如图 3-9（3）所示。该触发脉冲激励探头压电体的机械振动，发出超声脉冲，如图 3-9（12）所示。发射电压分 200V、500V、1000V 三档，以调节超声发射功率。显然，超声脉冲的重复频率即触发脉冲频率，因其周期为 10ms 或 20ms，故重复频率为 50Hz 或 100Hz 两档。用一开关切换，一般情况下可用 100Hz 档。若测试距离较长、声时较大，可改用 50Hz 档。而超声脉冲本身的频率则取决于压电体的自振频率，与电路无关。因此，欲改变超声脉冲本身的频率，只要更换探头即可达到目的。

发射波的一部分漏入接收电路，经放大加至垂直偏转板，在扫描基线上形成发射起始信号。

超声脉冲穿过混凝土到达接收探头，转换为电脉冲信号如图 3-9（13）所示，经由衰减器送到接收放大器。接收放大器为四级宽频带线性放大电路，最后经差分放大加在示波管的垂直偏转板上，显示其波形。其中衰减器用以测量接收信号的波幅，定量指示其衰减值。若接收信号较弱、探头线较长，可在探头输出处加接一前置放大器，以提高接收信号的幅度。

3. 扫描与示波部分

扫描与示波部分由锯齿波发生器、可调的扫描延迟电路、扫描闸门发生器、锯齿波放大器等单元组成。为了随意观察全部或部分信号，装置了由单稳器组成的可调扫描延迟电路，它由同步脉冲触发，比发射提前 200μs 经过延迟后触发扫描，如图 3-9（6）、（7）所示。显然，经延迟后，在示波屏上只能显示从发射后某段时间的接收信号。

锯齿波发生器的扫描宽度，由扫描闸门的方波宽度所确定［如图 3-9（8）所示］，它控制锯齿波发生器产生线性锯齿波［如图 3-9（9）所示］，经差分放大后加到示波管的水平偏转板上，产生扫描线。扫描宽方波还经升辉电路加至示波管栅极，使扫描期间所显示的基线及波形加亮。扫描宽度分 20μs、100μs、300μs、800μs、2000μs 五档，用以调节接收信号显示范围。

4. 计时与显示部分

计时与显示部分主要由计时门控、10MHz 石英晶体振荡器、分频取样电路、计数脉冲门、零电路、计数器、译码器、显示器等部分组成。

用发射门控输出的正方波［如图 3-9（2）所示］的后沿触发调零单稳器，产生宽度为 1.2 ～ 15μs 的负方波［如图 3-9（4）所示］。该负方波经微分整形后，其后沿作为计时门控的开门信号。该机采用手动游标读数和自动整形读数两种读数方式。当采用手动游标读数方式时，将接收波前沿对准标距脉冲［如图 3-9（10）、（11）、（13）所示］，此时标距脉冲经微分整形后作为计时门控制的手动关门信号［如图 3-9（11）所示］，在示波器上可看到该信号，即为游标。于是从计时门控上输出一个正方形［如图 3-9（14）所示］，将其输至计时与显示控制电路。当采用自动整形读数方式时，则将接收波进行放大整形［如图 3-9（14）所示］，取其首波前沿作为计时门控的关门信号，同样使计时门控输出一个正方波，并经译码器将十进制数码电位加于数码管，显示出计数的时间。

新型超声仪还可将接收信号用采样器采集贮存，或直接与计算机接口，进行各种数据分析处理。

5. 电源部分

可用 220V 交流电源供电，亦可用 +12V 直流电源供电。电源部分包括 +12V 整流稳压电路、+10V 稳压电路、直流变换器等部分。+12V 整流电路是将 220V 交流电经桥式整流后，由稳压电路输出 +12V 的直流电压。+10V 稳压电路是将 +12V 直流电压进一步稳定为 +10V 电压输出。直流变换器是将 +10V 的低压变换成各种所需的电压，供给示波管及有关电路。

三、探头升降装置

为了检测不同深度桩内混凝土的质量，必须使探头在预埋的测管中按要求升降。解决这一问题，通常有两种方式。一种方式是用人工升降，为了使操作者知道探头在桩内的确切位置，应在探头电缆线上画上标尺；另一种方式是采用电动机械式升降装置，可采用异步电机或步进电机驱动的小型绞车，采用这种方式升降时，升降装置必须能输出探头所处位置的明确指标，通常将绞车鼓筒的转动圈数换算成探头的升降高度，鼓筒的转动圈数可由机械式计数器或光电式计数器记录和显示。若采用步进电机驱动，根据步进量则能更精密地测量探头位置，这种驱动方式一般均用于全自动检测系统。

四、数据采集、处理、显示系统

当超声换能器沿桩的轴向移动并测出各横断面上混凝土的声参数后，这些大量数据需采用适当的方法处理后才能判断混凝土的质量。因此，数据采集、处理、显示系统是整个装置的主要组成部分。

1．光学采集、显示系统

该系统由电子示波器和感光纸摄像器所组成。可在上述扫描示波电路的基础上将接收信号从示波器的垂直偏转板改接在示波管栅极上，这样，接收波形在示波器上变成一条明暗相间的水平线。明亮处为接收信号的波峰，暗处为接收信号的波谷，接收信号越强，波幅越高，则扫描线的明亮区越亮。若接收信号后移，即声时增大，则扫描线的第一明亮区（即首波）也后移；若遇到缺陷，声时明显增大，或由于缺陷中夹泥等高衰减物质的衰减作用甚至接收不到信号，则扫描线为一条暗线。在该示波管的前面装一感光纸摄像器，在摄像器中，感光纸以一定的速率向上移动，其移动速度与探头在桩内的移动速度相应。这时，扫描线记录在感光纸上形成如图3–10所示的图形。

从图3–10中可见，当感光纸上形成全暗条纹或首波（即第一个明亮段）明显后移的图形时，该桩为缺陷桩。这种显示方法比较直观和形象化，对较严重的缺陷较为灵敏，但它缺乏严格的定量输出，对较小的缺陷不敏感。

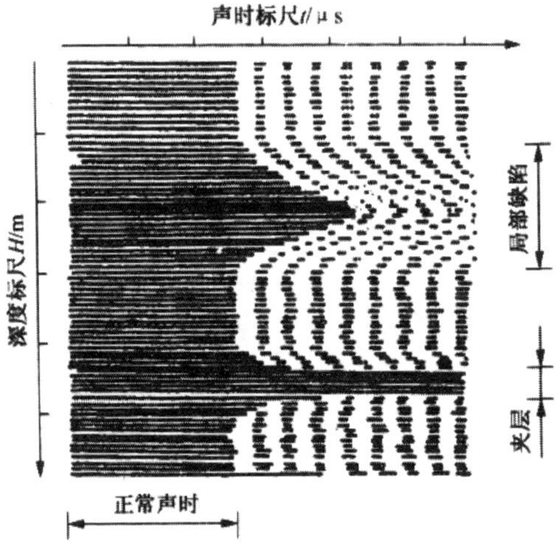

图 3–10　光学采集显示系统所记录的测量结果

2. 微机处理系统

近年来我国对桩混凝土质量超声脉冲检测的数值判据进行了大量研究，从而使检测结果的判断数值化，促进了计算机在判断中的运用。实测的数据可在检测完成后人工输入微机进行运算和判断，也可将超声仪通过接口与计算机连接，在检测过程中直接采集和运算，最后由打印机输出判断结果。

五、灌注桩全自动超声脉冲检测系统

为了提高检测效率，湖南大学于1989年成功研制了混凝土灌注桩全自动超声脉冲检测系统，其特点是将上述检测系统的各部件通过一台微机连接起来。整个系统在微机的直接控制下，通过测量和控制接口（简称测控接口）进行探头升降和声参数的测量。测量结果通过接口进入微机，经处理后，输出判断结果，其原理框图如图3–11所示。在该系统中，数据处理机为整个装置的核心部件，各预制参数、控制、监控等命令均通过微机键盘输入，并由显示器揭示各项操作步骤，使操作过程简便。磁带机作为外部永久数据存贮器，以存贮需保留的测量数据和参数。

接口、控制电路是数据处理微机系统与控制、测量电路之间的联系桥梁，担任接收、转发控制命令、交换各类信息的功能。

驱动频率设置、进给步长值设置及其控制器构成升降机的驱动频率和步长值控制信号。操作人员可通过数据处理微机的键盘，修改频率值和步长值等命令，从而可方便地改变升降机的运行速度和探头进给距离、方向。控制电路根据测量过程的要求决定升降机的上行或下行。

测量启动命令通过驱动电路和脉冲变压器送至超声发射与接收装置，进行同步发射、接收和示波管的扫描。

对接收到的超声脉冲信号，经超声接收装置放大后，送至荧光示波管显示接收波形，同时经驱动和电平调节电路进入测量控制门，由测量控制门和声时值测量电路完成接收波的声时值测量。完成一点测量后，微机通过测控接口控制步进驱动装置，使探头移动到设定的下一个测点，依次重复以上过程，在微机控制下完成全桩测量。

所获得的测量数据经微机接口送至数据处理机，进行处理和判断，并在显示器和打印机上输出。

由于测试系统由计算机控制，各种检测参数一经设定，测量全过程由此系统自动完成，因此可迅速地完成全桩测量，并可立即获得检测判断结果。

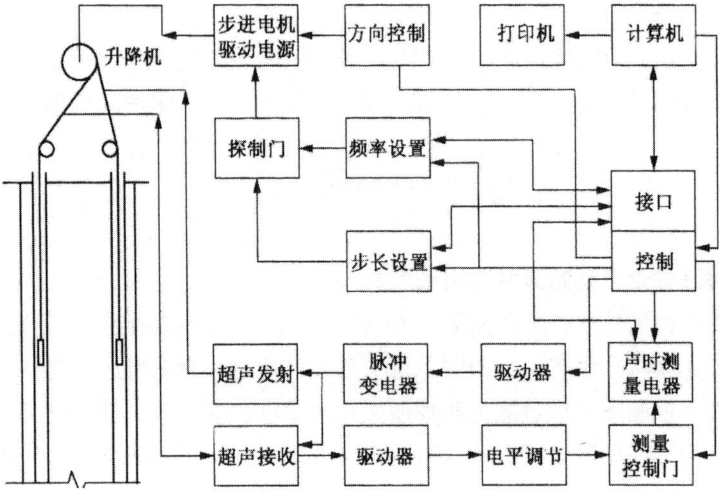

图 3-11　灌注桩全自动超声脉冲检测系统原理框图

六、超声仪在空气中实测声速的检验方法

仪器声时显示是否准确，可用空气声速标定值与实测空气声速比较的方法校验。校验时取常用平面探头一对接于超声仪上，开机预热 30min。在空气中，将两探头的辐射面对准（相对置于同一轴线上），两探头应用适当夹具悬空夹持或置于平整的海绵垫块上，然后在同一轴线上改变两者间距（如 0.1m、0.15m、0.20m、0.25m、0.30m、0.35m、0.4m 等），准确测量间距值，精确至 0.5%。同时，将接收信号尽可能放大，以手动游标或自动关门方式测相应声时读数 t_1，t_2，t_3……精确至 0.1μs 并测量空气温度，精确至 0.2℃。

以探头间距为纵坐标、声时读数为横坐标，将各组数据点绘在直角坐标图上。在坐标纸上绘出直线并计算出直线斜率，此即为实测空气声速 C_{obs}。也可用最小二乘法计算，即

$$C_{obs}=\frac{\sum(L_i-\bar{L})(t_i-\bar{t})}{\sum(t_i-\bar{t})^2}$$

式中：C_{obs}——实测声速，m/s；

L_i——每次测量时探头间距，m；

$\bar{L}$——各次测量时探头间距的平均值，m；

t_i——每次实测声时值，μs；

$\bar{t}$——各次实测声时值的平均值，μs。

空气声速的标定值可按下式计算：

$$C_{nom}=340.3\sqrt{\frac{273+T}{273+15}}=340.3\sqrt{0.948+0.0034T}$$

式中：C_{nom}——空气温度T℃时空气声速的标定值，m/s；

T——实测的空气温度，℃。

空气声速标定值 C_{nom} 与实测空气声速值 C_{obs} 之间的相对误差为

$$\delta=\frac{C_{nom}-C_{ob}s}{C_{nom}}\times 100\%$$

若 δ ≤ 0.5%，则该仪器为工作正常。

第三节　声速测试技术

声速测量技术的关键是排除各种影响因素的干扰，准确测量声程和声时。

声速按下式计算：

$$C=\frac{l}{t}$$

式中：C——声速，m/s；

l——声程（声波传播的距离），m；

t——声时（声波传播 l 距离所需的时间），S。

一、探头频率的选择及探头的布置

1. 探头频率的选择

鉴于超声波在混凝土中传播时的明显衰减现象，所以采用的超声脉冲频率不宜太高，探头频率应随测试距离的增大而降低。同时为了考虑声波传播时的边界条件，所选频率还应与被测试体的横截面尺寸相适应。国际材料与结构试验研究协会（RILEM）建议按表 3–2 所示的规定选择探头频率。我国目前尚无统一规定，北京地区混凝土非破损测试技术研究组曾建议按下式选用：

$$\frac{\lambda}{l}\leq(0.25\sim0.3)$$

式中：λ——波长，λ =C/f；

l——试件尺寸或测试的声程。

一般认为，根据我国现有仪器的灵敏度情况，北京地区研究组的建议是适宜的。

表 3–2 RILEM 关于探头频率选择的建议

测量距离 /mm	探头频率 /kHz	试体最小横截面尺寸 /mm
100 ~ 700	≥ 60	70
700 ~ 1500	≥ 40	150
>1500	≥ 20	300

目前推荐的常用频率，频散现象不明显，探头频率对声速无显著影响。但当探头频率在常用频段（50 ~ 100kHz）以外时，其影响不可忽视。

2. 测量声速时探头的布置方式

（1）直穿法［见图 3–12（a）］

所谓直穿法即将发射探头和接收探头分别置于试体的两相对面并在同一法线上，让声脉冲穿越试体。这种方法适合于实验室标准试块的测量，也适合于现场结构或物件，两探头能顺利布置在构件两对应面的条件下的测量。

（2）斜穿法［见图 3–12（b）］

在实际结构物的测量中有时用直穿法比较困难，此时可将探头斜置，这种方法称为斜穿法。

（3）平测法［见图 3–12（c）］

当探头无法置于试体两对应面上时，可把两探头置于试体的同一侧。这种方法是利用了低频声脉冲在混凝土中传播时指向性差的特性。这种测法，虽然探头都面向混凝土结构物的另一对应面，但接收探头首先接收到的仍然是从发射探头直接传来的或绕射的信号，而并不像金属检测中用高频脉冲测试时只能收到底面反射信号，这是混凝土检测和金属检测有原则性区别之处。首波信号接收到后，在随后到达的信号中会有底面反射信号的叠加，所以平测法接收信号的波形会有畸变，在波形分析时要注意。由于两探头并排布置，因此，在声程的计算上应予以修正。这种测法只反映了表层混凝土的性质，而穿透法则能反映内部情况。

二、测点的选择与测面处理

在进行实验室标准立方体试块或棱柱体试块的测量时，应选择成型时的测面进行测试，并用探头按直穿法测量上、中、下 3 ~ 5 个测点，布置方式见图 3–13。这样所测结果的平均声速能较全面地反映试块状况。

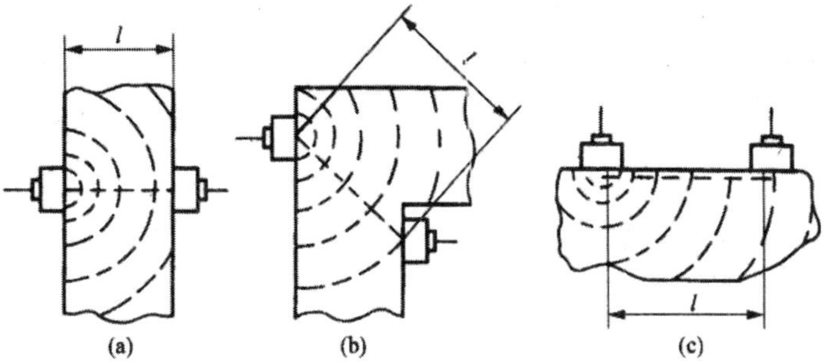

图 3–12　探头的布置方式

（a）直穿法；（b）斜穿法；（c）平测法

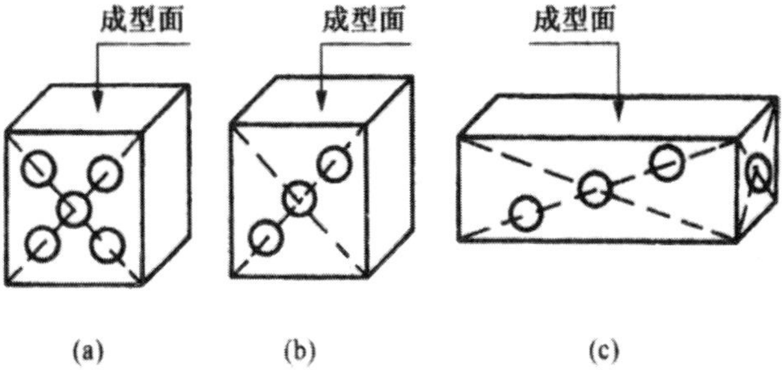

图 3–13　标准试件的测点安排

对现场结构物进行测试时，应尽可能选择浇筑时的模板侧面为测试面。若限于条件必须在混凝土浇筑的上表面与底面之间测试时，实测声速一般低于侧面测试的声速，其原因与混凝土的离析有关，在浇筑表面砂浆较多，底面则石子较多。混凝土强度较高、离析程度较轻时，不同测试面对声速的影响较小；在混凝土强度较低、离析程度较严重时，该影响较为明显。一般可作如下修正：

$$C = C_1 K$$

式中：C——修正后的混凝土声速，即相当于浇筑侧面上测试的声速；

C_1——在混凝土浇筑的上表面与底面之间所测的声速；

K——修正系数，可取 K=1.034。

测试的部位视工程的检测要求选定，一般将 200mm × 200mm 的面积作为一个测区。每一测区内测点的布置方式与立方体试块相同，测区应尽量避开有钢筋的部位，尤其是要避开与声通路平行的钢筋部位。当无法避开时，则应进行修正换算。为了避免构件界面的影响，测区应选在距构件边缘 8 ~ 12mm 处。若测试目的仅限于测量构件的强度，而不是测量构件中的缺陷或均匀性时，则测点也应避开缺陷部位（如裂缝、孔洞、疏松等）。若是为了检测均匀性等，则应采用网格布点法，在构件上根据要求选定网点间距（一般取 20 ~ 30cm），并在每一网点上进行测量。

为使换能器与被测混凝土表面有良好的声耦合，要求测区内混凝土表面平整清洁，应预先扫净砂土浮灰。如果混凝土表面粗糙、不平整而测区又无法移位时，应将表面用砂轮片打磨，或用快硬水泥浆取最小厚度填平。

表面整平后，在换能器与试体之间仍需加耦合剂，以减少声能反射损失。耦合剂应满足以下要求：

（1）耦合剂的声阻抗应介于探头与被测混凝土之间。

（2）耦合剂应有良好的塑性，能容易地填灌探头与试体接触处的各种空隙。因此耦合剂多半选用液态、胶状或浆状的物质。

（3）对人体无害、无腐蚀作用，不影响混凝土表面的再施工，易于清洗。目前常用声耦合剂的声阻抗率列于表 3-3 中。

表 3-3　常用声耦合剂的声阻抗率

种类	p/（g/cm^3）	C/（km/s）	Z=pC/（Pa · s/m）
轴润滑油（32℃）	0.905	1.342	1.2145
甘油（100%）	1.27	12.88	2.38
水玻璃（100%）	1.70	2.35	3.99
滑石粉浆	2.0	2.70	5.4
水（20℃）	1.0	1.48	1.48

在混凝土测试中常用黄油、凡士林、水玻璃、水等。当试件不宜涂油，以免影响其他测试项目时，也可以用滑石粉浆或泥浆等。但使用这类耦合剂时应注意防止因浆体保水性差、浆体迅速干燥而使声阻抗随之改变的问题。为克服这些缺点，也可以在粉浆中加入适量甘油或水玻璃。

耦合剂在一定程度上对测试结果有影响，因此使用时应尽可能使耦合层减薄，并排除气泡。

探头与试件之间的压紧程度对耦合情况也有影响，因而也会影响衰减值而导致声时读数的误差。为使探头压紧力稳定，可采用图 3-14 所示的压紧装置，可改变弹簧的长短来改变压紧力。图 3-15 为衰减值与探头压紧力的关系，从图中可见，当压紧力超过 400N（约 δ =4MPa）后，衰减值趋向稳定。

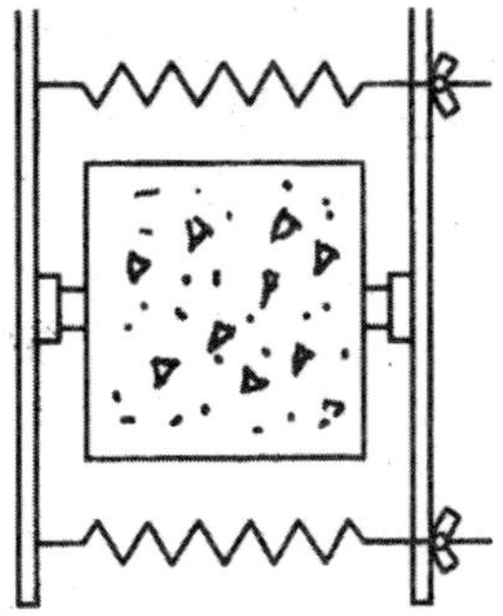

图 3–14　探头夹紧装置示意图

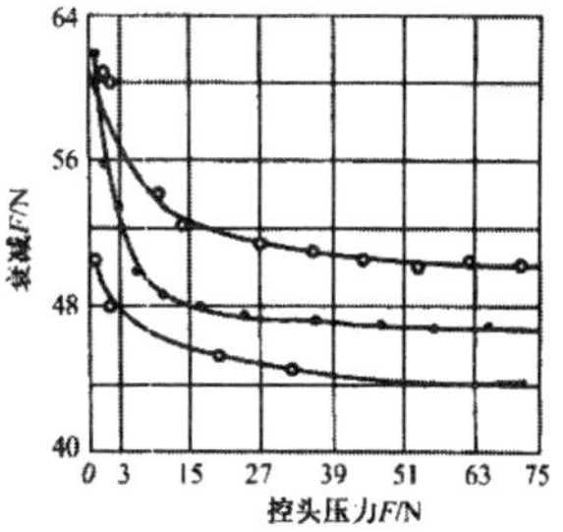

图 3–15　采用不同耦合剂时压紧力衰减的影响

三、声时的测读

声脉冲在材料中传播一定的声程所需的时间称为声时。声时是计算声速的要素之一，为了准确地测读声时，必须注意以下几个问题。

1．声时的零读数问题

在测试时，仪器所显示的发射脉冲与接收信号之间的时间间隔，实际上是发射电路施加于压电晶片上的电讯号的前缘与接收到的声波被压电晶体换成的电讯号的起点之间的时间间隔。由于从发射电脉冲变成到达试体表面的声脉冲以及从声脉冲变成输入接收放大器的电讯号中间还有种种延迟，所以仪器所反映的声时并非超声波通过试件的真正时间，这一差异来自下列原因。

（1）声延迟

换能器中的压电体与试件间并不直接接触，中间一般隔着具有一定厚度的换能器外壳及耦合层，若是夹心式探头，在压电体前面还有很厚的辐射体。因此，声脉冲穿过换能器外壳、耦合层需要有一定的时间，这就是声延迟。

（2）电延迟

电脉冲讯号在电路内传导的过程也需有一极短的时间，因而也可能造成延迟现象。

最明显的电延迟是由于触发脉冲前沿不可能是理想的方波，而有一定的斜度，因而与触发电平的交点后移造成触发延迟。

（3）电声转换

在电声转换时，换能器的瞬态响应会使波形复杂化，这时声发射点 a 和波形起点 b 的读数也可能有某种系统误差。

这些因素的综合，构成了显示读数与实际声时的差异。

修正上述时间差异的影响，需要先测定试件长度为零时的时间读数，简称声时零读数。所以实际声速应为

$$C=\frac{L}{t}=\frac{L}{t-t_0}$$

式中：C——声速；

L——声程；

t——仪器直读数；

t_0——声时零读数。

t_0 可用实测法测出。一般认为，只要将发射探头和接收探头直接加耦合剂对接即可读出 t_0，但实际上是有困难的。因为 t_0 很小，探头对接时发射与接收脉冲往往重叠而读不出来 t_0。而且由于直接对接，信号太强，为避免仪器损坏，某些仪器不允许这样测量。目前常用的方法是，在两探头间夹一已知声时的标准试棒，仪器所显示的声时与标准试棒上所标的声时之差即为 t_0 值。为了方便，许多仪器都附有标准试棒。若没有标准试棒时，也可以找一块匀质的长方形试块（见图 3-16），在两个尺寸不同的 l_1 和 l_2 方向上测出相应的声时读数 t_1 和 t_2。若仪器声时零读数则为实际声时为 t_0，t_1-t_0 和 t_2-t_0，又因材料匀质，两个方向上的声速相同，即

$$C=\frac{l_1}{t_1-t_0}=\frac{l_2}{t_2-t_0}$$

所以

$$t_0=\frac{l_2t_1-l_1t_2}{l_2-l_1}$$

用此法测 t_0 时，可选用较匀质的金属或有机玻璃等作为试块。试块的形状应规则，

表面应平整，尺寸应精确测量。若为径向发射探头，则应在水中测 t_0。在一定温度下，清水（蒸馏水）的声速是较为稳定的，因此，也可用水作为标准介质，改变探头间距测 t_0。20℃时蒸馏水的声速为 148m/s，当温度变化时，可用下式计算：

$$C_t = 1557 - 0.0245(74 - T)^2$$

式中：C_t——温度为时水的声速，m/s；

T——试验时水的温度℃。

有资料证明，采用匀质材料的不同距离测 t_0 时，材料的品种不同，对 t_0 值会有影响，其原因尚待研究。所以，应统一选定一种材料，但目前尚无规定。

目前，仪器常备有标准试块，并设有调节装置。每次测试前用标准试块（或棒）及调节旋钮消除 t_0，这时仪器所显示的声时即实际声时，无须再进行校正。

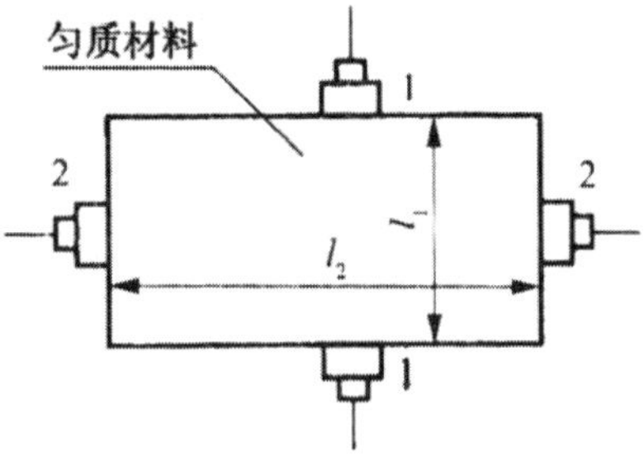

图 3–16　t_0 的测量

2．接收讯号起点读数的确定

虽然施加在发射换能器上的电讯号是很窄的脉冲，但经电声转换后，从检测仪的示波管荧光屏上所观察到的则是一组有很长延续时间（可达几百微秒）的波形（见图 3–17），形成这种波形的因素主要有：

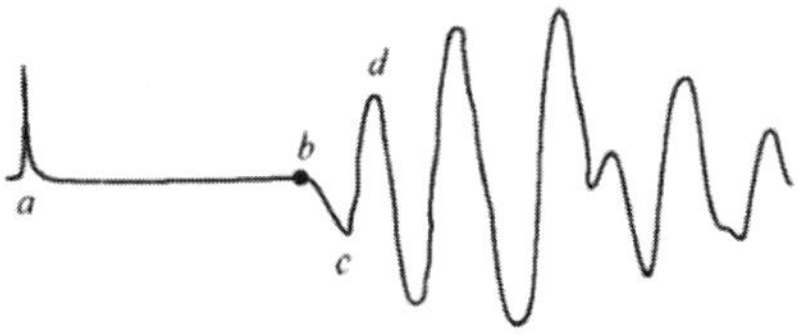

图 3–17　接受波形示意图

（1）发射换能器电声转换时的瞬态机械响应。

（2）声脉冲讯号在试体中传播时，由于材料内部界面所引起的绕射、折射、反射及波形转换等原因而将波束分离成不同声程的波，先后到达接收探头，并与最后的接收波叠加。

（3）接收换能器声电转换的瞬态电响应。

以上三个因素中第二个因素是最主要的，所以接收的波形带有材料内部构造状态的信息。在测量材料声速时，是以探头间的直线距离（即最短距离）作为声速计算的依据，所以也应以最先到达接收探头的波前作为测读声时的依据。在图 3–17 中可见，接收讯号的前沿 b 的声时读数代表声讯号波前到达接收换能器的最短时间，只有 b 点读数才能与最短声程相适应，而作为计算声速的依据。

应指出，以 c 点或 d 点作为声时测读点的做法是不妥的，而且 b 点与 c、d 点的时间间隔并不是固定值，它与波形随传播时试体的内部状态而产生的畸变及频率变化有关，c、d、b 三点并无相应关系，也无法换算。

在实际测试中，要准确读取 b 点的时间读数并不是很容易的事。尤其是接收讯号微弱而仪器本身噪声过大，在示波管上造成对接收讯号起点的干扰时，更难以读准。实践证明，当操作者运作不够熟练或读法不正确时，声时测读误差可达几个微秒或更多。

为了准确地找到 b 点，在测试时要注意以下两点：

（1）起点的位置受接收讯号幅值大小的影响，幅值较小时往往后移，以致声时读数偏大。如图 3–18 所示的情况，实际起点位置在 b 点，但因幅值太小易误读成 b’ 点。

因此，实际测读时，应尽可能使接收讯号的幅值调节到足够大或某一统一的高度再行读数。若测距过长、接收讯号太弱、振幅不能调到足够大时，在测读前最好先借助衰减器改变接收波的幅值大小，熟悉在幅值较低时起点的正确读法，或预测幅值不同时起点位移的多少，再予以修正。

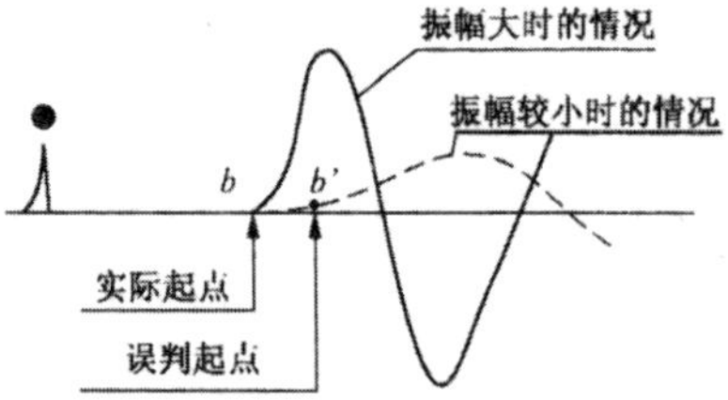

图 3–18　因接受讯号幅值大小而造成的误判

（2）起点的位置还会受接收讯号波形的影响，在正常情况下，接收讯号的首波近似于正弦波，但有时由于试件内部构造因素的影响，或由于换能器与试体的耦合等问题，也易对起点位置造成误读，而引起显著的读数误差（见图 3–19），这种情况应尽可能避免。发生这种畸变波现象时，应对该测点进行探伤检测，检验是否有内部缺陷。

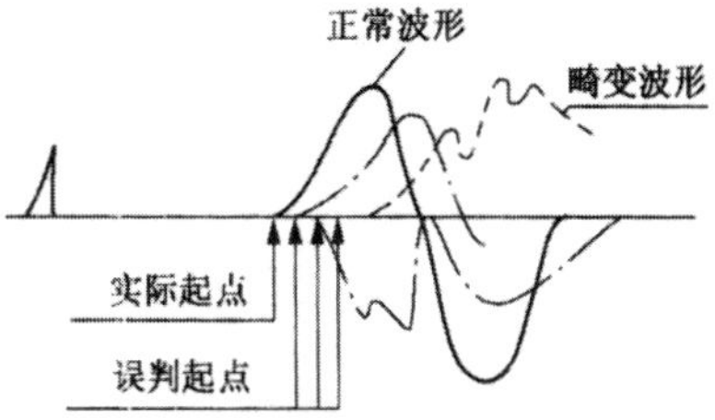

图 3–19　因接收讯号畸变而造成的误判

3．单一数显仪器的“丢波”现象

从以上分析可知，声时的测读往往因仪器灵敏度不高引起接收讯号起点误判而带来误差。在有波形监视的仪器中，可以从示波器上尽力正确判别。但使用自动测读或纯数显的超声检测仪时，由于这种仪器显示的声时值实际上并非 b 点声时，而是后面较高波幅时的声时（见图 3–20），所以这类仪器虽然测读简便，但因仪器本身对接收讯号起点的误判而造成误差。尤其是测量距离较大或试件内部缺陷较多时，衰减大，因而对接收讯号起点的误判越来越严重，声速测量的误差也越来越大。这就是自动测读或纯数显仪器在同种材料中测试时，声速随测试距离的加大而下降的原因之一，就是所谓的“丢波”现象，显然这种现象在声速测量时是不利的。

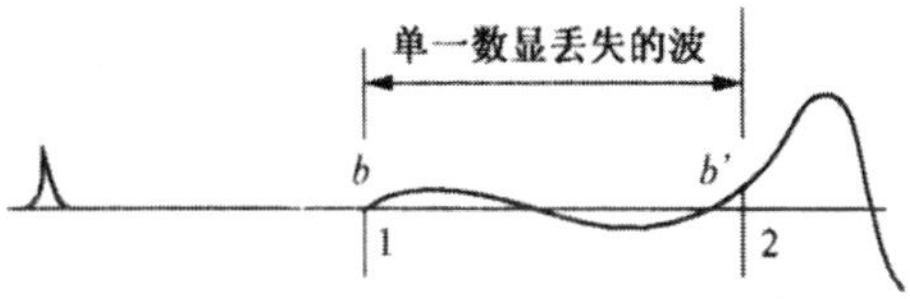

图 3–20　单一数显仪器的“丢波”现象

1. 在试波管上读到的声时；
2. 在单一数显时可能产生误判的声

第四章　超声—回弹综合法检测混凝土强度

第一节　超声—回弹综合法的基本依据及影响因素

一、超声—回弹综合法的基本依据

超声法和回弹法都是以材料的应力应变行为与强度的关系为依据的检测方法，但超声速度主要反映材料的弹性性质，同时，由于它穿过材料，因而也反映了材料内部构造的某些信息。回弹法一方面反映材料的弹性性质，同时在一定程度上也反映了材料的塑性性质，但它只能确切反映混凝土表层（3cm 左右）的状态。因此，超声与回弹值的综合，不仅能反映混凝土的弹性、塑性，而且还能反映混凝土表层的状态和内部的构造，即能较确切地反映混凝土的强度。这就是超声—回弹综合法基本依据的一个方面。

此外，实践也证明声速 C 和回弹值 R 合理综合后，能消除原来影响 f–C 和 f–R 关系的许多因素。例如，水泥品种的影响、试件含水量的影响及碳化影响等，都不再像原来单一指标时那么显著，这就使综合的 f–R–C 关系有更广的适应性和更高的精度，而且使不同条件的修正大为简化。

二、影响 f–R–C 关系的主要因素

近年来，我国有关部门对用超声—回弹综合法测定混凝土强度的影响因素进行了全国性的协作研究，针对我国施工特点及原材料的具体条件，得出了切合我国实际的分析结论。下面介绍这些结论的要点。

1. 水泥品种及水泥用量的影响

用普通硅酸盐水泥、矿渣硅酸盐水泥及粉煤灰硅酸盐水泥所配制的 C10、C20、C30、C40、C50 级的混凝土试件所进行的对比试验表明，上述水泥品种对 f–R–C 关系无显著影响（见图 4–1），可以不予修正。

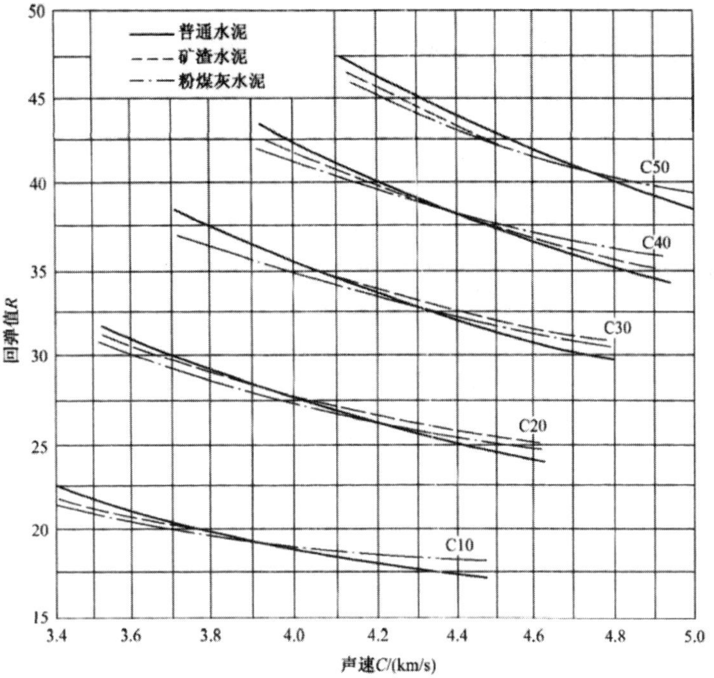

图 4–1　不同水泥品种的 f–R–C 关系曲线示意图

一般认为，水泥品种对声速 C 及回弹值 R 有影响的原因主要有两点：第一，由于各种水泥密度不同，导致混凝土中水泥体积含量的差异；第二，由于各种水泥的强度发展规律不同，硅酸盐水泥及普通硅酸盐水泥中硅酸三耗的相对含量较低，早期强度发展较慢，所以导致配比相同的混凝土，由于水泥品种不同而造成在某一龄期区间内（28d 以前）强度不同。但就检测中的实际情况分析，水泥密度不同所引起的混凝土中水泥体积含量的变化是很小的，不会引起声速和回弹值的明显波动。关于各种水泥强度发展规律的不同的确存在，但主要影响在早期。据试验，在早期，若以普通水泥混凝土的推算强度为基准，则矿渣水泥混凝土实际强度可能低 10%，即推算强度应乘以 0.9 的修正系数。但是 28d 以后这一影响已不明显，两者的强度发展逐渐趋向一致。而实际工程检测一般都在 28d 以后，所以在超声—回弹综合法中，水泥品种的影响可不予修正是合理的。

试验还证明，当每立方米混凝土中水泥用量在 200kg、250kg、300kg、350kg、400kg、450kg 范围内变化时，对 f–R–C 综合关系也没有显著影响。但当水泥用量超出上述范围时，应另外制定专用曲线。

2. 碳化深度的影响

在回弹法测强中，碳化对回弹值有显著影响，因而必须把碳化深度作为一个重要参量。但是，试验证明，在综合法中碳化深度每增加 1mm，用 f–R–C 混凝土强度仅比实际强度高 0.6% 左右。为了简化修正项，在实际检测中碳化因素可不予考虑。

在综合法中碳化因素可不予修正的原因是由于碳化仅对回弹值产生影响，而回弹值 R 在整个综合关系中的加权比单一回弹法时要小得多。同时，一般来说，碳化深度较大的混凝土含水量相应降低，导致声速稍有下降，在综合关系中也可抵消因回弹值上升所造成的影响。

3. 砂子品种及砂率的影响

用山砂、特细砂及中河砂所配制的混凝土进行对比试验的结果发现，砂的品种对 f–R–C 综合关系无明显影响，而且当砂率在常用的 30% 上下波动时，对 f–R–C 综合关系也无明显影响。其主要原因是，在混凝土中常用砂率的波动范围有限，同时砂的粒径远小于超声波长，对超声波在混凝土的传播状态不会造成很大影响。但当砂率明显超出混凝土常用砂率范围（如小于 28% 或大于 44%）时也不可忽视，而应另外制定专用曲线。

4. 石子品种、用量及石子粒后的影响

若以卵石和碎石比较，试验证明，石子品种对 f–R–C 关系有十分明显的影响。由于碎石和卵石的表面情况完全不同，使混凝土内部界面的黏结情况也不同。在相同的配合比时，碎石因表面粗糙，与砂浆的界面黏结较好，因而混凝土的强度较高。卵石则因表面光滑而影响黏结，混凝土强度较低。但超声速度和回弹值对混凝土内部的界面黏结状态并不敏感，所以若以碎石混凝土为基础，则卵石混凝土的推算强度平均偏高约 25%（见图 4–2），而且许多单位所得出的修正值并不一样。为此，一般来说，当石子品种不同时，应分别建立 f–R–C 关系。

当石子最大粒径为 20 ~ 40mm，对 f–R–C 的影响不明显，但超过 4mm 后，其影响也不可忽视。

所以，在超声—回弹综合法测强中石子的影响是必须予以重视的。

5. 测试面的位置及表面平整度的影响

当采用钢模或木模施工时，混凝土的表面平整度明显不同。采用木模浇筑的混凝土表面不平整，往往影响探头的耦合，因而使声速偏低，回弹值也偏低。但这一影响与木模的平整程度有关，很难用一个统一的系数来修正。因此，一般应对不平整表面进行磨光处理。

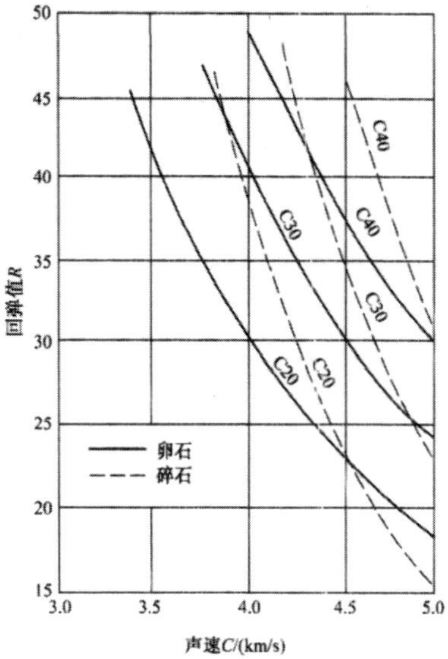

图 4-2　石子品种对 f-R-C 关系的影响示意图

当测试在混凝土浇筑上表面或底面进行时，由于石子离析下沉及表面泌水、浮浆等因素的影响，声速与回弹值均与侧面测量时不同。若以侧面测量为准，上表面或底面测量时，对声速及回弹值均应乘以修正系数。

从以上分析来看，声速—回弹综合法的影响因素比声速或回弹单一参数要少得多。现将有关的影响因素列于表 4-1。

表 4-1　超声—回弹综合法的影响因素

因素	试验验证范围	影响程度	修正方法
水泥品种及用童	普通水泥、矿渣水泥、粉煤灰水泥 250 ~ 450kg/m^3	不显著	不修正
碳化深度		不显著	不修正
砂子品种及砂率	山砂、特细砂、中砂 28% ~ 40%	不显著	不修正
石子品种、含石量	卵石、碎石、骨灰比为 1：（4.5 ~ 5.5）	显著	必须修正或制定不同的曲线
石子粒径	0.5 ~ 20cm，0.5 ~ 40cm，0.5 ~ 3.20cm	不显著	>40cm 应修正
测试面	浇筑侧面与浇筑上表面及底面比较	有影响	对 C、R 分别进行修正

第二节 超声—回弹综合法的检测技术

一、超声—回弹综合法检测的若干规定

1. 应用的范围

在下列情况下才能应用超声—回弹综合法。

（1）对原有预留试块的抗压强度有怀疑，或没有预留试块时；

（2）因原材料、配合比以及成型与养护不良而发生质量问题时；

（3）已使用多年的旧桥，为了维修加固处理，需取得混凝土实际强度值，而且有从结构上钻取的芯样进行校核的情况下。

超声—回弹综合法对于遭受冻伤、化学腐蚀、火灾、高温损伤的混凝土，及环境温度低于 –4℃或高于 60℃的情况下，一般不宜使用；若必须使用时，应作为特殊问题研究解决。总之，凡是不宜进行回弹或超声单一参数检测的工程，综合法也不宜使用。

2. 检测前的现场准备

（1）在检测前应详细了解待测结构的施工情况、混凝土原材料条件、配合比及混凝土质量可能存在的问题和原因。了解现场测试的条件、测试范围及电源情况等。

（2）综合法所使用的仪器应完全满足回弹及超声单一参数检测时对仪器的各项要求。

（3）测区的布置和抽样办法。超声—回弹综合法所推算的强度，相当于结构或构件混凝土制成边长为 150mm 的立方体试块的强度。因此，一个测区仍然相当于一个试块。在构件上测区应均匀分布，测试面宜布置在浇筑的对侧面，避免钢筋密集区及预埋铁件处，测试面应清洁、平整，无蜂窝、麻面和饰面层，必要时可用砂轮片清除浮浆、油污等杂物，或磨去不平整的漠板印痕。

测区数量的选择分两种情况：按单个构件检测时，测区数应不少于 10 个。若构件长度不足 2m，测区数可适当减少，但最少不得少于 3 个；按批检测时，可将构件种类和施工状态相同、强度等级相同，原材料、配合比、施工工艺及龄期相同的构件或施工流程中同一施工段的结构作为一批。同一批的构件抽样数量应不少于同批构件总数的 30%，而且不少于 4 个，每个构件上测区数不少于 10 个。按批抽检的构件，全部测区推算的强度值标准差 $S_{f_{cu}^{c}}$ 出现下列情况时：

混凝土强度等级≤ C20 时，$S_{f_{cu}^c}$ >4.5MPa；

混凝土强度等级 >C25 时，$S_{f_{cu}^c}$ >5.5MPa；

则该批构件应全部按单个构件的规定逐个进行检测。

测区的尺寸为 200mm×200mm，每一个构件相邻测区的间距不大于 2m。

3. 回弹值的测量与计算

在测区内回弹值的测量与计算及其修正，均与第二章所述规定相同。

4. 超声值的测量与计算

超声的测试点应布置在同一个测区的回弹值测试面上，但探头安放位置不宜与弹击点重叠。每个测区应在相对测试面上对应地布置三个测点，相对面上的收、发探头应在同一轴线上。只有在同一个测区所测得的回弹值和声速值才能作为推算强度的综合参数，不同测区的测值不可混淆。

声时和声程的测量应完全按第九章所述的规定进行，然后按下式计算：

$$C_i = \frac{L}{t_m}\beta$$

式中：C_i——测区的声速，计算至 0.01km/s。

L——声程，计算至 0.001m，测量误差不大于 ±0.1%。

β——声速测试面的修正系数，当测试面在浇筑侧面时取 1；当测试面在浇筑的上表面或底面时取 1.034。

t_m——测区内的平均声时，以 s 计，按下式计算：

$$t_m = \frac{t_1 + t_2 + t_3}{3} \times 10^{-6}$$

式中：t_1、t_2、t_3——测区中三个测点的声时值，以 μs 计，计算至 0.1μs。

二、f–R–C 关系曲线

在综合法测强中，结构或构件上每一个测区的混凝土强度，是根据该测区实测的并经必要修正的超声波声速值 C，及回弹平均值 R，按事先建立的 f–R–C 关系曲线推算出来的，因此必须建立可靠的 f–R–C 关系曲线。

1. f–R–C 关系曲线的制定方法

f–R–C 关系曲线可分为专用曲线、地区曲线、通用曲线三种。所谓专用曲线是指针对某一工程或企业的原材料条件和施工特点所制定的曲线。由于它针对性强，与实际情况较为吻合，因此推算误差也较小；地区曲线则是针对某一地区（省、市、县等）的具体情况所制定的曲线，它的覆盖面较宽，涉及的影响因素必然较多，因此推算误差较高;通用曲线是收集全国大量试验数据的回归结果,由于影响因素复杂,误差较大,因此使用时必须慎重,一般应按规定验证后才能使用。

曲线的制定方法是:采用本工程或本企业(专用曲线)或本地区(地区曲线)常用的水泥、粗骨料、细骨料按最佳配合比配制强度为 C10 ~ C50 级的混凝土,并制成边长为 150mm 的立方体试块,按龄期 7d、14d、28d、60d、90d、180d、365d 进行回弹、超声及抗压强度测试。每一龄期每组试块需 3 个(或 6 个),每种强度等级的试块不少于 30 块,并应在同一天内成型。

试件的制作均应按《普通混凝土力学性能试验方法》(GBJ81—85)的有关规定进行。

试件进行标准养护或与构件同条件养护后,按规定的龄期进行测试。测定声时值时,测点的布置如图 4-3 所示,测定方法按第八章的有关规定进行。测定回弹值时,应将试块放在压力机上,用 30 ~ 80kN 压紧力固定,然后在两相对面上各弹击 8 个点,并按第八章的规定计算回弹平均值,然后加荷至破坏,得强度值。

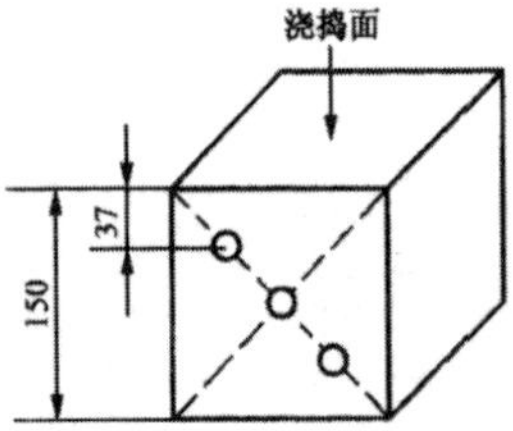

图 4-3 试块上测点的布置示意图

将测得的声速 C,回弹值 R 及强度 f 汇总后进行分析,并计算其标准差。在回归分析时,应选择多种进行拟合计算,择其相关系数最大者作为曲线方程。试验证明,下式为最常见的方程形式。

$$f = AC^{B}R^{D}$$

式中: f——强度;

C——声速;

R——回弹值;

A,B,D——系数。

相对标准误差按下式计算:

$$S_r = \sqrt{\frac{\sum_{i=1}^{n}\left(\frac{f_i - f_{ci}}{f_{ci}}\right)^2}{n-1}} \times 100\%$$

式中：S_r——相对标准误差；

f_i——试块的实测强度；

f_{ci}——同一试块按回归方程的推算强度；

n——试块数。

所制作的曲线的相对标准误差 S_r，应满足下列要求：

地区测强曲线 $S_r \leqslant 14.0$；专用测强曲线 $S_r \leqslant 12.0\%$。并经专门机构审定后才能应用于工程现场检测。

f–R–C 关系可用公式表达，也可用表格形式表达。为了清晰明了，也可用图形表示。由于上式是一个三元方程，可用三维直角坐标系作图，该图形应是一个曲面。为了方便，可用一组等强平面与曲面相交，其交线为一组等强度曲线。然后将这些等强度曲线投影在 R–C 平面上，形成一组等强度曲线，使立体图形为平面图形，便于查阅。

2．通用曲线的应用

我国建筑科学研究院收集了北京、上海、天津、黑龙江、吉林、山西、内蒙古、安徽、河南、陕西、新疆、青海、四川、江苏、湖北、江西、湖南、广西、福建、贵州等 22 个省、自治区、直辖市建筑科学研究所、建筑工程公司、高等院校等 29 个单位所提供的资料，共 8096 个试块的声速值、回弹值、碳化深度值及抗压强度值。这些试块的制作基本上与各地现场同条件，或根据制定地区曲线的要求制作。回弹仪进行标准率定，超声仪虽然型号不同，但均采用经统一率定的标准棒扣除 t_0，测试技术基本统一。因此，所得试验数据的测试条件基本统一。然后，将这批数据进行统计分析，选用 10 种综合法回归方程式 33 种组合，最后选定了按卵石、碎石两种回归方程式作为通用基准曲线公式。

卵石混凝土和碎石混凝土的通用基准曲线公式如下：

卵石混凝土

$$f_{cu.i}^{c} = 0.0056 C_i^{1.439} R_i^{1.769} \qquad (4\text{–}5)$$

该式参与统计的试块数量为 2164 块；相关系数为 0.9118；相对标准差为 15.6%；平均相对误差为 13.2%。

碎石混凝土

$$f_{cu.i}^{c} = 0.0162 C_i^{1.656} R_i^{1.410} \qquad (4\text{–}6)$$

该式参与统计的试块数量为 3124 块；相关系数为 0.9153；相对标准差为 16.5%；平均相对误差为 13.3%。

在式（4–5）和式（4–6）中：

$f_{cu.i}^{c}$——某测区混凝土强度的推算值（MPa），精确至0.1MPa；

C_i——该区混凝土的声速（km/s），精确至0.01km/s；

R_i——该测区回弹值，精确至小数点后一位数。

代入计算的C和R值，当需要进行测试面修正及回弹角度修正时，应代入修正后的数值，而且C和R必须是同一测区的测试值，才能推算该测区的强度值。各测区的数值不应混淆。

制定通用曲线时，广泛地收集了全国大部分省、市的资料，覆盖面较广，具有一定的代表性。但是，由于我国地域辽阔，原材料复杂，施工条件各异，很难用一个统一的经验公式解决所有的问题。因此，各地使用通用曲线应持谨慎态度。

一般来说，应优先使用专用曲线或地区曲线。若尚未制定专用曲线或地区曲线时，可使用通用曲线，但必须经过验证和修正。

验证方法是按该地区常用混凝土原材料、最佳配合比，配制强度等级为C10、C20、C30、C40、C50的混凝土，并制作边长为150mm的立体试块各三组，采用自然养护。然后按龄期28d、60d、90d进行测试，测出试块的声速值、回弹值、抗压强度值，并用实测的声速值和回弹值代入式（4-5）、式（4-6），算出推算强度。

将推算强度和实测强度代入式（4-4），计算相对标准误差。若标准误差小于或等于 ±15%，则该地区可使用通用曲线，否则应另作地区或专用曲线，或进行修正后使用。

3．基准曲线的现场修正

现场混凝土的原材料、配合比以及施工条件不可能与f-R-C基准曲线的制作条件完全一致，因此，强度推算值往往偏差较大。为了提高结果的可靠性，可结合现场情况对基准曲线作适当修正。

修正的方法是利用现场预留的同条件试块或从结构或构件上综合法测区处钻取的芯样，一般试块或芯样数不少于6个。用标准方法测定这些试样的超声值、回弹值、抗压强度值，并用基准曲线（该现场准备采用的专用曲线、地区曲线或通用曲线）推算出试块的计算强度，然后按下式求出修正系数。

预留的同条件试块校正的修正系数

$$\eta = \frac{\sum_{i=1}^{n} \frac{f_i}{f_{ci}}}{n}$$

式中：η——基准曲线的修正系数；

f_i——各预留试块的实测强度，精确至 0.1MPa；

f_{ci}——各预留试块按拟修正的基准曲线所推算的强度，精确至 0.1MPa；

n——预留的修正试件数。

测区钻芯试样校正的修正系数

$$\eta' = \frac{\sum_{i=1}^{n} \frac{f_{cori}}{f_i}}{n}$$

式中：η’——基准曲线的修正系数；

f_{cori}——各芯样的实测并换算成立方体试块的强度，换算方法按取芯法的规定进行，精确至 0.1MPa；

f_i——钻取芯样处测区混凝土按拟修正的基准曲线所推算的强度，精确至 0.1MPa；

n——芯样数。

修正系数乘以拟修正的基准曲线公式即为修正后基准曲线公式。

三、结构或构件混凝土抗压强度推定值 $f_{cu.e}$

结构或构件混凝土抗压强度推定值 $f_{cu.e}$，应按下列规定确定：

（1）当结构或构件的测区抗压强度换算值中出现小于 10.0MPa 的值时，该构件的混凝土抗压强度推定值 $f_{cu.e}$ 取小于 10MPa。

（2）当结构或构件中测区少于 10 个时：

$$f_{cu.e} = f_{cu.\min}^{c}$$

式中：$f_{cu.\min}^{c}$——结构或构件最小的测区混凝土抗压强度换算值，MPa，精确至 0.1MPa。

（3）当结构或构件中测区数不少于 10 个或按批量检测时：

$$f_{cu.e} = f_{cu}^{c} - 1.645 S_{f_{cu}^{c}}$$

四、批量检测构件的强度推定

对按批量检测的构件，当一批构件的测区混凝土抗压强度标准差出现下列情况之一时，该批构件应全部按单个构件进行强度推定：

（1）一批构件的混凝土抗压强度平均值 $m_{f_{cu}^{c}}$ <25.0MPa，标准差 $S_{f_{cu}^{c}}$ >4.50MPa；

（2）一批构件的混凝土抗压强度平均值$m_{f_{cu}^{c}}$=25.0 ~ 50.0MPa，标准差$S_{f_{cu}^{c}}$>5.50MPa；

（3）一批构件的混凝土抗压强度平均值$m_{f_{cu}^{c}}$>5.50MPa，标准差$S_{f_{cu}^{c}}$>6.50MPa。

五、回弹法、超声法、回弹—超声综合法的比较

为了比较前面章节所讨论的三种现场强度测量方法的可靠性，全国回弹—超声综合法研究协作组曾将来自22个省（市）行业制定通用曲线的实测数据按三种方法的要求进行回归分析和方差分析。中国建筑科学研究院还用同一芯样试件，采用三种方法推算其强度，再与实际抗压强度对比，进一步验证了这三种测量结果的精确度。结果列于表4–2、表4–3中。

表4–2 回弹、超声、回弹—超声综合法比较

骨料类别		综合法 $f=AC^{B}R^{D}$	回弹法（含碳化） $f=AR^{B}10^{DL}$	回弹法 $f=AR^{B}$	超声法 $f=AC^{B}$
卵石 n=2164	A	0.0037937	0.0107064	0.011181	0.468378
	B	1.228138	2.17297	2.154209	2.73904
	D	1.952291	–0.008414	/	/
	r	0.9118	0.8930	0.8834	0.4522
	S_r	15.6%	17.7%	18.6%	38.5%
	δ	13.2%	14.1%	15.1%	30.7%
碎石 n=3124	A	0.0079984	0.024301	0.029374	0.253283
	B	1.723517	2.00851	1.92446	3.14975
	D	1.56854	–0.014883	/	/
	r	0.9153	0.8970	0.8528	0.6553
	S_r	15.6%	18.3%	20.9%	32.3%
	δ	13.1%	14.4%	16.9%	25.2%

表4–3 回弹、超声、回弹—超声综合法芯样实测结果比较

芯样编号	测定强度/MPa				误差/%		
	压力机试验	综合法试验	超声法试验	回弹法试验	综合法试验	超声法试验	回弹法试验
1	6.0	5.8	6.2	5.9	–3	+3	+48
2	5.7	5.1	4.8	9.8	–10	–16	+80
3	8.8	8.0	8.6	9.8	–9	–2	+11

续表

芯样编号	测定强度 /MPa				误差 /%		
	压力机试验	综合法试验	超声法试验	回弹法试验	综合法试验	超声法试验	回弹法试验
4	7.1	5.8	5.7	9.8	−10	−20	+38
5	8.7	8.0	8.2	10.8	−8	−6	+24

从对这些有代表性的数据的分析结果来看，综合法的相对标准误差 S_r 及相关系数 r 均优于回弹法和超声法。

第五章　超声法检测混凝土缺陷

第一节　基础内容

超声法检测混凝土缺陷是指对混凝土结构内部空洞和不密实区的位置及范围、裂缝深度、表面损伤层厚度、不同时间浇筑的混凝土结合面的质量和混凝土均质性的检测。

目前检测混凝土结构内部缺陷最有效的方法是超声法检测。

一、混凝土缺陷的成因

在桥梁结构施工的过程中以及在桥梁结构使用的过程中，往往会在混凝结构内部形成一些缺陷。形成这些缺陷的原因主要有：

（1）在混凝土施工过程中，由于振捣不足、钢筋布置过密、模板漏浆等原因，造成混凝土结构内部形成孔洞、不密实区和蜂窝。

（2）材料质量不好，结构表面产生裂缝。

（3）由于施工质量欠佳，如混凝土搅拌时间过长、模板移动或鼓出、支架下沉、脱模过早、不均匀下沉、养生不好、大体积混凝土中因水化热造成混凝土不均匀收缩、混凝土的水灰比大、干燥收缩等原因，使混凝土产生各种裂缝。

（4）混凝土设计抗压强度不足或外力超过设计要求时，引起混凝土裂缝。

（5）外界条件变化，如混凝土表面温度、火灾、冻害、钢筋生锈、化学作用、基础不均匀下沉、通过的车辆超过设计荷载重。

二、超声法检测混凝土缺陷的基本依据

根据低频超声在混凝土中遇到缺陷时的绕射现象，按声时及声程变化判断和计算缺陷的位置大小；根据声时大小和波幅的衰减程度综合判断缺陷的存在及大小；根据超声波在缺陷处波形转换和叠加，造成接收波形畸变的现象判别缺陷。

第二节　检测技术

一、一般规定

（1）检测前应掌握和取得以下有关结构情况的资料：①工程和结构名称；②混凝土原料品种和规格；③混凝土浇筑和养护情况；④结构尺寸和配筋施工图或钢筋隐蔽图；⑤结构外观质量及存在的问题。

（2）根据检测要求和结构外观质量，选择对混凝土质量有怀疑的区域（以下简称测区）进行测试。

（3）测区混凝土表面应清洁、平整，必要时可用砂轮磨平或用高标号快凝砂浆抹平。

（4）以质量正常的混凝土首波幅度不小于 30mm 为前提，应选用较高频率的换能器。

（5）换能器应通过耦合剂与结构表面接触，耦合层中不得夹杂泥砂或空气；检测时应采用普测与细测相结合的方法，普测的测点间距宜为 200 ~ 500mm（平测法例外）。对出现可疑数据的区域，应加密布点进行细测。

二、声学参数测置

（1）测量之前应视测试距离（以下简称测距）的大小将仪器的发射电压调在某一档，并以扫描基线不产生明显噪声干扰为前提，将仪器“增益”调至较大位置保持不动。

（2）声时测量时，应将发射换能器（以下简称 T 换能器）和接收换能器（以下简称 R 换能器）分别耦合在测区同一测点对应位置上，用“衰减器”将接收信号首波调至一定高度，再调节游标脉冲，用其前沿对准首波前沿基线弯曲的起始点，读取声时值 t_i（精确至 0.1μs），该测点混凝土声时值应按下式计算：

$$t_{ci}=t_i-t_0$$

式中：t_{ci}——第 i 点混凝土声时值，μs。

t_i——第 i 点测读声时值，μs。

t_0——声时初读数，μs 当采用厚度振动式换能器时，可参照仪器使用说明书测得；当采用径向振动式换能器时，可按第九章第三节径向

探头 t_2 值测试方法测得。

（3）波幅测量时，应在保持换能器良好耦合状态下采用下列两种方法之一进行读取：①刻度法。将衰减器固定在某一衰减位置，从仪器示波屏上读取首波幅度（格数）。②衰减值法。采用衰减器将首波调至一定高度（如 5mm 可刻度一格），读取衰减器上的 dB 值。

（4）频率测量时，应先将游标脉冲调至首波前半个周期的波谷（或波峰），读取声时值 t_1（μs），再将游标脉冲调至相邻的波谷（或波峰），读取声时值 t_2（μs），由此即可按下式计算出该点（第 i 点）第一个周期波的频率 f_i（精确至 0.1kHz）。

$$f_i = \frac{1000}{t_2 - t_1}$$

（5）测距可用钢卷尺测量两个换能器之间的距离，测量误差不应大于 ±1%。

（6）波形观察时主要观察接收信号的波形是否畸变或包络线的形状，必要时可描绘、拍照或打印。

第三节　浅裂缝检测

一、一般规定

（1）浅裂缝检测用于结构混凝土开裂深度小于或等于 500mm 的裂缝检测。

（2）需要检测的裂缝中，不得充水或泥浆。

（3）如有主钢筋穿过裂缝且与 T、R 换能器的连线大致平行，布置测点时应注意使 T、R 换能器连线至少与该钢筋轴线相距 1.5 倍的裂缝预计深度。

二、测试方法

（1）当结构的裂缝部位只有一个可测表面时，可采用平测法检测。平测时应在裂缝的被测部位以不同的测距同时按跨缝和不跨缝布置测点进行声时测量，其测量步骤应为：

①不跨缝声时测量。将 T 和 R 换能器置于裂缝同一侧，以两个换能器内边缘间距 l’ 等于 100mm、150mm、200mm、250mm……分别读取声时值 t_i，绘制“时—距”坐标图（见图 5-1），或用统计的方法求出两者的关系式。

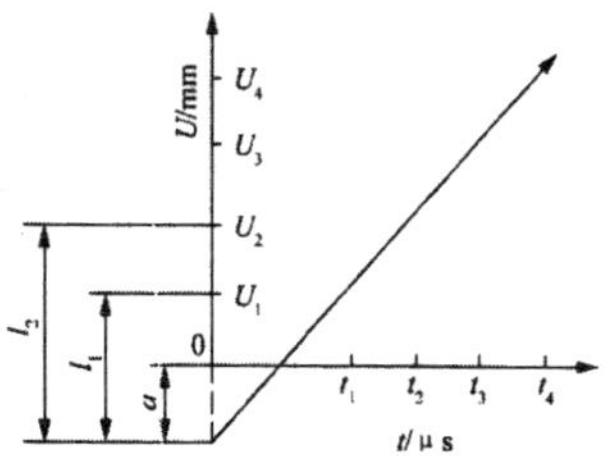

图 5–1　平测“时—距”图

每测点超声实际传播的距离应为

$$l_i = l_i' + a$$

式中：l_i——第 i 点的超声实际传播距离，

l_i'——第 i 点的 R、T 换能器内边缘间距 mm；

a——“时—距”图中 l’ 轴的截距或回归所得关系式的常数项，mm。

②跨缝的声时测量（如图 5–2 所示）。将 T、R 换能器分别置于以裂缝为轴线的对称两侧，两换能器中心连线垂直于裂缝走向，以 l’ =100mm、150mm、200mm、250mm、300mm……分别读声时值 t_i^o 。

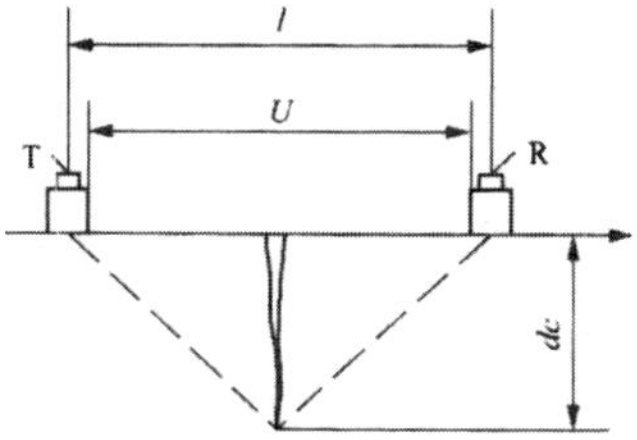

图 5–2　绕过裂缝测试图

（2）当裂缝部位具有两个相互平行的测试表面时，可采用斜测法检测，其方法如图 5–3 所示。将 T、R 换能器分别置于对应测点 1、2、3……的位置，读取相应声时值 t_i 和波幅值 A_i 及频率值 f_i。

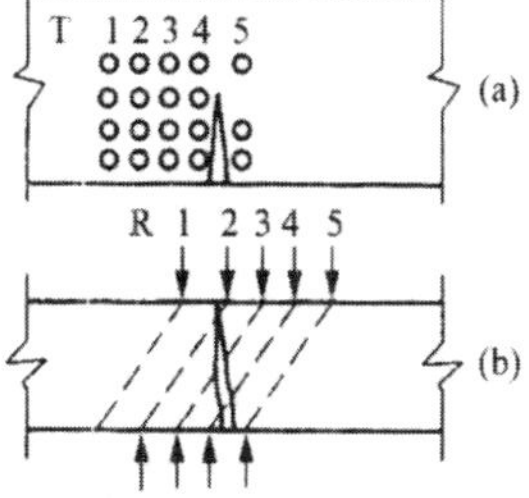

图 5–3　斜测裂缝示意图

三、数据处理及判定

（1）平测法的裂缝深度可按下式计算

$$d_{ci}=\frac{l_i}{2}\sqrt{\left(\frac{t_i^o}{t_i}\right)^2-1}$$

式中：d_{ci}——裂缝深度，mm；

t_i、t_i^o——分别代表测距为 l_i 时不跨缝、跨缝平测的声时值，μs；

l_i——不跨缝平测时第 i 次的超声传播距离，mm。

以不同测距取得的 d_{ci} 的平均值作为该裂缝的深度值 d，如所得的 d_{ci} 值大于原测距中任一个 l_i，则应把该 l_i 距离的 d_{ci} 舍弃后重新计算 d 值。

（2）斜测法时，如 T、R 换能器的连线通过裂缝，则接收信号的波幅和频率明显降低。根据波幅和频率的突变，可以判定裂缝深度以及是否在平面方向贯通。

第四节　深裂缝检测

一、一般规定

（1）深裂缝检测用于大体积混凝土结构中预计深度在 500mm 以上的裂缝检测。

（2）被检测结构应满足下列要求：①允许在裂缝两旁钻测试孔；②裂缝中不得充水或泥浆。

（3）被测结构上钻取的测试孔应满足下列要求：①孔径应比换能器直径大 5 ~ 10mm；②孔深应至少比裂缝预计深度深 700mm，经测试如浅于裂缝深度，则应加深钻孔；③对应的两个测试孔，必须始终位于裂缝两侧，其轴线应保持平行；④两个对应测试孔间距宜为 200mm，同一结构的各对应测孔间距应相同；⑤孔中粉末碎屑应清理干净；⑥如图 5-4（a）所示，宜在裂缝一侧多钻一个较浅的孔，测试无缝混凝土的声学参数，供对比判别之用。

二、测试方法

（1）深裂缝检测应选用频率为 20 ~ 40kHz 的径向振式换能器，并在其接线上做出等距离标志（一般间隔 100 ~ 500mm）。

（2）测试前应先向测试孔中注满清水，然后将 T、R 换能器分别置于裂缝两侧的对应孔中，以相同高程等间距从上至下同步移动，逐点读取声时、波幅和换能器所处的深度［见图 5–4（b）］。

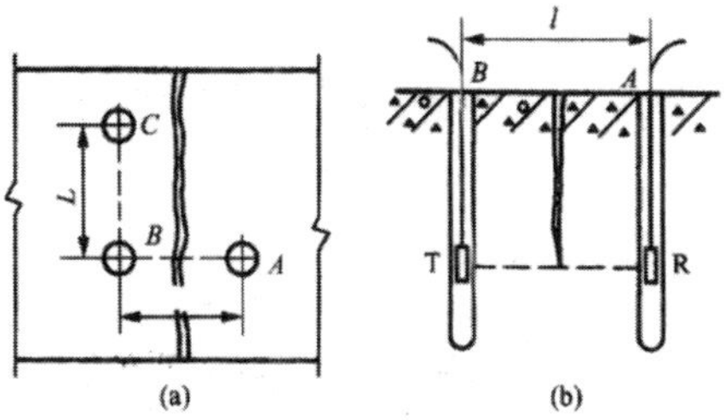

图 5–4　钻孔测裂缝深度

（a）平面图；（b）立面图

（3）径向振动式换能器在钻孔中进行对测时，声时初读数的计算。

$$t_{00}=t_0+\frac{d_1-d_2}{\upsilon_\omega}$$

式中：t_{00}——孔中测试的声时初读数，IXS；

t_0——仪器设备的声时初读数，

d_1——钻孔直径，mm；

d_2——换能器直径，mm；

u_w——水中的声速，按表 5–1 取值。

表 5–1　水中声速与水温的关系

水温 /℃	5	10	15	20	25	30
声速 /（km/s）	1.45	1.46	1.47	1.48	1.50	1.51

当采用一只厚度振动式换能器和一只径向振动式换能器进行检测时，声时初读数可取该厚度振动式换能器和该径向振动式换能器的初读数之和的一半。

三、裂缝深度判定

以换能器所处深度 d 与对应的波幅值 A 绘制 d–A 坐标图（如图 5–5 所示），随着换能器位置的下移，波幅逐渐增大，当换能器下移至某一位置后，波幅达到最大并基本稳定，该位置所对应的深度便是裂缝深度 dc。

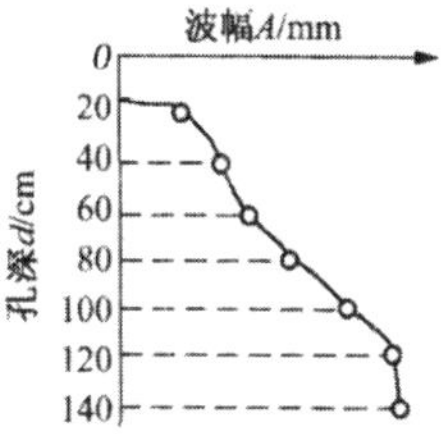

图 5–5　d–A 坐标图

第五节　不密实区和空洞检测

一、一般规定

（1）不密实区和空洞检测用于结构混凝土局部区域内的不密实和空洞情况检测。

（2）进行混凝土不密实区和空洞检测时，结构的被测部位及测区应满足以下要求：

被测部位应具有一对（或两对）相互平行的测试面；测区的范围应大于有怀疑的区域；在测区布置测点时，应避免 T、R 换能器的连线与附近的主钢筋轴线平行。

二、测试方法

（1）根据被测结构实际情况，可按下列方法之一布置换能器：

①结构具有两对互相平行的测试面时可采用对测法，其测试方法如图 5-6 所示。

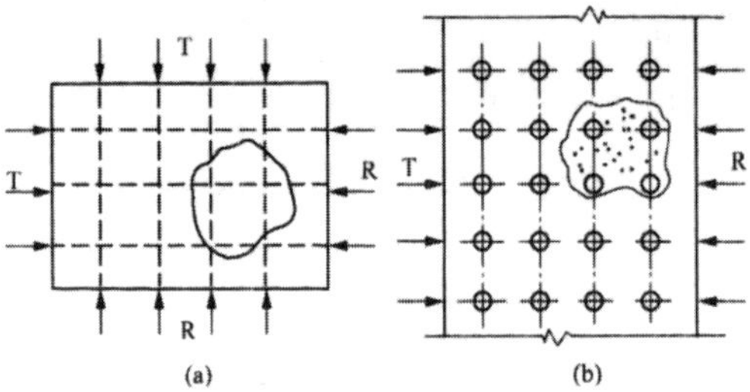

图 5-6　对测法换能器布置图

（a）平面图；（b）立面图

在测区的两对相互平行的测试面上，分别画间距为 200 ~ 300mm 的网格，并编号确定对应的测点位置。

②结构中只有一对相互平行的测试面时可采用斜测法。即在测区的两个相互平行的测试面上，分别画出交叉测试的两组测点位置，如图 5-7 所示。

③当结构的测试距离较大时，为了提高测试灵敏度，可在测区适当位置钻出平行于侧面的测试孔，测孔直径 45 ~ 50mm，深度视测试需要而定。结构侧面采用厚度振动式换能器，用黄油耦合；测孔中采用径向振动式换能器，用水耦合。换能器布置如图 5-8 所示。

（2）每一测点的声时、波幅、频率和测距的测量，应分别按第二节的规定进行。

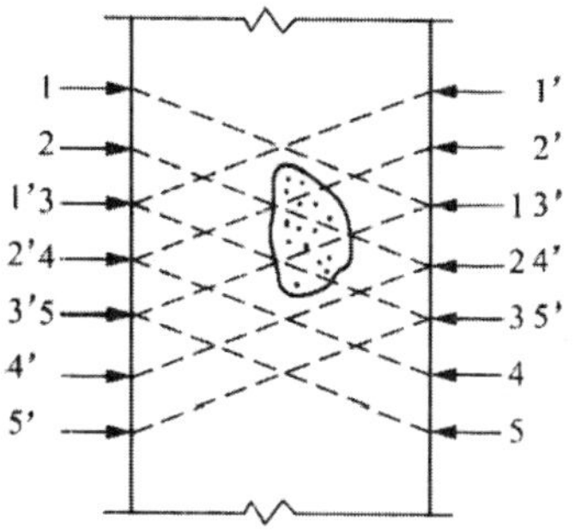

图 5-7　斜测法换能器布置立面图

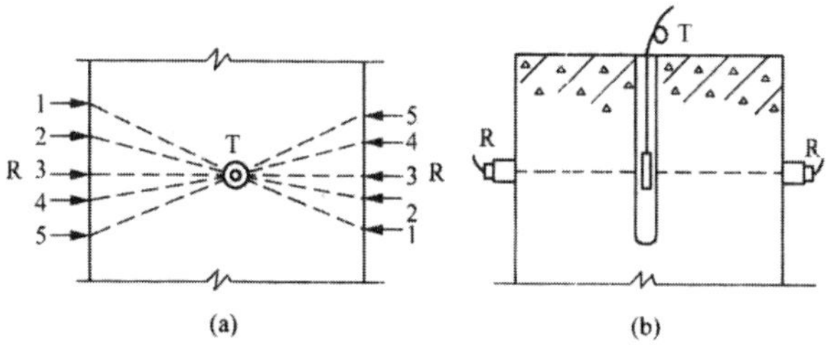

图 5-8　钻孔测法换能器布置图
（a）平面图；（b）立面图

三、数据处理判定

（1）测区混凝土声时（或声速）、波幅、频率测量值的平均值 m_x 和标准差 s_x 应按下式计算：

$$m_x = \frac{1}{n}\sum_{i=1}^{n} X_i (5-6)$$

$$s_x = \sqrt{(\sum_{i=1}^{n} X_i^2)/(n-1)}(5-7)$$

式中：X_i——第 i 点的声时（或声速）、波幅、频率的测量值；

n——个测区参与统计的测点数。

（2）测区中的异常数据可按以下方法判别：

①将一测区各测点的声时值由小至大按顺序排列，即$t_1 \le t_2 \le \cdots\cdots \le t_n \le t_{n+1}$，将排在后面明显大的数据视为可疑，再将这些可疑数据中最小的一个（假定 t_n）连同其前面的数据按式（5-6）、式（5-7）计算出 m_t 及 s_t 并代入式（5-8），算出异常情

况的判断值 X_0。

$$X_0 = m_i + \lambda_1 s_t \quad (5-8)$$

式中：λ_1——异常值判定系数。

把 X_0 值与可疑数据中的最小值 t_n 相比较，若 t_n 大于或等于 X_0，则 t_n 及排在其后的各声时值均为异常值；当 t_n 小于 X_0 时，应再将 t_{n+1} 放进去重新进行统计计算和判别。

②将一测区各测点的波幅、频率或由声时计算的声速值由大至小按顺序排列，即多 $X_1 \geq X_2 \geq \cdots\cdots \geq X_n \geq X_{n+1}$，将排在后面明显小的数据视为可疑，再将这些可疑数据中最大的一个（假定 X_n）连同其前面的数据按式（5-6）、式（5-7）计算出 m_x 及 s_x 值，并代入式（5-9）计算出异常情况的判断值 X_0。

$$X_0 = m_x = \lambda_1 s_x \quad (5-9)$$

将判断值 X_0 与可疑数据的最大值 X_n 相比较，如 X_n 小于或等于 X_0，则 X_n 及排列于其后的各数据均为异常值；当 X_n 大于 X_0，应再将 X_{n+1} 放进去重新进行统计计算和判别。

应注意的是，若耦合条件保证不了波幅稳定，则波幅值不能作为统计法的判据。

（3）当测区中某些测点的声时值（或声速值）、波幅值（或频率值）被判为异常值时，可结合异常测点的分布及波形状况确定混凝土内部存在不密实区的空洞的范围。

当判定缺陷是空洞时，其尺寸可按下面的方法估算。

如图 5-9 所示，设检测距离为 l，空洞中心（在另一对测试面上，声时最长的测点位置）距一个测试面的垂直距离为 l_h，声波在空洞附近无缺陷混凝土中传播的时间平均值为 m_{ta}，绕空洞传播的时间（空洞处的最大声时）为 t_h，空洞半径为 r。

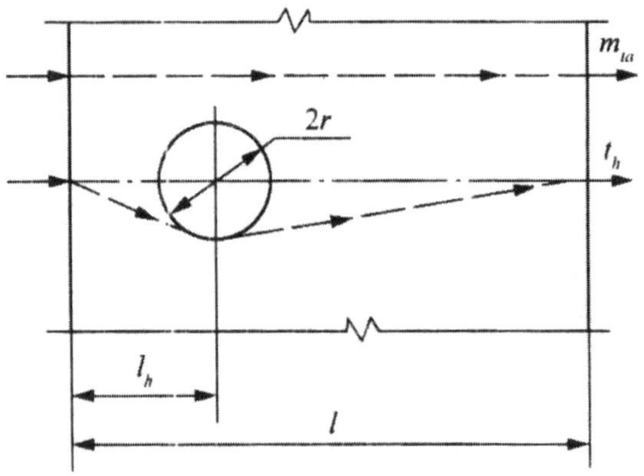

图 5-9 空洞尺寸估算原理示意图

如被测部位只有一对可供测试的表面，空洞尺寸可用下式计算：

$$r = \frac{1}{2}\sqrt{\left(\frac{t_h}{m_{ta}}\right)^2 - 1}$$

式中：r——空洞半径，

l——T、R 换能器之间的距离，mm；

t_h——缺陷处的最大声时值，μs；

m_{ta}——无缺陷区的平均声时值，μs。

第六节　混凝土结合面质量检测

一、一般规定

混凝土结合面（简称结合面），系指前后两次浇筑间隔时间大于 3h 的混凝土之间所形成的接触面，如施工缝、修补加固等。

（2）混凝土结合面检测时，被测部位及测点的确定应满足以下要求：

测试前应查明结合面的位置及走向，以正确确定被测部位及布置测点；结构的被测部位应具有使声波垂直或斜穿结合面的一对平行测试面；所布置的测点应避开平行声波传播方向的主钢筋或预埋铁件。

二、测试方法

（1）混凝土结合面质量检测可采用斜测法，按图 5–10（a）或图 5 10（b）布置测点。布置测点时应注意以下内容：

使测试范围覆盖全部结合面或有怀疑的部位；各对 T、R 换能器连线的倾斜角及测距应相等；测点的间距视结构尺寸和结合面外观质量情况而定，可控制在 100 ~ 300mm。

（2）按布置好的测点（图 5–10）分别测出各点的声时、波幅和频率值。

三、数据处理及判定

（1）某一测区各测点声时、波幅和频率值分别按第五节进行统计和异常值判断。

（2）当通过结合面的某些测点的数据被判为异常，并查明无其他因素影响时，可判定混凝土结合面在该部位结合不良。

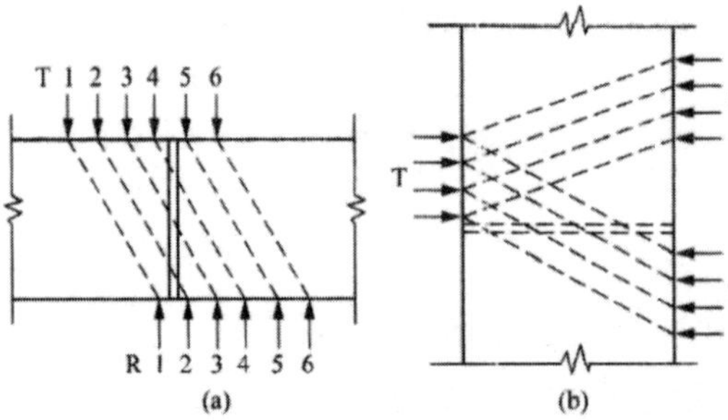

图 5–10 检测结合面的换能器位置

（a）梁平面图；（b）柱侧面图

第七节 表面损伤层检测

一、一般规定

（1）表面损伤检测适用于因冻害、高温或化学侵蚀等所引起的混凝土表面损伤厚度的检测。

（2）检测表面损伤厚度时，被测部位和测点的确定应满足以下要求：

根据结构的损伤情况和外观质量选取有代表性的部位布置测区；结构被测表面应平整并处于自然干燥状态，且无接缝和饰面层；测点布置时应避免 T、R 换能器的连线方向与附近主钢筋的轴线平行。

二、测试方法

（1）表面损伤层检测宜选用频率较低的厚度振动式换能器（见图 5–11）。

（2）测试时 T 换能器应耦合好保持不动，然后将 R 换能器依次耦合在测点 1、2、3……位置上，如图 5–11 读取相应的声时值 t_1、t_2、t_3……并测量每次 R、T 换能器之间的距离 l_1、l_2、l_3……R 换能器每次移动的距离不宜大于 100mm，每一测区的测点数不得少于 5 个。

（3）当结构的损伤层厚度不均匀时，应适当增加测区数。

三、数据及判定

（1）以各测点的声时值 t_i 和相应测距值 l_i 绘制"时—距"坐标图，如图 5–12 所示。由图可得到声速改变所形成的拐点，并可按式（5–11）和式（5–12）计算出损

伤层混凝土声速 υ_f 或未损伤混凝土的声速 υ_a。

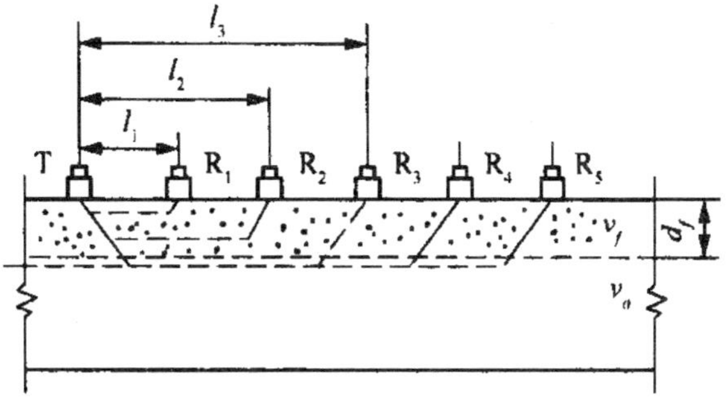

图 5–11　损伤层则的换能器布置

$$\upsilon_f = \cos\alpha = \frac{l_2 - l_1}{t_2 - t_1} (5-11)$$

$$\upsilon_a = \cos\beta = \frac{l_5 - l_3}{t_5 - t_3} (5-12)$$

式中：l_1、l_2、l_3、l_5——分别为拐点前后和格测点的测距，mm；

t_1、t_2、t_3、t_5——相对于测点 l_1、l_2、l_3、l_5 的声时，μs。

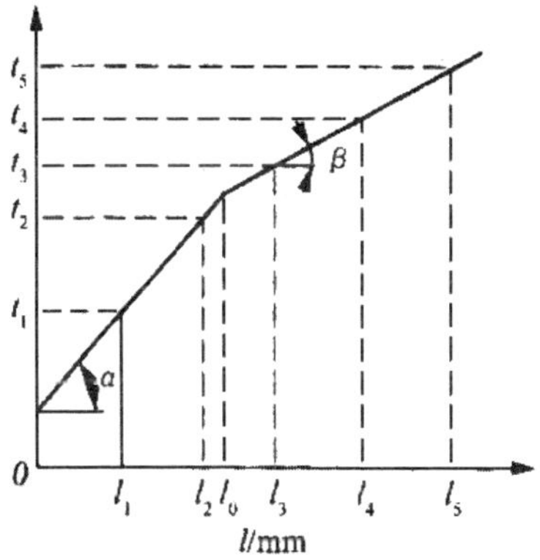

图 5–12　损伤层检测"时—距"图

（2）损伤层厚度应按下式计算：

$$d_f = \frac{l_0}{2}\sqrt{\frac{\upsilon_a - \upsilon_f}{\upsilon_a + \upsilon_f}}$$

式中：d_f——损伤层厚度，mm；

l_0——声速产生突变时的测距，mm；

υ_f——损伤层混凝土的声速，km/s；

υ_a——未损伤混凝土的声速，km/s。

第八节　匀质性检测

一、一般规定

（1）匀质性检测用于结构混凝土各部位的相对匀质性的检测。

（2）匀质性检测时，被测部位和测点的布置应满足以下要求：

被检测的应具有相对平行的测试面；测点应在被测部位上均匀布置，测点的间距一般为 200 ~ 500mm；测点布置时，应避开与声波传播方向相一致的主钢筋。

二、测试与计算

（1）每一测点的声时和测距的测量，应按第二节规定进行。

（2）各测点的混凝土声速值应按下式计算：

$$\upsilon_i = \frac{l_i}{t_{ci}}$$

式中：υ_i——第 i 点混凝土声速值，km/s；

l_i——第 i 点测距值，mm；

t_{ci}——第 i 点的混凝土声时值，μs。

各测点混凝土声速的平均值 m_u 和标准差 s_u 及离差系数 c_u 应按下式分别计算：

$$m_\upsilon = \frac{1}{n}\sum_{i=1}^{n} u_i$$

$$s_u = \sqrt{(\sum_{i=1}^{n} \upsilon_{2i} - nm_\upsilon^2)/(n-1)}$$

$$c_\upsilon = s_\upsilon / m_\upsilon$$

式中：υ_i——第 i 个测点的混凝土声速值，kms；

n——测点数。

（3）根据声速的标准差和离差系数，可以相对比较相同测距的同类结构或各部位混凝土质量均匀性的优劣。

第六章　超声法检测混凝土钻孔灌注桩

钻孔灌注桩是桥梁工程常用的基础形式。由于灌注钻孔桩需要灌注大量水下混凝土，而且施工影响因素较多，难以全部预见，致使成桩后桩身出现缩颈、夹泥、断桩或沉渣过厚等各种形态复杂的质量缺陷。因此，超声法检测在全国公路桥梁、铁路、高层建筑等工程的桩基中被广泛应用。实践证明，该法具有直观、准确、迅速、简便、费用较低等优点，而且判断缺陷准确无误，因此已成为我国灌注桩质量检测的重要手段之一。

《公路工程质量检验评定标准》（JTJ071—91）规定：按施工规范的要求，对有代表性的桩、对质量有怀疑以及因灌注故障处理过的桩，应采用无破损检测的方法。目前无破损检测方法有超声法、振动法、射线法等。

第一节　超声法检测混凝土灌注桩的基本原理及装置

一、基本原理

超声法检测混凝土灌注桩的基本原理是在桩内预埋若干根声测管道作为检测通道，将发射探头和接收探头置于声测管中，管中充满水作为耦合剂，通过桩内不同标高处声波的传播时间、接收波形的畸变和衰减等物理量，检查桩身混凝土的连续性。由于良好的混凝土声速值超过4000m/s，而外来物质（土、钻渣）或低强混凝土声速较低和有波幅衰减的接收信号，因此可根据这些物理量与介质的关系判断桩内混凝土匀质性及桩内缺陷的性质、大小和准确位置，确定混凝土强度等级的评价指标，并据以划分桩的施工质量等级，为事故桩的处理或修补提供必要的资料和依据。

1．超声法检测混凝土灌注桩方式

（1）双孔检测

在桩内预埋两根以上的管道，将发射换能器和接收换能器分别置于两根管道中，如图6–1所示。检测时超声脉冲穿过两管之间的混凝土。这种检测方式的实际有效范围，即为超声脉冲从发射换能器到接收换能器所穿过的范围。随着两个换能器沿桩的纵轴方向同步升降，使超声脉冲扫过桩的整个纵剖面，得到各项声参数沿桩的纵剖面的变化数据。由于实测时换能器是沿纵剖面逐点移动，测读各项声参数，因此，测点间距视要求而定。

在两个换能器有一定高差的斜测时，测点间距可较大；当两个换能器在同一水平面上的平测时，间距应较小。通常，手动测量时，测点间距应等于或小于 0.5m，若遇到缺陷可疑区，应加密测点。在采用自动测量装置测量时，测点间距可加密至 2 ~ 10cm。

为了扩大在桩的横截面上的有效检测控制面积，必须使声测管的布置合理，如图 6-1 所示。

双孔测量时，根据两探头相对高程的变化，可分为平测、斜测、扇形扫测等方式，如图 6-1（a）、（b）、（c）所示，在检测时视实际需要灵活运用。

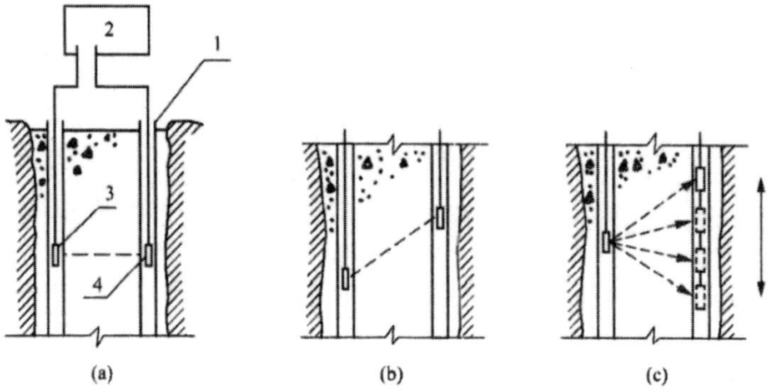

图 6-1　双孔检测方式

（a）双孔平测；（b）双孔斜测；（c）扇形扫测

1. 声测管；2. 超声仪；3. 为发射换能器；4. 接收换能器。

（2）单孔检测

在某些特殊情况下，如在钻孔取芯后需进一步了解芯样周围混凝土的质量，以扩大钻探检测的观察范围时，如只有一个孔道可供检测使用，此时，可采用单孔测量方式（如图 6-2 所示）。单孔检测方式需专用的一发两收探头，即把一个发射和两个接收压电体装在一个探头内，中间以隔声体隔离。声波从发射振子发出，经耦合水穿过混凝土表层，再经耦合水到达上下两个接收电体，从而测出超声脉冲沿孔壁混凝土传播时的各项声参数。

运用这一检测方式时，必须运用信号分析技术，以排除管中的混响干扰以及各种反射信号叠加的影响。当孔道中有钢质套管时，由于钢管影响超声波在孔壁混凝土中绕行，故不宜使用此法检测。单孔检测时的有效检测范围，一般认为，约为一个波长的深度。

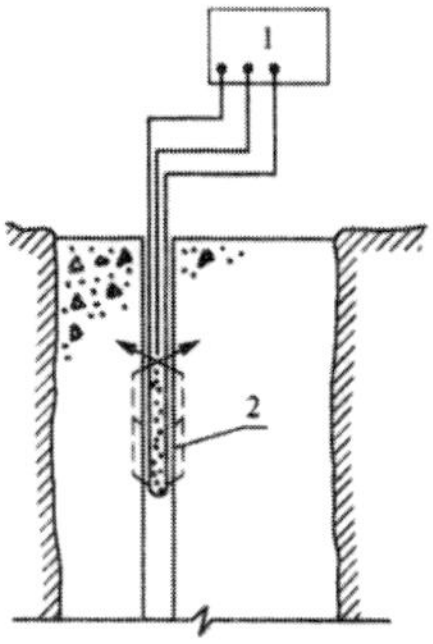

图 6-2　单孔检测方式示意图

（3）桩外孔检测

当桩的上部结构已施工，或桩内未预埋声测管时，可在桩外的土层中钻一孔作为检测通道。由于超声在土中衰减很快，因此桩外的孔应尽量靠近桩身，使土层较薄。检测时在桩顶上放置一发射功率较强的低频平探头，沿桩的轴向下发射超声脉冲，接收探头从桩外孔中慢慢放下，超声脉冲沿桩身混凝土向下传播，并穿过桩与测孔之间的土层，通过孔中的耦合水进入接收换能器，逐点测出声时、波幅等参数。当遇到断桩或夹层时，该处以下各点声时明显增大，波高急剧下降，以此作为判断依据，如图 6-3 所示。这种方式可测得桩长受仪器发射功率的限制，一般只能测量 10 ~ 15m，而且只能判断夹层、断桩、缩颈、凸肚等缺陷。

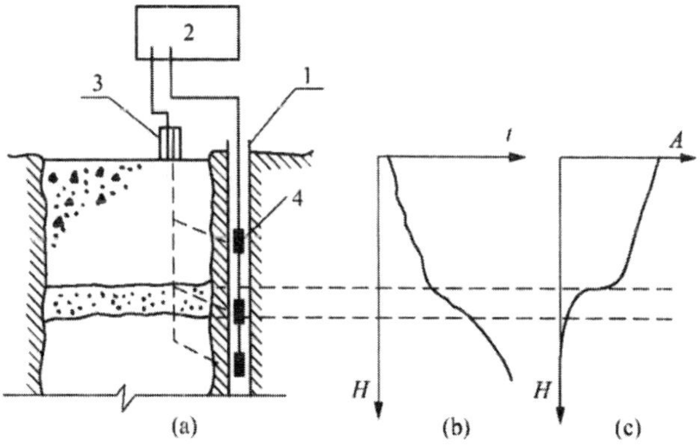

图 6-3　桩外孔检测

（a）检测示意图；（b）声时—深度曲线；（c）波幅—深度曲线；
1. 声测管；2. 超声仪；3. 发射换能器；4. 接收换能器

以上三种方式中，双孔检测是灌注桩超声脉冲检测法的基本形式。其他两种方式在检测和结果分析上都比较困难，只能作为特殊情况下的补救措施。

2. 用于判断缺陷的基本物理参量

超声脉冲穿过桩体混凝土后，被接收换能器所接收。该接收信号带有混凝土内部的许多信息，如何把这些信息离析出来，予以定量化，并建立这些物理参量与混凝土内部缺陷、强度等级和均匀性等质量指标的定量关系，是当前采用超声脉冲检测法中的关键问题。其中尚有许多问题有待研究。目前已被用于灌注桩混凝土内部缺陷判断的物理参量有 4 项。

（1）声时

声时即超声脉冲穿过混凝土所需的时间。如果两声测管基本平行，且当混凝土质量均匀、没有内部缺陷时，各横截面所测得的声时值基本相同。但当存在缺陷时由于缺陷区的泥、水、空气等内含物的声速远小于完好混凝土的声速，所以使穿越时间明显增大。而且当缺陷中的物质与混凝土的声阻抗不同时，界面透过率很小，声波将根据惠更斯原理绕过缺陷继续传播，波线呈折线状。由于绕行声程比直达声程长，因此，声时值也相应增大。所以，声时值是缺陷的重要判断参数。

（2）接收信号的幅值

接收信号的幅值是超声脉冲穿过混凝土后的衰减程度的指标之一。接收波幅值越低，混凝土对超声脉冲的衰减越大。根据混凝土中超声波衰减的原因可知，当混凝土中存在低强度区、离析区以及存在夹泥、蜂窝等缺陷时，将产生吸收衰减和散射衰减，使接收波波幅明显下降，从而在缺陷背后形成一个声阴影。幅值可直接在接收波上观察测量，也可用仪器的衰减器测量。测量时通常以首波（即接收信号的前面半个或一个周期）的波幅为准，后继的波往往受其他叠加波的干扰，影响测量结果。幅值的测量受换能器与试体耦合条件的严重影响，在灌注桩检测中，换能器在声测管中通过水进行耦合，一般比较稳定，但要注意使探头在管中处于居中位置，为此应在探头上安装定位器。

幅值或衰减与混凝土质量紧密相关，它对缺陷区的反应比声时值更为敏感，所以，它也是缺陷判断的重要参数之一，是采用声阴影法进行缺陷区细测定位的基本依据。

（3）接收频率

超声脉冲是复频波，具有多种频率成分。当它们穿过混凝土后，各频率成分的衰减程度不同，高频部分比低频部分衰减严重，因而导致接收信号的主频率向低频端漂移。其漂移的多少取决于衰减因素的严重程度。所以接收频率实质是衰减值的一个表征量，当遇到缺陷时，由于衰减严重，接收频率降低。

接收频率的测量一般以首波第一个周期为准，可直接在接收波的示波图形上做简易测量。近年来，为了更准确地测量频率的变化规律，已采用频谱分析的方法。频谱所包含的信息比简易法测量的接收波首波频率所带的信息更为丰富，更为准确，是发展方向之一。

（4）接收波波形

由于超声脉冲在缺陷界面的反射和折射，形成波线不同的波束，这些波束由于传播路径不同，或由于界面上产生波型转换而形成横波等原因，使得到达接收换能器的时间不同。因而使接收波成为许多同相位或不同相位波束的叠加波，导致波形畸变。实践证明，凡超声脉冲在传播过程中遇到缺陷，其接收波形往往产生畸变。所以波形畸变可作为判断缺陷的参考依据。

必须指出，波形畸变的原因很多，某些非缺陷因素也会导致波形畸变，运用时应慎重分析。目前波形畸变尚无定量指标，而只是经验性的。关于波形畸变后的分析技术，有待进一步研究。

3. 用于判断灌注桩混凝土强度等级及均匀性的物理参量

目前用于桩内混凝土强度等级及均匀性评价的物理参量主要有声速、衰减以及由它们推定的强度的统计参数。

（1）声速

混凝土声速与强度有良好的相关性，所以可以用声速值推定混凝土的强度等级。但声速与强度的相关性受许多因素的影响。例如，不同配合比的混凝土往往有不同的“声速—强度”相关公式。所以通常针对一定配合比和原材料条件的混凝土，应事先制成“声速—强度”标准曲线，或事先通过试验求得两者的相关公式，在检测中作为推定强度的依据。

（2）衰减值

由于“声速—强度”相关关系受配合比等许多因素的影响，因此在灌注桩的水下混凝土时如果产生离析等现象，各部位混凝土的实际配合比将与设计配合比有很大差别。这时用相同的一种“声速—强度”相关公式去推定强度往往误差较大。为此，可采用“声速—衰减—强度”综合法。该法可排除离析的影响，提高强度推定的精确度。用于推定强度时，衰减值须用衰减器准确测量，并应排除耦合条件等因素的影响。

（3）推定强度的统计参数

为了评定桩的混凝土均匀性，以便评价施工质量，可将推定强度的平均值、标准差和不低于设计强度等级的百分率分别求出，并参照《混凝土强度检验评定标准》（GBJl07—87）进行评定。

由于声速或声时与强度值有一定相关性，因此，有时也可用声速或声时的统计参数作为评定均匀性的依据。用声速或声时的统计参数评定的均匀性，可作为工地质量控制的参数指标，但不得作为验收指标。

二、超声脉冲检测装置

灌注桩超声脉冲检测装置主要由超声检测仪、超声换能器、探头升降装置、记录显示装置或数据采集与处理系统等基本部件所组成。此外，桩内预埋声测管也是实际超声脉冲检测的主要装置。

第二节　超声法检测混凝土灌注桩技术

一、检测前的准备

1. 预埋声测管

声测管是进行超声脉冲法检测时换能器进入桩体的通道，是灌注桩超声脉冲检测系统的重要组成部分。声测管在桩内的预埋方式及其在桩的横截面上的布置形式，将直接影响检测结果。因此，在设计时需将声测管的布置和埋置方式标入图纸，在施工时应严格控制埋置的质量，以确保检测工作顺利进行。

（1）声测管的选择

声测管材质的选择，以透声率较大、便于安装及费用较低为原则。

声脉冲从发射换能器发出，通过耦合水到达和声测管管壁的界面，再通过管壁到达声测管管壁与混凝土的界面，穿过混凝土后又需穿过另一声测管的两个界面而到达接收换能器。

目前常用的管子有钢管、钢质波纹管和塑料管。

钢管的优点是便于安装，可用电焊焊接在钢筋骨架上代替部分钢筋截面。而且由于钢管刚度较大，埋置后可基本上保持其平行度和平直度。目前许多大直径灌注桩均采用钢管作为声测管，但钢管的价格较贵。

钢质波纹管是一种较好的声测管材料，它具有管壁薄、省钢材、有抗渗、耐压、强度高、柔性好等特点，通常用于预应力结构中的后张法预留孔道。用作声测管时，可直拉绑扎在钢筋骨架上，接头处可用大一号波纹管套接。由于波纹管很轻，操作十分方便，但安装时需注意保持其轴线的平直。塑料管的声阻抗率较低，用作声测管具有较大的透声率，通常可用于较小的灌注桩。在大型灌注桩中使用时应慎重，因为大直径桩需灌大量混凝土，水泥的水化热不易发散。鉴于塑料的热膨胀系数与混凝土相差悬殊，混凝土凝固后塑料管因温度下降而产生径向和纵向收缩，有可能使管子与混凝土局部脱开而造成空气或水的夹缝，在声通路上又增加了更多反射强烈的界面，容易造成误判。

声测管的直径，通常比径向换能器的直径大10mm即可，常用规格的内径为50～60mm。管子的壁厚对透声率的影响较小，原则上对管壁厚度不作限制，但从节省用钢量的角度而言，管壁只要能承受新浇混凝土的测压力，则越薄越好。

（2）声测管数量及布置

声测管的埋置数量及其在桩的横截面上的布置方式通常按图6–4所示，图6–4中的阴影区为检测的控制面积。

一般桩径小于1m时，沿直径布置2根；桩径为1～2.5m，布置3根，呈等边三角形；桩径大于2.5m时，布置4根，呈正方形。

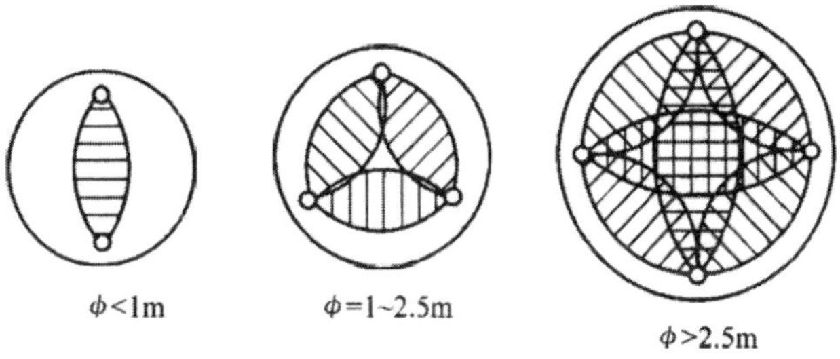

图6–4　声测管的布置方式

（3）声测管的安装方法

声测管可直接固定在钢筋笼内侧，如图6–5所示。固定方式可采用焊接或绑扎，管子之间基本上保持平行。若需要用检测结果对各测点混凝土的强度做出评估，则不平行度应控制在0.5%以下。钢筋笼放入桩孔时应防止扭曲。

管子一般随钢筋笼分段安装，每段之间的接头可采用反螺纹套筒接口或套管焊接方案，如图6–5所示。若采用波纹管则可利用大一号的波纹管套接，并在套接管的两端用胶布缠绕密封。无论哪一种接头方案都必须保证在较高的静水压力下不漏浆，接口内部保持平整，不应有焊渣、毛刺等凸出物，以免妨碍探头自由移动。声测管的底端应密封，安装完毕后应将上口用木塞堵住，以免浇灌混凝土时落入异物，致使孔道堵塞。声测管内注灌清水。

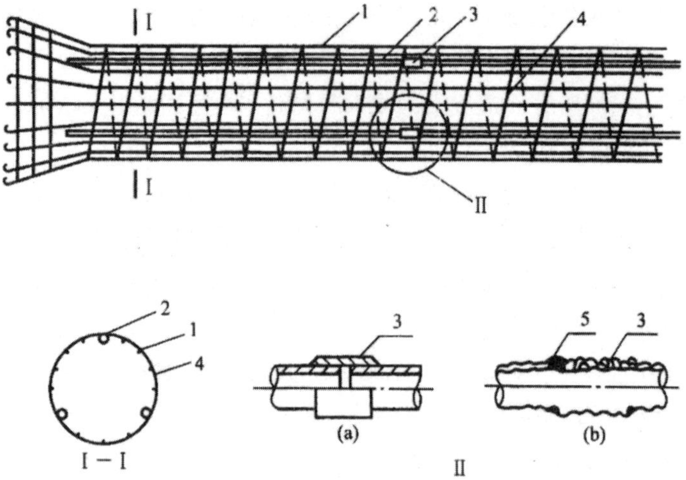

图 6–5　声测管的安装方法

（a）钢管的套接；（b）波纹管的套接

1. 钢筋；2. 声测管；3. 套接管；4. 箍筋；5. 密封胶布

（4）声测管的其他用途

声测管除用作检测通道及取代一部分钢筋截面外，还可作为桩底压浆的管道，试验证明，经桩底压浆处理的灌注桩，可大幅度提高其承载力。同时声测管还可作为事故桩缺陷冲洗与压浆处理的管道，这时需采取措施把需压浆的缺陷部位的管道打穿。

2. 仪器标准状态标定

（1）径向振动式换能器声时初读数（t_0）的测试。将两个径向探头置于大于 1m 的水槽中，其轴线互相平行，且在同一水平高度。逐次调节两个换能器轴线间距，并量测其距离 L_i，读取相应的声时值 t_i（测点数不得少于 10 个），采用统计方法求出 t_i 和 l_i 之间的回归式：

$$l = a + bl$$

式中：a，b——待求的回归系数。

a 便是由仪器和换能器及其高频电缆所产生的初读数 t_0。

（2）声测管及耦合水声时修正值 t’的计算：

$$t = \frac{D-d}{V_s} + \frac{d-d'}{V_\omega}$$

式中：t_0——仪器设备的声时初读数，μs；

D——声测管外径，mm；

d——声测管内径，mm；

d’——探头直径，mm；

V_s——钢管声速，km/s；

V_w——水中声速，km/s，水中声速与水温的关系见表 6-1；

t’——声测管及耦合水修正值，μs。

表 6-1　水中声速与水温的关系

水温 /℃	5	10	15	20	25	30
水中声速 /（km/s）	1.45	1.46	1.47	1.48	1.50	1.51

（3）混凝土实际声时值 t_c

$$t_c = t - t_0 - t'$$

式中：t——测试时实测声时值，μs。

（4）预先测出桩位地层中可能造成夹层的泥砂、钻渣或砾石的声速值。

二、检测方法和步骤

（1）检测时分全桩扫测和有怀疑部位细测两部进行。扫测时直读声时值，观测波形的变化；细测时应同时观测声时、波高、波形的畸变。

（2）探头移动。若两探头置于同一高度称之为平测；或将探头相差一个高差称之为斜测。斜测时两探头高差一般不超过 50mm。

（3）测点间距应以 50cm 为宜，在测值较均匀部位允许加大测点间距至 1m。在均匀性较差的可疑区可加密测点至 10cm。

（4）两探头必须同步升降，测点的探头高差变化不超过 20cm。

（5）声程以桩顶声测管间距为准，测量精度应达 ±1%。

采用平测时，声程值为

$$L = L_0 - D$$

式中：L——混凝土声程，cm；

L_0——桩顶声测管中心距，cm；

D——声测管外径。

采用斜测时，声程值为

$$L = \sqrt{L_0^2 + \triangle H^2} - D$$

式中：△ H——为两探头高差；其余各项同前。

（6）测试时需记录声时值；打印完好波形及畸变波形图，发现波形畸变时需作文字记载。

三、检测条件要求

（1）检测龄期以大于 14d 为益，最少不得少于 7d。

（2）条件具备的施工工地，可预先制作带有各种缺陷的模拟桩，测试其各种缺陷的声时值及波形畸变，以便正式测试时可采用对比法判断缺陷。在哈尔滨市南极立交桥、八路五桥、九路九桥采用超声法检测混凝土钻孔桩时，预先制作模拟桩（如图 6-5 所示），采用对比判断法，开挖结果表明，凡采用对比判断法为缺陷的桩，都无一例外地存在缺陷，证明声测结果准确可靠。

（3）当所测的声速接近钢的声速（5800m/s）时，应考虑箍筋所造成的影响，这时应改变测点位置，避开钢筋。

（4）当声时—深度曲线有规律地严重倾斜时，应考虑是否由于声测管在预埋时未达到平行度要求所造成。

第三节　灌注桩混凝土缺陷的判断

沿着桩的轴向逐点测量各深度横断面上混凝土的声时、波幅、接收波频率、波形等参数之后，即可获得一系列数据，并可绘出桩的纵剖面上的声时—深度曲线、波幅—深度曲线、频率—深度曲线等。鉴于桩内混凝土施工方法及其状态的特殊性，缺陷的判断及强度的推定方法都与一般的混凝土超声测缺与测强常用的方法有所不同，因此，在这些实测数据的基础上，对桩的完整性、连续性、均匀性、强度等级等做出判断，已成为基桩超声脉冲检测法的技术关键之一。

目前，常用的缺陷分析判断方法可分为两大类：第一类为数值判据法，即根据测试值，经适当的数学处理后，找出一个可能存在缺陷的临界值，作为判断依据。为此，必须在测定的声参数和存在缺陷的可能性之间，建立合理的数学或物理模型，以便找出适当判据形式。这种方法能对大量测试数据做出明确的定量判断。由于计算工作量大，一般应由计算机完成。数值判据是超声脉冲测缺技术中近年发展起来的一个新领域，它使混凝土超声测缺技术由经验性的判断方法变成了根据实测数值的定量判断。但由于研究时间较短，现有数值判据的合理性及其适应范围有待进一步研究。

目前，数值判据法常用于对桩全面扫测时的初步判断。第二类为声场阴影区重叠法，即从不同的方向测出缺陷背面所形成的声阴影区，这些声影的重叠区即为缺陷的所在位置。该法直观明确，但测量必须细致，效率较低，通常用于在数值判据法确定缺陷位置后的细测判断，以便在数值判据粗略判断缺陷的存在之后，仔细测量缺陷的位置、大小和性质。

根据哈尔滨市 1992 ~ 1994 年市政建设钻孔桩的超声检测实践，上述方法必须结合使用，才能获得准确、可靠的测试结果。

一、数值判据法

1．概率法

同一结构物的同一种混凝土，由于随机因素将产生声时、声速、波幅及接收波频率等声参数的波动。因此，同一结构物中同一配合比的混凝土的所有声时、声速、波幅及频率等的测值均应符合正态分布。当存在缺陷时，在缺陷区的声参数值将明显变化，是异常值。所以，只要检出声参数的异常值，其所对应的测点位置，即为缺陷区。具体方法如下：

首先将全桩各测点的声时值 t_i 或声速值 C_i 及波幅值 A_i 或频率值 f_i 分别按顺序排列。其中 t_i 从小到大排列，C_i、f_i、A_i 从大到小排列。在实际检测中，通常选择其中的 1 ~ 2 项参数即可，常用的是声时或声速，而将波幅值作为阴影重叠法的主要依据。

将排列在后面明显较小的 C_i、A_i 或 f_i 值，或明显较大的 t_i 值视为可疑值。将可疑值中最大、对于声时值则为最小的一个，连同前面的数，按下式计算平均值和标准差

$$m_x = \frac{1}{n}\sum_{i=1}^{n} x_i$$

$$S_x = \sqrt{\frac{\sum_{i=1}^{n} x_i^2 - n m_x^2}{(n-1)}}$$

式中：m_x——声时、声速、波幅或频率等参数中某一项参数的平均值；

x_i——某一项参数参与计算的实测值；

n——参与计算的测点总数；

S_x——某一项参数的标准差。

异常值的临界值按下列两种情况计算：

当统计数据为声时值时，

$$M = m_i + K_a S_t$$

式中：M——临界值；

m_i——声时平均值；

S_t——声时标准差；

K_a——异常值判定系数（按表 6-2 取值）。

表 6-2　与 n 对应的 Ka 值

n	14	16	18	20	22	24	26	28	30	32
Ka	1.47	1.53	1.59	1.64	1.69	1.73	1.77	1.80	1.83	186
n	34	36	38	40	42	44	46	48	50	52
Ka	1.89	1.92	1.94	1.96	1.98	2.00	2.02	2.04	2.05	2.07

当统计数据为声速、波幅或频率时，

$$M = m_x - K_a S_x$$

式中各项同前。

在所统计的 n 个声时值中，当最后一个数 t_n 大于或等于 M 时，则 t_n 及排列于其后的声时值均为异常值。若 t_n 小于 M，再将 t_{n+1} 放进去进行统计计算，得出新的 M 值进行判断。

经上述判别后，各异常值所对应的测点即为缺陷可疑点。

2．PSD 判据

鉴于灌注桩的施工特点，混凝土的均匀性通常较差，超声法检测各项参数的测值较为离散。同时在施工过程中，由于钢筋笼的刚度较小，吊入时很难保证固定在钢筋笼上的声测管保持平行。实践证明，有时声测管的位移甚大，在桩头上无法觉察，而导致各项声参数测值的偏离。这些非缺陷因素对测值所造成的影响必须予以消除，以免造成误判。而且，各项声参数，尤其是波幅及接收频率等测值，在同一结构的同一种混凝土中是否一定符合正态分布规律，仍然缺乏足够的试验验证资料。为此，湖南大学于 1983 年首先提出了以“声参数—深度曲线相邻两点之间的斜率与差值之积”作为判据，简称 PSD 判据。

（1）判据的形式

若以声时值 t 为例，设测点的深度为 H，相应的声时值为 t，则声时随深度变化的规律可用“声时—深度”曲线表示，假定其函数式为

$$t = f(H)$$

当桩内存在缺陷时，由于在缺陷与完好混凝土的分界面处超声传播介质的性质产生突变，因而声时值也产生突变，该函数的不连续点即为缺陷界面的位置。

但实际检测中总是每隔一定距离检测一点，△ H 不可能趋向于零。而且，由于缺陷表面凹凸不平，以及孔洞等缺陷是由于波线曲折而导致声时变化的，所以 t=f(H) 的实测曲线中，在缺陷界面处只表现为斜率的变化，各点的斜率可用下式求得

$$S_i = \frac{t_i - t_{i-1}}{H_i - H_{i-1}}$$

式中：S_i——第 i–1 测点与第 i 测点之间声时—深度曲线的斜率；

t_{i-1} 和 t_i——相邻两测点的声时值；

H_{i-1} 和 H_i——相邻两测点的深度。

斜率仅反映相邻测点之间声时值变化的速率。由于在检测时往往采用不同的测点间距，因此，虽然所求出的斜率可能相同，但当测点间距不同时，所对应的声时差值也不同。而声时差值是与缺陷大小有关的参数。换言之，斜率只能反映该点缺陷的有无，要进一步反映缺陷的大小就必须引入声时差值这一参数，因此，判据式定义为

$$K_i = S_i(t_i - t_{i-1}) = \frac{(t_i - t_{i-1})^2}{H_i - H_{i-1}} \tag{6-12}$$

式中：K_i——i 点的 PSD 的判据值。

显然，当 i 点处相邻两点的声时值没有变化或变化很小时，K_i 等于或接近于零。当声时值有明显变化或突变时，K_i 与 $(t_i - t_{i-1})^2$ 成正比，因而 K_i 将大幅度变化。

实测证明，PSD 判据对缺陷十分敏感，而对因声测管不平行，或因混凝土不均匀等非缺陷原因所引起的声时变化，则基本上不予反映。这是由于非缺陷因素所引起的声时变化都是渐变过程，虽然总的声时变化量可能很大，但相邻两测点间的声时差值却很小，因而 K_i 很小。运用 PSD 判据基本消除了声测管不平行或混凝土不均匀等因素所造成的声时变化对缺陷判断的影响。

为了对全桩各测点进行判别，首先应将各测点的 K 值求出，也可绘成判据值度曲线。凡是在 K_i 值较大的地方，均可列为缺陷可疑点。

（2）临界值及缺陷大小与 PSD 判据的关系

PSD 判据实际上反映了测点间距、声波穿透距离、介质性质、测量的声时值等参数之间的综合关系，这一关系随缺陷的性质不同而异，现分别推导。

1）假定缺陷为夹层（见图 6–6）。设混凝土的声速为 C_1，夹层中夹杂物的声速为 C_2，声程为 L，测点间距为△ H（即 H_i–H_{i-1}）。若在完好混凝土中的声时值为

t_{i-1}，夹层中的声时值为 t_i，即两测点介于界面两侧，则

$$t_{i-1}=\frac{L}{C_1}(6-13)$$

$$t_i=\frac{L}{C_2}(6-14)$$

所以

$$t_i-t_{i-1}=\frac{L}{C_2}-\frac{L}{C_1} \tag{6–15}$$

将式（6–15）代入式（6–12）得

$$K_c=\frac{L^2(C_1-C_2)^2}{C_1^2C_2^2\Delta H} \tag{6–16}$$

用式（6–16）所求得的判据值即为遇到夹杂物为声速等于 C_2 的夹层断桩的临界判据值，以 K_c 表示。

若某点 i 的 PSD 判据 K_i 大于该点的临界判据值 K_c，该点即可判为夹层或断桩。

例如，某桩混凝土的平均声速 $C_1=0.37\times10^{-2}m/\mu s$，两声测管间距 L=0.5m，根据地质条件及施工记录分析，该桩可能形成夹层的夹杂物为砂、砾石的混合物，对这种混合物预先取样实测声速 $C_2=0.321\times10^{2}m/\mu s$，测点间距采用△H=0.5m。则由式（6–16）求得该桩产生砂、砾石夹层的临界判据为

$$=\frac{0.5^2\times(0.37\times10^{-2}-0.321\times10^{-2})^2}{(0.37\times10^{-2})\times(0.321\times11^{-2})^2\times0.5}=851.037$$

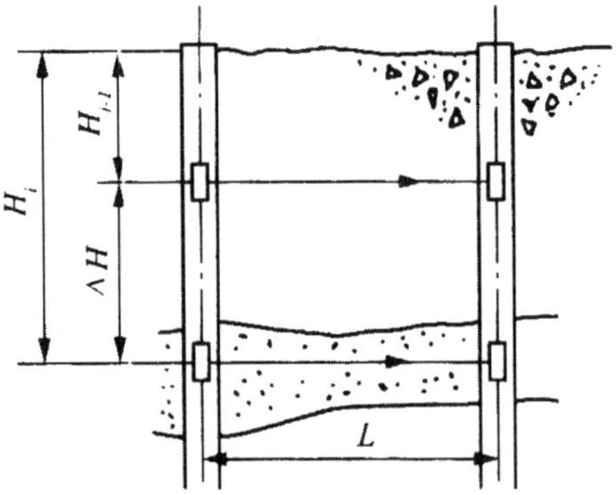

图 6–6　夹层示意图

当检测结果中某点的判据值 K_i 大于 K_c，则该点应判为砂、砾石夹层。

2）假定缺陷为空洞（见图 6–7）。如果缺陷是半径为 R 的空洞，t_{i-1} 代表声波

在完好混凝土中直线传播时的声时值，t_i 代表声波遇到空洞时绕过缺陷其波线成折线状传播时的声时值，则

$$t_{i-1}=\frac{L}{C_1} \tag{6-17}$$

$$ti=\frac{\sqrt[2]{R^2+\left(\frac{L}{2}\right)^2}}{C_1} \tag{6-18}$$

将式（6–17）、式（6–18）代入式（6–12），得

$$K_i=\frac{4R^2+2L^2-2L\sqrt{4R^2+L^2}}{\Delta HC_1^2} \tag{6-19}$$

式（6–19）反映了 K_i 值与空洞半径 R 之间的关系。

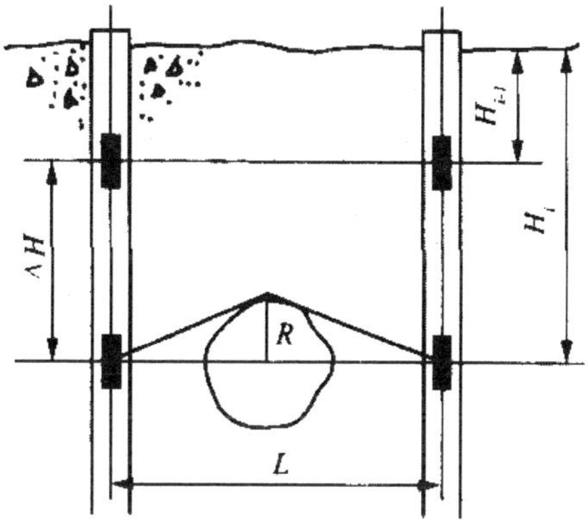

图 6–7　空洞示意图

3）假定缺陷为“蜂窝”或被其他介质填塞的孔洞（见图 6–8）。这时超声脉冲在缺陷区的传播有两条途径。一部分声脉冲穿过缺陷到达接收换能器，另一部分沿缺陷绕行后到达接收换能器。当绕行声时小于穿行声时时，可按空洞算式处理；反之，则缺陷半径及与判据的关系可按相同的方法求出

$$K_i=\frac{4R^2(C_1-C_3)^2}{\Delta HC_1^2C_3^2} \tag{6-20}$$

式中：C_3——孔洞中填塞物的声速；其余各项同前。

根据试验，一般蜂窝状疏松区的声速为密实混凝土声速的 80% ~ 90%，故取 $C_3=0.85C_1$，则式（6–20）可写成

$$K_i = \frac{0.125R^2}{C_1^2 \Delta H} \quad (6\text{–}21)$$

通过上述临界判据值以及各种缺陷大小与判据值关系的公式，用它们与各点的实测值所计算的判据值作比较，即可确定缺陷的位置、性质与大小。必须指出，根据式（6–19）、式（6–20）、式（6–21）求得的 K_i 值只要大于零，就能求得相应的孔洞半径。而实际上，t_{i-1} 与 t_i 的微小差异即可使 $K_i>0$，但这些微小差异可能是非缺陷因素引起的。即使是缺陷引起的，但因缺陷很小，桩内允许较小缺陷存在。依此，实用上应规定一个判据的上限值。判据值大于该上限值时，即应根据公式判别和计算缺陷性质和大小；当判据值小于该上限值时，则予以忽略。

实践证明，用以上判据判断缺陷的存在与否，是可靠的。但由于以上公式的 C_2、C_3 均为估计值或间接测量值，所以，所计算的缺陷大小也是估算值，最终应采用各种细测方法，如声阴影重叠法予以准确测定。

PSD 判据法需逐点计算 K_i，并对 K_i 大于允许上限值的各点进行缺陷性质和大小的计算，其工作量较大，一般用计算机完成。笔者在哈尔滨市钻孔桩检测中编制了 PSD 判据的软件程序可在几分钟内完成上述计算和判断，并输出检测和判断结果。

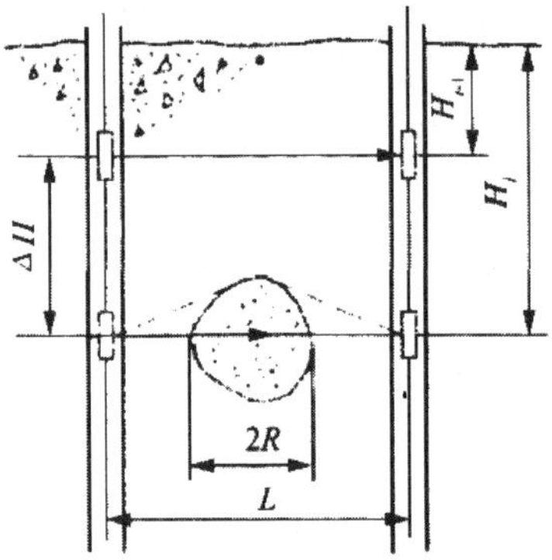

图 6–8 “蜂窝”或被泥砂等物堵塞的孔洞

3．多因素概率分析法

以上两种判据都是对声时、声速、波幅、频率等声参数分别进行数据处理，未把它们综合成统一的判据。铁道部大桥局科学研究所提出了多因素概率分析法。该法运用声速、波幅和频率三项参数，通过总体的概率分布特征，获得一个综合判断值作为缺陷判据，该判据以代号 NFP 表示。

全桩各测点的综合判断值，即多因素概率判据 NFP，按下式计算：

$$NFP_i = \frac{C_i^{'}F_i^{'}A_i^{'}}{\frac{1}{n}\sum_{i=1}^{n}(C_i^{'}F_i^{'}A_i^{'}) - ZS_c} \tag{6-22}$$

式中：NFP_i——第 i 测点的多因素综合判据；

C'_i——第 i 测点声速相对值，即 i 点声速 C_i 除以该桩全部测点声速的最大值，即 $C'_i=C_i/C_{max}$；

F'_i——第 i 测点频率的相对值，即 i 点频率 F_i 除以该桩全部测点中频率的最大值，即 $F'_i=F_i/F_{max}$；

A'_i——第 i 测点波幅的相对值，即 A_i 点波幅次除以该桩全部测点中波幅的最大值，即 $A'_i=A_i/A_{max}$；

S_c——上述三个参数相对值之积为样本（即综合样本）的标准差；

Z——概率保证率系数，根据与样本相拟合的夏里埃（Charliar）分布概率密度函数及样本的偏倚奇数、峰凸系数及其保证率所决定。

当采用多因素概率分析法时，首先对原综合样本进行 x^2 检验，看是否服从夏里埃分布。若服从夏里埃分布，则从原综合样本进行概率分析；若不服从夏里埃分布，则从原综合样本中剔除一个最大值和一个最小值，直至服从夏里埃分布为止。然后以服从夏里埃分布的“新综合样本”作为该桩概率分析的依据，根据夏里埃分布的特性，求出平均值 m，标准差 S_c，偏倚系数 K_s，峰凸系数 K_e，并计算出 Z。从而按式（6–22）求出各点的 NFP_i 值。

当 $NFP_i < 1$ 时，该 i 点为缺陷区。

同时，可根据实践经验所得的表 6–3 作为判断缺陷性质和类型的参考。

表 6–3　用 NFP 值判断缺陷性质

判断依据				缺陷性质
NFP	C	F	A	
≥ 1				无缺陷
0.5 ~ 1	正常	正常	略低	局部夹泥（局部缺陷）
	低	低	正常	一般低强区（局部缺陷）
0.35 ~ 0.5	正常	正常	较低	较严重的夹泥或夹砂
	低	低	很低	较严重的低强区或缩颈
0 ~ 0.35	低	低	很低	砂、石堆积断层
	很低	很低	很低	夹泥、砂断层

从该表可见声速、波幅、频率对各种不同缺陷的反应是不同的，把它们综合在一起，可较全面地反映缺陷的性质。同时，NFP 值越小，缺陷越严重。

以上三种数值判据法各有特点，在实践应用中都已被证实是有效的，但也必须指出，它们在理论和实践上都存在一定问题，有待进一步研究。因此，数值判据可作为计算机自动快速判别的一种手段，用于快速扫测时的粗略判断，以便为缺陷桩的处理提供确切依据。

二、声阴影重叠法

运用上述数值判据判定桩内缺陷的大概位置、性质和大小后，应在初定的缺陷区段内采用声阴影重叠法仔细判定缺陷的确切位置、范围和性质。

所谓声阴影重叠法，就是当超声脉冲波束穿过桩体并遇到缺陷时，在缺陷背面的声强或弱，形成一个声辐射阴影区。在阴影区内，接收信号的波幅明显下降，同时声时值增大，甚至波形畸变。若采用两个方向检测，分别划出阴影区，则两个阴影区边界线交叉重叠所围成的区域，即为缺陷的范围。

图 6-9 ~ 图 6-13 为各种不同缺陷用声阴影重叠法的具体测试方法。测试时，一个探头固定不动，另一个探头上下移动，找出声时与波幅发生突变的位置，即声阴影的边界位置，然后交换测试，找出另一面的阴影边界，两组边界线的交叉范围内的声阴影重叠区，即为缺陷区。

在混凝土中，由于种种界面的漫反射有低频声波的绕射，使声阴影的边界十分模糊。因此，需综合运用声时、波幅、频率等参数进行判断。当需要确定局部缺陷在桩的横截面的确切位置时，可采用图 6-13 多侧向叠加法。

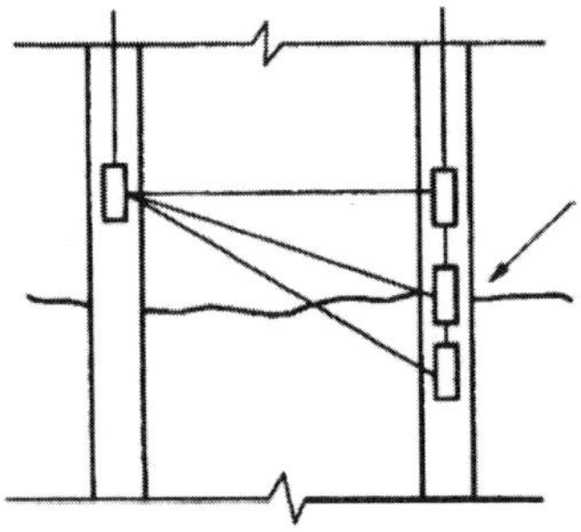

图 6-9　断桩位置的判断

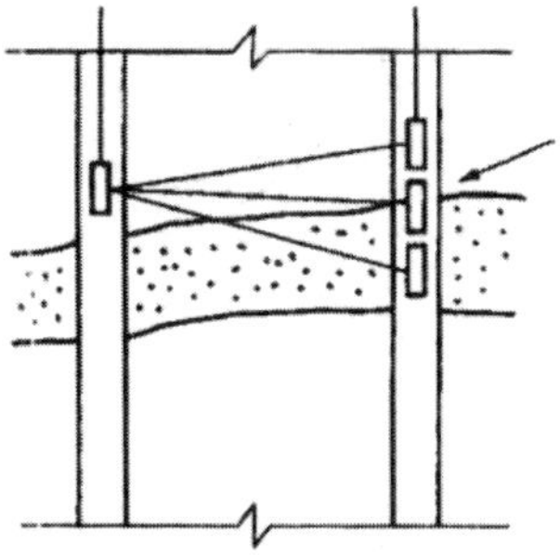

图 6-10　厚夹层上下界面的定位

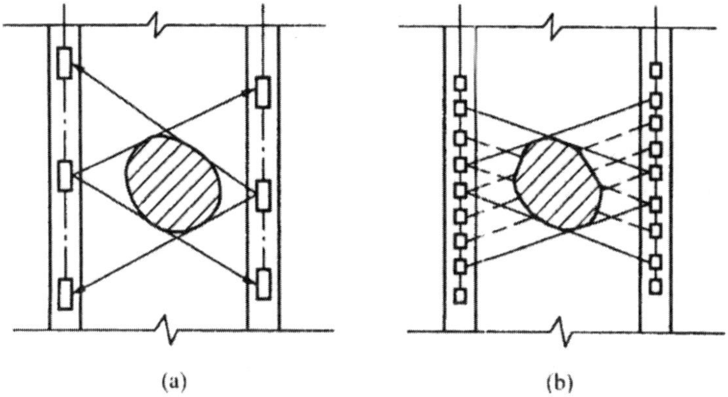

图 6-11　空洞、泥团、蜂窝等局部缺陷范围的判断
（a）扇形扫测；（b）平移扫测

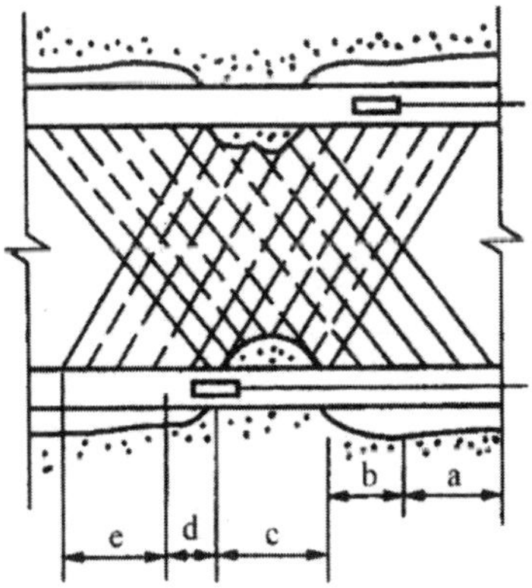

图 6-12　缩颈现象的判断
（a）波幅小声时大；（b）波幅大声时小；（c）波幅小声时大；
（d）波幅大声时大；（e）波幅小声时大

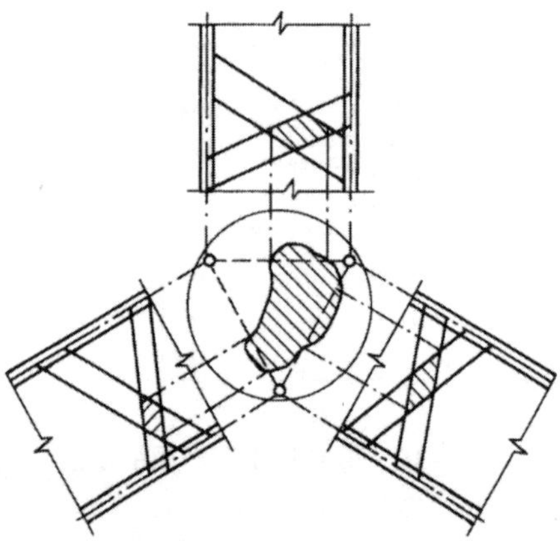

图 6-13　局部缺陷在桩横截面上的位置的多向叠加定位法

三、综合判断法

超声脉冲在遇到缺陷时，通过夹杂物的声速一般低于通过正常混凝土的声速，即声时增加。因缺陷内夹杂物对声波能量吸收较多，致使接收波振幅明显衰减，同时，由于反射波、散射波叠加的结果，致使接收波波形可能发生畸变等，且不同缺陷其特征表现亦不尽一样。如声时增加，波幅可能并未衰减，反而增加；波幅衰减，声时却未增加等，这都与缺陷种类和性质有关。缺陷的综合定性判断见表 6-4。

表 6-4　综合定性判断

波幅	声时正常（声速正常）	声时偏小（声速偏离）	声时偏大（声速偏小）
正常	强度正常	强度较高	强度较低，有局部缺陷
偏大	强度正常或偏高	强度较高，质量很好	强度较低或正常，混凝土浆多石少
偏小（衰减）	强度正常，但表层不良或内部有缺陷	强度正常，混凝土石多浆少	强度低，质量不良，内部有缺陷

一般来说，混凝土桩的质量好，它的 t–h 曲线基本上是直线，无大的起伏和明显折点，波幅亦无明显衰减；蜂窝、局部夹泥沙团声时有明显增加，最大相对差为 10% ~ 20%，波幅有衰减；局部夹层和断桩 t–h 曲线出现较大峰值，最大相对差大于 30%，波幅衰减强烈，砾砂夹层可衰减 50% ~ 100%，泥砂夹层衰减 80% ~ 100%，接收波波形跌落成一条直线，加 t 增益也无法测试，其厚度一般在 0.5m 以上，较好判别。

根据多年采用超声法检测混凝土灌注桩水混凝土灌注质量的实践经验，认为采用综合判断法和声影重叠法相结合，对灌注桩混凝土缺陷的判断准确无误。

四、灌注桩混凝土均匀性评价

根据《混凝土强度检验评定标准》的规定，结构物混凝土总质量水平，可根据统计周期内混凝土强度标准差和试件强度不低于要求强度等级的百分率两项指标来划分。并规定将混凝土质量划分为优良、一般、差三等。对桩内混凝土进行总体质量水平评价时，也应以上述规定为基础。具体方法是根据预先建立的声速强度相关公式或声速衰减强度相关公式，将各点声速换算成各点强度推算值，然后按以下公式算出全桩混凝土强度标准差和不低于规定强度等级的百分率。

强度标准差为：

$$S_R = \sqrt{\frac{\sum_{i=1}^{n} R_{cui}^2 - n m_{Rcu}^2}{n-1}}$$

$$P = \frac{n_0}{n} \times 100\%$$

式中：R_{cui}——全桩各测点混凝土强度推算值的平均值；

m_{Rcu}——全桩各测点混凝土强度推算值的平均值；

n——全桩各测点强度推算值中不低于要求强度等级的数量；

P——测点总数中不低于规定强度等级的百分率。

根据所算出的 S_R 和 P，按表 6–5 划分桩的混凝土的质量水平。

表 6–5　钻孔灌注桩混凝土质量水平

评定指标	混凝土质量水平					
	优良		一般		差	
	<C20	>C20	<C20	≥ C20	<C20	≥ C20
全桩混凝土强度换算值标准差 S_R/MPa	≤ 3.5	≤ 4.0	≤ 4.0	≤ 5.5	>4.5	>5.5
强度换算值不低于要求强度等级的百分率 P/%	≥ 95		>85		≤ 85	

第四节　超声法检测灌注桩缺陷的工程实例

一、灌注桩混凝土各种缺陷检测的波形

图 6–14 为灌注桩混凝土在施工中产生的各种缺陷的超声波检测波形。凡带有各种缺陷的灌注桩混凝土，其波形首波幅度低、波幅衰减强烈，而且产生不同程度的畸变。

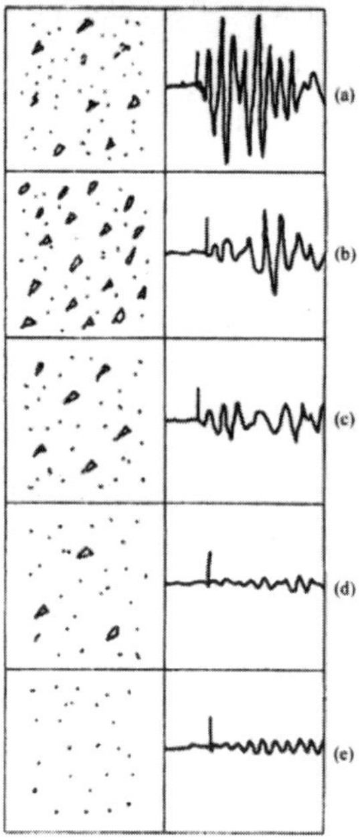

图 6–14　灌注桩混凝土各种缺陷超声检测波形

（a）完好混凝土波形；（b）石多浆少混凝土波形；（c）细骨料多混凝土波形；（d）泥浆渣夹杂物混凝土波形；（e）沉淀层波形

二、局部缺陷检测实例

（1）某桥灌注桩桩径≤ 1.3m，桩长 24m，预埋三根声测管，混凝土设计强度等级 C25。14d 龄期进行超声法检测，检测结果如图 6–15（a）所示。

检测结论：在该桩自 8.0 ~ 8.4m 深三个方向细测，声时—深度曲线在 8.0m 处出现较大峰值，声时由 24μs 增至 650μs，最大相对差大于 30%，波幅衰减强烈，

几乎减成一直线。检测结果确定：该桩 8.0 ~ 8.4m 深度沿桩周围混凝土中有泥浆进入，厚度不均，约 25cm 不等。

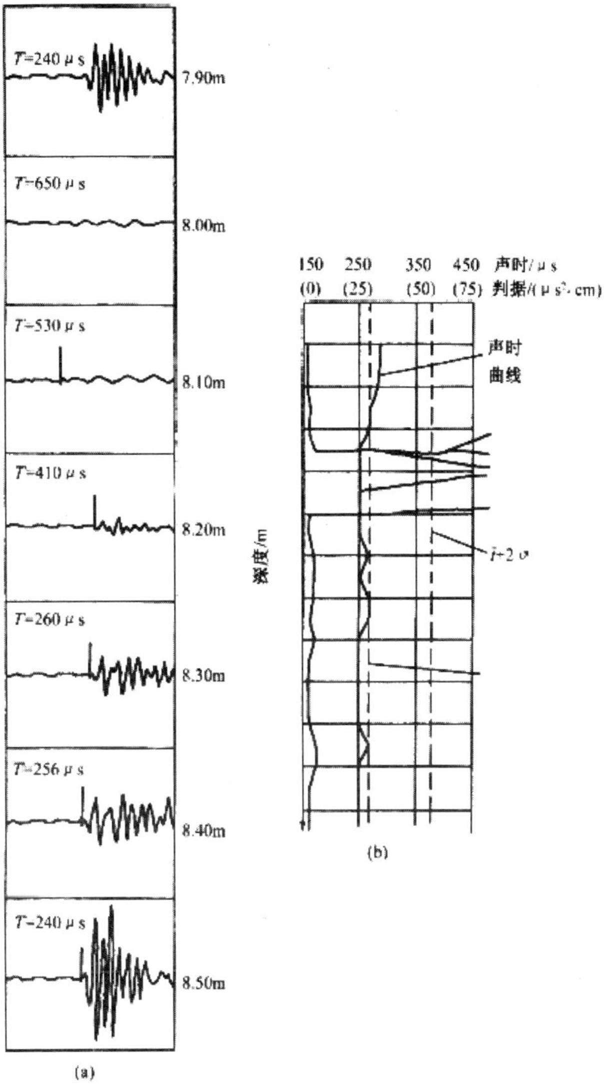

图 6-15　缺陷桩检测实例

（a）检测波形；（b）声时—深度、PSD 判据曲线

该桩现场开挖验证结果与超声法检测相符，检测结论准确无误。图中斜线部分为泥浆进入深度，括号外数字为缺陷高度，括号内数字为缺陷深度。

（2）某桥灌注桩桩径≤ 1.3m，桩长 33m，预埋三根声测管，混凝土设计强度等级 C25，14d 龄期进行超声法检测。

检测结论：自桩向下 4m 深度接收波波形跌落成一条直线，三个方向测试结果相同。检测结果确定：该桩自桩顶至 4m 处沿桩周围有泥浆进入，其厚度为 30 ~ 40cm。分析认为该区段钢筋无保护层，泥浆进入钢筋笼内侧，该桩为严重缺陷桩。

施工单位现场开挖结果如图 6–16 所示。钢筋贴壁，泥浆进入钢筋笼以内。开挖结果证明，检测无误。补强措施如图 6–16 所示。

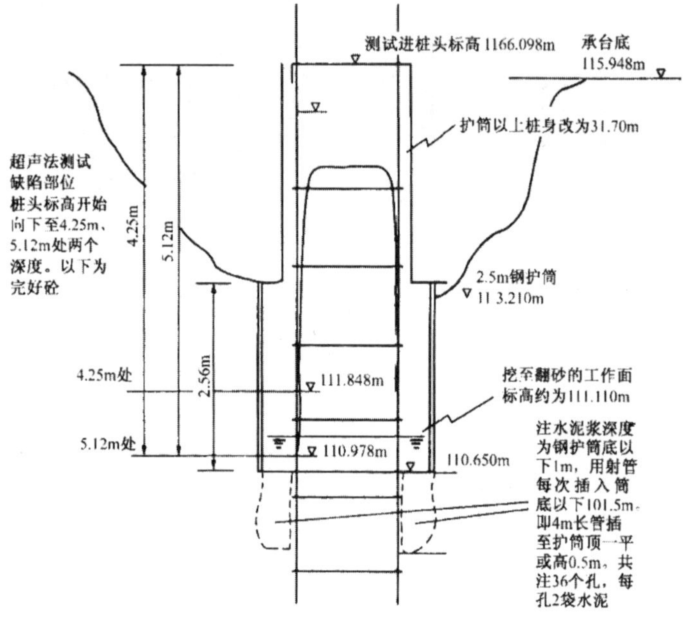

图 6–16　缺陷桩开挖结果及补强措施

（3）某桥灌注桩径≤ 2.2m，桩长 65m，预埋 4 根声测管，混凝土设计强度等级 C20，配合比为 C：S：G=1：2.23：2.72，W/C=0.54，加 0.2% 木钙缓凝剂。

7d 龄期时进行粗测，发现 20.4 ~ 20.9m 深度 6 个测向声时均增加 8%~25%，波幅衰减。根据 PSD 判据计算，各测向在该深度的 K_i 值均小于断桩的临界判据值 K_c，判定为局部缺陷。此外，部分测向在 23 ~ 25m 深度，声时值也有增大，也判为局部缺陷。随后采用声阴影重叠法进行细测。

检测结果确定：20.5 ~ 20.9m 深度为马蹄形缺陷，覆盖 A、D、C 三管，占总截面积的 21%，宽度（钢筋笼以内）20 ~ 40cm，厚度不均。靠 D 管稍薄，为 20 ~ 30cm，靠 A、C 管较厚，为 50 ~ 70cm。此外，在 23.3 ~ 24.6m 深度有围绕 B 管的局部砾、砂团，为总截面积的 10%。

三、全断面夹层（断桩）检测与判断实例

某桥大直径灌注桩桩径≤ 2，2m，桩长 60cm，预埋 4 根声测管。混凝土设计强度等级 C20，配合比为 C ：S ：G=1 ：2.09 ：2.56，W/C=0.5，加 0.3% 木钙缓凝剂，测试龄期 20d。

实测的声时—深度曲线示于图 6–17（a），从图中可见，该桩在 39.8 ~ 41.3m 深的 1.5m 区段内声时值明显增大，而且波幅明显下降，在 40.5 ~ 41.0m 处尤甚。

以 A—C 测向为例，各测点的 PSD 判据示于图 6–17（b）。从图中可见，40.2 ~ 41.0m 深 PSD 判据的 K_i 值急剧增大，形成一条黑色带状区，指示该处有严重缺陷。在 40.5m 处 t_i=1000μs，t_{i-1}=654.8μs，H_i-H_{i-1}=10cm，求得 K_i=11916μs^2/cm。根据该处地质条件，估计可能形成砂砾夹层，预先测定的夹杂物声速 C_2=0.321cm/μs，声测管间距 L=200cm，该处判为断桩的临界判据值为 K_c=2229μs^2/cm。

根据 PSD 判据判断方法 $K_i>K_c$，在 40.5m 处为断桩。再采用声阴影法进行细测，确定该夹层的厚度和上下界面的位置［见图 6–17（c）］。

经钻芯复验，在该区段内取不出芯样，只取出光滑破碎的卵石，证明此处确为无胶结的砂、砾夹层。而且在夹层下面取出的 20cm 芯样中粗骨料很少，多孔，强度很低，判断夹层上下有一低强度区，也是正确的。

据了解，该处在施工时因混凝土泵故障，停工 40min，导致导管堵塞被迫剔出混凝土表面，虽然经吸渣、二次封底，但仍形成断层。

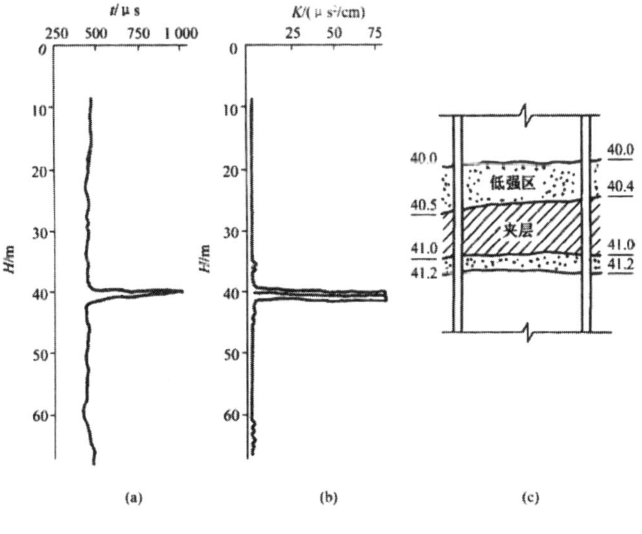

图 6–17　全断面夹层桩检测实例

（a）声时—深度曲线；（b）PSD 判据曲线；（c）细测定位结果

四、桩底软垫层的判断实例

某桥灌注桩径≤ 2.2m，桩长 60m，检测时发现桩底 2.5 ~ 3m 范围内，6 个测向声时值陡增，波幅严重衰减，如图 6–18 所示，波幅下降达 70% ~ 100%。

用 PSD 判据计算，该处 K_i=7762μs^2/cm，估计为泥砂沉淀层，预估的沉淀物声速为 C_2=0.20cm/μs，按式（6–12）求得该处的全断面沉淀层临界判据为 K_c=2510μs^2/cm，所以 $K_i>K_c$。该桩判为全断面沉淀层。

经声阴影重叠法细测定位，确定该软垫层范围如图 6–18 所示。

此桩成孔下置钢筋笼后，由于未及时灌注水下混凝土，在 7.75 ~ 10.75m 泥岩区发生了局部塌孔，孔底沉渣达 6m，虽经清渣吸孔，但不彻底，导致形成桩底软垫层。

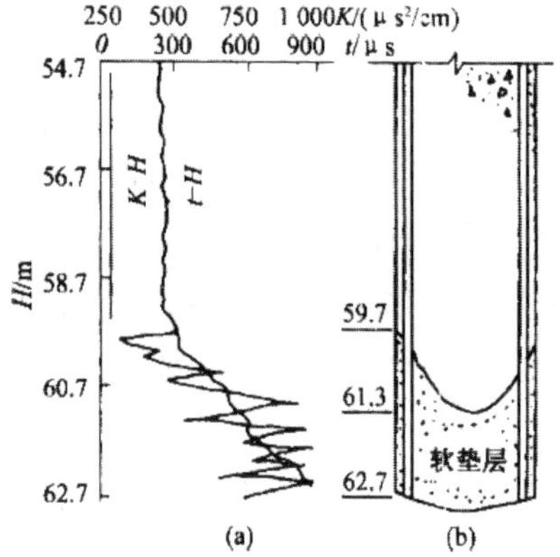

图 6–18 桩底软垫层检测实例

（a）声时—深度曲线及 PSD 判据曲线；（b）细测定位结果

五、桩顶低强度区的判断实例

某桥灌注桩桩径≤ 1.5m，桩长 20m，经检测发现，桩顶 0 ~ 2m 深度声时偏大，声深度曲线与判据线如图 6–19 所示。

该区外观观察并无明显异常，是由于灌注时超压力不足，导致顶部混凝土不如下部的密实，而且这部分混凝土直接与泥水接触，可能混入泥水，而成桩后铲除量不够，应判为低强度区。如果强度严重不足，则应进行补强处理。

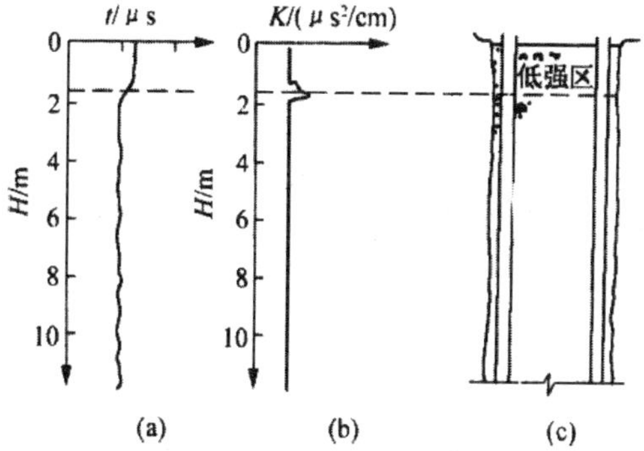

图 6-19　桩顶低强度区的判断

（a）声时—深度曲线；（b）PSD 判据曲线；（c）桩顶低强度区示意图

第七章　钢管混凝土质量检测

钢管混凝土是在钢中浇灌混凝土并振捣密实，使钢管与核心混凝土共同受力的一种新型的复合结构材料，它具有强度高、塑性变形大、抗震性能好、施工快等优点。同钢筋混凝土的承载力相比，钢管混凝土的承载力更高，因而，可以节省 60% ~ 70% 的混凝土用量，缩小了混凝土构件的断面尺寸，降低了构件的自重，在施工中且可节省全部的模板用量。可见，推广钢管混凝土结构具有良好的技术经济效果。

第一节　钢管混凝土超声检测的基本原理

钢管混凝土质量超声检测方法如图 7–1 所示。

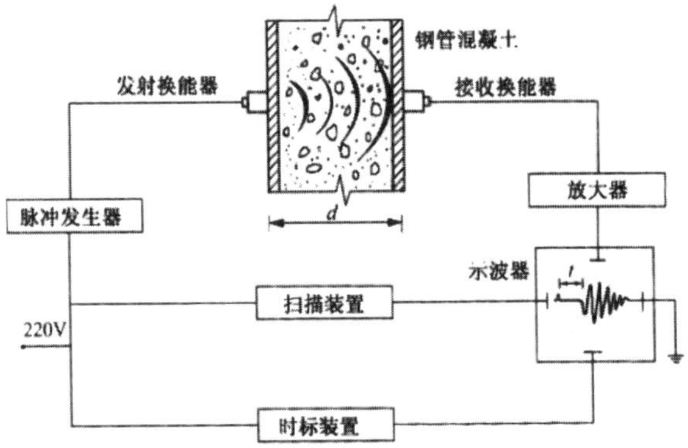

图 7–1　低频超声波检测系统方块图

超声波在钢管混凝土中的传播途径不同于普通钢筋混凝土或素混凝土，采用对测法检测钢管混凝土质量时，超声波首波在钢管混凝土中的传播途径如图 7–2 所示。

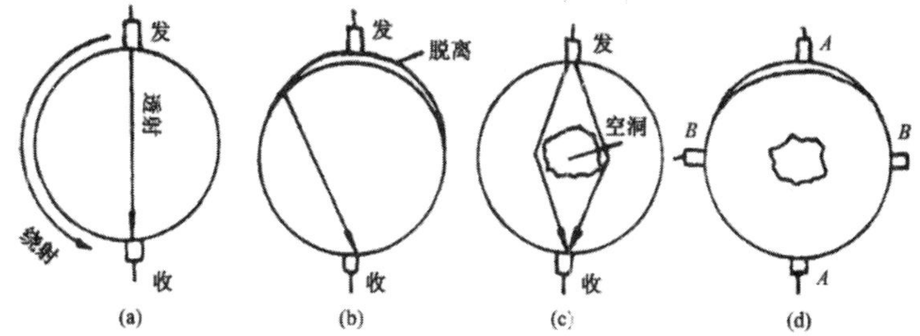

图 7–2　超声波通过钢管混凝土时首波传播途径示意图

采用超声测缺时，通常有以下几种方法（见表 7–1）：

表 7–1　采用超声测缺时常采用的方法

方法	主要内容
首波声时法（声速法）	接收探头接收到的首波声时是声波通过最短途径的声时，根据它的大小或声速的大小可判断首波的传播途径。当钢管内混凝土声速大于钢管材料声速的 2/π 倍时，首波沿钢管混凝土径向传播，此时可根据首波声时（声速）的大小判断钢管混凝土内部是否存在缺陷，否则，首波沿钢管壁传播，此时无法检测混凝土的质量
波形识别法	超声仪发射的脉冲正弦波或余弦波在传播过程中若遇到缺陷界面，特别是固—气界面时，会发生反射、绕射现象，使声波相位发生变化，导致接收波形发生畸变，通过判断脉冲波形的畸变程度，可判断钢管混凝土内部是否存在缺陷
首波频率法	存在缺陷的混凝土将使高频波快速衰减，因而接收波形的首波频率比通过相同距离的无缺陷混凝土后收到的波形的首波频率低，故可根据首波频率的大小判断混凝土内缺陷的程度
首波幅度法	超声波在混凝土内传播过程中，当垂直射到充气缺陷的界面上时，其反射能量接近 100%，即绕射信号很微弱，与无缺陷的密实混凝土相比，超声波能量损失严重，导致接收信号波幅下降，因此首波幅度的高低变化是判断缺陷的重要声学参数

综上所述，采用诸多的超声声学参数综合评定混凝土的缺陷，无疑比用单一参数更具合理性。

第二节　钢管混凝土缺陷的判断

硬化的钢管混凝土中如果存在缺陷，超声脉冲通过这种结构材料传播的声速比相同材质的无缺陷混凝土传播的声速要小，能量衰减大，接收信号的频率下降，波形平缓甚至发生畸变。综合这些声学参量评定混凝土的质量状况。

依据低频超声波在钢管混凝土复合材料中传播的基本原理，以及判断缺陷的方法，超声脉冲可适用于圆钢管混凝土、方钢管混凝土和混凝土构件粘钢补强的结合质量等检测。根据材料结构强度形成和施工条件可能造成的质量问题，以及工作设计的要求，模拟可能产生的各种缺陷，以及检测结果分述如下：

模拟试件采用525号普通硅酸盐水泥配制C30混凝土，粗骨料的粒径为5～30mm，钢管的内径为≤38cm、≤25cm的两种，管壁厚有6mm和10mm的两种，采用CTS-25型非金属超声波检测仪，换能器的频率50kHz，钢管混凝土的测试龄期有7d、14d、36d、60d。

一、混凝土内部空洞的探测

在混凝土施工过程中，由于混凝土的流动性降低，或在钢板插件附近漏振架空，可能形成空洞缺陷。钢管混凝土模拟试件的检测位置、各龄期检测的声速和相应的波形如图7-3和表7-2所示。

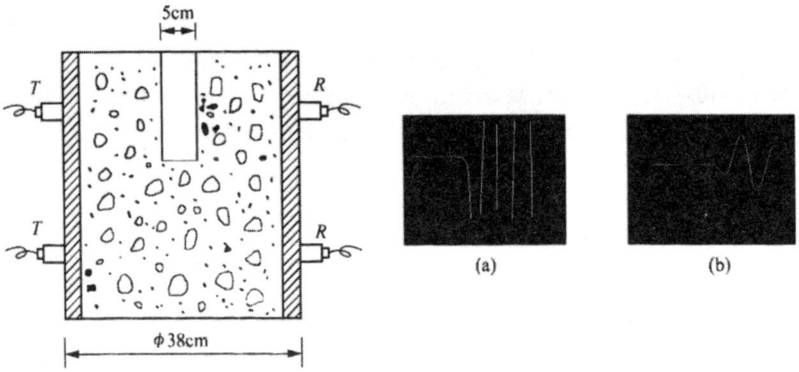

图7-3 空洞缺陷与检测波形

（a）密实部位的波形；（b）空洞部位的波形

表7-2 不同部位不同龄期超声声速的变化情况

龄期/d 声速/（m/s） 检测部位	7	14	36	60
密实区	4236	4491	4556	4703
空洞区	4121	4130	4158	4236

（1）钢管混凝土随着养护龄期的增长，超声声速逐渐提高，它反映了混凝土强度增大与声速呈一致性关系，证明了混凝土与钢管结合良好，接收信号初至波是沿着钢管混凝土径向传播的超声波信号。

（2）随着钢管混凝土养护龄期的增长，绕过空洞缺陷的声速变化比对穿过密实混凝土的声波速度小得多，14d 龄期之后探测缺陷比 7d 龄期的检测的辨别率要高。

（3）首波幅值和频率变化：

7d（分贝值 / 幅度）　60d（分贝值 / 幅度）

密度部位　　　0dB/1.5cm　　5dB/4cm

空洞部位　　　0dB/0.8cm　　0dB/1cm

频率变化：密实部位的接收信号的频率为 32.9kHz

空洞部位的接收信号的频率为 21.6kHz

相对于密实区，空洞区的接收信号的频率下降约 34%。

二、混凝土局部不密实区的探测

因施工过程混凝土假凝或水泥浆少砂石偏多，形成混凝土组织构造局部松散缺陷。模拟试件检测位置、不同龄期、不同部位检测的超声声速及波形如图 7–4 和表 7–3 所示。

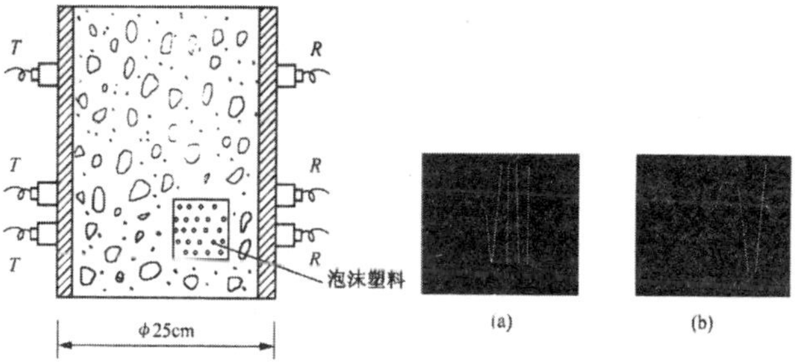

图 7–4　不密实区缺陷与检测波形

（a）密度区接收的信号；（b）泡沫塑料接收的信号

表 7–3　不同部位不同龄期超声声速变化情况

龄期 /d 声速 /（m/s） 检测部位	7	14	36	60
密实	4247	4364	4540	4695
疏松区（泡沫塑料）	3987	3942	4033	4053

（1）以 60d 龄期扫测结果为例：

密实区→密实松散交界区→松散区，超声声速变化为：

4695m/s　　4205m/s　　4053m/s

结合对应的接收信号波形，可以大体区分出混凝土内部组织构造的变化范围。

（2）在松散区上超声能量衰减和频率下降比密实区的要大，以接收信号等幅度测读，声能变化为：

密实区　　交界区　　松散区

27dB/4cm　15dB/4cm　8dB/4cm

三、核心混凝土与钢管壁胶结不良的探测

模拟试件的不同检测位置、不同养护龄期测得的超声声速，波形如图 7–5 和表 7–4 所示。

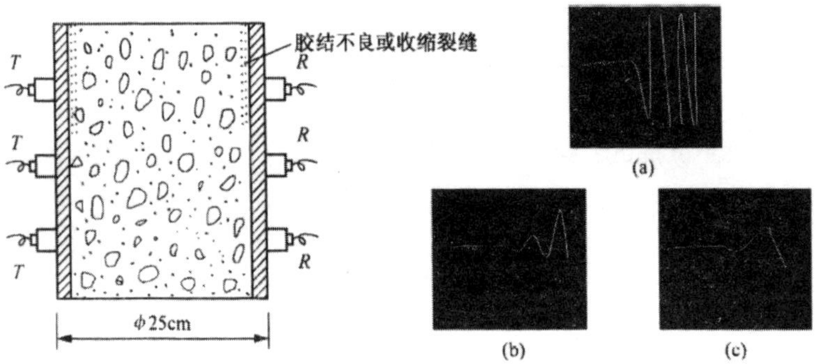

图 7–5　胶结不良缺陷与检测的波形

（a）胶结良好区域的波形；（b）交界区的波形；（c）胶结不良区域的波形

表 7–4　不同部位不同龄期超声声速变化情况

龄期 /d 声速 /（m/s） 检测部位	7	14	36	60
胶结良好区	4247	4364	4540	4695
交界区	4212	未测	未测	4456

（1）钢管与混凝土结合不良处，超声声速下降相当大，因首波畸变，对波点较难读准，但波形变化明显，用以定性鉴别两种材料结合质量是比较有效的。

（2）从胶结良好区→交界区→胶结不良位置测试比较，接收信号首波衰减量为：

22dB/3cm → 17dB/3cm → 0dB/1cm 的变化。缺陷区的接收信号频率比质量正常的下降约 21%。

四、漏振疏松缺陷的检测

施工中因振捣不充分或漏振，造成混凝土内部疏松或表层的蜂窝麻面等缺陷，均削弱了钢管混凝土的承载力和耐久性。

模拟试件测试部位，不同龄期测得的超声声速及接收信号波形如图 7-6 和表 7-5 所示。

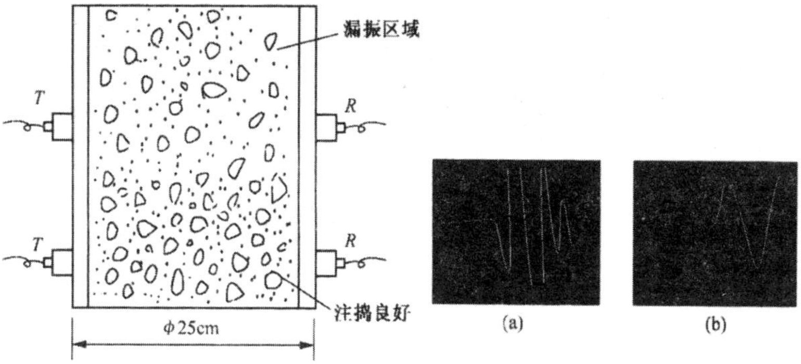

图 7-6　漏振疏松缺陷与检测的波形

（a）密实区域的波形；（b）疏松层的波形

表 7-5　不同部位不同龄期超声声超变化情况

龄期 /d 声速 /（m/s） 检测部位	7	14	36	60
密实区	4247	4364	4540	4695
漏振疏松区	3910	4141	4200	4234

与密实层比较，疏松层的接收信号频率下降了 24%，根据超声参量综合分析，可鉴别钢管混凝土内混凝土密实度的状况。

五、钢管混凝土的管壁与混凝土结合处收缩的检测

由于钢管混凝土水泥用量较高，混凝土工作度较高，渗出的水分集聚于钢管内壁，均可造成钢管内壁与混凝土脱粘裂缝。

模拟收缩裂缝试件，不同龄期检测的超声声速、波形变化如图 7–7 和表 7–6 所示。

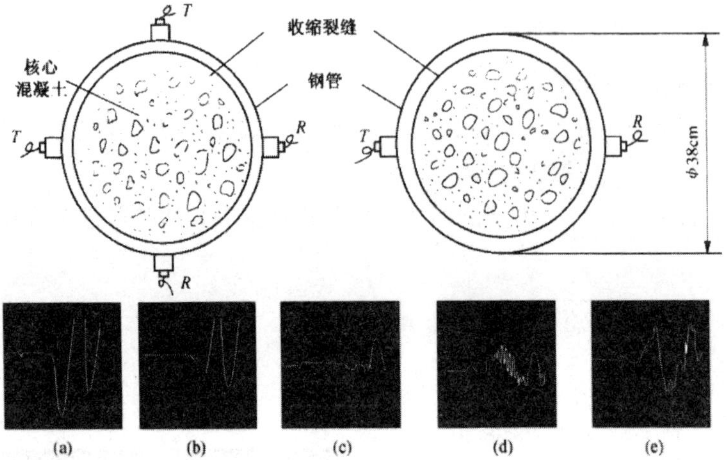

图 7–7　收缩裂缝不同位置超声检测及波形

（a）密实区波形；（b）沿开裂区的波形；（c）垂直于裂缝的波形；（d）对穿收缩裂缝的波形；（e）收缩裂缝充水后的波形

表 7–6　收缩裂缝不同位置超声检测及波形

龄期 /d 声速 /（m/s） 检测部位	7	14	36	60
密实区	4333	4492	4556	4703
沿裂缝交界处	4236	4280	4308	4393
垂直于裂缝	3751	3711	3770	3946

在实际检测时，正对于收缩缝和部分跨缝方向检测的声速、波形状况均有差异，不同龄期的信号衰减值为：

	7d	60d
跨缝	4dB/3cm	10dB/3cm
正对缝	0dB/ 波形畸变	0dB/2cm

表明声波传播轴线方向与裂缝垂直时，裂缝阻隔声通路所造成声能衰减比较严重，对于钢管内壁与核心混凝土基本脱开，即使裂缝极为纤细，检测仪示波屏上显示的接收信号，总是出现混响的背景，或示波扫描不稳定，波形畸变，可以推断超声投射波大量反射、散射，造成声能的严重衰减，以及声波沿钢管壁传播的混响的

干扰，以致扫描线扭曲畸变现象。

六、混凝土分层离析均匀性的检测

由于钢管混凝土的流动性较大，或水灰比失控，施工中混凝土可能出现分层离析，形成组织构造的不均匀性。

模拟试件不同龄期的超声声速、波形状况如图 7-8 和表 7-7 所示。

实测表明，混凝土中粗骨料的影响较大，即混凝土声速明显高于砂浆中的声速值，接收波形又表明在混凝土层超声波能量衰减比在砂浆层中的大，而两种状况下检测的波形均没有畸变，首波幅度均较高，而砂浆层中的首波幅度更高。可见，波形正常幅度高而两层声速有明显的差异，大多是混凝土分层离析的现象。

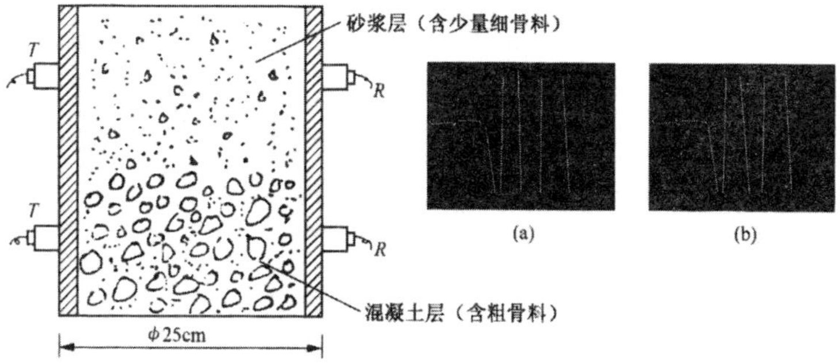

图 7-8　分层离析与检测波形

（a）多砂浆的波形；（b）多骨料混凝土的波形

表 7-7　不同部位不同龄期超声声速变化情况

龄期 /d 声速 /（m/s） 检测部位	7	14	36
多砂浆层	3970	4121	4141
多骨料混凝土层	4380	4505	4581

七、“施工缝”的检测

“施工缝”包括如下两种情况：

一种是模拟施工过程超时限的二次浇捣成型的混凝土，即后浇混凝土有可能破坏了先浇混凝土层的凝结硬化的强度，使交界层强度下降，形成“施工缝”；另一种是新旧混凝土结合不良也会产生整体性差的“施工缝”。

不同模拟试件、不同龄期测得的超声声速、波形变化状况如图 7–9 和表 7–8 所示。

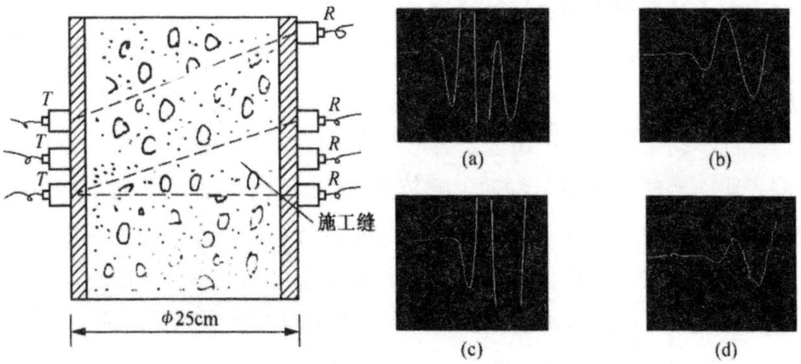

图 7–9　施工缝与检测波形

（a）直接穿透混凝土的波形；（b）沿施工缝直接传播的波形；（c）斜穿透密实混凝土的波形；（d）斜穿透施工缝的波形

表 7–8　不同部位不同龄期超声声速变化情况

龄期 /d 声速 /（m/s） 检测部位	7	14	36	60	接收频率
密实区斜测	4269	4333	4426	4429	f=30.9kC
跨缝斜测	3951	3910	4180	4228	f=21.1kC

采用等距离平行斜测施工缝具有良好的可比性和鉴别率。在初步确定施工缝位置后对施工缝长短范围，可以采用相同的方法，并估计声通路能穿越缝的左中右布置斜测测点，以声速、首波幅度和波形诸参量与密实层中的相同测距斜测的各参量比较，估计施工缝贯穿的程度。

八、钢管混凝土中钢板插件对超声检测的影响

由于结构的需要，钢管混凝土内部可能焊置钢板插件，成型后它的方向对超声不同方向检测的影响程度，因此有必要加以模拟并做超声探测。

在钢管混凝土成型时，埋入尺寸为 31cm × 6.4cm × 1.5cm 的钢块，验证超声传播平行和垂直于钢块长度方向，超声检测参量受到的影响。

模拟试件，不同龄期测得超声声速、波形变化状况如图 7–10 和表 7–9 所示。

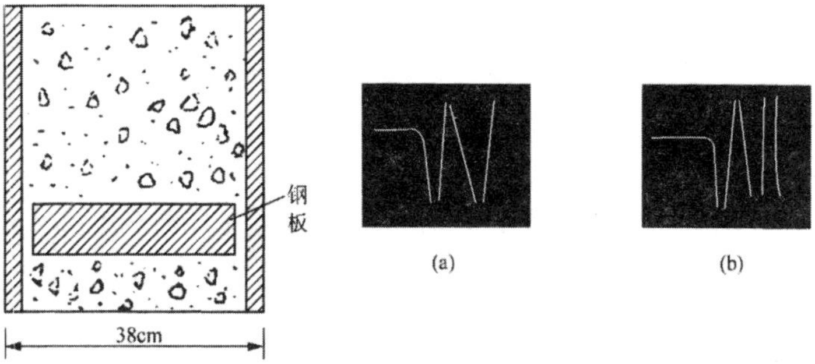

图 7–10　超声垂直和平行预埋件方向的检测波形

（a）顺钢件长度检测的波形；（b）垂直钢件长度检测的波形

表 7–9　不同方位的各龄期测得的超声声速变化情况

龄期 /d 声速 /（m/s） 检测部位	7	14	36	60
纵向（正对并沿钢块长度）	5087	5135	4974	5013
横向（垂直钢块长度）	4299	4373	4408	4513

检测结果表明，超声脉冲沿钢块长度方向探测的声速约 5000m/s，且各龄期的变化不大，说明这时超声声速主要决定钢块的声速；而超声检测垂直于钢块长度方向的声速则主要反映了密实混凝土强度增长一致性的变化。可见，超声检测沿钢板插件长度方向传播的声速受影响较大，而声波传播垂直于钢板长度方向的检测，受到的影响则较小。

第三节　数值处理

在混凝土质量超声检测中，同一测距的声速、波幅和频率的统计计算及异常值判别应按下列公式计算。

一、声学参数的平均值（m_x）和标准差（S_x）的计算

$$m_x = \Sigma Xi / n(7-1)$$

$$S_x = \sqrt{\left(\Sigma X^2 i - n \cdot m_x^2\right) / (n-1)}(7-2)$$

式中：Xi——第 i 点的声学参数测量值；

n——参与统计的测点数。

二、异常数据可按下列方法判别

将测位各测点的声速、波幅或主频值由大至小按顺序分别排列，即 $X_1 \geq X_2 \geq \cdots\cdots \geq X_n \geq X_{n+1}$，将排在后面明显小的数据视为可疑，再将这些可疑的数据中最大的一个（假定 X_n）连同其前面的数据按式（7–1）、式（7–2）计算出 m_x 和 S_x 之值，并按下式计算异常情况的判断值（X_0）：

$$X_0=m_x-\lambda S_x$$

将判断值（X_0）与可疑数据的最大值（X_n）相比较，当 X_n 不大于 X_0 时，则将 X_n 及排列于其后的各数据均为异常植，并且去掉 X_n，再用 X_1 ~ X_{n-1} 进行计算 X_0 和判别，直至判不出异常值为止；当 X_n 大于 X_0 时，应将 X_{n+1} 放进去，重新计算 X_0 和判别，直到判不出异常值为止。

注意：若不能保证超声换能器耦合条件的一致性，则波幅值不能作为统计法的判据。

第四节　超声检测钢管混凝土缺陷的工程实例

一、试件制作及测试

1．试件制作

某公路大桥中间两跨上部结构为钢管混凝土拱桥，主拱圈由两片三角形钢管桁架构成，钢管分为 ф420 和 ф600 两种，按现场施工条件及压浆工艺，ф600 钢管内混凝土质量易保证，但 ф420 钢管内混凝土质量不易保证。为此，根据施工时钢管内混凝土可能出现的各种缺陷，制作了 13 个 ф420 钢管混凝土试件和 1 个 ф600 钢管混凝土试件。

为保证标准件的测试数据同实桥具有可比性，制作试件的混凝土和钢管应与实桥相同。

预留混凝土与管壁脱空缺陷时，分别采用厚度为 0.5mm 的锌铁皮、1.0mm 及 1.5mm 厚的铁皮制作；预留混凝土内空洞缺陷时，采用直径 40mm 的圆木棒制作；预留钢管顶气泡时，采用一段圆弧形木块制作。试件制作后进行了标准养生，在混凝土终凝前，拔出铁皮或木棒，形成各种缺陷。

2. 试件测试

在龄期为 7d、14d 及 28d 时，分别对各试件进行超声测试。检测时，每个试件测试 5 点。测试仪器采用 50kHz 的平面换能器。为使试件测试数据具有可比性，测试时首先固定探头的采样频率及衰减器的衰减档位。本次试验采样频率为 1.25MHz，衰减器衰减档位的读数为 25dB。

二、超声参数及波形分析

限于篇幅，在此只给出龄期为 28d 时部分试件的典型波形（见图 7-11）及龄期为 7d、28d 时部分试件的实测声学参数，见表 7-11。

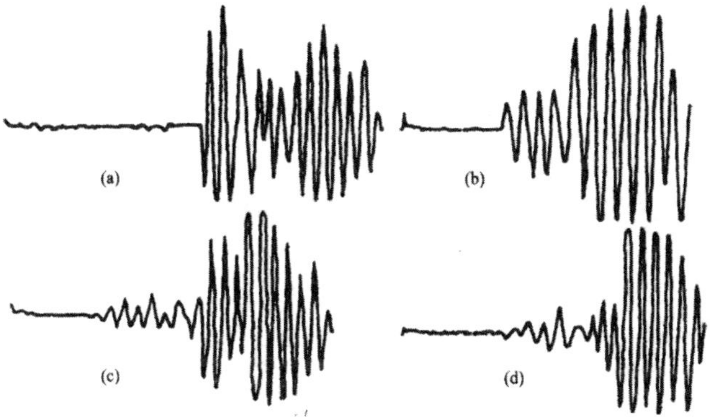

图 7-11　龄期为 28 d 时部分试件的典形波形

（a）1 号试件的典型波形:（b）2 号试件的典型波形;（c）5 号试件的典型波形;（d）7 号试件的典型波形

表 7-11　2 号、8 号试件的实测超声声学参数

试件号	声速 /（m/s）	
	龄期 7d	龄期 28d
2	3951	4380
8	3962	4394

图 7-11 中，（a）是空钢管超声波的典型波形，其特征是首波波幅及频率高，波形无畸变，脉冲包络线呈圆弧状；（b）是无缺陷密实混凝土的典型波形，其特征是波形无畸变，脉冲包络线呈圆弧状，首波频率及波幅较沿钢管壁传过来的超声脉冲低；（c）为混凝土内有直径 40mm 空洞的超声波形；（d）为试件顶部有弦高 20mm 气泡混凝土的超声波形。两者共同的特点是首波波幅及频率极小，波形畸变大，

首波声时很难测读，而且首波无明显的圆弧状脉冲包络线。

通过对图 7-11 试件波形的分析可见，在实际操作中，利用预先测得的带有各种缺陷的波形，并采用对比法即可检测实桥钢管混凝土的质量。

实测钢管的声速为 5700m/s，则 2/π 倍的钢管声速为 3625m/s。理论上，只要混凝土的声速大于 3951m/s，即可用超声波检测钢管混凝土的质量。

表 7-11 表明，无缺陷的密实的钢管混凝土在龄期为 7d 时的声速均大于 3629m/s。因此，在混凝土龄期为 7d 时，可用超声法检测某大桥钢管混凝土的质量。同时，表 7-11 亦表明，随着龄期的增长，混凝土声速不断增大，这充分说明超声波首波是沿径向穿过钢管混凝土的，而不是沿管壁传播的。

三、结论

在超声波检测钢管混凝土缺陷理论尚不成熟的条件下，根据施工的具体条件，预制带有典型的缺陷试件，并事先对其进行标定，然后根据标定结果判断实际结构的缺陷，是目前检测钢管混凝土质量的一种有效方法。

第五节 钢管混凝土强度的检测

一、概述

在钢管混凝土施工过程中，混凝土的配合比如果有差错或质量失控，势必造成管中浇捣的混凝土的强度达不到设计强度等级的要求，但与普通结构混凝土相比，钢管包容的硬化混凝土的强度难以直接取芯或采用回弹法检测，如能建立超声法的声速与混凝土抗压强度之间的相关性，即超声法检测核心混凝土的强度，不仅对扩大超声技术的使用范围，而且对钢管混凝土强度的技术管理，均不失为一种良好的应对、简便的检测技术。

为了配合《钢管混凝土结构设计与施工规程》的制定，同济大学材料系于 1984 年对钢管混凝土的强度检测曾作过较系统的试验研究，现以实例介绍于后。

二、实验设计

根据当时的要求，钢管混凝土主要采用 C30 的核心混凝土，以内径 ф38cm 和 ф25cm 两种钢管成型试体，校核混凝土的强度采用 15cm×15cm×15cm 立方试块的抗压强度为标准，在常规检验方法的基础上，我们采用超声脉冲法检测钢管混凝土和立方试块的超声声速，以立方试块的超抗压强度 R 与声速 v 回归分析，探讨钢管混凝土强度 R 与超声声速 v 之间的相关性，建立超声测强的数学关系式，研究无损检测混凝土强度的误差范围。

为了扩大使用范围，回归分析的方便和分析混凝土组分变化的影响，本试验混凝土的设计强度等级为 C15、C20、C30、C40。

三、试验数据回归分析的结果

各组分别以校核立方试块的抗压强度（R）与钢管混凝土的超声声速（v_1）、试块的超声声速（v_2）的试验数据进行回归分析，通过拟合曲线，选择相关性好的和误差小的数学关系式，计算相关系数。

由于钢管混凝土施工过程同时制备抗压立方试块作为校核混凝土的强度，因此，本试验平行测试钢管混凝土及立方试块的超声声速，并分别建立钢管混凝土的声速与相同材质的混凝土立方试块抗压强度、钢管混凝土的声速及立方试块的声速与试块的抗压强度的试验相关。从表 7–14 中可见，采用钢管混凝土及立方试块的两个超声声速与混凝土试块抗压强度的二元非线性回归分析效果更好，它比只用钢管混凝土的声速与试块抗压强度一元非线性回归分析的相关系数大，且误差有明显的减小。

四、结语

（1）钢管混凝土的管壁与混凝土结合良好做超声波对穿检测，混凝土强度增长与超声声速的提高呈一致性的关系。建立声速与强度校正数学关系式，采用超声法检测钢管混凝土的强度是可行和有效的。

（2）从系统试验的结果分析，所建立的 v–R 校准曲线，一元非线性方程的相关系数为 93.3% ~ 97.4%，平均相对误差 δ=7.4% ~ 12%，均方根相对误差 Sr=9.4% ~ 15.2%；而二元大量线性方程的相关系数为 96.8% ~ 99.6%，δ=3.2% ~ 7.4%，Sr=4.5% ~ 9.4%。可见，用立方试块和钢管混凝土的超声声速综合测强的效果更好，误差小，精度有明显的提高，置信度为 99%。

第六节　注意事项

承接钢管混凝土工程检测任务，首先须仔细了解钢管的结构焊件部位、固定节点，混凝土浇注流向及排气口的位置，混凝土的配合比、工作度及振捣方式等，对钢管混凝土施工中可能出现的质量问题有个初步判断。

在布置检测点之前，宜在钢管混凝土表面先以小锤敲击上述容易造成质量问题的点及周边部位，对其他区域可采取随机抽敲，根据敲击声响判断钢管与混凝土结合的情况。

根据预测分析，重点验证钢管混凝土胶结良好和空鼓部位超声各参量的相对差异，选定超声参量的仪器，设置各档调置范围，使检测过程的声时和首波幅度测定值具有可比性，即声时测读要求首波等幅度，而首波幅度测读应固定增益的检测条件。

钢管混凝土质量检测过程，要十分注意保证超声波传播直接穿透钢管混凝土，避免声波沿钢管壁传播的初至波声时先于钢管混凝土直通波声时的到达，这在核心混凝土与钢管内壁严重脱离和较大范围斜测时，尤为要注意避免接收信号沿钢管壁传播首先到达，产生误判。

第八章　拔出法检测混凝土强度

第一节　基础内容

拔出法是将安装在混凝土中的锚固件拔出，测定极限拔出力，根据预先建立的拔出力和混凝土强度之间的相关关系检测混凝土强度，这是一种半破损或微破损检测方法。

拔出法可以分为两类：一类是预埋拔出法；另一类是后装拔出法。早在1953年，苏联就开始使用拔出法进行混凝土强度的检测。然而，一直到20世纪70年代，在Richards和Malhotra的研究报告之后，这种试验才开始被认为是一种实用的现场混凝土强度检测方法。从那时起，许多国家在这个领域进行了研究，各种各样获得专利的试验体系被发展起来，如丹麦的LOK试验法和CAPO试验法。

拔出法的试验目的，即拔出试验一般是当现场混凝土强度已经达到一定程度时用于确定；采用后张法时，可以施加预应力；模板和支撑可以被拆除；冬期施工防护和养护可以结束；依据各测点的试验结果来客观地评价构件或结构构件的混凝土强度，作为评价混凝土质量的一个主要依据。

我国在1985年前后开始这项技术的研究工作，引进了丹麦生产的LOK和CAPO拔出仪，取得了不少科研成果，几种不同类型的拔出仪研制成功。各种拔出仪的锚固件及锚固深度、反力支承尺寸等参数各不相同。概括起来可以分为两大类：一类是圆环反力支承，如TYL型混凝土强度拔出试验仪；另一类是三点反力支承。

第二节　预埋拔出法

一、拔出试验装置

在国家标准及其他一些国家的拔出法试验标准中都没有对拔出装置的参数给予

具体规定，只是给出了大致关系。例如，ISO/DIS8046 便推荐使用直径 d_2=25mm 的预埋件锚头，而 ASTMC900-99 未做具体规定，但注明预埋锚头直径的典型尺寸为 25mm 或 30mm，大一些的和小一些的也被采用过。拔出装置的尺寸关系见图 8-1。当锚固件锚固深度一定时，拔出力随着反力支承尺寸的增加而减小；同一锚固深度和反力支承尺寸时，圆环支承的拔出力比三点支承的拔出力大；在同一反力支承尺寸下，拔出力随着锚固件锚固深度的增加而有较大幅度的增加。

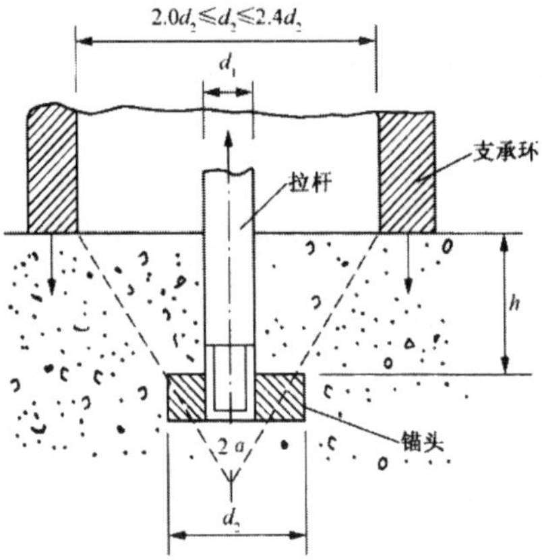

图 8-1 拔出试验示意图

二、试验拔出

预埋拔出法是在混凝土表层以下一定距离处预先埋入一个钢制锚固件，混凝土硬化以后，通过锚固件施加拔出力。当拔出力增至一定限度时，混凝土将沿着一个与轴线呈一定角度的圆锥面破裂，并最后拔出一个类圆锥体。LOK 试验技术便是预埋拔出法中的代表。我国研制的 TYL 型混凝土拔出试验仪与丹麦的 LOK 试验仪基本相同，见图 8-2。

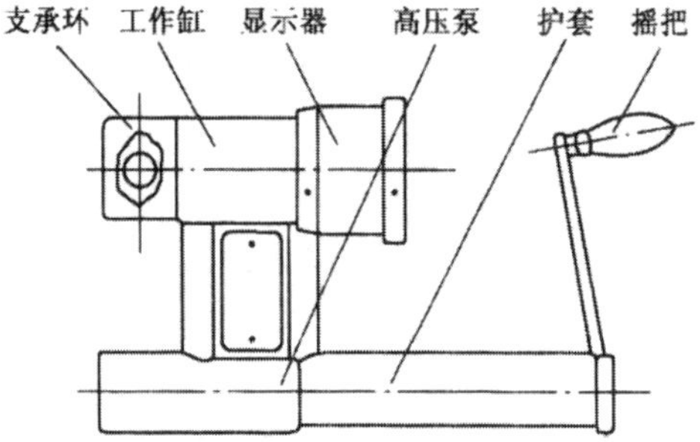

图 8-2 拔出仪示意图

拔出试验操作：

预埋拔出装置包括锚头、拉杆和拔出试验仪的支承环。拔出装置的尺寸为拉杆直径 d_1=7.5mm（LOK 试验）或 10mm（TYL 试验）、锚头直径 d_2=25mm、支承环内径 d_3=55mm、锚固深度 h=25mm。预埋拔出试验的操作步骤可分为：安装预埋件，浇筑混凝土，拆除连接件，拉拔锚头，如图 8–3 所示。安装预埋件时，将锚头定位杆组装在一起，并在其外表涂上一层隔离剂。在浇筑混凝土以前，将预埋件安装在模板内侧的适当位置，见图 8–3（a）。预埋件安装完毕后，在模板内浇筑混凝土，预埋点周围的混凝土应与其他部位同样振捣，但是，不能损坏预埋件，见图 8–3（b）。拆除模板和定位杆，见图 8–3（c），把拉杆拧到锚头上，另一端与拔出试验仪连接，拔出试验仪的支承环应均匀地压紧混凝土表面，并与拉杆和锚头处于同一轴线。摇动拔出仪的摇把，对锚固件施加拔出力。施加的拔出力应均匀和连续，拔出力的加荷速度控制在 1kN/s 左右，当荷载加到了峰值时，记录极限拔出力读数，然后回油卸载，混凝土的表面上留下了微细的圆裂纹，见图 8–3（d）。根据提供的测强曲线，可由试验的拔出力换算出混凝土的抗压强度。

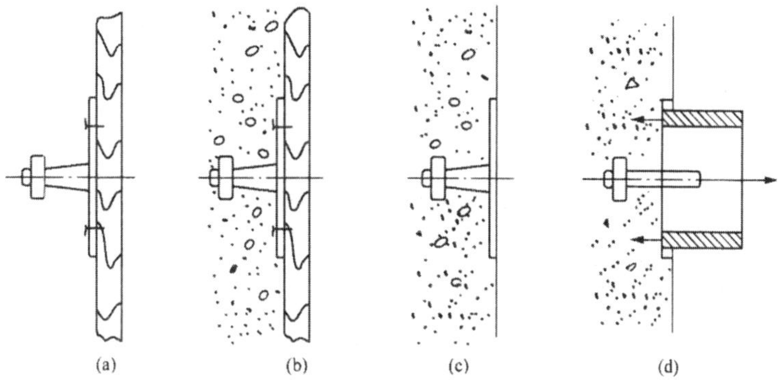

图 8–3　预埋拔出法试验步骤

（a）安装预埋件；（b）浇筑混凝土；（c）拆除连接件；（d）拉拔锚头

预埋拔出法试验在北欧、北美等许多国家得到了迅速地推广和应用，这种试验方法，在现场应用相当方便，而且试验费用低廉。除非特别低的混凝土强度外，可以在很大的强度范围内进行试验，尤其适合用于混凝土质量现场控制的检测手段。例如：决定拆除模板或加置荷载的适当时间，这在冷却塔混凝土施工工程中，确定拆模时间最为普遍；决定施加或放松预应力的适当时间；决定吊装、运输构件的适当时间；决定停止湿热养护或冬期施工时停止保温的适当时间。在丹麦，这种方法已被承认作为一种校准的现场强度测定方法并可作为规范检验验收评定的依据。在斯堪的纳维亚地区，相当广泛地被应用于控制现场混凝土的强度，并取得不断的进步和发展。

预埋拔出法在我国的应用尚不普及，似乎工程技术人员不愿在质量控制上花费精力。事实上，施工中对混凝土的强度进行控制，不仅可保证工程质量，减少出现质量问题，也是提高施工技术水平，提高企业经济效益的一个重要手段。例如，在高温施工季节，确定提前拆模时间，可以加快模板周转，缩短施工工期；冬季施工时，确定防护和养护可以结束的时间，避免出现质量问题，减少养护费用；预制构件生产时，确定构件的出池、起吊、预应力的放松或张拉时的混凝土强度，加快生产周转等，其经济效益和社会效益都是巨大的。

第三节　后装拔出法检测混凝土抗压强度

预埋拔出法尽管有许多优点，但它也有缺点，主要是必须事先做好计划，不能像其他大多数现场检测那样在混凝土硬化后随时进行。为克服上述缺点，人们便开始研究一种在已硬化的混凝土上钻孔，然后再装入锚固件进行拔出试验的技术，这就是后装拔出法。

后装拔出法是近一二十年才出现的。它是针对预埋拔出法的缺点，为了对没有埋设锚固件的混凝土也能进行类似的试验，在预埋拔出法的基础上逐渐发展起来的。采用这种方法时只要避开钢筋或铁件位置，在已硬化的新旧混凝土的各种构件上都可以使用，特别是当现场结构缺少混凝土强度的有关试验资料时，是非常有价值的一种检验手段。由于后装拔出法适应性很强，检测结果的可靠性较高，已成为许多国家注意和研究的现场混凝土强度检测方法之一。丹麦的 CAPO 试验法就属于这一种。我国对后装拔出法的研究较多，并已取得不少科研成果。

后装拔出法可以分为几种，各种方法之间并不完全相同，但大同小异。

一、圆环支承拔出试验

CAPO 试验和 TYL 型拔出仪试验所采用的拔出装备参数相同，而且与预埋拔出法采用的是同样的拔出试验仪，拔出装备的参数也一致。

1．后装拔出试验拔出孔槽的尺寸

后装拔出试验拔出孔槽的尺寸为：圆孔直径 d_1=18mm，孔深为 55 ~ 65mm，工作深度 35mm，预留 20 ~ 30mm 作为安装锚固件和收容粉屑用。在距孔口 25mm 处磨槽，槽宽 10mm，扩孔的环形槽直径为 25mm，拔出试验的夹角 a=31° 。

2. 孔槽加工

（1）钻孔

所有后装拔出法，不论锚固件是胀圈、胀簧、胀钉还是粘钉方式，都离不开钻孔。钻孔的基本要求是：孔径准确，孔轴线与混凝土表面垂直。当混凝土表面不平时，可以用手磨机磨平，孔壁光滑无损伤。钻孔时采用带水冷却装置的薄壁空心钻头钻孔机，钻孔机带有保持钻孔轴线与混凝土表面垂直的装置，钻出的孔外形规整、孔壁光滑，钻一个合格的直径为 18mm 的孔需 3 ~ 10min。见图 8-4（a）。

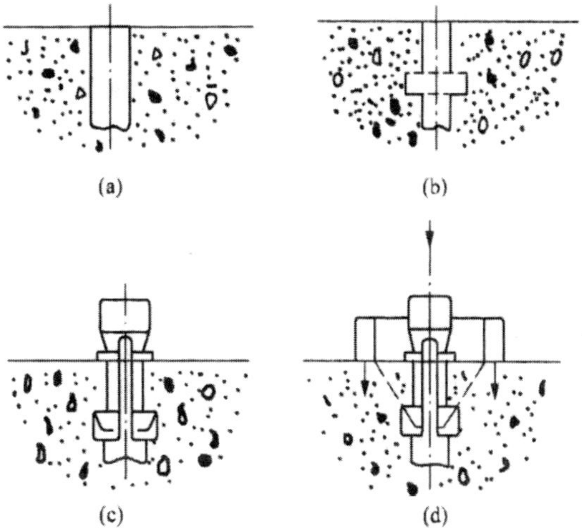

图 8-4　后装拔出试验操作步骤

（a）钻孔；（b）磨槽；（c）安装锚固件；（d）拔出试验

（2）磨槽

在圆孔中距孔口 25mm 处磨切一槽，磨槽采用由电动机、专用磨头及水冷却装置组成的专用磨槽机，并且有控制深度和垂直度的装置，磨槽时磨槽机沿孔壁运动磨头便对孔壁进行磨切。磨槽时间一般为 1min 左右，磨出的环形槽外径为 25mm、宽为 10mm。见图 8-4（b）。

（3）锚固件

常用的锚固件主要有两种：一种是 CAPO 试验的胀圈方式；还有一种是在我国使用的胀簧方式。胀圈拔出装置由胀杆、胀圈、定位套管、拉杆和压胀螺母组成，见图 8-5。胀圈是一个闭合时外径为 18mm、胀开时外径为 25mm、断面为方形条钢绕成二层的开口圆环，胀杆下端有一圆锥体。当将胀圈套入胀杆，借助旋紧压胀螺母通过定位套管对胀圈施加压力，胀圈在圆锥体的胀力作用下渐渐张开，最终胀圈被挤胀成外径为 25mm、厚度为 5mm 带有斜切口的单层圆环。

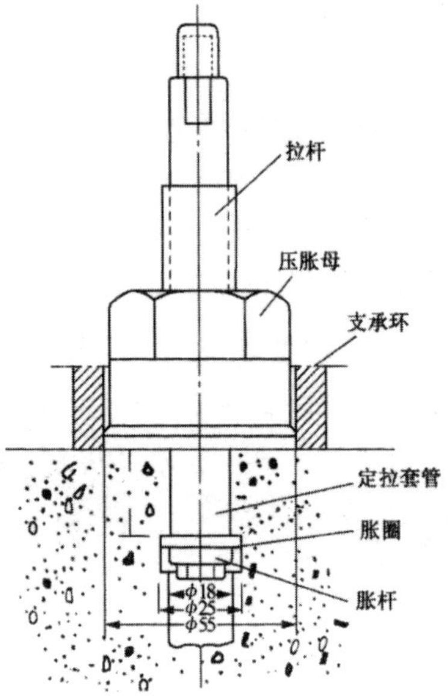

图 8-5 胀圈拔出装置示意图

胀圈装置安装时，将胀圈、定位套管依次套入胀杆，然后将胀杆旋进带压胀螺母的拉杆，互相扣接。把带胀圈的一端插入孔中，用扳手稳住拉杆。用另一扳手旋紧压胀螺母，使其通过定位套管对胀圈产生压入胀杆圆锥体的压力。直到胀圈落入档肩，完全展开为一外径为 25mm 的圆环。当进行拔出试验时，先在拔出装置上套入支承环。在拉杆上拧上连接盘，通过连接盘与拔出仪连接，使拔出仪压紧支承环，就可以开始拔出试验。

胀圈拔出装置的优点是，胀圈张开后为平面状圈环，拔出时胀圈与混凝土接触良好，能避免混凝土在拔出时局部受力不均，拔出试验的数据离散性小。其缺点是，在安装时要想使胀圈完全胀开比较费劲，尤其是胀圈安装在混凝土中，有时往往难以准确判断是否已完全胀开。为克服上述缺点，我国研制出一种胀簧拔出装置。这一装置由胀簧管、胀杆、对中圆盘和拉杆组成，见图 8-4（c）。胀管前部有个簧片，簧片端部有一突出平钩。胀簧簧片闭合时，突出平钩的外径为 18mm，正好可以插入钻孔中。当将胀杆打入胀簧管中时，4 个簧片胀开，突出平钩嵌入圆孔的环形扩大磨槽部位，胀杆的打入深度能恰好使簧片胀开成平均直径为 25mm。拔出试验时，分别套进对中圆盘和支承环，拧上拉杆和连接盘，即可与拔出仪连接进行拔出试验，见图 8-4（d）。拔出时，簧片平钩对槽沟部分混凝土的接触是呈间断的圆环状。胀簧装置是一种使用方便的锚固件，国内研制的拔出仪基本上都使用胀簧方式。中国工程建设标准化协会标准《后装拔出法检测混凝土强度技术规程》（CECS69：94）

中规定使用胀簧式锚固件。

3. 拔出试验

后装拔出试验的方法和操作过程与预埋拔出法完全相同。

拔出试验时为比较胀圈和胀簧两种方式的差异，对此进行了比较试验，通过试验分别建立的相关关系，数值见表 8-1。

表 8-1　胀圈、胀簧相关关系

锚固件类型	强度范围 /MPa	n	相关关系式	相关系数
胀簧	10.0 ~ 55.0	20	$Fp=0.59f_c+6.9$	0.969
胀圈	10.0 ~ 55.0	20	$Fp=0.67f_c+5.9$	0.965

由表 8-1 可见，采用胀簧和胀圈两种方式的相关关系式虽然接近，但仍有差异，其中胀圈方式更接近预埋拔出法的相关关系，这显然与锚固件的类型有关。胀圈是全断面连续圆环，而胀簧是间断的圆环，从受力模式讲，胀圈式更接近于预埋拔出法。采用 TYL 型拔出仪在进行后装拔出法试验时，推荐使用的测强曲线是：

$$f_{cu}^{c}=1.59F_{p}-5.8$$

式中：f_{cu}^{c}——相当于边长 150mm 立方试块强度换算值，MPa；

Fp——极限拔出力，kN。

另一类后装拔出法不同于前述的 CAPO 试验和 TYL 型拔出仪试验，采用三点反力支承。这种装置是我国研制成功的，它有几种类型，其拔出装备参数见表 8-2。

表 8-2　拔出装备参数

型号	支承形式	反力支承内径 /mm	锚固件埋设深度 /mm	生产厂家
CAPO	圆环	55	25	丹麦 Creman 公司
TYL	圆环	55	25	铁科院
SW-40	三点	120	35	北京盛世伟业科技有限公司

三点支承方式的拔出设备制造简单、价格便宜。对同一强度的混凝土，三点支承的拔出力比圆环支承小，因而可以扩大拔出装置的检测范围，和圆环支承方式的拔出仪一样，也是一种很受欢迎的拔出仪。CECS69：94 中对三点支承方式的拔出试验装置参数规定为反力支承内径 d_1=120mm，锚固深度 h=35mm，钻孔直径 d_1=22mm。

拔出法试验时，混凝土中粗骨料的粒径对拔出力的影响最大。混凝土的拔出力变异系数随着粗骨料最大粒径的增加而增加。因此，被检测混凝土粗骨粒的最大粒径不大于40mm时，规定锚固件的锚固深度为25mm，当粗骨料粒径大于这个尺寸时，便要更深的锚固深度，以保证检测结果的精度。不同的粗骨料粒径对拔出试验的影响是显而易见的，尤其是后装拔出法试验，安设的锚固件也许就在骨料中。另一个原因是不同的粗骨料粒径要求被拔出的混凝土圆锥体的体积大小也不同，这跟混凝土粗骨料粒径与标准试块尺寸的比例的规定是相似的。在我国，虽然大部分建筑工程所用混凝土的最大粗骨料粒径往往不大于40mm，而大于40mm的情况也是经常碰到的，这就要求锚固件有较深的锚固深度。为满足这一使用要求，我国研制了锚固件深度为35mm的拔出试验装置，能满足粗骨料最大粒径不大于60mm时的使用要求，使拔出试验具有更广的适用范围。当锚固件锚固深度为35mm时，拔出力将比锚固深度为25mm时有较大幅度的增加，采用三点反力支承可以降低拔出力，使拔出仪能够容易满足最大量程的要求，采用三点支承便成为一种较好的选择。

下面选择有代表性的SW-40型拔出仪进行介绍。试验步骤如下：

（1）拔出试验仪采用三点支承方式，拔出仪由手动油泵和穿心式工作油缸组成。

（2）钻孔机。钻孔机采用钻头直径为22mm的电锤。钻孔时钻头与混凝土表面保持垂直，钻孔深度不少于65mm。

（3）扩孔磨槽机。扩孔磨槽所用的磨槽机与CAPO等拔出试验所用磨槽机相同，为一带水冷却装置的专用设备，磨出的环形槽外径不小于28mm，宽为10mm。

（4）安设锚固件。将锚固件放入加工好的拔出孔内，使锚固件的平钩位于环形槽内，把锥梢放入胀管内，锤击锥梢，胀簧完全胀开，使胀管胀开并贴于孔壁，锚固件均匀完全嵌入环形槽内。

（5）安装拔出仪。将拔出仪中心拉杆与锚固件通过螺纹连接，并使两者的轴线重合，并且垂直于混凝土表面。

（6）加荷拔出。摇动手动油泵加荷，加荷速度控制在0.5 ~ 1.0kN/s，加荷要求连续均匀，拔出试验进行到反力支承架下的混凝土已经破坏，力值显示器读数不再增加为止，记录极限拔出力值精确至0.1kN。

圆环式及三点式拔出试验装置的适应范围：

（1）圆环式拔出试验装置，宜用于粗骨料最大粒径不大于40mm的混凝土；

（2）三点式拔出试验装置，宜用于粗骨料最大粒径不大于60mm的混凝土；

（3）d_1—钻孔直径；d_2—胀簧锚固台阶外径；d_3—反力支承内径；b_1—胀簧锚固台阶宽度；h—锚固深度；h_1—钻孔深度。

第四节　测强曲线的建立

拔出法检测混凝土强度，一个重要的前提就是预先建立混凝土极限拔出力和抗压强度的相关关系，即测强曲线。在建立测强曲线时，一般按照以下的基本要求进行。

一、基本要求

（1）混凝土用水泥应符合现行国家标准《硅酸盐水泥、普通硅酸盐水泥》和《矿渣硅酸盐水泥、火山灰质硅酸盐水泥与粉煤灰硅酸盐水泥》的要求；混凝土用砂、石应符合现行行业标准《普通混凝土用碎石或卵石质量标准及检验方法》和《普通混凝土用砂质量标准及检验方法》的要求。

（2）用于制定测强曲线试验用的混凝土，应不少于 6 个强度等级。上述的 6 个强度等级应是目前工程建设中常用的，在拔出仪拔出力许可的情况下，可根据实际检测的需要增加试验混凝土强度的等级和数量。以扩大测强曲线的使用范围。资料表明，拔出法试验的混凝土最高强度可达到 85.0MPa。可以认为，对高强度混凝土检测，拔出法也是一种很好的检测方法。

每一强度等级的混凝土不少于 6 组数据，每组由 1 个至少可布置 3 个测点的拔出试件和相应的 3 个立方体试块组成。在试验中，影响混凝土强度的因素很多，很难在实验室中模拟现场施工混凝土的所有情况，总是存在一定的差异，这种差异包括原材料、配合比、成型工艺、养护条件等。建立测强曲线时，应考虑这些因素的影响，最好是针对具体的检测对象建立专门的测强曲线。

二、试验规定

（1）拔出用的混凝土试件和留置的立方体试块应采用同一盘混凝土，在振动台上同时振捣，同条件养护，试件和试块的养护条件与被测构件预期的养护条件基本相同，尽可能消除拔出试件、强度试块和被检测混凝土在制作和养护上的差异。

（2）拔出试验点布置在混凝土浇捣方向的侧面，共布置 3 个点，同一试件的 3 个拔出力取平均值为代表值。

（3）拔出试验的强度代表值，按现行国家标准《混凝土强度检验评定标准》确定，即①取 3 个试件强度的平均值；②当一组试件中强度的最大值或最小值与中间值之差超过中间值的 15% 时，取中间值；③当 3 个试件强度中的最大值和最小值与中间值之差均超过中间值的 15% 时，该组试件作废。

三、分析计算

将各试件试验所得的拔出力和试块抗压强度值汇总，按最小二乘法原理，进行回归分析。回归分析时，一般采用直线回归方程：

$$f_{cu}^{c}=a\cdot F+\beta$$

式中：a、β——回归系数，即测强曲线系数；

f_{cu}^{c}——混凝土强度换算值，MPa，精确至 0.1kN；

F——拔出力，kN，精确至 0.1kN。

直线方程使用方便、回归简单、相关性好，是国际上普遍使用的方程形式。用相对标准差和相关系数来检验其回归效果。

相对标准差 e_r 按下列公式计算：

$$\sqrt{\frac{\sum_{i=1}^{n}\left(f_{cu,i}/f_{cu,i}^{c}-1\right)^{2}}{n-1}}$$

式中 e_r——相对标准差；

$f_{cu,i}$——第 i 组立方体试块强度代表值，MPa，精确至 0.1kN；

$f_{cu,i}$——由第 i 个拔出试件的拔出力计算值 Fi，按公式 f_{cu}^{c} =a · F+β 计算的强度换算值，MPa，精确至 0.1kN。

拔出法检测混凝土强度时建立的测强曲线的允许相对标准差为 12%。经过上述步骤建立的测强曲线在进行技术鉴定后，才能用于工程质量检测。

第九章　钻芯法检测混凝土强度

第一节　基础内容

钻芯法检测桥梁结构混凝土强度是使用取芯机直接从桥梁结构上钻取芯样，然后根据芯样的抗压强度推定结构混凝土的抗压强度。该法是一种半破损现场方法。

钻芯法的主要优点是直观、可靠，在国内外被广泛采用。但此法毕竟是一种半破损检测方法，而且试验费较高，因此不宜将钻芯法作为经常性的检测手段。近年来，国内外主张将钻芯法与其他非破损检测方法结合使用，一方面利用非破损检测方法减少钻芯数量，另一方面利用钻芯法提高非破损方法的可靠性。

钻芯法的关键是用适当的钻机钻取合格的芯样，并将芯样强度推算成桥梁结构混凝土强度。

钻芯法使用的四条原则是：

（1）对试验抗压结果有怀疑。对试块的抗压结果有怀疑，可能存在两种情况：其一是试块强度很高而结构混凝土质量差；其二是试块强度不足而结构质量较好。

（2）因材料、施工或养护不良而发生混凝土质量事故，为检测其强度可采用钻芯法。

（3）对检测部位表层与内部的质量有明显差异、遭受化学腐蚀或火灾、硬化期间受冻伤的混凝上等均可采用钻芯法检测其混凝土强度；检测已经多年使用的建筑结构或构筑物中混凝土强度时，为保证测试结果的准确性，可在非破损检测基础上，用钻取的芯样强度校核非破损测试强度。这样既避免了大量钻取芯样，又提高了非破损测试的精度，可充分发挥各自的特长。

第二节　钻芯法使用的主要设备

钻芯法使用的主要设备有钻孔取芯机、人造金刚石薄壁钻头、锯切机、端面补平机具、保护层厚度测定仪。

一、钻孔取芯机

图 9-1 为混凝土钻孔取芯机示意图。钻孔取芯机由以下部分组成：机架、驱动部分、减速或调速系统、进钻系统、冷却和排渣系统。

钻芯机应具有足够的刚度及操作灵活、固定和移动方便等优点，并应有水冷却系统。

钻芯机主轴的径向跳动不应超过 0.1mm，工作时噪声不应大于 30dB。使用时详见其使用说明书。

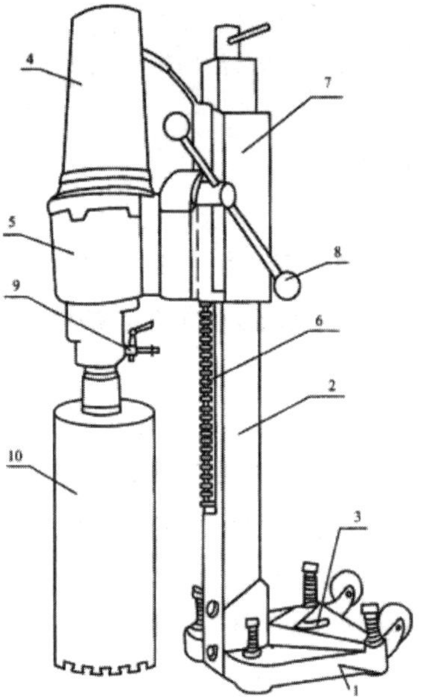

图 9-1　钻孔取芯机示意图

二、人造金刚石薄壁钻头

钻头内径视被钻混凝土骨料最大粒径而定，一般不小于骨粒最大粒径的 3 倍，任何情况下不得小于 2 倍。钻孔芯样时宜采用内径 100mm 或 150mm 的金刚石或人造金刚石薄壁钻头。钻头胎体不得有肉眼可见的裂缝、缺边、少角、倾斜及喇叭口变形。钻头胎体对钢体的同轴度偏差不得大于 0.3mm，钻头的径向跳动不得大于 1.5mm。

三、锯切机

锯切机用来切平端面，切割后要求表面平整且与主轴垂直。锯切机应具有冷却系统和牢固夹紧装置；配套使用的人造金刚石圆锯片应有足够的刚度。

四、端面补平机具

端面经锯切后达不到平整度要求，与中轴线不垂直时，则需采用磨平机具进行磨平，或经补平处理。

补平时，可采用水泥砂浆（或水泥净浆）或硫黄胶泥（或硫黄）等材料在专用补平器上完成。补平器除保证芯样的端面平整外，尚应保证端面与轴线垂直。

五、保护层厚度测定仪

保护层厚度测定仪主要用来探测钢筋的位置，避免在钻芯时切断钢筋。

第三节　芯样的钻取

一、钻芯前应具备的资料

在钻芯前，必须全面了解与结构混凝土质量有关的情况，以便为钻芯工作和准确换算芯样强度创造有利条件。通常应具备下列资料：

工程名称（或代号）及设计、施工、建设单位名称；结构或构件种类、外形尺寸及数量；设计采用的混凝土强度等级；构件成型日期，原材料和混凝土试块的试验报告；结构或构件质量状况及施工中存在问题的记录；有关结构设计图和施工图等。

二、钻芯部位的选择

钻芯法一般不宜用于强度低于 10MPa 的混凝土。

钻芯部位（芯样钻取点）应在结构或构件下列部位钻取：

（1）结构或构件受力较小部位。

（2）混凝土强度具有代表性的部位。

（3）便于钻芯机安装与操作的部位。

（4）避开主筋、预埋件和管线的位置，也尽量避开其他钢筋。

（5）用钻芯法和非破损法综合测定强度时，应与非破损法取同一测区。

三、取芯数量的确定

（1）单个构件检测。当构件体积或截面尺寸较大时，取芯数量应不少于 3 个，取芯位置应尽量分散，以减少对结构强度的影响；对于较小构件，芯样数量可取 2 个。

（2）局部区域。局部区域一般是指构件的一部分，对于不同工程和不同构件，这一部分的质量状况、截面尺寸、性能要求也各不相同，一般质量检验部门并不十分清楚，因此需由要检测的单位提出钻芯位置、钻进深度和钻取芯样数量。

另外，对于大型基础和大面积墙壁或构件，可以根据结构特点，按均匀取样原则划分若干个局部区域进行检测。

四、钻芯方法

在取芯点上将钻机就位，使钻机主轴与混凝土表面垂直，用钻机上的固定装置将钻机固定。

接通水、电，调节钻头位置，逐渐进钻，同时调整好冷却水量。出口水温不宜超过 30℃。

钻到预定深度后，将钻头提出，用长约 300mm、宽约 200mm、并与钻头弧度一致且带有锥度的扁钢插入钻孔缝隙中。用小锤敲击扁钢，芯样即可在底部剪断，然后用夹钳将其取出。

芯样应作好标记，记录钻取位置、长度及外观质量。若长度及外观不能满足规程要求，则需重新钻取。

第四节　芯样的加工及技术要求

一、芯样的尺寸

我国是以立方体为标准试件的国家，在进行强度计算时，需将标准圆柱体试件强度换算成标准尺寸的立方体试块强度。根据国内外的一些试验证明，高度和直径均为 100mm 的芯样与边长为 150mm 的立方体试块的强度比较接近。但当芯样直径为 150mm 或 100mm 时，强度相差甚小。因此，我国规定的高度和直径均为 100mm 或 150mm 芯样试件的抗压强度测试值，可直接作为混凝土强度换算值。

芯样高度对抗压强度有较大影响，因此抗压试件的高与直径之比应为 1：2。

二、芯样锯切

从结构混凝土中取出的芯样，由于长短不齐，通常应在实验室中用锯切机将其锯切成一定长度。锯切时应保证芯样端面与轴线的垂直度不超过 2 度。

三、芯样试件内含钢筋数量

芯样中的钢筋对芯样强度的影响是一个复杂的问题。由于在取芯过程中很难完全避免存在钢筋，因此国内的有关试验资料，对钢筋的直径、数量及方位均提出了一些限制，即每个试件内最多只允许含有 2 根直径小于 10mm 的钢筋，且钢筋应与芯样轴线基本垂直并不得露出端面。

四、芯样端面补平

芯样端面不平整，会造成试件与压力机压板之间局部接触，而产生应力集中，使实测强度偏低。因此要对不平整的端面进行加工补平：①在磨平机上磨平；②用水泥砂浆（或水泥净浆）或硫黄胶泥（或硫黄）等材料的专用补平器上补平，见图 9–2。

水泥砂浆（或水泥净浆）补平厚度不宜大于 5mm，硫黄胶泥（或硫黄）补平厚度不宜大于 1.5mm。补平层应与芯样结合牢固。芯样端面的补平可参考以下方法进行。

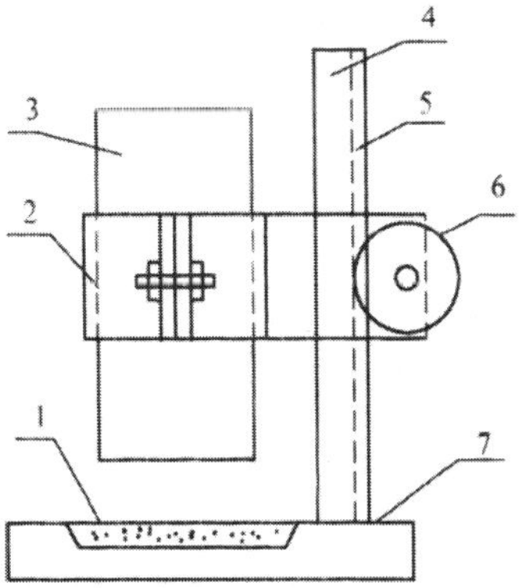

图 9–2　硫黄胶泥补平示意图

1. 硫黄胶泥（或硫黄）补平

补平前先将芯样端面污物清除干净，然后将芯样垂直地夹持在补平器的夹具中，并提升到一定高度；在补平器底盘上涂薄层矿物油或其他脱模剂，以防硫黄胶泥与底盘黏结；将硫黄胶泥置放于容器中加热溶化，待硫黄胶泥溶液由黄色变成棕色时(约150℃)，倒入补平器底盘中。然后，转动手轮使芯样下移并与底盘接触，待硫黄胶泥凝固后，反向转动手轮，把芯样提起，打开夹具取出芯样。重复上述步骤，补平该芯样的另一端面。

补平器底盘内机械加工表面的平整度，要求每长 100mm 不超过 0.05mm。本法一般适用于自然干燥状态下抗压试验芯样试件的补平。

2. 水泥砂浆（或水泥净浆）补平

（1）补平前先将芯样端面污物清除干净，然后将端面用水湿润。

（2）在平整度为每长 100mm 不超过 0.05mm 的钢板上涂一薄层矿物油或其他脱模剂。然后，倒上适量水泥砂浆摊成薄层，稍许用力将芯样压入水泥砂浆之中，并应保持芯样与钢板垂直。待 2h 后，再补另一端面。仔细清除侧面多余水泥砂浆，在室内静放一昼夜后送入养护室内养护。待补平材料强度不低于芯样强度时，方能进行抗压试验，见图 9–3。

本法适应潮湿状态下抗压试验芯样试件的补平。

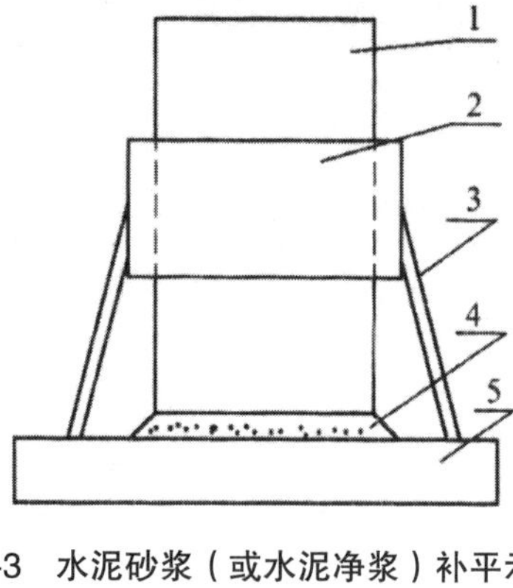

图 9–3 水泥砂浆（或水泥净浆）补平示意图

1. 芯样；2. 套膜；3. 支架；4. 水泥砂浆；5. 钢板

五、试验前芯样几何尺寸的量测

（1）平均直径。用游标卡尺测量芯样中部，在相互垂直的两个位置上取其两次测量的算术平均值，精确至 0.5mm。

（2）芯样高度。用钢卷尺或钢板尺进行测量，精确到 1mm。

（3）垂直度。用游标量角器测量两上端面与母线的夹角，精确至 0.1%

（4）平整度。用钢板尺或角尺紧靠在芯样端面上，转动钢板尺，一面用塞尺测量与芯样端面之间的缝隙。

六、芯样采用抗压强度试验的条件

芯样尺寸偏差及外观质量超过下列数值时，不得用作抗压强度试验：

经端面补平后的芯样高度小于 0.95d 或大于 2.05d 时（d 为芯样平均直径）；沿芯样高度任一直径与平均直径相差达 2mm 以上时；芯样端面的不平整度在 100mm 长度内超过 0.1mm 时；芯样端面与轴线的垂直度超过 1° 时；芯样有裂缝或有其他较大缺陷时。

第五节　抗压强度试验

芯样试件的抗压试验应按现行国家标准《普通混凝土力学性质试验方法》中对立方体试块抗压试验规定进行。

芯样含水量对抗压强度有一定影响，含水量越多则强度越低。一般来说，强度等级高的混凝土强度降低较少，而强度等级低的混凝土降低较多。据国内一些单位的经验，泡水之后的芯样比自然干燥芯样强度下降 7% ~ 22.1%，平均下降 14% 左右。在土建工程中有很大一部分混凝土构件是在自然干燥状态下工作，甚至常年不接触水，如梁、板、柱等。但也有一部分混凝土构件在潮湿状态下工作，如基础、桩等。因此芯样试件的抗压状态应根据实际工作条件的含水量而决定。

按自然干燥状态进行试验时，芯样试件在受压前应在室内自然干燥 3d；按潮湿状态进行试验时，芯样试件应在（20 ± 5）℃的清水中浸泡 40 ~ 48h，从水中取出后立即进行抗压试验。

第六节　芯样混凝土强度的计算

芯样试件的混凝土强度换算值，系指用钻芯法测得的芯样强度换算成相应于测试龄期的、边长为 150mm 的立方体试块的抗压强度值。按下列公式计算：

$$f_{cu}^{c}=a\frac{4F}{\pi d^{2}}$$

式中：f_{cu}^{c}——芯样试件混凝土强度换算值，MPa，精确至 0.1MPa；

F——芯样试件抗压试验测得的最大压紧力，N；

d——芯样试件的平均直径，mm；

a——不同高径比的芯样试件混凝土强度换算系数，应按表 9-1 选用。

表 9-1　芯样试件混凝土强度换算系数

高径比 h/d	1.0	1.1	1.2	1.3	1.4	1.5	1.6	1.7	1.8	1.9	2.0
系数 a	1.00	1.04	1.07	1.10	1.15	1.15	1.17	1.19	1.21	1.22	1.24

高度和直径均为 100mm 或 150mm 芯样试件的抗压强度测试值，可直接作为混凝土的强度换算值。

单个构件或单个构件的局部区域，可取芯样试件混凝土强度换算值中最小值作为其代表值。

第七节　试验报告中应记载的内容

试验报告中应记载的内容包括：

（1）工程名称或代号。

（2）工程概况：①结构或构件质量情况；②混凝土成型日期及其组成；③粗骨料品种及粒径。

（3）芯样的钻取、加工及试验：①钻芯构件名称及编号；②钻芯位置及方向；③抗压试验日期及混凝土龄期；④芯样试件的平均直径和高度（端面处理后）；⑤端面补平材料及加工方法；⑥芯样外观质量（裂缝、接缝、分层、气孔、杂物及离析等）描述；⑦含有钢筋的数量、直径和位置；⑧芯样试件抗压时的含水状态；⑨芯样破坏时的最大压紧力、芯样抗压强度、混凝土换算强度及构件或结构的混凝土换算强度代表值；⑩芯样试件的破坏形式及破坏时的异常现象；⑪其他。

第十章　混凝土桥梁耐久性检测技术

第一节　基础内容

混凝土桥梁是我国交通基础设施中的重要组成部分。但长期以来，工程界对混凝土桥梁的耐久性问题未能给予足够的重视。人们普遍认为，广泛分布于铁路、公路的大量混凝土桥梁可以长期服役，无须维护。然而随着使用时间的推移，不少混凝土桥梁由于耐久性不足最终导致结构失效，需花费巨资拆除、重建；更多的桥梁在服役时间远低于设计年限时即因耐久性病害突出而需要反复修复、加固。这些现象提醒我们，对混凝土桥梁的耐久性病害进行诊治刻不容缓。

其实，世界范围内的混凝土耐久性危机自 20 世纪 70 年代末即已得到重视。发达国家走过的路已经表明，如果不重视工程混凝土的耐久性，将付出极大的经济代价。美国许多城市的混凝土基础设施工程和港口工程建成后不到二三十年甚至在更短的时期内就出现劣化。据美国土木工程学会（ASCE）2001 年的调查，其国家级的桥梁 29% 以上老化，估计在 20 年内，每年需投入 106 亿美元进行桥梁治理。瑞典国土面积为 45 万 km^2 左右，但每年用于桥梁耐久性修复上的投资可达 2800 万美元。

我国的基本建设比国外迟 30 多年，现在还在进行世界上最大规模的土建工程建设，但一些建成工程已暴露出了较严重的耐久性问题，寿命远低于设计寿命标准。如我国第一座城市大型立交桥——北京西直门立交桥，1980 年 12 月建成，由于受到冰盐侵蚀、反复冻融、钢筋锈蚀等作用破坏严重，于 1999 年 3 月即拆除重建，寿命不到 19 年；位于京广线正线上的某百孔大桥，1976 年交付使用，1995 年在预应力梁体上发现沿预应力筋的裂缝，此后病害不断发展，到 2000 年又发现第 52 孔曲线内梁的腹板箍筋和一束预应力钢丝锈断，经诊断查明其病害根源在于梁体本身的碱—硅反应和外界氯盐侵蚀，为彻底消除隐患，最终花了近两个月的时间在 2002 年年底进行换梁大修，耗资数千万元。

桥梁是生命线工程的重要环节，若因耐久性不足及早进行大修或更换，不仅耗资巨大，给政府造成沉重的财政负担，还会由于交通的临时中断而引发更多的社会、经济问题。所以，研究已有混凝土结构的耐久性病害的诊治技术具有重要意义：其一，可以找出“病因”，在新建结构时加以有针对性的预防；其二，可以明确损伤现状，为结构的病害治理提供依据；其三，选择利用合适的材料和工艺，最大限度地延长结构的使用寿命。

第二节　混凝土桥梁耐久性检测技术

混凝土桥梁耐久性检测技术，主要是借助各种现场检测设备，对混凝土结构进行由表及里的检查，再结合必要的实验室分析，给出混凝土结构“体检”结果。主要内容有裂缝调查及原因分析、混凝土强度测试、钢筋锈蚀状况检测、混凝土中性化状况测试、劣化混凝土岩相及化学分析、混凝土表层渗透性等。

一、裂缝调查、原因分析及检测

混凝土裂缝最容易成为水分渗入导致钢筋锈蚀的通道。对裂缝的调查是现场检查的重点内容之一，主要包括裂缝位置、长度、走向、形状、宽度、深度等，还应设法了解结构开裂时间、发展过程。

除直接观察外，可以使用仪器确定裂缝的宽度及深度。如带光源的刻度放大镜能准确量出裂缝宽度，可用超声仪检测裂缝的深度，还可用敲击回声法量测混凝土内部孔隙及表面裂缝的深度。

1．超声波检测法

因为超声波无法传送穿过裂缝，因此若有裂缝存在于传送路径上，则超声波会绕过裂缝而寻找其他路径，故仪器所显示的时间，是由绕行裂缝尖端后所得者，利用波传时间差量测得的距离等特性可求得裂缝的深度。

量测波速穿过混凝土的技术，基本的探头布置方式：直接传递法、半直接传递法、同面法。

用超声波检测法的优点如下：

可使用多种类的材料；可做深入内部的探伤、测厚及测定物性；检查速度较快，仪器轻便。

2．敲击回声法量测混凝土内部孔隙及表面裂缝的深度

敲击回声法主要是利用敲击产生瞬时弹性波（应力波）导入混凝土介质并接收其反射的位移反应信息。经由接收反射回来的信号，经过快速傅立叶转换至频率域

来判断混凝土内部是否有孔隙或裂缝，并计算出其孔隙位移。

图 10-1 为敲击回声法原理的示意图。在测试物体的表面利用机械性敲击产生瞬时应力波动并导入物体内，该应力波动包含有压力波（P-Wave）、剪力波（S-Wave）及表面波（R-Wave），其中压力波及剪力波在物体内部依球状的波形方式向前传动，而表面波则沿着物体表面远离敲击点的方式向外扩散出去。当压力波及剪力波遇到物体内部的瑕疵（如裂缝及孔隙）或物体的边界时，将会被反射回去，这些反射波回到了敲击面时，则产生表面的位移，此等位移反应可利用讯号接收器监测到，如果将接收器安排在靠近敲击点处，则监测到的位移波形主要是因为压力波到达所造成。

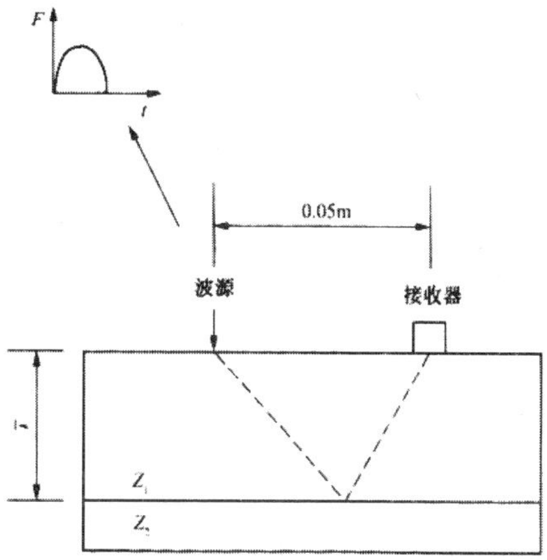

图 10-1　敲击回声试验的示意图

当波在物体内部传动遇到不同的介质时，则波的部分能量会被反射，部分会被折射。反射波与折射波的振幅及入射波的振幅与两种介质的声阻系数（Acoustic Impedance）有关，其中声阻系数为 P- 波波速与密度的乘积；当波为正向入射时，其关系式如下：

$$A_{reflected}=\frac{A_i\left(Z_2-Z_1\right)}{\left(Z_2+Z_1\right)}$$

$$A_{reflected}=\frac{A_i\left(2Z_2\right)}{\left(Z_2+Z_1\right)}$$

式中：Z_1——第一个物质的声阻系数；

Z_2——底部物质的声阻系数；

Ai、$A_{reflected}$ 及 $A_{reflected}$——分别为入射波、反射波及折射波的振幅。

若 $Z_2>Z_1$ 时，则 $A_{reflected}>0$，即反射波与入射波同号；反之，若 $Z_2<Z_1$ 时，则

$A_{reflected}<0$，即反射波与入射波异号。

在敲击处产生一压力波（C）后，若混凝土底部接声阻系数较大的材料（如钢筋），则当波遇到此介质时所产生的反射波将同为压力波，但当此反射压力波传至顶部时，由于顶部为自由反射接口，则此时的反射波将改变为张力波（T），如此重复反射所得压力波与张力波的示意图如图 10–2（a）所示。这些反射波回到敲击面时会产生表面的位移，其位移示意图如图 10–2（b）所示。在图 10–2（b）的位移波形图中一开始有一个非常大的向下位移，这是由于表面波到达所致，但当底面第一次反射回来的 P– 波到达时，由于仍为压力波故造成向上位移而非向下位移，此压力波经由顶面的自由反射接口反射则变为张力波，传至底部反射回来也是张力波，此张力波到达顶面时便造成向下位移，如此重复反射，即形成一向上及一向下交互出现的表面位移波形，如图上标示的 2P、4P、6P 及 8P 处的位移反应；反之若混凝土底部接声阻系数较小的介质，其反射所造成的张力及压力情形与其所对应的表面位移波形，则如图 10–3（a）与图 10–3（b）所示。

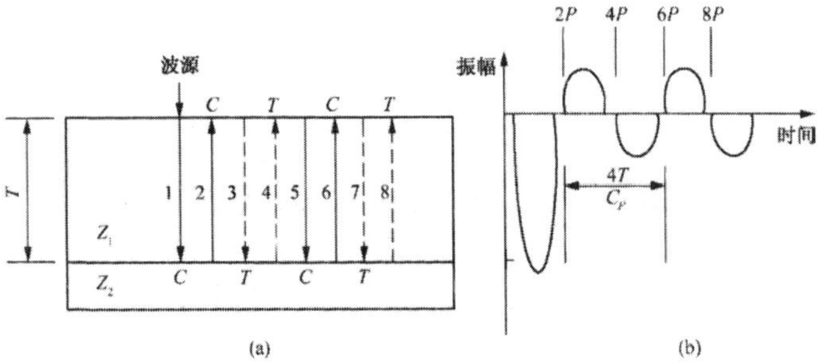

图 10–2 混凝土后接声阻系数较大的介质（$Z_2 > Z_1$）

（a）压力波及张力波的示意图；（b）表面位移示意图

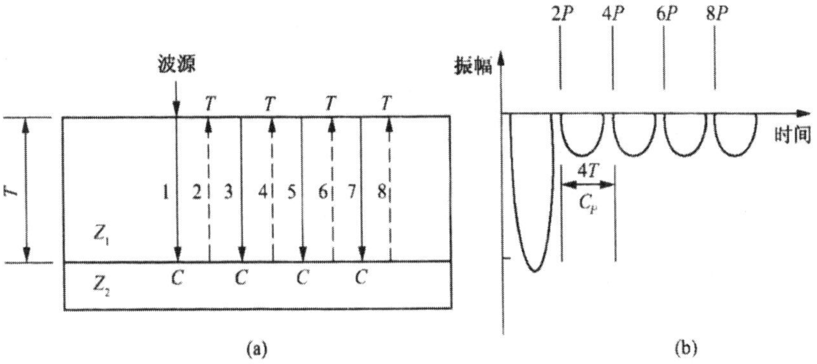

图 10–3 混凝土后接声阻系数较小的介质（$Z_2 < Z_1$）

（a）压力波及张力波的示意图；（b）表面位移示意图

频率分析原理可利用图 10–2（b）及图 10–3（b）所示的敲击回声反应来做说明。对于图 10–2（b）而言，每次应力波到达顶面时，将引起一向上、一向下的位移，使得这一位移波形是有周期性的。对靠近敲击位置的点而言，应力波来回一趟行经的路径为板厚的 4 倍，所造成的周期则为行经路径（4T）除以 P– 波速度（C_P），由于频率（f）为周期的倒数，则该特有位移波形的频率可依下列公式计算而得：

$$f=\frac{C_P}{4T} \qquad (10\text{–}3)$$

若对图 10–3（b）而言，则应力波重复造成顶面向下的位移反应，所需行经的路径为板厚的 2 倍，故位移波形的频率则可依下列公式计算而得：

$$f=\frac{C_P}{2T} \qquad (10\text{–}4)$$

数字频谱的分辨率（即两点间的频率差值）等于位移波形的记录长度（记录时间间距乘以记录点数）的倒数，这一分辨率将会影响利用式（10–3）或式（10–4）计算反射接口深度的精度。实际上，数字频谱可由记录到的数字化波行经快速傅立叶转换（FFT）技巧求得，这一技巧是基于任何一种波形都可用一系列不同振幅、频率及相角的正弦波的和来代表。

当混凝土内部存在孔隙或裂缝时，应力波遇到此等瑕疵（声阻系数远较混凝土小的介质），将产生反射，而其反射现象与图 10–3 相似，若孔隙或裂缝的深度为 D，则式（10–4）经改写后，可用来测定瑕疵位置，其公式如下所示：

$$D=\frac{C_P}{2f} \qquad (10\text{–}5)$$

若混凝土内部埋有钢筋（深度为 d_s）时，其应力波的反射现象与图 10–2 相似，可将式（10–3）改写后，用来评估钢筋位置，其公式如下：

$$d_s=\frac{C_P}{4f} \qquad (10\text{–}6)$$

一般而言，单探头的敲击回声仪可量测到混凝土内部的孔洞或瑕疵，双探头的敲击回声仪，则可在时间域量测其裂缝深度，其原理类似超声波量测混凝土表面裂缝的深度，称为改良式敲击回声法。

改良式敲击回声法以小直径的钢珠当为敲击源，在表面敲击后所产生的 P– 波（压力波）及 S– 波（剪力波）向物体内部传动［如图 10–4（a）所示］，由于 P– 波波速较 4 快，所以 P– 波的波前（Wavefront）先遇到裂缝的尖端，而 S– 波则跟随在后，入射 P– 波在裂缝尖端处将产生绕射波 PdP［如图 10–4（b）所示］，如同在裂缝尖端处形成一个波源，以球状波形方式向四面八方传动出去［如图 10–4（c）

所示］。当绕射波传回至敲击表面时将会产生扰动，为能记录应力波从敲击源出发，经由裂缝尖端绕射在抵达裂缝另一侧表面的历时，故在裂缝两边各配置一个接收器，与敲击点同侧的接收器（Receiver1）监测所得的位移波形是因 R- 波（表面波）的首先到达而造成一较大的向下位移，随后的波形则是由反射波与绕射波到达产生扰动所致，另外与敲击点不同侧的接收器（Receiver2）监测得的起始扰动信号，为 P- 波绕过裂缝尖端到达所引起，此乃因为表面开裂裂缝阻绝或延迟 R- 波的到达所致，以后所测得的位移波形则为后续反弹波及绕射波到达所引起。图 10-5 此法量测位置示意图，第一接收器与敲击器相距 H_0，敲击器距离裂缝 H_1，第二接收器距离裂缝 H_2，当第一接收器收到由波源产生表面波信号时，整个系统激活撷取裂缝绕射波信号，假设表面波到达时间为 t_1，绕射波到达时间为 t_2，所以从系统激活到绕射波信号到达的时间为 t_2-t_1，但是敲击却发生在监测系统激活的前的某一时间，这个时间恰好是 R- 波由敲击源传动至第一接收器所需时间，也就是 H_1 除以 R- 波的波速 V_R，于是 P- 波由敲击源至第二接收器所经历的总时间△ t 可依下列公式计算而得：

$$\triangle t = t_2 - t_1 + \frac{H_0}{V_R}$$

总时间得到后，P- 波所走的总路径则等于 P- 波波速 C_P 乘以总时间，因此表面开裂缝的深度（C）可依下列公式计算得到：

$$C = \sqrt{\left[\frac{\left(V_P \times \triangle t\right)^2 + H_1^2 - H_2^2}{2 \times V_P \times \triangle t}\right]^2 - H_1^2}$$

若是两接收器与裂缝的距离相等（即 $H_1=H_2=H$），则上式可改为

$$C = \sqrt{\left[\frac{\left(V_P \times \triangle t\right)^2}{2}\right]^2 - H^2}$$

根据前面测得的情况，首先把裂缝分为受力裂缝、非受力裂缝两大类。对前者，可根据相应的规范进行处理；对后者，大多与结构耐久性有关，即使现在对承载能力没有影响，但必须考虑对结构长期使用过程中与外界接触时的交互影响。引起非受力裂缝的原因较多，可从材料、施工、使用与环境等方面加以考虑。一些常见的此类裂缝有塑性混凝土阶段开裂、温度裂缝、收缩裂缝、钢筋锈蚀导致开裂等。

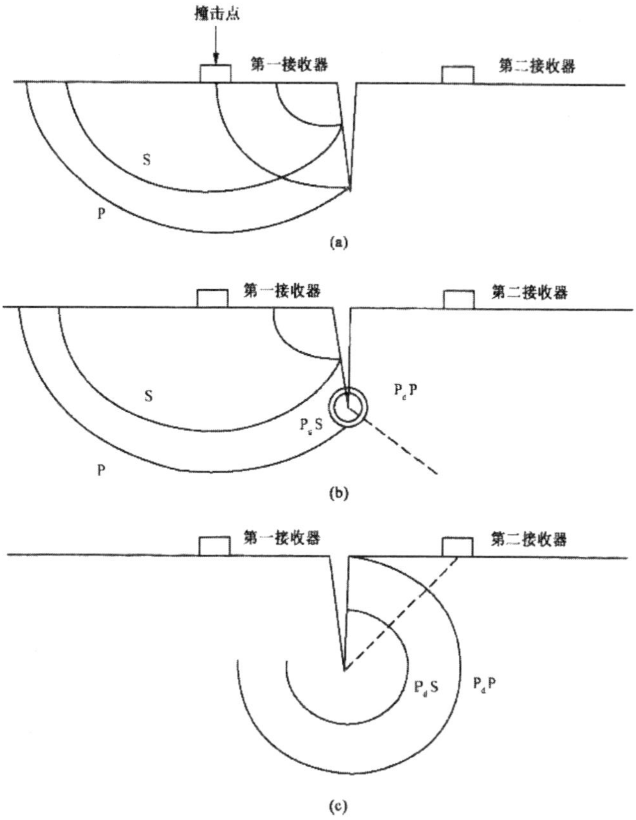

图 10-4　改良式敲击回声法侦测表面裂缝
（a）应力波导入测试物体；（b）应力波遭遇尖端产生绕射；（c）绕射应力波向外传动

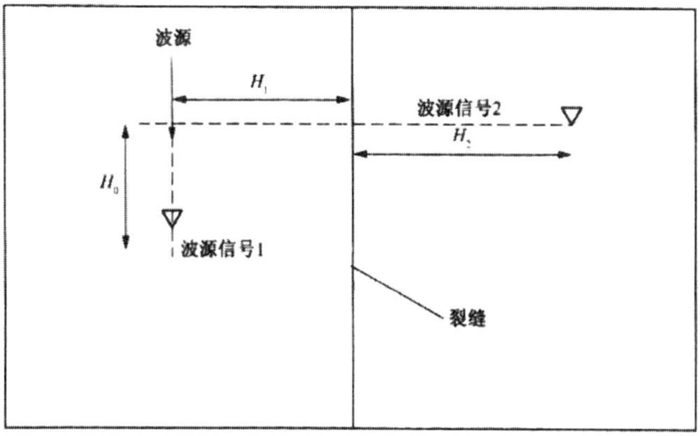

图 10-5　敲击回声法量测位置示意图

二、混凝土强度测试

有关混凝土强度现场测试的方法较多。无损检测有超声法、回弹法及超声—回弹综合法等。这些方法往往与取芯法破型试验直接得到的强度值综合起来，作为所测结构混凝土强度的判据。

三、钢筋锈蚀状况检测

由于混凝土内埋置钢筋的锈蚀，混凝土开裂导致的构件承载力不足引起的结构耐久年限降低这个问题，是影响混凝土桥梁耐久性最主要因素之一。引发桥梁混凝土内钢筋锈蚀的主要原因有二：一是混凝土碳化，二是 Cl^- 侵蚀。尤其是建造于跨海、海岸或临海的钢筋混凝土及预应力混凝土桥梁，由于环境介质中的氯离子侵蚀，容易导致钢筋镑蚀、保护层脱落，进而影响桥梁整体耐久性和安全性，在世界范围此类现象屡见不鲜。

根据钢筋锈蚀原因、锈蚀机理以及锈蚀特性，检查混凝土中钢筋腐蚀可按图 10–6 所示的流程图进行。

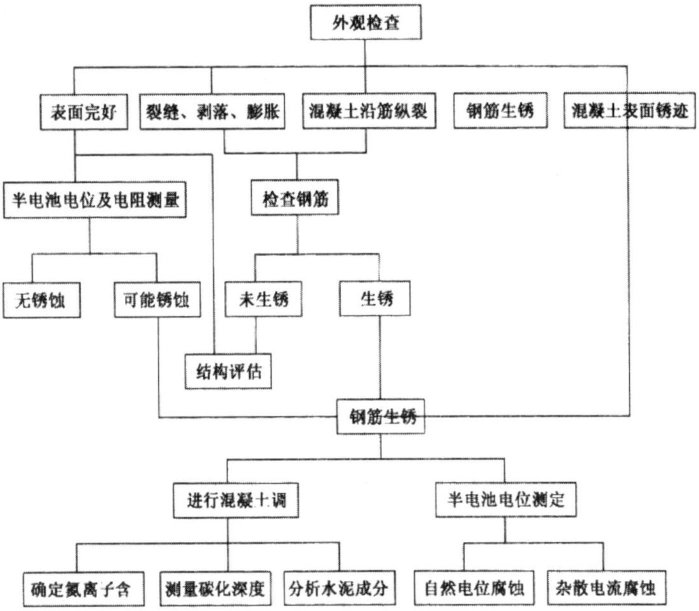

图 10–6 检测混凝土中钢筋腐蚀的流程图

国产的半电池电位测试仪目前已在工程中使用，所使用的判据与 ASTM876—83 类似，主要给出定性的结果。若要检测腐蚀电流密度，可使用根据线性极化原理制造的仪器，目前以国外产品测试结果较为稳定。

钢筋的腐蚀性质或物理性质的检测是判断钢筋腐蚀最直接的方法。但是由于钢筋混凝土是一种极为复杂的材料，因此量测钢筋腐蚀速度或腐蚀量并不容易。在以下内容中将介绍几种常用的钢筋腐蚀检测方法。

1. 腐蚀电位

利用钢筋腐蚀侦测仪来确定钢筋锈蚀范围，此方法必须在钢筋具有连续导电性时方可使用，检验时首先要将腐蚀侦测仪的参考电极与钢筋相连接以形成通路后，再输入高阻抗，移动探头并记录电位差借以绘出等位图，再依等位图判定腐蚀发生的区域。当腐蚀电位在 –350mV 以下时（以硫酸铜溶液为电解液），视作此区域钢筋腐蚀的潜能达 90% 以上。而腐蚀电位在 –200mV（以硫酸铜溶液为电解液）以上时，则此区域的钢筋可视作几乎没有腐蚀发生。钢筋腐蚀侦测仪有单探头定点式及滚轮式。

2. 量测瞬间腐蚀速率

直接测量钢筋腐蚀速率可以了解结构的腐蚀原因，协助规划最适当的维修方法及评估防蚀措施的效果。由于钢筋腐蚀是一种电化学反应，测量其电化学反应速度就可以获知钢筋的腐蚀速度。在实验室中，有以下几种方法可以用来测量钢筋的腐蚀速度，包含线性极化阻抗、交流阻抗、调和分析等电化学方法。检测时只要将探头放在欲检测的位置上，再由电化学检测设备量出腐蚀速率，如此即可获知整个钢筋混凝土结构的腐蚀速率分布；而如果我们使用上面所提的腐蚀电位方法，则无法用来显示腐蚀的趋势。量测瞬间腐蚀速度率的电化学技术有线性极化法、AC 交流阻抗法、调和分析法。

3. 测量腐蚀电位和混凝土电阻

测量混凝土电阻可以使用测量土壤电阻的 Wermer Method。利用数学模式、腐蚀电位图和混凝土电阻可以预测钢筋的腐蚀速度。另外，混凝土电阻也可以进一步来辅助腐蚀电位来判断腐蚀速度的大小。当腐蚀电位在 –350mV（$Cu/CuSO_4$ 为参考电极）以下时，若混凝土电阻大于 12kΩ/cm，则腐蚀速度很小，但如果混凝土电阻小于 5kΩ/cm 时，则腐蚀速度会很大。

4. 氯离子含量测试

氯离子是诱发混凝土内部钢筋锈蚀的主要成分之一，其对钢筋腐蚀的影响主要视含水量和阴极性化所需氧的含量而定。氯离子主要来源为掺料、水、骨料或暴露于海水所致。而检查混凝土中氯离子含量的目的有二：

（1）用以分析氯离子含量是否超过国家标准所规定的容许值。

（2）分析混凝土中氯离子的可能来源。

氯离子含量的测定方法主要有两种：

实验室化学分析法和滴定条法（Quantab-Strips）。滴定条法可在现场完成氯离子含量的测定。

表 10-1　氯离子含量对钢筋锈蚀影响程度的评定标准

氯离子含量（占水泥含量的百分比）	<0.15	0.15 ~ 0.4	0.4 ~ 0.7	0.7 ~ 1.0	>1.0
评定标度值	1	2	3	4	5
诱发钢筋锈蚀的可能性	很小	不确定	有可能诱发钢筋锈蚀	会诱发钢筋锈蚀	钢筋锈蚀活化

四、混凝土中性化状况测试

在正常状态下，混凝土的高碱性是钢筋最好的保护措施，但当遇到酸侵蚀时，混凝土将失去碱性，保护层下的钢筋也将脱钝。最常见的情况是因空气中的二氧化碳引起的碳化。目前检测碳化深度常用酚酞试剂测试，酚酞试剂测试是在现场所钻取的混凝土试样或敲除的混凝土，放置于干燥室让试样自然干燥后，再将混凝土表面上喷洒酚酞指示剂，观察指示剂颜色的变化，以判断其中性化深度。测定结果见表 10-2。

表 10-2　中性化检测颜色变化判定标准

颜色	无色	红色
判定	中性化	具有碱性

五、碱骨料反应检测

波特兰水泥中含有 K_2O 及 Na_2O 成分，若骨料中有 Si_2O 与 $A1_2O_3$ 活性成分，则会发生化学反应，产生类似水玻璃的生成物，此物质易吸水而容易膨胀，会造成混凝土产生裂缝，渐形成龟甲状的网状裂痕，并使混凝土强度降低进而崩裂，此现象称为碱骨料反应。检验方法可利用类似氯离子含量检测法，钻取混凝土粉末，再利用特殊溶液检验是否有碱骨料反应的生成物。或利用特殊药剂喷洒于混凝土试样后，利用紫外线照射，若有碱骨料反应的生成物则该部位将出现黄绿色的荧光。

六、劣化混凝土岩相及化学分析

通过岩相分析可观察混凝土内部裂隙情况、骨料岩相结构等。特别是对判断是否存在碱—骨料反应具有重要意义。

化学分析可给出混凝土自表面向内部的 Cl^- 离子分布曲线、K_2O 及 Na_2O 含量分布曲线、SO　含量分布等。这些结果对判断混凝土病害的深层原因十分有用。例如当混凝土中 Cl^- 含量超标，或使用环境中有 Cl^- 侵蚀，则极易引起钢筋脱钝，发生严重锈蚀。

七、混凝土表层渗透性测试

混凝土的耐久性在相当程度上取决于其自身渗透性的好坏，因为外界有害介质，如盐、碱、SO_4^{2-} 皆会渗入混凝土内部导致一系列病害，所以混凝土表层的渗透性构成了其耐久性的第一道防线。

在试验室有许多种方法检测混凝土的渗透性，如用水做渗透液时有稳态流动法和渗透深度法，还有 Cl^- 扩散系数来评价混凝土渗透性的，但上述方法均不便于直接用于现场检测。为此，国家工业建筑诊断与改造工程技术研究中心进行了现场专用的 GGT 渗透性测试仪和 GWT 渗水性测试仪。

GGT 测试仪可对已完工的混凝土结构物进行 CO_2 渗透，检测表面层的空隙率。混凝土表层的渗透性与其空隙率相关，其值可通过传感器测得的压力及参数曲线确定。

GWT 测试仪在使用中，通过在混凝土表面施加水压力，用水的渗透性来评价被检测表面的渗水特性。并可检测接头处的防水性，或用于混凝土表面设置防水保护层前后进行表面检测。

第三节　混凝土桥梁耐久性修复及防护技术

当混凝土桥梁出现病害后，先对病害的程度进行评估，若危及承载能力，则需进行加固处理；若日前尚未对承载能力构成威胁，为防止病害进一步发展，必须进行耐久性修复或维护。

一、裂缝修补

考虑结构防水性、耐水性要求进行裂缝修补的准则，主要根据裂缝宽度极限并综合考虑裂缝深形式以及结构使用环境进行确定，见表 10-3。

表 10–3 必须修补与无须修补的裂缝宽度极限

环境 其他因素 区分		按耐久性考虑			按防水性考虑
		苛刻的	中等的	缓和的	–
（A）须修补的裂缝宽度 /mm	大	大于 0.4	大于 0.4	大于 0.6	大于 0.2
	中	大于 0.4	大于 0.6	大于 0.8	大于 0.2
	小	大于 0.6	大于 0.8	大于 1.0	大于 0.2
（B）无须修补的裂缝宽度 /mm	大	小于 0.1	小于 0.2	小于 0.2	小于 0.05
	中	小于 0.1	小于 0.2	小于 0.3	小于 0.05
	小	小于 0.2	小于 0.3	小于 0.3	小于 0.05

裂缝修补的方法主要有表面处理法、注入法、充填法及其他方法。修补材料主要有树脂类材料和水泥基材料两类。国内目前已有多个厂家生产注浆材料和灌缝机具。国家工业建筑诊断与改造工程技术研究中心引进的发泡环氧树脂灌缝材料，利用树脂膨胀产生的压力自动灌注，凝结后树脂可随裂缝变化面而改变形状，特别适用于灌注“活缝”。

二、钢筋锈蚀损坏修复

传统上对钢筋锈蚀引起的开裂、起鼓等采取的是“打补丁”的办法，即局部凿除松动的混凝土，露出锈蚀钢筋，除锈后抹上水泥砂浆。我们在实际工程中多次发现这种修复方法失效，给补丁四周的混凝土带来更严重的锈蚀问题，特别是有氯离子侵蚀的环境，此种情况屡见不鲜。究其原因，是修补区域邻近会形成新的阳极区，其中的钢筋腐蚀后可能会将原修好的区域胀裂。

近年来，国外开发了一种新的修复技术：在结构表面涂上一层迁移型有机阻锈剂，它可以通过混凝土迁移到钢筋表面，取代氯离子，使钢筋再钝化。也可结合传统的局部修补技术，在凿开局部混凝土后，直接涂覆于混凝土基面，依靠其分子的迁移作用，使修补处钢筋背面和附近区域的钢筋再钝化，从而显著提高保护效果。此种有机阻锈剂在美国有 Cortec 公司的 MCI 系列产品，在国内已开始应用；在欧洲有意大利 TECNOCHEM 公司开发的 Mucis 系列阻锈剂及含此类阻锈剂的修复砂浆，在欧洲多座桥梁的耐久性修复中表现良好。

三、碱—骨料反应病害的修复

碱—骨料反应在素混凝土中，多为网状裂缝；有钢筋约束时，常表现为顺筋开裂。

我国在铁路、公路、机场等土木结构中已发现破坏实例。

目前对发生碱—骨料反应的混凝土结构，国际上一般采取隔绝外界水源的办法予以解决。日本及北美经验证明，用硅烷涂层处理混凝土表面，使混凝土表面憎水，同时混凝土内部水蒸气又可向外散发，可在短期内降低混凝土内部湿度，从而显著延缓碱—硅反应的发生。但对大体积混凝土，因混凝土内部的湿度可保持很长时间，这种方法不太合适。

四、混凝土表面防护技术

混凝土表面防护技术是国际学术界重点研究的提高耐久性的措施之一。混凝土许多耐久性病害，如中性化、钢筋锈蚀、冻融循环、碱—骨料反应、硫酸盐侵蚀等，其破坏机制各不相同且作用机理复杂，但有一个共同特点：破坏程度与混凝土的物质传输能力有关，受混凝土渗透性影响很大。表面防护处理，能改变混凝土结构面层的性质，显著提高耐久性。

目前主要对混凝土表面进行憎水浸渍处理，使混凝土表面由亲水变为憎水，由此降低混凝土的吸水率，防止 Cl^- 等有害介质向混凝土内部的渗透。

第四节　目前存在的主要问题

一、对耐久性检测技术的迫切性认识不足

根据 1998 年统计资料，全国铁路共有桥梁 36747 座 120676 孔，其中混凝土桥梁 110765 孔。由于在开始建造时忽视了有关耐久性问题，现在不少桥梁已是病害缠身，预计不远的将来这些设施中有更多的耐久性病害暴露出来，若任其发展，必将对桥梁安全性构造威胁。

目前我国建筑业投资中，加固改造的投资已呈逐递增的趋势，但在公路等部门，仍存在“养路不养桥”的观念。在资金使用上，重新建，轻检修。据交通系统调查，全国国省道主干线上共有危桥 5397 座，还有急需维修加固的桥梁 36921 座。需资金 150 亿元。实际资金严重短缺，每年只有 6.9 亿元投入旧桥的维修改造。这些危旧桥基本上为混凝土桥。

二、缺乏桥梁诊治领域的基础性标准

从基础研究层面看，混凝土桥梁耐久性病害诊治是一项复杂的工作。一方面它

需要对混凝土内部所产生的应力状态在不同使用环境中有良好的认识，另一方面要求掌握其经历的物理和化学过程。目前尚没有什么标准的研究方法。

从工程角度出发，不可能等所有机理搞清楚了再去修复、维护混凝土结构，有大批病害桥梁急需诊治，然而目前对诊治所用设备、材料均无标准，无法评定所用材料各项性能指标，这使得现场操作的质量控制无从说起。

三、没有相应的技术规范

我国在桥梁结构设计领域同国外一样，已有了较为完备的国标规范。但遇到结构耐久性问题时这方面仍基本空白。从2002年4月1日起实施的GB50010—200《混凝土结构设计规范》中新增了耐久性规定，有利于设计人员在新建结构时作为参考。但对已有结构耐久性病害诊治至今尚无相关技术规范。

发达国家在这一领域的做法值得借鉴。如美国混凝土协会（ACI）专门出版有《混凝土修补手册》，对结构的评估、修复等方面有详细的指南。德国钢筋混凝土委员会有《混凝土构件保护和维护指南》，日本涂装工业协会发布了《混凝土土木构造的修补手册》。

提高混凝土桥梁的耐久性是一项涉及面很广的系统工程，大致可从“防”与“治”两方面入手：“防”是在设计混凝土结构时考虑影响寿命的各种因素，采取相应措施加以预防，并根据使用环境预先设定检修手段，规定检修制度；“治”是对已暴露出耐久性问题的混凝土结构及时诊治。

在我国现有的混凝土桥梁中，有中华人民共和国成立前的，也有“大跃进”“文化大革命”及改革开放之初建设的，这些桥梁的一大部分由于设计、施工的缺陷和长期使用过程中的损伤、老化或灾害，造成结构开裂、腐蚀、耐久性能下降、抗震防灾性能不良，甚至承载力不足等诸多影响其安全及使用功能的问题，特别是近年来交通量的快速增长对桥梁的维护与使用又提出了更新更高的要求，所带来的问题也就更为突出。因此，从整体上讲现有混凝土桥梁面临着巨大的结构诊治技术工作，其中耐久性病害诊治是这个领域中的重要组成部分，其重要性将随时间延长而日趋明显。

鉴于混凝土桥梁的检测、鉴定、修复、维护等方面存在巨大的市场机会，有关耐久性的检测技术有望成为一个快速发展的行业。在技术层面，今后必须加强基础理论研究，弄清混凝土劣化机理，研究新型特种修复材料，才可能有针对性地提出可行的修复方案。在政策层面，其一是加强资质认证管理，避免一哄而上的局面；其二是尽快制定相关技术规范，使混凝土桥梁耐久性病害诊治与修复这一行业走上健康发展的道路。

第十一章　检测数据的分析与处理

在结构检测中可得到大量的检测数据，这些数据一般被称之为检测原始数据。这些原始数据一般不宜直接说明检测结果，通常需要对其进行统计分析并加工整理。原始数据先要进行运算分析，舍弃可疑数据，并通过修正处理，找出检测对象中各参量之间的相互关系或变化规律，然后服务于工程。

第一节　误差及其分类

一、误差的基本概念

在任何测试过程中，由于检测设备、检测方法、检测环境、人的观察力等因素的影响，表现出检测结果与待求量真实值之间存在一定差值，这个差值叫作误差。根据检测要求，可用下列方式表示误差。

1. 绝对误差

绝对误差表示检测的数据与它的真实值的差值，可能为正，也可能为负。即

量测值 – 真实值 = 真绝对误差

但是，在大多数情况下，真实值是无法得到的，一般只能用一种更精密的量具或仪器进行量测，所得数值称为实际值，它更接近真实值，可表示为

量测值 – 实际值 = 绝对误差

绝对误差具有这样一些性质：

（1）有单位，与检测时采用的单位相同。

（2）能表示检测数值是偏大、偏小及其偏离程度。

（3）不能表示检测所达到的精确程度。

2. 相对误差

相对误差表示绝对误差与实际值的比值，以百分数表示，即

$$相对误差=\frac{绝对误差}{实际值}\times100\%$$

相对误差具有这样一些性质：

（1）无单位。

（2）能表示误差的大小和方向。

（3）能表示检测的精确程度。

二、误差分类

由于受各种因素的影响，在试验中得到的检测数据总是存在着误差。为了确定检测结果的可靠程度，必须进行误差的数据处理，即所谓检测误差估计。根据误差产生的原因和性质，通常把误差分为随机误差、系统误差、综合误差和粗差。

1. 随机误差

当多次检测同一个量时，误差的绝对值时大、时小，时正、时负，没有确定的规律，也不可以预测。

随机误差的特点：

（1）随机误差的出现无确定的规律性，并且是预先无法知道的，大多具有偶然性。

（2）随检测次数的增多，随机误差的平均值趋近于零。

（3）数量相等、符号相反的随机误差出现的频率大致相等。

（4）值小的随机误差比值大的随机误差出现的频率要大些。

随机误差通常是由测试仪器、测试方法和测试环境等因素微小波动共同作用的结果，其真实规律无法掌握，因而产生的误差具有偶然性。

2. 系统误差

系统误差是指在同一条件下多次检测同一量时，误差的绝对值和符号保持恒定，或在条件改变时，按某一确定规律变化的误差。

系统误差的基本性质：

（1）系统误差可能是一个常数，或是某种因素的函数。

（2）多次重复检测，系统误差可重复出现，并且正负符号不变。

（3）检测所得结果经过修正，可接近实际值（真值）。

系统误差来源：检测仪器未经校准，刻度值偏大或偏小；周围环境（如外界温度、压力、湿度、电磁场）及个人的习惯与偏向等。

系统误差可以通过对仪器校准、对环境进行控制、对结果进行修正等方法加以消除。

3．综合误差

随机误差与系统误差的合成叫作综合误差。

4．粗差

粗差是由于测试人员的过失引起的误差。检测结果显然与实际不符，可能由于试验人员粗心大意，读错、记错数据，或者由于过度疲劳，或者由于操作错误等原因所造成的。发现这种情况时，所测数据应予以剔除。

第二节　检测误差对检测结果的影响

在检测过程中，对某一物理量检测结果的可靠性一般可采用术语“精确度和准确度”来表征。

1．精确度

精确度是指某物理量在检测中，观测值重复性的大小，或者向某一中心趋向的集中程度。

2．准确度

准确度是指观测值与真值符合的程度。

3．正确度

正确度是指多次检测结果的平均值与真值符合的程度。

关于精确度、正确度和准确度之间的关系，以射击打靶为例，可能会出现如图11–1所示的三种情况：

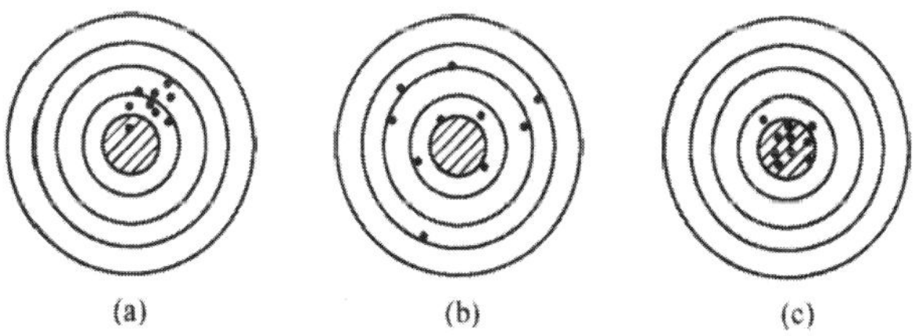

图 11–1　精确度、正确度和准确度图解

（1）射击点在靶心附近［图 11–1（a）］。

（2）射击点离靶心较远［图 11–1（b）］。

（3）射击点在靶心很近的某一处［图 11–1（c）］。

对于第一种情况，它的精确度高，正确度差。原因是虽未射击在靶心，但较集中。

对于第二种情况，它的正确度高，精确度差。原因是射击较准，但分布却很零乱，所以精确度差。

对于第三种情况，可以认为它的正确度及精确度都较高。原因是大部分都落在靶心，而且分布比较集中，所以既正确又精确，即准确度高。

一般地说，精确度反映了随机误差的大小程度；正确度反映了系统误差大小的程度；准确度则反映了综合误差大小的程度。因此，在检测实践中，如果说某项检测结果很“准确”，那就意味着在该检测结果中系统误差、随机误差的影响极小，甚至可以不考虑。否则，不能用“准确”这个术语。

第三节　多次检测结果的误差估计

试验时所测得的数据，称为检测值。就被测物理量本身而言，客观上只存在着一个确定的真实值或实际值，二者之间产生的误差是随机变量，检测值也是随机变量。反映随机变量有三个重要的统计特征数——算术平均值、标准误差和变异系数。

一、平均值

1. 算术平均值

算术平均值是最常用的一种方法，用来了解一批数据的平均水平，度量这些数据的中间位置。

$$X=\frac{X_1+X_2+\cdots\cdots+X_n}{n}=\frac{\Sigma X}{n}$$

式中：X—算术平均值；

$X_1,X_2\cdots\cdots X$——各试验的数据值；

ΣX——各试验数据值的总值；

n——试验数据的个数。

2. 均方根平均值

均方根平均值对数据大小的跳动反应较为灵敏，计算公式如下：

$$S=\sqrt{\frac{X_1^2+X_2^2+\cdots\cdots+X_n^2}{n}}=\sqrt{\frac{\Sigma X^2}{n}}$$

式中：　　S——各试验数据的均方根平均值；

$X_1, X_2 \cdots\cdots X$——各试验数据值；

ΣX^2——各试验数据值平方的总和；

n——试验数据的个数。

3．加权平均值

加权平均值是各个试验数据和它的对应数的算术平均值。计算水泥平均标号采用加权平均值。计算公式如下：

$$m = \frac{X_1 g_1 + X_2 g_2 + \cdots\cdots + X_n g_n}{g_1 + g_2 \cdots\cdots + g_n} = \frac{\Sigma X_g}{\Sigma^g}$$

式中：　　m——试验数据的加权平均值；

$X_1, X_2 \cdots\cdots X$——各试验数据值；

Σ Xg——各试验数据值和它的对应数乘积的总和；

Σ g——各对应数的总和。

二、误差计算

1．范围误差

范围误差也叫极差，是试验值中最大值和最小值之差。例：三个混凝土试块抗压强度分别为 32.5MPa、37.6MPa、30.3MPa，则这组试块的极差或范围误差为

37.6−30.3=7.3（MPa）

2．算术平均误差

算术平均误差的计算公式为：

$$\delta = \frac{|X_1 - X| + |X_2 - X| + \cdots\cdots + |X_n - X|}{n} = \frac{\Sigma|X - \overline{X}|}{n}$$

式中：　　δ——试验数据的算术平均误差；

$X_1, X_2 \cdots\cdots X$——各试验数据值；

$\overline{X}$——试验数据值的算术平均值；

n——试验数据的个数。

例：三块混凝土试件的抗压强度分别为 32.5MPa、37.6MPa、30.3MPa，求算术平均误差。

解：这组试件的平均抗压强度为 33.5MPa，其算术平均误差为

$$\delta = \frac{|32.5 - 33.5| + |37.6 - 33.5| + |30.3 - 33.5|}{3} = 2.76(MPa)$$

3．均方根误差（标准离差、均方差）

只知试件的平均水平是不够的，还要了解数的波动情况及其带来的危险性。标准离差（均方差）则是衡量波动性（离散性大小）的指标，计算公式为

$$S=\sqrt{\frac{\left(X_1-\overline{X}\right)^2+\left(X_2-\overline{X}\right)^2+\cdots\cdots+\left(X_n-\overline{X}\right)^2}{n-1}}=\sqrt{\frac{\Sigma\left(X-\overline{X}\right)^2}{n-1}}$$

式中：　　S——标准离差（均方根误差、均方差）；

$X_1,X_2\cdots\cdots X$——各试验数据值；

$\overline{X}$——试验数据的算术平均值；

n——试验数据的个数。

例：某厂某月生产 10 个编号的 325 号矿渣水泥，28d 抗压强度为 37.3MPa、35.0MPa、38.4MPa、35.8MPa、36.7MPa、37.4MPa、38.1MPa、37.8MPa、36.2MPa、34.8MPa，求标准离差。

解：10 个编号水泥的算术平均强度为

$$\frac{\Sigma X}{n}=\frac{367.5}{10}=36.8\left(MPa\right)$$

编号	X_1	X_2	X_3	X_4	X_5	X_6	X_7	X_8	X_9	X_{10}
抗压强度	37.3	35.0	38.4	35.8	36.7	37.4	38.1	37.8	36.2	34.8
$X-\overline{X}$	0.5	1.8	1.6	−1.0	−0.1	0.6	1.3	1.0	−0.6	−2.0
$(X-\overline{X})^2$	0.25	3.24	2.56	1.0	0.01	0.36	1.69	1.0	0.36	4.0

$\Sigma(X-\overline{X})^2=14.47$

$$标准离差\ S=\sqrt{\frac{\Sigma\left(X-\overline{X}\right)^2}{n-1}}=\sqrt{\frac{14.47}{9}}=1.27\left(MPa\right)$$

4．极差估计法

极差是表示数据离散的范围，可也用来度量数据的离散性。极差是数据中最大值和最小值之差。

$$W=X_{max}-X_{min}$$

当一批数据不多时（n ≤ 10），可用极差法估计总体标准离差。

$$\hat{\sigma}=\frac{1}{d_n}W$$

当数据很多时（n＞10），要将数据随机分成若干个数量相等的组，对每组求极差，并计算平均值。

$$W=\frac{\sum_{i=1}^{m}W_i}{m}$$

则标准离差的估计值近似的用下式计算：

$$\hat{\sigma}=\frac{1}{d_n}\overline{W}$$

式中：dn——与 m 有关的系数（见表 11-1）；

m——数据分组的组数；

n——每一组内数据拥有的个数；

$\hat{\sigma}$——标准离差的估计值；

W，$\overline{W}$——极差、各组极差的平均值。

表 11-1　极差估计系数

n	1	2	3	4	5	6	7	8	9	10
d_n	–	1.128	1.693	2.059	2.326	2.534	2.704	2.847	2.790	3.078
$1/d_n$	–	0.886	0.591	0.486	0.429	0.395	0.369	0.351	0.337	0.325

例：35 个混凝土强度数据，随机分成 5 个一组，共 7 个组，计算如下

第一组：40.041.647.147.543.9W1=7.5；

第二组：41.540.639.543.844.5W2=5.0；

第三组：36.940.747.344.145.6W3=10.4；

第四组：38.741.449.036.145.9W4=12.9；

第五组：38.747.143.536.041.0W5=11.1；

第六组：40，742.841.739.038.9W6=3.9；

第七组：40.942.143.734.041.5W7=9.7。

$W=\frac{1}{7}$（7.5+5.0+10.4+12.9+11.1+3.9+9.7）=8.64

$$\hat{\sigma}=\frac{1}{d_n}\overline{W}=\frac{1}{2.33}\times 8.64=3.71(MPa)$$

极差估计法主要出于计算方便，但反映实际情况的精确度较差。

三、变异系数（离差系数）

标准离差是表示绝对波动大小的指标。当测量较大的量值时，绝对误差一般较大；当测量较小的量值时，绝对误差一般较小。因此要考虑相对波动的大小，即用平均值的百分率来表示标准离差，即变异系数。计算公式为

$$C_{\upsilon}=\frac{S}{\overline{\overline{X}}}\times 100\%$$

式中：C_{υ}——变异系数，%；

S——标准离差；

$\overline{X}$——试验数据的算术平均值。

变异系数可以看出标准离差所表示不出来的数据波动情况。

例：甲、乙两厂均生产325号矿渣水泥，甲厂某月的水泥平均强度为39.84MPa，标准离差为1.68MPa。同月乙厂生产的水泥28d抗压强度平均值为36.2MPa，标准离差为1.62MPa，求两厂的变异系数。

$$甲厂\ C_{\upsilon}=\frac{1.68}{39.84}\times 100\%=4.22\%$$

$$乙厂\ C_{\upsilon}=\frac{1.62}{36.2}\times 100\%=4.48\%$$

从标准离差看，甲厂大于乙厂，但从变异系数看，甲厂小于乙厂，说明乙厂生产水泥强度相对跳动要比甲厂大，其产品的稳定性较差。

第四节　正态分布、概率及其检验方法

一、正态分布和概率

为弄清数据波动的更完整的规律，必须找出频数分布，画出频数分布直方图。如果组分得越细，直方图的形状逐渐趋于一条曲线。数据波动的规律不同，曲线的形状也不一样。在实际生产中按正态分布的曲线最多，用得也最广。

$$\Phi(X)=\frac{1}{\sqrt{2\pi}\sigma}e^{-\frac{(X-\mu)^2}{2\sigma^2}}$$

式中：X——试验数据值；

e——自然对数的底，e=2.718；

μ——曲线最高点横坐标，叫作正态分布的均值，曲线对 μ 对称；

σ——正态分布的标准离差，其大小表示曲线的胖瘦程度，σ 越大，曲线越胖，数据越分散，反之表示数据集中（见图 11-2）。

有了均值 μ 和标准离差 σ，就可以画出正态分布曲线。正态分布，给指导生产带来了很大好处，它的数据值 X 落入任意区间（a，b）的概率 $P(a<X<b)$ 是明确的，当 $X_1=a$、$X_2=b$ 时，它等于横坐标和曲线 Φ（X）所夹的面积（图中阴影面积），用

$$P(a<X<b)=\frac{1}{\sqrt{2\pi}\sigma}\int_a^b e^{-\frac{(X-\mu)^2}{2\sigma^2}}dX$$

$$令t=\frac{X-\mu}{\sigma}$$

$$则\Phi(t)=\frac{1}{\sqrt{2\pi}}e^{\frac{-t^2}{2}}$$

$$\Phi(t)=\frac{1}{\sqrt{2\pi}}\int_{-\infty}^{t}e^{\frac{-t^2}{2}}dt$$

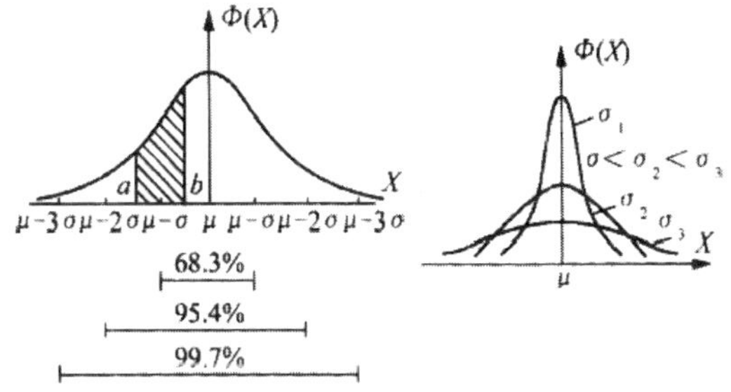

图 11-2　正态分布曲线示意图

例：假定一批混凝土试件的数据为正态分布，试件的平均强度为 41.9MPa，标准离差为 3.56MPa，求强度为 30MPa、40MPa、50MPa 时的概率。

解：

$$P(X\le 30)=F(30)=\Phi\left(\frac{30-41.9}{3.56}\right)$$

$$=\Phi(-3.34)$$

$$=1-\Phi(-3.34)=1-0.9996$$

$$=0.0004$$

$$P(X\le 40)=F(40)=\Phi\left(\frac{40-41.9}{3.56}\right)$$
$$=\Phi(-3.53)$$
$$=1-\Phi(3.53)=1-0.7019$$
$$=0.2981$$
$$P(X\le 50)=F(50)=\Phi\left(\frac{50-41.9}{3.56}\right)$$
$$=\Phi(2.28)$$
$$=0.9987$$

二、正态分布的检验方法

前述内容都是在假定数为正态分布下计算的，为了检查是否是正态分布，可采用如下的简要办法。

1. 正态概率纸检验

概率纸是一种特殊的方格纸，横坐标为试验数据，纵坐标按正态分布函数关系比预见，为试验数据的累计频率。当一批试验数据绘制在概率纸上，并将各点用线连接后，即可看出试验结果是否符合正态分布。当连线为直线（或近似直线）时，属正态分布，如各点的连线有明显的弯曲或数据点分散，则表明数据分布偏畸。

由正态概率纸还可近似地估计数据的平均值 $\overline{X}$ 和标准离差 S。做法是在概率图（见图 11–3）上所画得的直线与纵坐标 50% 的交点向下作垂线，与横坐标的相交点为数据的平均值 $\overline{X}$ 的近似值；由直线与纵坐标 15.9% 的交点向下作垂线，与横坐标相交，它与平均值点的绝对值为标准离差 S 的近似值。

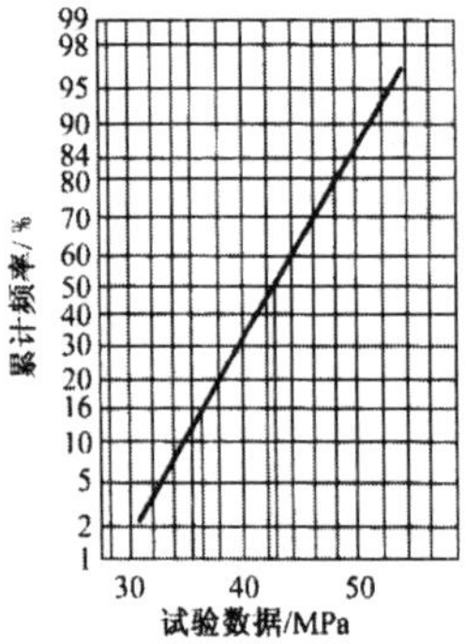

图 11–3 概率图

2. t检验

实际测试时，n总是有限的，而现场测试的次数将更少，这就需要研究n为有限次时和n为无限次时之间的差异。数理统计中，把无穷多的测试数据叫作母体，把有限的数据叫作样本。按次数n的多少分为大样本或小样本，用样本的性质来说明它与母体之间的差异，称为推断。现场测试中的问题多为小样本推断。

设有限的n个测试数据为 x_1，x_2……x_n。它们的平均数x叫样本平均数，按下式计算：

$$\bar{x}=\frac{1}{x}\left(x_1+x_2+\cdots\cdots+x_n\right)=\frac{1}{n}\sum_{i=1}^{n}x_i \quad (11\text{–}14)$$

样本标准差S为

$$S=\sqrt{\frac{1}{n}\sum_{i=1}^{n}x_i^2-\left(\bar{x}\right)^2} \quad (11\text{–}158)$$

（1）S是对样本平均数（样本中心）的二次矩，而 σ 是对母体中心的二次矩。如用移轴的方法将样本中心换为对母体中心时，由于样本中心的二次矩最小，移轴时必须增大（△ σ）^{2}，故有

$$\frac{\hat{\sigma}}{\sqrt{n}}=\sqrt{\frac{1}{n\left(n-1\right)}\sum_{i=1}^{n}\left(x_i-\bar{x}\right)^2} \quad (11\text{–}16)$$

（2）S与 σ 的差异，还有一个测量次数较少时的随机影响问题，它对平均数推断的影响是用新的概率分布来解决的。用 $\frac{\hat{\sigma}}{\sqrt{n}}$ 代替 σ 时，随机变量

$$t=\frac{\bar{x}-a}{\frac{\overset{\forall}{\sigma}}{\sqrt{n}}} \quad (11\text{–}17)$$

由于 $\frac{\hat{\sigma}}{\sqrt{n}}$ 是按上式变化的随机变量，因而t将遵循“t”分布或称“学生”分布，其概率曲线为

$$y=\phi\left(t\cdot K\right)=C_K\left(1+\frac{t^2}{K}\right)^{-\frac{K+1}{2}} \quad (11\text{–}18)$$

式中：K=n−1；C_K 是仅与 K 有关的常量系数，其表达式为

$$C_K = \frac{\Gamma\left(\frac{K+1}{2}\right)}{\sqrt{K\pi}\,\Gamma\left(\frac{K}{2}\right)} \qquad (11\text{–}19)$$

而

$$\Gamma(K) = \int_0^{\infty} t^{K-1} e^{t} dt \qquad (11\text{–}20)$$

由上面式子看出，t 分布是随测量次数 n 而变化的。图 11–4 为正态分布与 t 分布的比较，实测次数 n=3 时差异大一些，n=6 时就比较接近，当 n=30 时两条曲线已无甚差异。当 n ≥ 20 时，用正态分布代替 t 分布已能满足一般建筑工程精度要求不高时的使用要求。

t 分布的积分有专门的表格可查。只需定出概率 P 后，由测试次数 n 按表可查得 tp 值，由上式可知，$\pm t_p \frac{\hat{\sigma}}{\sqrt{n}}$ 即为 $\bar{x}$ 与 a 之间的可能最大误差。

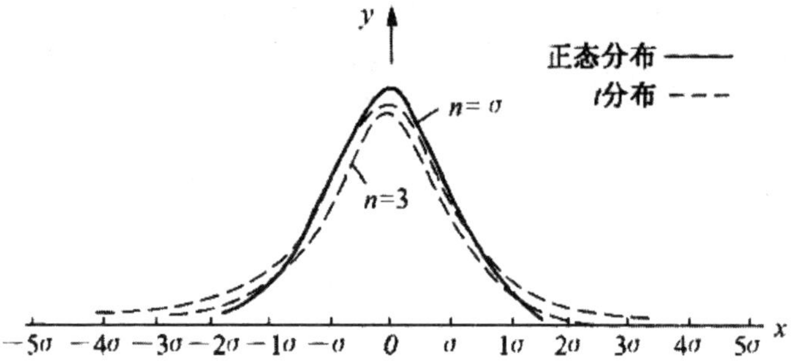

图 11–4 正态分布与“t”分布的比较

三、计算测试数据精度

综合以上内容，可将计算测试数据精度的工作归纳为以下几个步骤：

（1）用式（11–14）计算平均数 $\bar{x}$，并按式（11–15）求值。

（2）由式（11–16）计算 $\hat{\sigma}/\sqrt{n}$ 或 $\hat{\sigma}$，当讨论 x 的精度时用 $\hat{\sigma}/\sqrt{n}$，讨论测量值的精度时用 $\hat{\sigma}$。

（3）当试验次数 n ≥ 20 时按正态分布考虑，n<20 时按 t 分布考虑。

（4）根据问题的需要可分两种情形讨论：①由 P 定 t：是由问题的重要程度决

定 P 值，按相应的概率分布查出 t 值；而 $\pm t\cdot\frac{\hat{\sigma}}{\sqrt{n}}$（或 $t\hat{\sigma}$）即为最大误差，进而定出精度。②由 t 定 P：是由要求的精度计算出 t 值，按相应的概率分布反查出 P 值，从而说明其是否可靠。

例 1：用万能试验机标定的 1000kN 的压力传感器，经反复多次试压消除影响后，荷载为 1000kN 时最后五次的应变测量为 1010με、1011με、1009με、1009με、1011με，问 1000kN 时的最佳标定值为多少？其相对精度如何？

解：最佳标定植即为平均数 x 由式（11–14）有

$$\bar{x}=\frac{1}{n}\sum_{i=1}^{n}x_i=\frac{1}{5}\text{（1010+1011+1009+1009+1011）=1010（}\mu\varepsilon\text{）}$$

求平均数 $\bar{x}$ 的精度应先计算 $\frac{\hat{\sigma}}{\sqrt{n}}$ 由式（11–16）有

$$\begin{aligned}\frac{\hat{\sigma}}{\sqrt{n}}&=\sqrt{\frac{1}{n(n-1)}\sum_{i=1}^{n}\left(x_i-\bar{x}\right)^2}\\&=\sqrt{\frac{1}{5\times4}\left[0^2+1^2+(-1)^2+(-1)^2+1^2\right]}\\&=0.447(\mu\varepsilon)\end{aligned}$$

令 n=5<20，查“t”分布，由于传感器精度要求较高，定 P 为 0.99，查得 tp 为 4.604，故可能最大误差为

$$\triangle\bar{x}\ \text{max}=\pm4.604\text{x}0.447=\pm2.06\text{（}\mu\varepsilon\text{）}$$

即 $\bar{x}$ 在 1008 ~ 1012με 之间变化。它的直观含义是：把五次试测的平均数作为一次试验时，100 次试验中有 99 次的 $\bar{x}$ 值在 1008 ~ 1012με 之间，这时的相对误差即相对精度为 2.06/1010=0.204%。

但要注意，标定的万能试验机其精度应比 0.204% 高一些，同时这里没有讨论使用传感器时存在的误差。

例 2：做钢筋混凝土土鞍形壳板的荷载试验，其上加均布荷载的总值为 ICOkN，就地选用青砖做荷载，问需青砖多少块？加荷载精度如何？

解：如果全部青砖过磅，加载值的精度即为磅的精度，但工作太繁，更不适应反复荷载的需要。今随机选小于每级加荷量的 100 块青砖分别称重［见表 11–2 中第（1）、（2）行］并计算。

表 11-2 计算结果

(1)	砖重 /kg	2.55	2.6	2.65	2.7	2.75	2.8	2.85	2.9	2.95	Σ
(2)	块数	2	4	5	22	30	25	10	1	1	100
(3)	(1) x (2)	10.2	20.8	26.5	18.8	165.0	140.0	57.0	5.8	5.9	550.0
(4)	△ x=(1)−¯	−0.4	−0.3	−0.2	−0.1	0	0.1	0.2	0.3	0.4	
(5)	(Δx^2)x(2)	0.32	0.36	0.20	0.22	0	0.25	0.40	0.09	0.16	2.00

$$\bar{x}=\frac{1}{n}\sum_{i=1}^{n}x_i=\frac{550}{100}=2.75(kg)$$

按表第（5）行算出（△ x）^{2}后，可算出$\frac{\hat{\sigma}}{\sqrt{n}}$如下：

$$\frac{\hat{\sigma}}{\sqrt{n}}=\sqrt{\frac{1}{n(n-1)}\sum_{i=1}^{n}(\Delta x)^2}\approx\frac{1}{n}\sqrt{\sum_{i=1}^{n}(\Delta x)^2}$$

$$=\frac{1}{100}\sqrt{2.00=0.00705(kg)}$$

取 P 为 0.99，由于 n>20，查正态分布得 t 为 2.58，故相对精度为

$$\pm\frac{2.58\times0.00705}{2.75}=\pm0.661\%$$

用 2.75kg 为一块砖重，101 共需 3636 块青砖，其精度为 ±0.661%，当 101 时最大误差为

$$10000\times(\pm0.00661)=\pm66.1(kg)$$

如果青砖称重过于分散达不到要求精度，还可适当增加称砖的数量以提高精度。

第五节　可疑数据的取舍方法

在一组条件完全相同的重复试验中，当发现有某个过大或过小的可疑数据时，应按数理统计方法给以鉴别并决定取舍。

一、三倍标准离差法

此法是美国混凝土标准（ACT214-65 的修改建议）中所采用的方法。它的原则

是 $(X_i - X) > 3\sigma$。另外还规定 $(X_i - \overline{X}) > 2\sigma$ 时则保留，但需存疑，如发现试件制作、养护、试验过程中有可疑的变异时，该试件强度值应予舍弃。

二、格拉布斯方法

（1）把试验所得数据从小到大排列：X_1，X_2……Xn。

（2）选定显著性水平 a（一般 a=0.05），根据 n 及 a 从 T（n，a）表中求得 T 值。

（3）计算统计量 T 值。

当最小值 X_1 为可疑时，则

$$T = \frac{X - X_1}{S}$$

当最大值 Xn 总为可疑时，则

$$T = \frac{X_n - X}{S}$$

式中：$\overline{X}$——试验数据的算术平均值，$X = \frac{1}{n}\sum_{i=1}^{n} X_i$；

X——试验数据值；

n——试验数据个数；

S——试验数据的均方差（标准离差）。

$$S = \sqrt{\frac{1}{n-1}\sum_{i=1}^{n}\left(X_i - \overline{X}\right)^2}$$

（4）查表 11–4 中相应于 n 与 a 的 T（n，a）值。

（5）当计算的统计量 T ≥ T（n，a）时，则所怀疑的数据是异常的，应予舍去；当 T ≥ T（n，a）时，则不能舍去。

这样判定的概率为 a=0.05。相应于 n 及 a=1% ～ 5.0% 的 T(n，a)值列于表 11–3 中。

表 11–3　n、a 和 T 值的关系

a/%	当 n 为下列数值时的 T 值							
	3	4	5	6	7	8	9	10
5.0	1.15	1.46	1.67	1.82	1.94	2.03	2.11	2.18
2.5	1.15	1.48	1.71	1.89	2.02	2.13	2.21	2.39
1.0	1.15	1.49	1.75	1.94	2.10	2.22	2.32	2.41

三、肖维纳方法

若干个试验值，规定其离差（任意试验值与平均值之差）不可能出现的概率为1/n，若出现的概率小于1/n，意味着出现了可疑数据，按正态分布：

$$\frac{1}{2n}=1-\int_{-wn}^{oh}\frac{1}{\sqrt{2\pi}}e^{-\frac{t2}{2}}dt$$

w_n 由标准正态函数查出。

当 $(X_i-X)>w_n\sigma$ 时，则认为是可疑数据，应予舍弃。

以上三种方法中，三倍标准离差法最简单，但要求较宽，几乎绝大部分数据可不舍弃。肖维纳方法和格拉布斯方法都比三倍标准离差法严格得多。肖维纳方法比较古老，逐渐被格拉布斯方法所代替。

四、推荐的试验值舍弃方法

在多次测量的实验中，有时会遇到个别测量值和其他多数测量值相差较大的情况，这些个别数据就是所谓的可疑数据。

对于可疑数据的剔除，我们可以用正态分布来决定取舍。因为在多次测量中，误差在 -3σ 与 $+3\sigma$ 之间，其出现概率为99.7。也就是说，误差出现的概率只有0.3%或3‰，即测量330次才遇上一次。而对于通常只进行一二十次的有限次测量，就可以认为超出 $\pm3\sigma$ 的误差已不属于随机误差，应把它舍去。如果我们测量300次以上，就可能遇上超过 $\pm3\sigma$ 的误差，因此，有时大的误差仍属于随机误差，不应该舍去。由此可见，对数据保留的合理误差范围是同测量次数n有关的。

表11–4是推荐的试验值舍弃标准，超过可以舍去。其中，n是测量次数，d_i 是合理的误差限，σ 是根据测量数据算得的标准误差。

表11–4 试验值舍弃标准

n	5	6	7	8	9	10	12	14	16	18
d_i/σ	1.68	1.73	1.79	1.86	1.92	1.99	2.03	2.10	2.16	2.20
n	20	22	24	26	30	40	50	100	200	300
d_i/σ	2.24	2.28	2.31	2.35	2.39	2.50	2.58	2.80	3.02	3.29

如测定一批混凝土试块的抗压强度值，试计算数据的取舍、平均强度及可能波动的范围，抗压强度计算见表11–5。

15.2，14.6，16.1，15.4，15.5，14.9，16.8，18.3，14.6，15.0

$$解：m_f = \frac{15.2+14.6+\cdots\cdots+15.0}{10} = 15.64(MPa)$$

表 11–5 抗压强度计算

编号	f_i/MPa	$d_i=f_i-m_f$/MPa	d_i^2
1	15.2	–0.44	0.1936
2	14.6	–1.04	1.0816
3	16.1	0.46	0.2116
4	15.4	–0.24	0.0576
5	15.5	–0.14	0.0196
6	14.9	–0.74	0.5476
7	16.8	1.16	1.3456
8	18.3	2.66	7.0756
9	14.6	1.04	1.0816
10	15.0	–0.64	0.4096
Σ			12.0240

$$\sigma = \sqrt{\frac{\Sigma d_i^2}{n-1}} = \sqrt{\frac{12.0340}{10-1}} = 1.16\left(MPa\right)$$

数据“18.3”为可疑值，d=18.3–15.64=2.66，d/σ=2.66/1.16=2.33>1.99，故“18.3”应当舍弃。现计算余下 9 个数据：

$$m_f = \frac{\Sigma f_i}{9} = 15.34\left(MPa\right)$$

$$\sigma = \sqrt{\frac{\Sigma d_i^2}{n-1}} = \frac{4.9484}{9-1} = 0.7860$$

再检查是否还有应该舍弃的数据。

d_i=16.8–15.33=1.47

d_i/σ=1.47/0.786=1.87<1.92，故“16.8”应保留。

∴ m_f=15.3（MPa）

波动范围为：$m_f=m_f\pm3a$=15.3±2.36

（2.36/15.3）×100%=15.4%

∴ m_f=15.3±15.4%

第六节　测试数字的修约规则

在有关试验规程中，对数字修约规则作了具体规定。在制定、修订标准中，各种测试值、计算值需要修约时，应按下列规则进行。

（1）在拟舍弃的数字中，保留数后边（右边）第一个数字小于5（不包括5）时，则舍去。保留数的末位数字不变。

例如：将14.2433修约后为14.2。

（2）在拟舍弃的数字中，保留数后边（右边）第一个数字大于5（不包括5）时，则进1。保留数的末位数字加1。

例如：将26.4843修约到保留一位小数。

修约前26.4843，修约后26.5。

（3）在拟舍弃数字中，保留数后边（右边）第一个数字等于5，5后边的数字并非全部为零时，则进1，即保留数末位数字加1。

例如：将1.0501修约到保留一位小数。

修约前1.0501，修约后1.1。

（4）在拟舍弃的数字中，保留数后边（右边）第一个数字等于5，5后边的数字全部为零时，保留数的末位数字为奇数时则进1，保留数的末位数字为偶数（包括0）则不进。

例如：将下列数字修约到保留一位小数。

修约前0.3500，修约后0.4；

修约前0.4500，修约后0.4；

修约前1.0500，修约后1.0。

（5）所拟舍弃的数字，若为两位以上的数字，不得连续进行多次（包括两次）修约。应根据保留数后边（右边）每个数字的大小，按上述规定一次修约出结果。

例如：将15.4546修约成整数。

正确的修约是：修约前15.4546，修约后15。

不正确的修约是：

修约前，一次修约、二次修约、三次修约、四次修约（结果）：

15.4546，15.455，15.46，15.5，16。

第七节　试验关系式的建立

在处理数据时，经常遇到两个变量因素的试验值，如荷载与构件位移、应力，抗压强度和抗拉强度，快速试验和标准试验强度，混凝土强度与水泥强度等，可利用试验数据找出它们之间的关系，建立两个变量因果经验相关公式。

两个变量间最简单的关系是直接相关，其普遍式为

$$Y=b+aX$$

式中：Y——因变量；

X——自变量；

a——系数或斜率；

b——常数或截距。

下面介绍建立两个变量间直线关系式的几种方法。

一、作图法

例：测得八对水泥快速抗压强度 R_K 与 28d 标准抗压强度 R_b 值（见表 11-6），求标准抗压强度 R_b 与快速抗压强度 R_K 的直线相关公式。

解：用坐标纸作图，以横坐标代表快速抗压强度 R_K，以纵坐标代表标准抗压强度 R_b。将八对测试值绘于图 11-5 得八个点。通过八个点画一直线，使点在直线两侧分布均匀，这条直线表示式 Y=b+aX 就是 R_K 与 R_b 的相关式。

表 11-6　抗压强度与标准强度

序号	1	2	3	4	5	6	7	8
R_k/MPa	6.3	40.9	12.5	38.6	19.6	21.5	25.2	31.9
R_b/MPa	26.3	62.6	29.0	58.4	37.1	41.1	45.7	52.6

延长直线使之与纵坐标轴相交，交点至零点的距离即为截距 b=17.3MPa。

系数 a 为直线的斜率，$a=\frac{\Delta Y}{\Delta X}=\frac{35.6}{32.8}=1.0854$。

b 和 a 均得出数值，则 R_K 与 R_b 的直线关系式为

$$R_b=17.3+1.0854R_K$$

有了经验公式，就可以用快速抗压强度推算 28d 标准抗压强度 R_b。如测得快速抗压强度 R_K=30.0MPa，代入上述公式得 28d 标准抗压图 11–5R_K 与 R_b 的相关式强度 R_b=49.9MPa。

用作图法求两个变量间的直线经验公式时，特别要注意截距 b 和斜率 a 的正负号。若相关直线与 Y 轴（纵坐标）的交点在 0 点以上时，b 为正值；若交点在 0 点以下时，b 为负值。若变量 Y 值随自变量 X 值增大而增大，随 X 值的减小而减小，则斜率 a 值为正值；若 Y 值随 X 值的增大而减小，随 X 值减小而增大，则 a 值为负值。

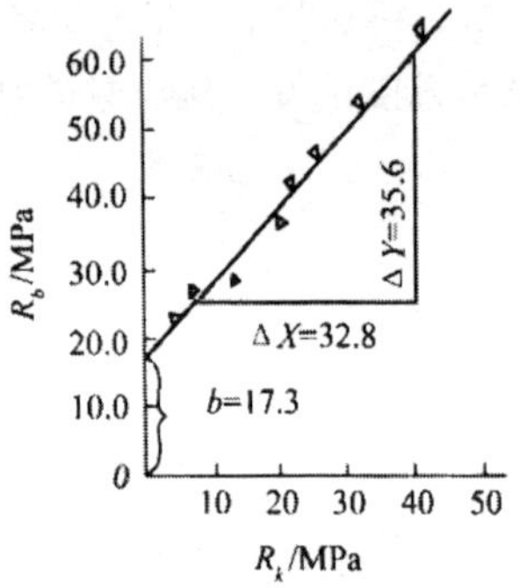

图 11–5　R_k 与 R_b 的相关式

二、选点法

例：（同前例）。

解：先将 R_K 与 R_b 八对测试值重新按次序大小排列（见表 11–7）。

表 11–7　选点法

序号	1	2	3	4	5	6	7	8
X（R_k）/MPa	6.3	12.5	19.6	21.5	25.2	31.9	38.6	40.9
Y（R_b）/MPa	26.3	29.0	37.1	41.1	45.7	52.6	58.4	62.6

在八对测试值中大小两端各任选一对测试值，如选第一对和第八对。

	第一对	第八对
X	6.3	40.9
Y	26.1	62.6

则可得联立方程组

$$\begin{cases} 26.1 = b + 6.3a \\ 62.6 = b + 40.9a \end{cases}$$

解方程组，得

$$a=1.0549$$

解得

$$b=19.454=19.5$$

求得 b 值和 a 值之后，即可写出 R_K 与 R_b 的直接关系式：

$$R_b=19.5+1.0549R_K$$

如果测得快速抗压强度 R_K=30.0MPa，代入上式得 28d 标准抗压强度 R_b=51.2MPa。

用选点法统计公式可以选择两对测试值，但测试值不同所得到的公式也不同。此种方法得到的公式比较粗糙，使用较少。

三、平均法

例：（同前例）。

解：先将 R_K 与 R_b 八对测试值重新按次序大小排列（见表 11-8）。

表 11-8　平均表

序号	1	2	3	4	5	6	7	8
X（R_k）/MPa	6.3	12.5	19.6	21.5	25.2	31.9	38.6	40.9
Y（R_b）/MPa	26.3	29.0	37.1	41.1	45.7	52.6	58.4	62.6

再将八对测试值分成两组，前四对为一组，后四对为一组，并求出两组测试值 X 和 Y 的算术平均值：

$$\text{第一组}\begin{cases}\overline{X}_1=15.0\\ \overline{Y}_1=33.3\end{cases}\qquad \text{第二组}\begin{cases}\overline{X}_2=34.2\\ \overline{Y}_2=54.8\end{cases}$$

将上述两对数值写成联立方程式

$$\begin{cases}33.3=b+15.0a\\ 54.8=b+34.2a\end{cases}$$

解方程组，得

$$a=1.1198$$

解得

$$b=16.503=16.5$$

求得 b 值和 a 值后，即可写出 R_K 与 R_b 的直线关系式：

$$R_b=16.5+1.1198R_K$$

如果测得快速抗压强度 R_K=30.0MPa，代入上式得 28d 标准抗压强度 R_b=50.1MPa。

四、最小二乘法

最小二乘法原理是使各测试值与统计得到的关系直线间的误差的平方和为最小，这是一种最常用的统计方法。经过数学推导，得到二元一次直线方程式的截距 b、斜率 a、相关系数 r、标准偏差 S 和变异系数 C_v 的公式为

方程 Y=b+aX

$$截距 b=\frac{\Sigma XY\cdot\Sigma\overline{X}-\Sigma Y\cdot\Sigma X^2}{(\Sigma X)^2-n\Sigma X^2}$$

$$斜率 a=\frac{\Sigma X\cdot\Sigma Y-n\Sigma XY}{(\Sigma X)^2-n\Sigma X^2}$$

$$相关系数 r=\frac{n\Sigma XY-\Sigma X\cdot\Sigma Y}{\sqrt{\left[n\Sigma X^2-(\Sigma X)^2\right]\cdot\left[n\Sigma Y^2-(\Sigma Y)^2\right]}}$$

$$标准偏差 S=\sqrt{1-r^2}\cdot\sqrt{\frac{n\Sigma Y^2-(\Sigma Y)^2}{n(n-2)}}$$

$$变异系数 C_v=\frac{S}{X}\times 100\%$$

此处是双因素（含 X、Y 两个变量）的标准偏差和变异系数。

例：（同前例）。

解：先将测试值经过列表计算得到；ΣX、ΣY、ΣXY、n、$\overline{X}$、$\overline{Y}$ 等数值，然后再代入上述公式计算得到 b、a、r、S 和 C_v 值。

n	Y（R_b）	X（R_k）	Y^2	X^2	XY
1	26.1	6.3	681.21	39.69	164.43
2	62.6	40.9	3918.78	1672.81	2560.34
3	29.0	12.5	841.00	156.25	362.50
4	58.4	38.6	3410.56	1489.96	2254.24
5	37.1	19.6	1376.41	384.16	727.16

6	41.1	21.5	1689.21	462.25	883.65
7	45.7	25.2	2088.49	635.04	1151.64
8	52.6	31.9	2766.76	1017.61	1677.64
Σ	352.61	96.51	6772.40	5857.77	9781.90

当 n=8 时，$\overline{X}=\frac{\Sigma X}{n}=24.56$

$$\overline{Y}=\frac{\Sigma Y}{n}=44.075$$

代入公式得

$$b=\frac{9781.90\times196.5-352.6\times5857.77}{196.5^2-8\times5857.77}$$
$$=17.371\approx17.4$$

在上述四种求解经验公式的特定常数的方法中，以直线图解法和选点法最为简便，一般情况下，可达到足够的精度。平均法也较简单，精度比图解法要高。最小二乘法是一种比较精确的方法，但计算比较烦琐，对于较复杂情况，可使用电子计算机进行计算。

第十二章　探地雷达技术在混凝土结构检测中的应用现状

第一节　探地雷达技术的简要发展历程

探地雷达是一种特殊类别的超宽带（UWB）雷达，利用不同介质电磁参数的差异性，发射高频电磁波在不同介质中传播，并通过获取回波的传播时间、振幅、波形和频率等来分析和推断介质特征信息，如实现地表埋置物或混凝土结构物中钢筋、空洞或公路路面结构分层面的精确定位等。GPR 检测技术是一种无损检测技术，具有穿透能力强、探测深度大、可实现非接触式探测、速度快、分辨率较高、可确定内部物体（或缺陷）的形状和走向、无污染和无辐射等优点。现代用于混凝土结构的 GPR 的常用中心频率大致在 500MHz ~ 2GHz，探测深度约达 1m，对于绝大多数的混凝土构件检测已经足够。

GPR 技术的发展大致可以分成三个阶段，即发明阶段、发展阶段和成熟阶段。

19 世纪 60 年代到 20 世纪 30 年代为第一阶段，即探地雷达技术的发明阶段。1864 年，James Clerk Maxwell 创立了电磁波传播的基本理论。1888 年，Heinerich Hertz 证明了电磁波的聚焦、直进、反射、折射和偏振现象，为雷达的出现奠定了理论基础。1904 年，Christian H ü lsmeyer 发明电动镜（Telemobiloscope），首次尝试用电磁波信号来探测远距离的金属体。1910 年，德国人 Leimbach 和 Löwy 取得了定位地下埋设物的专利。1926 年，H ü lsenbeck 成为首位采用脉冲技术探测埋设物的人，他提出无论是否具有导电性，介电常数的变化都将导致电磁波产生反射，早期探地雷达技术的雏形基本建立。

20 世纪 40 年代到 60 年代为第二阶段，即探地雷达技术的发展阶段，主要为脉冲技术的发展。研究主要集中于冰雪层的探测领域，同时扩展到探测煤矿、盐矿、石油天然气管道和考古的探测。

20 世纪 70 年代至今为第三阶段，即探地雷达技术的成熟阶段。探地雷达技术的应用领域得到极大扩展，其中 1990 ~ 2000 年是探地雷达技术发展的一个高潮期，计算机技术的进步推动了全三维数字模拟，全极化探地雷达系统和 GPS 一体化的探地雷达系统开始出现，图像处理和解释技术也获得了极大发展，探地雷达技术进入全盛期。

一、商用 GPR 的发展

20 世纪 80 年代开始，数字商用探地雷达系统开始陆续出现，其中有代表性的有美国 Geophysical Survey Systems 公司（GSSI）的 SIR 系列雷达、加拿大 Sensors & Software 公司（SSI）的 Pulse EKKO 系列雷达、意大利 IDS 公司的 RIS 系列雷达、瑞典 MALA 公司的 RAMAC/GPR 系列雷达，以及日本应用地质株式会社（OYO）的 GEORADAR 系列雷达等。

我国对探地雷达的研究起步相对较晚。1990 年左右探地雷达才进入中国，起初我国实际中使用的探地雷达大多是从国外引进的，如国内多家单位从日本 JRC 公司引进了 JEJ-60BF 雷达仪，用于探测钢筋混凝土结构内部钢筋分布和缺陷的检测等。随着应用的深入，我国也逐步开始了探地雷达系统的开发和研究，原电子部 22 所、原航天部爱迪尔公司、骄鹏公司与中国矿业大学先后开始数字化雷达的研制，分别推出了各种频率的探地雷达系统，如 LT-1（A）探地雷达，GEOPEN、CBS-9000 系列探地雷达等。位于青岛的中国电子科技集团公司第 22 研究所（中国电波传播研究所，原电子部 22 所）研制的 LTD-2100/2200 便携式探地雷达是国产商业雷达的典型代表，其性能和可靠性已与国外主流雷达相当，可用于军事、地质、交通、水利及考古等部门，其用户已达 100 多家。其新产品 LTD-90 生命搜救雷达在汶川地震的生命信息搜救中得到应用，便携式雷达成像探测仪也在鸟巢安保探测中得到应用。基于雷达体制的 LTD-80 工程检测仪将成为电磁感应原理钢筋探测仪的升级产品，也已成功地应用于多种工程结构的缺陷及异物的检测中。

国内外现代探地雷达的基本原理大同小异，主要功能都有多通道采集、多维显示、实时处理、变频天线、多次叠加、多波形处理等。

二、商用 GPR 的数据处理技术概况

在商用 GPR 出现以后，数据处理能力成为制约 GPR 发展水平、限制 GPR 应用范围的关键因素，一方面雷达扫描的数据量相当大，另一方面雷达接收到的电磁信号是合成波，包含的信息很丰富，不经过处理几乎无法判读出有用信息。对 GPR 数据作深入处理，可分为两大部分，第 1 部分为通用信号处理技术，第 2 部分为特殊处理技术。通用信号处理技术包括数据编辑整理、时变增益校正、时间和空间滤波，

核心在于杂波抑制和滤波，凸显有效信息。特殊处理目前主要采用图像处理法和逆散射法。

图像处理法主要对时域雷达图进行数学和图形处理，实现目标识别。图像法最初借鉴了比较成熟的地震数据处理方法，如偏移、反褶积等，近年来 Hough 变换、合成孔径成像、全息成像、高分辨率三维图像处理、自适应图像法等也开始应用于 GPR 数据的实时处理或后处理。与数字信号技术相结合，人工智能技术的发展为利用计算机模拟人类理解与感知过程，以识别各种不同模式的目标和对象提供了技术途径。近年来，国内一些专家学者及单位都相继开展了一些利用人工智能解释探地雷达混凝土检测结果的研究和应用。汕头大学的谢慧才、徐茂辉等人提出了混凝土中钢筋直径雷达检测的神经网络模型；同济大学的张鸿飞、程效军等人进行了隧道衬砌空洞的探地雷达图谱特征研究；云南航天物探检测股份有限公司开发了雷达的人工智能反演识别软件。图像识别技术是人工智能的一个重要领域，它是利用计算机模拟人类理解与感知过程，以识别各种不同模式的目标和对象的技术。图像识别的发展经历了三个阶段：文字识别、数字图像处理与识别、物体识别。文字识别的研究是从 1950 年开始的，一般是识别字母、数字和符号，从印刷文字识别到手写文字识别，应用非常广泛，并且已经研制了许多专用设备，汉王科技是文字识别技术的成功引领者；数字图像处理与识别的研究开始于 1965 年，数字图像与模拟图像相比具有存储传输方便、可压缩、传输过程中不易失真、处理方便等优势，这些都为图像识别技术的发展提供了强大的动力；物体识别主要是指对三维世界的客体及环境的感知和认识，属于高级的计算机视觉范畴，它是以数字图像处理与识别为基础的，结合人工智能、系统学等学科的研究方向，其研究成果被广泛应用于各种工业及探测机器人。图像分割是图像识别中图像处理的一项关键技术。自 20 世纪 70 年代，其研究已经有几十年的历史，一直都受到人们的高度重视，至今借助于各种理论提出了数以千计的分割算法，而且这方面的研究仍然在积极地进行着。现有的图像分割方法有许多种，包括阈值分割方法、边缘检测方法、区域提取方法、结合特定理论工具的分割方法等。从图像的类型来分，图像分割包括灰度图像分割、彩色图像分割和纹理图像分割等。早在 1965 年就有人提出了检测边缘算子，使得边缘检测产生了不少经典算法。在近 20 年间，随着基于直方图和小波变换的图像分割方法的研究计算技术、VLSI 技术的迅速发展，有关图像处理方面的研究取得了很大的进展。图像分割方法结合了一些特定理论、方法和工具，如基于数学形态学的图像分割、基于小波变换的分割、基于遗传算法的分割等。

逆散射法从电磁波的标量或矢量方程出发，根据 GPR 接收的信号反演目标及其背景的电磁本构参数、目标的几何参数（尺寸、深度和方位角等），在定量无损评估（QNDE）等方面得到了有效应用。

除探地雷达采集软件外，配套的数据处理软件，可采用通用的雷达分析软件Reflexw，基本兼容各主流探地雷达的数据文件的格式。同时也可使用各雷达厂商自己的探地雷达信号采集及处理软件。例如：美国GSSI公司配备的专用的雷达数据后处理软件Radar，用户可根据自身需要选择具有特殊功能的软件模块；意大利IDS公司的GreSWin2后处理软件提供基本的信号处理与滤波功能，GRED软件提供了更进一步的信号处理功能，并配备了GRED 3D、GRED 3D CAD、GRED 3D UTILITIES模块分别提供不同深度的识别与图形绘制功能；瑞典MALA公司的Gmimdvisiod也提供了从三维雷达数据采集、解释到出报告无缝链接的软件包。

第二节　探地雷达主要类型与特点

从探地类仪器的原理来进行划分，探地雷达的仪器系统主要可以分为时域和频域探地雷达系统。

一、时域探地雷达系统

时域探地雷达系统以脉冲探地雷达为主，采用冲激脉冲体制。雷达向外发射一个时域脉冲，并接收随时间变化的反射波能量。反射波的形式描述了地下目标体的散射能量随时间的变化特征。距离信息是基于波的双程时长计算得到的。该体制的GPR系统将时域脉冲信号传递给天线，依靠天线向外辐射电磁波，因此中心频率成为影响冲激体制GPR系统动态范围的关键因素。

基于冲激脉冲技术的GPR，回波数据的记录和显示方式在不断发展。现代冲激脉冲体制GPR系统采用了数字技术。商用冲激脉冲体制GPR运用重复采样法或等效采样的方法，对每个发射脉冲对应的回波信号进行单点采样，重复多次发射脉冲，各次的采样点以相等的时延间隔后移。

二、频域探地雷达系统

频域探地雷达主要有两种：调频载波（FMCW）雷达和步进频率载波（SFCW）雷达。

（1）FMCW雷达

FMCW雷达在所选择的频率范围内反复发射连续变化的频率并采集频域回波数

据即发射信号的频率“扫过”一段固定的频率区间，获取的反射波能量是频率的函数，表征了地下目标体散射能量随频率的变化情况。接收到回波信号与发射信号进行混频或外差处理，并在扫频期间进行数字采样。在整个扫频期间采集的数据再转化到时域中，形成合成脉冲。FMCW 雷达的优点在于简单的系统设计与较低的费用；缺点在于其调频系统可能会受到频率模糊问题的影响而导致系统性能的下降。

（2）SFCW 雷达

与 FMCW 雷达不同的是：SFCW 雷达的发射信号频率在一个固定的频率区间线性阶跃递增，接收信号在每一离散的频率点上进行混频和采样，数字波形同样转换到时域中形成合成脉冲。

SFCW 雷达的主要优点包括：可控的发射频率、能量的有效利用以及运用低速 ADC 对宽带信号的有效采样。SFCW 雷达的缺点是不能对回波信号进行时变增益处理。当将频域数据转换到时域时，将会引入旁瓣干扰问题，强回波信号的旁瓣可能会掩盖弱散射体的回波信号。

三、时域探地雷达和频域探地雷达的比较

两种雷达的物理含义实际是一样的，只是信号的表现形式和测量方式不同。在目标的探测中，探测的深度都要受电磁波的能量控制，分辨率都受电磁波信号的带宽制约。比较这两类探地雷达，时域探地雷达优点在于硬件实现简单、体积小、重量轻、平均功率小、一次测量涵盖的频域范围较宽、测量的结果是时间域波形、结果直观、抗干扰能力较强；其缺点在于存在信号振铃、发射功率的不充分利用（低占空比）、受限于脉冲宽度的分辨率等。频域探地雷达主要的优势是较宽的动态范围、较低的噪声系数及较高的平均发射功率、分辨率和准确性较好，但其硬件系统和信号采集与处理复杂，体积和重量、功耗较大，频率信号在转换成时域信号时存在旁瓣干扰，不利于对地下深层目标及位于不同深度的多目标的探测。总体上时域雷达的应用更为广泛，技术发展也更快。目前主要的商业雷达均为时域雷达。

第三节　探地雷达的应用

探地雷达检测混凝土结构技术是在不破坏混凝土内部结构和使用性能的情况下对其内部缺陷、几何形状、组织结构等进行测定和评价的一项综合性应用技术。电磁学、电子工程、地球物理、数学和计算机等学科的发展推动着 GPR 技术不断前进，

工程检测领域的需求则引领了探地雷达技术发展方向。探地雷达因为其具有高效、快速、无损的特性在混凝土结构中的应用范围和领域逐渐扩大，如铁路、公路、市政工程等均已普遍采用探地雷达进行检测。探地雷达技术无论是在仪器设备还是数据处理软件的技术水平方面均得到较大提高，正越来越广泛地应用于混凝土结构检测中。通过探地雷达可对混凝土内部缺损包括混凝土不密实区和空洞、洞内充水、预应力孔道注浆不密实、混凝土结合面质量不良、均质性欠缺等进行判断，还可检测配筋的状态，对路面层厚度的检测可有效地解决检测的精度和各结构层界面的分辨问题。

目前在探地雷达检测方面已较为成熟的项目包括：钢筋位置、混凝土均匀与密实性、衬砌厚度、脱空和空洞、渗漏带、回填欠实、围岩扰动等。一些相关研究包括 ParkSK 提到日本的东京大学在实验室做了关于钢筋网定位和空洞形状探测的试验研究：在沙中埋设一个尺寸为 40cm × 40cm × 10cm 的空洞，在沙的上方加一块 20cm 厚的钢筋混凝土板，然后使用雷达法沿钢筋混凝土板表面对其进行扫描。这一研究主要是基于雷达无损检测技术应用能力的探索。2004 年，Conner 用 1.5GHz 天线成功检测出塑料波纹管内的注浆空洞。2008 年，DavidG.Pollock 也指出用地质雷达可以检测到塑料波纹管内的空洞。1997 年起，美国材料试验协会先后开始了土木工程用 GPR 雷达检测标准的制定和实施，标志着 GPR 技术的某些应用完全成熟。这些标准的最新版本包括《Standard Test Method for Evaluating Asphalt-Covered Concrete Bridge Decks Using Ground Penetrating Radar》（ASTMD6087—2008），用于指导应用 GPR 进行具有沥青面层混凝土桥面的检测；《Standard Test Method for Determining the Thickness of Bound Pavement Layers Using Short-Pulse Radar》（ASTMD4748—2010），为用脉冲探地雷达测量路面结构层厚度的标准；《Standard Guide for Using the Surface Ground Penetrating RadarMethod for Subsurface Investigation）（ASTMD6432—2011），适用于脉冲探地雷达探测地下结构或地下材料的所有工程项目。国内在检测标准规范方面，公路行业的检测规程或指南尚未推出，但铁路行业标准和一些地方规程已经出现，如《铁路隧道衬砌质量无损检测规程》（TB10223—2004）、江苏省工程建设规程《雷达法检测建设工程质量技术规程》（DGJ32/TJ79—2009）等。工民建领域国标《雷达法检测混凝土结构技术规程》也正在编写中。

探地雷达的有些应用还只是具有可能性或一定识别概率，其完善还有待于理论、硬件与软件能力的进一步提高，如钢筋直径的确定、钢筋锈蚀的定位及量化等。相关的一些研究包括：

（1）J.H.Bungey、叶爱文都提出用神经网络进行钢筋直径识别的方法。叶爱文分别利用 BP 和 Elman 两种神经网络对钢筋混凝土中钢筋直径进行测算，并针对神经网络应用时实际训练数据不足的问题，提出了利用多项式拟合的方法来补充训练数据。J.H.Bungey、叶爱文的研究结果表明，神经网络都能够对钢筋直径进行估计。

（2）徐茂辉等人采用在 AutoCAD 软件中导入雷达原始图像的方法进行直径的粗略估计。得出了钢筋直径越大时，该方法估计误差越小；直径越小时，误差越大的结论。

（3）张维平、肖向东等人建立了钢筋直径的计算模型，并采用 GR-1 型雷达对钢筋直径公式进行标定及计算，为获得不同雷达系统检测钢筋直径的准确数据，消除因雷达辐射波形式不同造成的计算误差，需要对使用设备进行标定。

总体上，采用探地雷达对钢筋直径的识别研究较少，利用雷达反射波形或图像难以直接准确获取钢筋直径，同时混凝土的离散性比较大，且对检测结果的影响因素也比较多，因此还需要对其进行更深入的研究。

J.H.Bungey、Maierhofer 等人都对混凝土结构用雷达的应用领域进行了总结和展望，综合起来包括：

（1）确定主要的施工特征。

（2）评估梁板构件厚度（含分层厚度）。

（3）定位钢筋 / 预应力筋及金属管道。

（4）定位潮湿区（含水区）。

（5）定位空洞 / 蜂窝 / 裂缝。

（6）定位氯化物。

（7）确定钢筋直径。

（8）确定空洞尺寸。

（9）估计氯盐浓度。

（10）定位钢筋锈蚀。

其中（1）~（5）项具有较高的探测可靠度，其结果误差在工程可接受的范围内（厘米级）。前 4 项具有最高的结果可靠度水平，从第 5 项起可靠度逐步降低，对钢筋锈蚀的定位的可靠度最差。从（1）~（10）项显示了对探地雷达检测原理（电磁特性）及概念认知深度的由深到浅。潜力巨大的探地雷达检测技术仍在发展中，检测项目复杂程度和高精度要求不断向 GPR 提出新的挑战，日趋广泛的隐蔽工程探测活动将推动相关学科的进步，继而促进 GPR 硬件系统的发展和数据处理技术的不断创新。

第十三章　探地雷达检测混凝土桥梁基础知识

第一节　电磁学基本原理

电磁波及其传播理论是雷达技术应用的理论基础。电磁波是交变电场与磁场相互激发在空间传播的波动。描述电磁波传播特性的波矢量 k 为：$k=\beta+i\alpha$。β 描述波传播的相位，称为相位常数，其物理含义是波传播路径中每单位度上的相位弧度数；α 描述波幅的衰减，称为衰减常数。物体中存在着自由电荷与束缚电荷，含自由电荷的物体称为导体或导电介质，不含自由电荷的物体称为电介质。当电介质被放入外电场中时，其内部的束缚电荷在外电场作用下在一定范围内发生运动，束缚电荷的分布发生变化，这种现象称电介质的极化，体现介质的特性。相位常数、衰减常数与介质电磁特性参数及频率的关系见式（13–1）及式（13–2）：

$$\beta=\omega(\mu\varepsilon)^{\frac{1}{2}}\left[\frac{(1+\sigma^2/\omega^2\varepsilon^2)^{\frac{1}{2}}+1}{2}\right]^{\frac{1}{2}} \quad (13-1)$$

$$\alpha=\omega(\mu\varepsilon)^{\frac{1}{2}}\left[\frac{(1+\sigma^2/\omega^2\varepsilon^2)^{\frac{1}{2}}-1}{2}\right]^{\frac{1}{2}} \quad (13-2)$$

式中：μ——磁导率；

ε——介电常数；

ω——圆频率；

σ——电导率。

磁导率是一个无量纲物理量，它表征介质在磁场作用下产生磁感应能力的强弱。绝大多数工程介质是非铁磁性物质，磁导率都接近 1，对电磁波传播特性无重要影响。

纯铁、硅钢、坡莫合金、铁氧体等材料为铁磁性物质，其磁导率很高，达到 10^2 ~ 10^4。电磁波在这些物质中传播时波速和衰减都受到严重影响。

介电常数是一个无量纲物理量，它表征一种物质在外加电场情况下，储存极化电荷的能力，也称电容率。电介质中水的介电常数（数值为 81）最大，最小的是空气，数值为 1。金属的介电常数是外场频率的函数，是一种色散介质。邝向军的研究指出，金属的极化主要来自电子的位移极化。在低频极限下，金属的相对介电常数将趋于无穷大，表明金属对电磁波的吸收；在高频极限下，金属不再是导体而是电介质了，甚至可以像绝缘体一样反射和透射电磁波，不产生焦耳热。

电导率（电阻率的倒数）是表征介质导电能力的参数，单位为 S/m。它对于电磁波的传播有重要影响。因为有一定的电导率存在，电磁波在工程介质中传播时，在电磁场的作用下会产生传导电流，发热做功，造成电磁波能的损耗。因而在工程介质中电磁波传播的距离是有限的，介质的电导率越高，衰减越大，传播距离越近。

根据介质的电磁特性，赵永贵、曾昭发等人分三种情况对式（13–1）和式（13–2）进行了讨论和解释。

（1）不良导体（$\sigma<10^{-7}$S/m）

当 $p=\sigma/\omega\varepsilon\leqslant 1$ 时为低耗介质，电磁波在不良导体中传播损耗较小，适于雷达探测，探测距离较深。电导性差的介质满足这种条件，如混凝土、干燥岩石、沥青、聚乙烯、有机玻璃、空气等材料。通常为 $p<0.01$，由 $\sqrt{1+p^2}=1+p/2$，可得式（13–3）：

$$\begin{cases}\beta\approx\omega\sqrt{\mu\varepsilon}\left(1+\dfrac{p^2}{8}\right)\\ \alpha\approx\dfrac{\sigma}{2}\sqrt{\dfrac{\mu}{\varepsilon}}\end{cases}\tag{13–3}$$

可得电磁波相位速度 υ 为：

$$\upsilon=\frac{\omega}{\beta}=\sqrt{\frac{1}{\mu\varepsilon}}\tag{13–4}$$

上式说明对于低耗介质，电磁波速与介电常数和磁导率的平方根成反比。对于非铁磁性物质，可认为磁导率为 1。衰减常数与电导率成正比，与介电常数的平方根成反比。说明电磁波能量的衰减主要是由于感生涡流损失引起。

（2）中电导（$10^{-7}<\sigma<10^{-2}$S/m）

电磁波衰减较大，探地雷达勉强工作。这类介质包括雪、砂、淤泥、干黏土、含水玄武岩、湿花岗岩、土壤、冻土、砂岩、黏土岩、页岩等。

（3）良导体（$\sigma>10^{-2}$S/m）

当 $p=\sigma/\omega\varepsilon\geqslant1$ 时，说明导电性好，为良导体。电磁波传播过程中耗损严重。这类介质包括铁等金属、湿黏土、湿页岩、海水、海水冰等。通常 p>100，有 $\sqrt{1+p^2}+1\approx p$，得到式（13–5）：

$$\begin{cases}\beta=\alpha=\sqrt{\dfrac{\omega\mu\sigma}{2}}\\ d=\dfrac{1}{\alpha}\sqrt{\dfrac{2}{\omega\mu\sigma}}\end{cases} \tag{13–5}$$

式中 d——穿透深度，为场强振幅衰减到原值的 1/e=36.8% 所经过的距离，与衰减常数互为倒数。此时电磁波相位速度 υ 为：

$$\upsilon=\frac{\omega}{\beta}=\sqrt{\frac{2\omega}{\sigma\mu}} \tag{13–6}$$

式（13–6）说明在高导介质中，波速与频率的平方根成正比，与电导率的平方根成反比，波速是频率和电导率的函数，波速很低。如对于铜，电导率为 5×10^7S/m；对于 1GHz 的频率，电磁波速为这一速度与空气及岩土介质中的电磁波速相比可忽略不计，高频电磁波在导体中很难传播。在穿透深度方面，使用 100MHz 天线频率，金属铜经过计算穿透深度仅为 0.7×10^{-3}cm，局限于表面，无法进行内部探测。所以，对于工程中常见的金属波纹管，无法进行管道内缺陷探测，仅可用于定位。

一、反射理论

雷达分析反射理论法的适用条件是反射面尺度 D 远大于波长 λ，即 D ≥ λ。雷达的探测目标通常是多界面结构，雷达波向介质内传播时，被称为下行波，经反射回表面的波称为上行波。下行波每遇到一个界面就发生 次反射和折射，入射波能量即被分成两部分，一部分经折射继续向下传播，另一部分经反射掉头向上，变成上行波。反射与折射能量的分配与反射、折射系数的平方成正比。上一界面的折射波就是下一界面的入射波，因而下行波的能量不断减少，同时每一界面都在产生反射的上行波。同理，每一界面反射形成的上行波，也会遇到介质的界面，形成二次的反射与折射。介质中每一上行波和下行波都是独立运行的，当遇到界面时都会按照 Snell 定律，进行折射和反射。因而多层介质中，多次反射与折射波是无尽的，只是反射、折射的经历越多能量越小。

雷达记录的都是不同路径上行到表面的反射波，内容十分丰富，但实际上并非所有的反射振相都能识别出来，主要识别的是每个层面的一次反射波相。

雷达接收到的反射信号 F（t）是发射的雷达子波与介质折射系数、反射系数和介质损耗的褶积，即各层反射信号的叠加。其幅值是路径介质损耗、下行折射系数、上行折射系数、折返层的反射系数和几何衰减的乘积。其数学表达式见式（13–7）：

$$F(t)\sum A_0 \cdot e^{-\Sigma 2ah} \cdot R_i \cdot e^{-i\omega(i-\Sigma 2h/\upsilon)} \cdot \Pi^{ix}\Gamma_j \cdot \Pi^{is}\Gamma_k / \sum 2h \tag{13–7}$$

式中：A_0——子波初始幅值；

$e^{-\Sigma 2ah}$——传播路径衰减；

R_i——折返层反射系数；

$e^{-i\omega(t-\Sigma 2h/u)}$——反射波对应相位；

$\Pi^{ix}\Gamma_j$——下行折射系数的连乘；

$\Pi_{is}\Gamma_k$——上行折射系数的连乘。

为获得雷达探测的结果，需要对雷达记录进行处理与判别，探地雷达通常以脉冲反射波的波形形式记录。波形的正负峰分别以黑白、灰阶或彩色表示，这样同相轴或等灰线、等色线即可形象地表征地下反射面或目标体。在波形图上各测点均以测线的铅垂方向记录波形，构成雷达剖面。判别雷达记录是理论与实践相结合的综合分析，需要理论与实践经验密切结合。雷达记录的判别也叫雷达记录的波相识别或波相分析。其要点包括：

1．判别反射波的振幅和方向特征

雷达电磁波的反射系数见式（13–8）：

$$R = \frac{\sqrt{\varepsilon_1} - \sqrt{\varepsilon_2}}{\sqrt{\varepsilon_1} + \sqrt{\varepsilon_2}} \tag{13–8}$$

式（13–8）表明，在非色散介质中，雷达电磁波反射系数与两介质介电常数差异性成正比，即差异性越大，反射系数越大。界面两侧介质的电磁学性质差异越大，反射波越强，越有利于对地下介质目标的探测。从反射振幅上可以判定两侧介质的性质。波从介电常数小进入介电常数大的介质时，或从光疏进入光密介质时，反射系数 R 为负，即反射波振幅反向；反之，从光密进入光疏介质时，反射波振幅与入射波同向。如从空气中进入土层、混凝土介质中反射振幅反向，折射波不反向；混凝土桥梁构件中的钢筋，波速近似为零，反射反向，反射振幅强，参见图 13–1。

2．判别反射波的同轴形态特征

同一连续界面的反射信号形成同向轴，依据同向轴的时间、形态、强弱、方向等进行解释判断是雷达波形解释最重要的基础。同向轴的形态与判别物界面的形态并非完全一致，特别是边缘的反射效应，使得边缘形态有较大的差异。对于孤立的埋设物如混凝土构件中的钢筋、钢绞线，其反射的同向轴为向下开口的抛物线，有限平板如箱梁加固时铺设的钢板条，界面反射的同向轴中部为平板，两端为半支下开口抛物线。

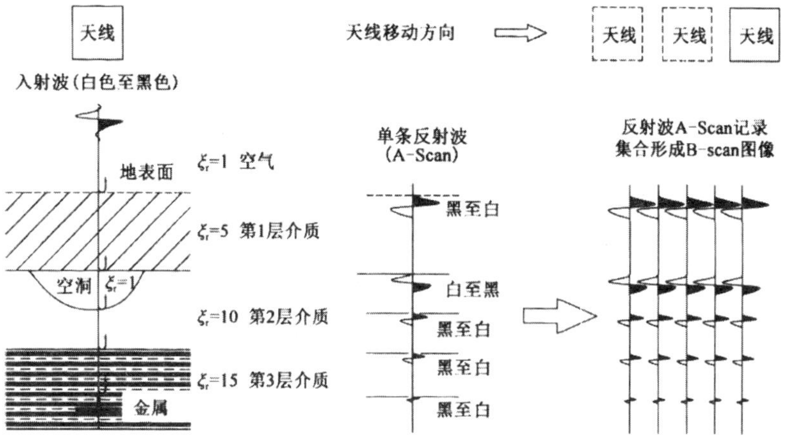

图 13–1　探地雷达多层介质的反射原理与波形示意图

3. 判别反射波的频率特征

不同介质有不同的结构特征，内部反射波的高、低频率特征明显不同，可作为判别的依据。如混凝土或岩层中的含水空洞表现出低频高振幅的反射特征。

二、散射理论

散射理论适用于探测目标体的尺度 D 与波长 λ 相近或远小于波长的情况。混凝土中钢筋的探测可以用散射理论解释。钢筋等圆柱体在雷达天线不同的极化模式下，后向散射会存在差异。这里涉及散射强度的概念，散射强度越大，越有利于对钢筋的识别，而散射强度又与电场磁场的方向相关，即与雷达天线的极化模式相关。钢筋在不同极化模式下，后向散射强度不同，利用这种差异，改变雷达的极化方式，达到不同的探测目的。

为了简化问题，图 13–2 为将所测复杂物体抽象为球体后的散射强度 S_S 和方向函数 $\beta(\phi,\theta)$ 的关系式。

由此可得散射强度：

$$S_S=\frac{16\pi^4 r^6}{\lambda^4}\beta(\theta,\phi) \tag{13-9}$$

方向函数：

$$\beta(\theta,\phi)=\cos^2\theta\cos^2\phi+\sin^2\phi$$

式（13-9）说明，将复杂物体抽象为球形体后，可得出结论：球形体的散射强度与半径的6次幂成正比，与波长的4次幂成反比。频率越高，散射强度越高，故在满足探测深度的条件下，应尽量使用尚频雷达。

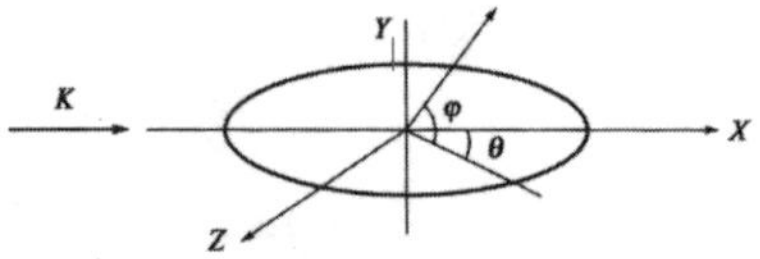

图 13-2 散射强度 Ss 和方向函数（φ，θ）关系式图

第二节 正演模拟分析方法

时域有限差分法（Finite-Difference Time-Domain，FDTD）是由有限差分法发展出来的直接由麦克斯韦方程组对电磁场进行计算机模拟的数值分析方法。

时域有限差分法是1966年由K.S.Yee发表在AP上的一篇论文建立起来的，后被称为Yee网格空间离散方式。这种方法通过将Maxwell旋度方程转化为有限差分式而直接在时域求解，通过建立时间离散的递进序列，在相互交织的网格空间中交替计算电场和磁场。

FDTD算法的基本思想是把带时间变量的Maxwell旋度方程转化为差分形式，模拟出电子脉冲和理想导体作用的时域响应。需要考虑的三点是差分格式、解的稳定性、吸收边界条件。有限差分法通常采用的步骤是：采用一定的网格划分方式离散化场域；对场内的偏微分方程及各种边界条件进行差分离散化处理，建立差分格式，得到差分方程组；结合选定的代数方程组的解法，编制程序，求边值问题的数值解。

第三节 探地雷达检测钢筋混凝土结构的基本方法

钢筋混凝土介质是复杂的非均质结构，砂、石、钢筋、水泥、孔隙等共同组成混合结构材质。其中，钢筋、钢绞线和水是低波速介质，水泥和集料凝结后是中波速介质，空气是高波速介质。因此，理论上可以使用雷达检测通过对波速的区分，来判断混凝土内部缺陷基本性状及分布情况。

电磁波由空气进入混凝土，属于由高速介质进入低速介质，因此反射波极性反向（振幅反向）；电磁波遇到钢筋或水时，反射和散射极性也反向，与表面反射极性相同；电磁波遇到空洞时，反射波不反向，记录到的反射波极性与表面反射波相反。因此，可以将表面反射波的极性作为分析的参考，与表面同极性的反射都是遇到了低速的介质，与表面极性相反的是遇到了高速介质，多是蜂窝或空洞等。雷达对于混凝土中缺陷的识别能力，取决于很多因素，界面的性质、形状、尺寸和内部构造等都会直接影响到回波的形状。在单波形方式下，理想平整的层面波形一般比较尖细；如果含有水带或者断层破碎带，波形会稍宽一些，出现不规整情况；空洞的波形钝而宽，边缘往往呈现不规则形状。如混凝土中较大的空洞，其反射波的正负波上凸弯曲，近似于抛物线，顶端位于洞中心。物理性质相同的反射波会形成一套特征相似的波形组合，因此，可以根据波形特点、组合特征及其差别，辅以不同的处理方法来解释反射目标。

总的来说，雷达是利用介质物理性质的差异来进行探测的。其中电阻率、介电常数、磁导率是表征介质的电磁性质的主要参数。不同介质这些参数有较大的差异，即使是同一介质，在不同频率的电磁场的作用下也表现出不同特性。影响探地雷达波在地下介质中传播的电磁参数包括介电常数、电导率（电阻率）和磁导率等，这几种介质的物理性质是控制探地雷达探测能力的主要原因。一般而言，混凝土的电导率很低，同时绝大多数工程介质都是非铁磁性物质，磁导率都接近 1。对于混凝土结构，主要的影响参数为介电常数。

当电磁波在某种介质中传播，遇到不同的介质时，将发生反射或散射，根据反射回波信号的幅度、延时、形状及频谱特性等参数，解译出目标深度、介质结构及性质。当采用工程雷达来进行混凝土内缺陷及钢筋识别定位时，雷达电磁波在混凝土传播过程中遇到内部的缺陷（如空洞、不密实）以及其中的钢筋时，由于介质电磁性质的差异性会在此处产生反射和散射，反射和散射回的雷达电磁波信号被接收天线接收，经接收机的等效取样、保持放大后形成最终的雷达回波，通过对回波的处理、分析和解释即可实现对混凝土内缺陷及钢筋位置的探测。

第四节　混凝土桥梁内部配筋（束）与缺损现状调查

一、不同混凝土桥梁内部配筋情况

1. 混凝土空心板桥

公路常见混凝土空心板桥有钢筋混凝土空心板桥、先张法预应力混凝土空心板桥和后张法预应力混凝土空心板桥。

钢筋混凝土空心板桥多为简支结构。主筋一般采用 ϕ16mm、ϕ18mm、ϕ20mm 或 ϕ22mm 的 II 级钢筋。主筋一般纵向通长布置，在梁端部有弯起或截断，横向间距一般为 65 ~ 80mm；箍筋一般采用 ϕ8mm 或 ϕ10mm 的 I 级钢筋，梁端部箍筋的间距一般为 10cm，梁跨中部箍筋的间距一般为 15cm。

国内常见钢筋混凝土空心板桥配筋资料如表 13–1 所示。

表 13–1　国内常见钢筋混凝土空心板桥配筋资料

序号	跨径（m）	顶板厚（cm）	底板厚（cm）	腹板厚（cm）	主筋（mm）		箍筋（mm）	
					直径	间距	直径	间距
1	6	32	–	–	Ⅱ ϕ18	63	Ⅰϕ10	100 ~ 150
2	8	12	8	10	Ⅱ ϕ18 并	80	Ⅰϕ10	100 ~ 150
3	10	12	12	10	Ⅱ ϕ20 并	85	Ⅰϕ10	100 ~ 150

先张法预应力混凝土空心板桥常见跨径有 10m、13m、16m 和 20m，其横断面一般采用等高空心截面，梁高分别为 60cm、70cm、80cm 和 95cm。先张法预应力混凝土空心板桥多为简支或简支转连续结构，连续构造一般为后浇钢筋混凝土结构。底板主筋一般采用 ϕ^s15.2mm 钢绞线，构造钢筋一般采用 ϕ12mm 或 ϕ16mm 的 II 级钢筋，纵向通长布置，横向间距一般为 50 ~ 100mm；箍筋一般采用 ϕ8mm 或 ϕ10mm 的 I 级钢筋，梁端部箍筋的间距一般为 10cm，梁跨中部箍筋的间距一般为 15cm。国内常见先张法预应力混凝土空心板桥配筋资料如表 13–2 所示。

表 13–2　国内常见先张法预应力混凝土空心板桥配筋资料

序号	跨径（m）	顶板厚（cm）	底板厚（cm）	腹板厚（cm）	主筋（mm）		箍筋（mm）	
					直径	间距	直径	间距
1	10	12	12	14	ϕ^s15.2 Ⅱ ϕ12	50 ~ 100	Ⅱ ϕ10	100 ~ 150
2	13	12	12	14	ϕ^s15.2 Ⅱ ϕ12	50 ~ 100	Ⅱ ϕ10	100 ~ 150
3	16	12	12	14	ϕ^s15.2 Ⅱ ϕ12	50	Ⅱ ϕ10	100 ~ 150
4	20	12	12	14	ϕ^s15.2 Ⅱ ϕ16	50	Ⅱ ϕ10	100 ~ 150

后张法预应力混凝土空心板桥多为简支或简支转连续结构，连续构造一般为后浇钢筋混凝土结构。后张法预应力混凝土空心板桥常见跨径有 10m、13m、16m 和 20m，其横断面一般采用等高空心截面，其横断面与先张法空心板相似。后张法预应力混凝土空心板钢束一般采用 ϕ^s15.2mm–3、ϕ^s15.2mm–4、ϕ^s15.2mm–5 或

ϕ^{s}15.2mm-6 钢束，两侧腹板内各配置 1 束或 2 束，钢束距底面 85mm 或 90mm，竖向间距 110mm，横向间距 920mm。构造钢筋一般采用 ϕ12mm、ϕ16mm 的 II 级钢筋，纵向通长布置，横向间距一般为 80 ~ 140mm；箍筋一般采用 ϕ10mm 的 II 级钢筋，梁端部箍筋的间距为 10cm，梁跨中部箍筋的间距为 15cm。国内常见后张法预应力混凝土空心板桥配筋资料如表 13-3 所示。

表 13-3　国内常见后张法预应力混凝土空心板桥配筋资料

序号	跨径（m）	顶板厚（cm）	底板厚（cm）	腹板厚（cm）	主筋（mm）		箍筋（mm）	
					直径	间距	直径	间距
1	10	12	12	14	Ⅱ ϕ12	60 ~ 140	Ⅱ ϕ8	100 ~ 150
2	13	12	12	14	Ⅱ ϕ12	60 ~ 140	Ⅱ ϕ8	100 ~ 150
3	16	12	12	14	Ⅱ ϕ16	60 ~ 140	Ⅱ ϕ8	100 ~ 150
4	20	12	12	14	Ⅱ ϕ16	60 ~ 140	Ⅱ ϕ8	100 ~ 150

2. 混凝土 T 梁桥

混凝土 T 梁桥按是否采用预应力材料，可分为钢筋混凝土 T 梁桥和预应力混凝土 T 梁桥。预应力混凝土 T 梁桥常见跨径有 20m、25m、30m、35m 和 40m，横断面一般采用等高截面，腹板厚度从 L/4 到支点为变厚度。预应力混凝土 T 梁桥钢束一般采用 ϕ^{s}15.2mm-6、ϕ^{s}15.2mm-7、ϕ^{s}15.2mm-8、ϕ^{s}15.2mm-9，ϕ^{s}15.2mm-10 钢束，两侧腹板内各配置 1 束或 2 束，钢束距底面 85 ~ 90mm。预应力混凝土 T 梁桥马蹄底面主筋一般采用 ϕ25mm 的 II 级钢筋，横向间距一般为 80 ~ 110mm；构造钢筋一般采用的 II 级钢筋或 ϕ10mm 的 I 级钢筋，间距一般为 100 ~ 120mm；箍筋一般采用 ϕ12mm 的 II 级钢筋，梁端部箍筋的间距为 100mm，梁跨中部箍筋的间距为 150mm。国内常见预应力混凝土 T 梁桥配筋资料如表 13-4 所示。

表 13-4　国内常见预应力混凝土 T 梁桥配筋资料

序号	跨径（m）	马蹄宽（cm）	腹板厚（cm）	翼板厚（cm）	主筋（mm）		箍筋（mm）	
					直径	间距	直径	间距
1	20	440	200 ~ 440	160	Ⅱ ϕ25	79 ~ 84	Ⅱ ϕ12	100 ~ 150
2	25	480	200 ~ 480	160	Ⅱ ϕ25	84 ~ 99	Ⅱ ϕ12	100 ~ 150
3	30	500	200 ~ 500	160	Ⅱ ϕ25	84 ~ 109	Ⅱ ϕ12	100 ~ 150
4	35	600	200 ~ 600	160	Ⅱ ϕ25	86 ~ 100	Ⅱ ϕ12	100 ~ 150
5	40	600	200 ~ 600	160	Ⅱ ϕ25	88 ~ 100	Ⅱ ϕ12	100 ~ 150

3．混凝土小箱梁桥

预应力混凝土小箱梁桥常见跨径有20m、25m、30m、35m和40m，横断面一般采用等高截面，底板和腹板厚度在支点处250cm范围内逐渐加厚。预应力混凝土小箱梁桥钢束一般采用ϕ^{s}15.2mm–3、ϕ^{s}15.2mm–4、ϕ^{s}15.2mm–5、ϕ^{s}15.2mm–9、ϕ^{s}15.2mm–10钢束，两侧腹板内各配置1束或2束，钢束距底面85 ~ 90mm。

预应力混凝土小箱梁桥主筋一般采用ϕ20mm、ϕ25mm的Ⅱ级钢筋，横向间距一般为60 ~ 100mm；构造钢筋一般采用Ⅱ级钢筋或ϕ10mm的Ⅰ级钢筋，间距一般为100mm；箍筋一般采用ϕ12mm的Ⅱ级钢筋，梁端部箍筋的间距为100mm，梁跨中部箍筋的间距为200mm。

国内常见预应力混凝土小箱梁桥配筋资料如表13–5所示。

表13–5 国内常见预应力混凝土小箱梁桥配筋资料

序号	跨径（m）	马蹄宽（cm）	腹板厚（cm）	翼板厚（cm）	主筋（mm）		箍筋（mm）	
					直径	间距	直径	间距
1	20	440	200 ~ 440	160	Ⅱ ϕ25	67 ~ 100	Ⅱ ϕ12	100 ~ 200
2	25	480	200 ~ 480	160	Ⅱ ϕ25	67 ~ 100	Ⅱ ϕ12	100 ~ 200
3	30	500	200 ~ 500	160	Ⅱ ϕ25	64 ~ 100	Ⅱ ϕ12	100 ~ 200
4	35	600	200 ~ 600	160	Ⅱ ϕ25	64 ~ 100	Ⅱ ϕ12	100 ~ 200
5	40	600	200 ~ 600	160	Ⅱ ϕ25	60 ~ 100	Ⅱ ϕ12	100 ~ 200

4．混凝土箱梁桥

混凝土箱梁桥主要适用于大跨径预应力混凝土连续梁桥或连续刚构桥，梁底立面曲线一般采用圆弧线、二次抛物线及折线等。除外形高度变化外，截面的底板、顶板和腹板通常也采用变厚度。变截面连续梁或连续刚构桥边孔与中孔跨径之比一般为0.5 ~ 0.8。变截面混凝土箱梁的梁高与最大跨径之比，跨中截面一般为1/50 ~ 1/30，支点截面可选用1/20 ~ 1/15。

混凝土箱梁桥主梁纵向预应力钢束一般采用ϕ^{s}15.2mm–9、ϕ^{s}1.5.2mm–12、ϕ^{s}15.2mm–14、ϕ^{s}15.2mm–16、ϕ^{s}15.2mm–19、ϕ^{s}15.2mm–22、ϕ^{s}15.2mm–25或ϕ^{s}15.2mm–27钢束，间距20 ~ 70cm；横向预应力钢束一般采用ϕ^{s}15.2mm–3、ϕ^{s}15.2mm–4或ϕ^{s}15.2mm–3钢束，间距40 ~ 80cm；竖向预应力钢束一般采用JL32mm精轧螺纹钢筋，间距40 ~ 80cm。

国内部分混凝土箱梁桥主梁配束资料如表13–6所示。

表 13-6　国内部分混凝土箱梁桥主梁配束资料

桥名	箱梁构造厚度（cm）			纵向束		横向束		竖向束	
	顶板	底板	腹板	编束（根）	间距（cm）	编束（根）	间距（cm）	编束（根）	间距（cm）
浙江洪圣里大桥	28	30 ~ 60	50 ~ 70	ϕ^{s}15.2mm-16/19	21 ~ 32	ϕ^{s}15.2mm-3	50	JL32	50
福建景秀 2 号大桥	26	28 ~ 55	50 ~ 70	ϕ^{s}15.2mm-14/16	20 ~ 45	ϕ^{s}15.2mm-3	50	JL32	50
重庆茶园子大桥	25	28 ~ 60	45 ~ 60	ϕ^{s}15.2mm-14/16/19	17 ~ 42.5	ϕ^{s}15.2mm-3	50	JL32	50
重庆高岩嘴大桥	25	28 ~ 60	45 ~ 60	ϕ^{s}15.2mm-14/16/19	17 ~ 25.5	ϕ^{s}15.2mm-3	50	JL32	50
广东角洞水库大桥	25	28 ~ 70	40 ~ 65	ϕ^{s}15.2mm-9/19	16	ϕ^{s}15.2mm-4	50	JL32	50
重庆椒子坪大桥	25	28 ~ 70	40 ~ 65	ϕ^{s}15.2mm-9/12/19/22	19	Φ^{s}12.7mm-3	50	JL25	50
安徽阔滩河 1 号大桥	30	30 ~ 100	45 ~ 70	ϕ^{s}15.2mm-12/19	16	–	–	JL32	54
黑龙江红岭河桥	25	25 ~ 100	40 ~ 60	ϕ^{s}15.2mm-16	25 ~ 45	ϕ^{s}15.2mm-3	80	JL32	80
广东江口汛北江特大桥	30	30 ~ 100	55 ~ 80	ϕ^{s}15.2mm-19	18 ~ 70	ϕ^{s}15.2mm-5	50	JL32	50
贵州猴子河特大桥	30	32 ~ 120	50 ~ 90	ϕ^{s}15.2mm-16/25	20 ~ 62	ϕ^{s}15.2mm-3	50	JL32	50
广东东江南大桥	28	30 ~ 160	45 ~ 75	ϕ^{s}15.2mm-25/27	19 ~ 72	ϕ^{s}15.2mm-4	50	JL32	50
贵州北盘江大桥	28	32 ~ 105	45 ~ 80	ϕ^{s}15.2mm-19/22	19 ~ 28	ϕ^{s}15.2mm-3	50	JL32	50

混凝土箱梁桥主梁的普通钢筋一般采用 ϕ12mm、ϕ16mm、ϕ20mm 或 ϕ25mm 的Ⅱ级钢筋，纵向通长布置，横向间距 10 ~ 15cm；箍筋一般采用 ϕ16mm 的Ⅱ级钢筋，纵向间距 10 ~ 15cm。国内部分混凝土箱梁桥主梁普通钢筋布置资料如表 13-7 所示。

表 13-7 国内部分混凝土箱梁桥主梁普通钢筋布置资料

桥名	箱梁构造厚度（cm）			主筋		箍筋	
	顶板	底板	腹板	直径（mm）	间距（cm）	直径（mm）	间距（cm）
浙江洪圣里大桥	28	30 ~ 60	50 ~ 70	Ⅱ ϕ16 Ⅱ ϕ12	15/15	Ⅱ ϕ20	10
福建景秀2号大桥	26	28 ~ 55	50 ~ 70	Ⅱ ϕ14 并	15	Ⅱ ϕ14	10
重庆茶园子大桥	25	28 ~ 60	45 ~ 60	Ⅱ ϕ16	15	Ⅱ ϕ20	14
重庆高岩嘴大桥	25	28 ~ 60	45 ~ 60	Ⅱ ϕ16	15	Ⅱ ϕ20	14
广东角洞水库大桥	25	28 ~ 70	40 ~ 65	Ⅱ ϕ12	15	Ⅱ ϕ16	10
重庆椒子坪大桥	25	28 ~ 70	40 ~ 65	Ⅱ ϕ16	15	Ⅱ ϕ16	10
安徽阔滩河1号大桥	30	30 ~ 100	45 ~ 70	Ⅱ ϕ12	15	Ⅱ ϕ16	10
黑龙江红岭河桥	25	25 ~ 100	40 ~ 60	Ⅱ ϕ16	15	Ⅱ ϕ12	15
贵州猴子河特大桥	30	32 ~ 120	50 ~ 90	Ⅱ ϕ16	15	Ⅱ ϕ16	10
广东东江南大桥	28	30 ~ 160	45 ~ 75	Ⅱ ϕ16	15	Ⅱ ϕ20	15
贵州北盘江大桥	28	32 ~ 105	45 ~ 80	Ⅱ ϕ16	10	Ⅱ ϕ32 并	13

5. 混凝土斜拉桥

斜拉桥主要由主梁、索塔和斜拉索三大部分组成。其中，索塔大都采用混凝土结构，主梁一般采用混凝土结构、钢—混组合结构或钢结构，斜拉索则采用高强材料制成。

（1）混凝土主梁

混凝土斜拉桥主梁底板纵向预应力一般采用 ϕ^{s}15.2mm–27、ϕ^{s}15.2mm–21、ϕ^{s}15.2mm–19、或钢束间距 20 ~ 50cm，顶板纵向预应力一般采用 ϕ^{s}15.2mm–3 钢束或精乳螺纹钢筋，钢束间距 20 ~ 100cm。斜拉桥混凝土主梁横向预应力配置一般采用

ϕ^{s}15.2mm–3、ϕ^{s}15.2mm–4 钢束，钢束间距 50cm。

国内部分混凝土斜拉桥主梁配束资料如表 13–8 所示。

表 13–8 国内部分混凝土斜拉桥主梁配束资料

桥名	顶板厚（cm）	底板厚（cm）	腹板厚（cm）	纵向束（mm）		横向束（mm）	
				编束	间距	编束	间距
江苏五河口斜拉桥	30	40	30	15.2 ~ 19 ϕ^{s}15.2 ~ 12	500	ϕ^{s}15.2 ~ 3	500
湖北夷陵长江大桥	22	35	20	ϕ^{s}15.2 ~ 12	200	ϕ^{s}15.2 ~ 4	200 ~ 1000
广东湛江海湾大桥	25（边跨）	25（边跨）	22（边跨）	ϕ^{s}15.2 ~ 17ϕ^{s}32 粗筋	350	ϕ^{s}15.2 ~ 22	3000

斜拉桥混凝土主梁的普通钢筋一般采用 ϕ12mm、ϕ16mm、ϕ20mm 或 ϕ25mm 的Ⅱ级钢筋，纵向通长布置，横向间距 10 ~ 15cm；箍筋一般采用 ϕ16mm 的Ⅱ级钢筋，纵向间距 10 ~ 15cm。国内部分混凝土斜拉桥主梁普通钢筋布置资料如表 13–9 所示。

表 13–9 国内部分混凝土斜拉桥主梁普通钢筋布置资料

桥名	顶板厚（cm）	底板厚（cm）	腹板厚（cm）	主筋		箍筋	
				直径（mm）	间（cm）	直径（mm）	间距（cm）
江苏五河口斜拉桥	30	40	30	Ⅱ ϕ20	10	Ⅱ ϕ20	10
湖北夷陵长江大桥	22	35	20	Ⅱ ϕ12	15	Ⅱ ϕ12	15
广东湛江海湾大桥	25（边跨）	25（边跨）	22（边跨）	Ⅱ ϕ16	10	Ⅱ ϕ12	10

（2）混凝土索塔

斜拉桥混凝土索塔环向预应力一般采用 ϕ^{s}15.2mm–19、ϕ^{s}15.2mm–12 钢束或 ϕ^{s}32mm 粗钢筋，钢束间距 20 ~ 35cm。

国内部分混凝土斜拉桥索塔环向预应力配束资料如表 13–10 所示。

表 13-10 国内部分混凝土斜拉桥索塔环向预应力配束资料

桥名	横桥向（cm）		顺桥向（cm）		环向束	
	尺寸	厚度	尺寸	厚度	编束（mm）	间距（cm）
江苏五河口斜拉桥	450	120	700	80	ϕ^s15.2 ~ 19 ϕ^s15.2 ~ 12	20 ~ 35
上海东海大桥主通航孔	700	135	800	75	ϕ^s32 粗筋	20

斜拉桥混凝土索塔的普通钢筋一般采用 ϕ32mm 的Ⅱ级钢筋，间距 10 ~ 20cm；箍筋一般采用 ϕ16mm 或 ϕ32mm 的Ⅱ级钢筋，间距 10 ~ 20cm。

国内部分混凝土斜拉桥索塔普通钢筋布置资料如表 13-11 所示。

表 13-11 国内部分混凝土斜拉桥索塔普通钢筋布置资料

桥名	顺桥向（cm）		横桥向（cm）		主筋		箍筋	
	尺寸	厚度	尺寸	厚度	直径（mm）	间距（cm）	直径（mm）	间距（cm）
江苏五河口斜拉桥	700	80	450	120	Ⅱ ϕ32	17	Ⅱ ϕ16	10 ~ 20
广东湛江海湾大桥	800	80	569	100	Ⅱ ϕ32	15	Ⅱ ϕ32	20

6. 混凝土拱桥

混凝土拱桥按其截面形式可分为板拱桥、肋拱桥、双曲拱桥、箱形拱桥。板拱桥主拱的横截面是整块的实体矩形截面；肋拱桥主拱的截面由两条（或多条）分离式的肋组成；双曲拱桥的主拱圈的横截面由数个横向小拱组成。

板拱桥主拱的主筋一般采用 ϕ25mm 的Ⅱ级钢筋，纵向通长布置，间距 20cm 左右；箍筋一般采用 ϕ10mm 的Ⅰ级钢筋，间距 20cm 左右。

肋拱桥主拱的主筋一般采用 ϕ12mm、ϕ14mm、ϕ16mm、ϕ22mm 的Ⅱ级钢筋，间距 7cm 左右；箍筋一般采用 ϕ>8mm 的Ⅰ级钢筋，间距 20cm 左右。

双曲拱桥主拱的主筋一般采用 ϕ20mm 的Ⅱ级钢筋，间距 7cm 左右；箍筋一般采用 ϕ8mm 的Ⅰ级钢筋，间距 20cm 左右。

箱形拱桥主拱的主筋一般采用 ϕ32mm 的Ⅱ级钢筋，间距 12cm 左右；箍筋一般采用 ϕ10mm 的Ⅰ级钢筋，间距 10cm 左右。

二、混凝土桥梁典型内部缺损统计情况

对近 300 座不同类型钢筋混凝土桥梁的典型内部病害进行了调查，针对在桥梁中发现的主要病害进行了分类统计：

混凝土内部缺损主要有以下几类：孔洞（含预应力管道灌浆空洞、混凝土内部空洞）、内部裂缝、分层、混凝土强度不足、混凝土保护层厚度不足、钢筋锈蚀（含预应力及拉吊索锈蚀与断裂）、钢筋（含预应力筋束）偏位等。较常见的检测项目有裂缝深度、混凝土强度、混凝土保护层厚度等。这些检测项目的检测方法成熟、设备普遍，故较为常见，其数量分布如图 13-3 所示。其他几类检测项目，特别是孔洞、不密实区、分层、钢筋锈蚀、深层钢筋（保护层厚度 >6cm）偏位等其检测方法尚未成熟、设备昂贵、检测结果不确定性大，故在日常的无损检测中较少见。

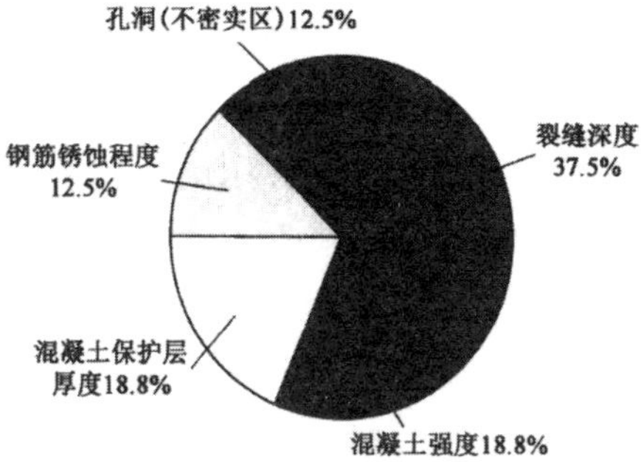

图 13-3　所调查桥梁内部缺损的主要检测项目

在此次调查中，简支梁桥和刚构桥发生内部缺损的比例较大，达到 33.3%，如图 13-4 所示。此外，内部缺损发生的部位统计如图 13-5 所示。桥墩是发生内部缺损较多的部位，所占比例达到 45.5%。这与桥墩是大体积混凝土或在施工时不连续浇筑等因素有关。

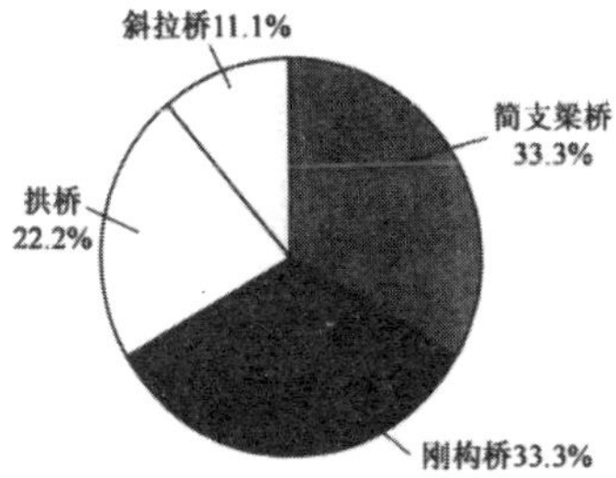

图 13-4　发生内部缺损的桥型数量分布示意图

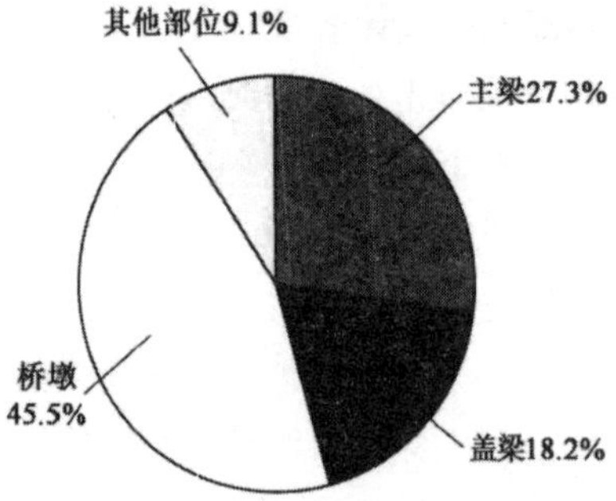

图 13-5 内部缺损发生部位统计

三、预应力管道灌浆空洞

由于灌浆工艺和灌浆料性能等问题，导致管道内泌水和残留空气的存在，使得压浆管道的入口、出口、曲线管道的上凸段和排气孔（锚头区）附近容易出现大片空洞。预应力孔道注浆产生的空洞，不仅不能使预应力筋与梁体混凝土牢固黏结为整体，还会引起预应力筋锈蚀甚至断裂，从而影响预应力混凝土梁桥的寿命。

四、混凝土内部空洞

空洞是指混凝土构件内有空腔、孔洞，产生的原因有：①混凝土振捣时漏振，分层浇注振捣时振捣棒未伸到下一层混凝土中，致使上下层脱空；②浇注时一次下料太多，坍落度相对过小，混凝土被钢筋等架住，下部成拱顶住上部混凝土，并且下部漏振；③由于构造原因导致混凝土浇注时不畅通，振捣棒难以触及处形成空洞。

对于预应力混凝土桥梁而言，容易出现内部空洞的结构位置主要有：①结构钢筋（预应力筋）密集部位，如箱梁底板预应力管道下方处等；②预留孔或预埋件周边；③结构弯折处，如盖梁与墩柱交接处、直线梁段变高处等；④钢管混凝土拱桥法兰盘或钢管内加劲环与钢管壁交接处的下侧等。

五、混凝土内部裂缝

大体积混凝土板浇筑后内部温度变化的一般规律是开始几天（如 7 ~ 10d）升温，然后有几天（3 ~ 7d）恒温，以后降温，降至与环境温度一致的时间，随板厚、散热条件（覆盖材料品种及厚度）的不同而变化，一般需要 15d 以上的时间。当大体积混凝土浇筑在基岩或老混凝土上时，由于基岩或老混凝土的压缩模量（弹性模量）较高，混凝土因温度变化产生的变形受到基岩（老混凝土）的约束，而在新浇混凝土内部形成温度应力。在升温阶段，约束阻止新浇混凝土的温度膨胀变形，在混凝土内产生压应力；而在降温阶段，新浇混凝土收缩（降温收缩与干缩）因存在较强大的地基或基础的约束而不能自由收缩，在新浇混凝土内形成拉应力。由于升温较快，此时新浇混凝土的弹性模量较低，且徐变影响又较大，因此压应力较小，但是经过恒温阶段的降温时，新浇混凝土的弹性模量已较高，形成的拉应力也较大，除抵消升温产生的压应力外，混凝土内部还存在较高的拉应力，而导致产生内部裂缝。

六、混凝土分层

结构混凝土均质性，是指因振捣不够、漏浆或石子架空等造成的蜂窝状或缺少水泥而形成的松散状以及遭受意外损伤所产生的疏松状区域。尤其是体积大的结构或构件，因混凝土浇灌量大，又要求连续浇筑，若管理稍有疏忽，便会产生漏振或混凝土拌和物离析，从而形成混凝土分层、不密实及密实度不均匀等现象。由于混凝土构件一般为现场操作，很多工序的质量难以把握，混凝土本身是由包括水泥、砂、碎石等多种原料组成的混合材料，因此更容易出现均质性问题。混凝土结合面如整体现浇构件的施工缝、悬臂施工节段箱梁接缝等位置，也容易形成结合面的分层，外观多见于混凝土结合程度差并伴有缝隙或夹有杂物的部位。

七、钢筋锈蚀

1. 环境化学腐蚀

收缩或温度应力促使存在缺陷的混凝土产生微裂缝，当防水涂料起不到防水的作用时，空气中的水气在毛细管引力的作用下渗入微裂缝缝隙中；若水气到达钢筋表面，在水与氧的作用下形成腐蚀电池破坏钢筋表面钝化膜，导致钢筋锈蚀。钢筋锈蚀后，必然出现体积膨胀，膨胀量为原体积的 4 ~ 5 倍，这样势必对混凝土产生很大的膨胀应力，再则保护层较薄，促使钢筋锈蚀部位的混凝土开始产生裂纹，形成沿钢筋的裂缝，即顺筋裂缝，继而出现保护层的剥落。

（1）氯离子侵蚀：在近海地区的混凝土梁桥，氯离子的侵入导致钢筋锈蚀是主要原因。

（2）混凝土碳化：大气中的二氧化碳（CO_2）与混凝土中的氢氧化钙［$Ca(OH)_2$］发生化学反应，生成中性的碳酸钙（碳化作用），即

$$CO_2 + C_a(OH)_2 \rightarrow C_aCO_3 + H_2O$$

而在潮湿和高浓度的 CO_2 环境中，CO_2 在水中能够溶解 $CaCO_3$ 生成溶于水的碳酸氢钙［$Ca(HCO_3)_2$］，它随着水沿毛细管或微裂缝到达混凝土表面又可发生分解，析出 $CaCO_3$。即

$$CO_2+H_2O+C_aCO_3\rightarrow C_a(HCO_3)_2$$
$$C_a(HCO_3)_2\rightarrow C_aCO_3+CO_2+H_2O$$

混凝土发生碳化溶蚀后，其 pH 可降低至 9 以下，钢筋的防腐得不到保证，促使钢筋表面钝化膜遭到破坏，在氧和水作用下钢筋氧化锈蚀。即

$$2Fe+2H_2O+O_2\rightarrow 2Fe(OH)_2$$

（3）硫酸盐侵蚀：我国的酸雨覆盖面已达到国土的 30% 以上，SO_2 和进一步氧化的 SO_3 均可使混凝土中性化和酸化，同样可直接促使钢筋电化学腐蚀，同时产生硫酸盐又会对混凝土进一步膨胀产生侵蚀作用。故在酸雨地区 SO_2 与酸雨对钢筋混凝土结构的危害比碳化更为严重。腐蚀过程化学反应如下：

$$2SO_2+O_2+2H_2O\rightarrow 2H_2SO_4$$
$$2H_2SO_4+C_a(OH)_2\rightarrow C_aSO_4.2H_2O$$
$$3C_aO.Al_2O_3+3(C_aSO_4.2H_2O)+26H_2O\rightarrow 3C_aO.Al_2O_3.3C_aSO_4.32H_2O$$

由于生成物带有大量的结晶水，因此，其体积要比原来的体积大得多，产生膨胀，促使混凝土的裂坏。在潮湿的空气中 SO_2 与 Fe 发生化学反应：

$$SO_2+O_2+Fe\rightarrow FeSO_4$$
$$4FeSO_4+O_2+6H_2O\rightarrow 4FeO(OH)+4H_2SO_4$$

最终反应产物除氧化铁外，还有硫酸。硫酸能分解更多的铁，进一步促使铁锈形成。

2．溶液性侵蚀

对于防水构造不合理、防水质量不可靠的钢筋混凝土部位，由于环境介质水溶液的侵蚀，经常性渗漏的混凝土结构部位的 $Ca(OH)_2$ 产生溶解，促使其浓度不断下降，固相中 $Ca(OH)_2$ 不断被溶出，于是在混凝土中与 $Ca(OH)_2$ 浓度有关的水化生成物的稳定度遭到破坏，造成这些水化物不断分解出 CaO，CaO 又溶于水随水流走，混凝土的结构不断破坏，从而导致混凝土的 pH 降低，孔隙率增大，钢筋锈蚀病害发生，混凝土表层起鼓剥离现象就会出现。

八、拉吊索锈蚀、缺损

拉吊索病害虽有多种表现形式，但主要有三种类型：索体护套开裂、锚头腐蚀和钢丝的腐蚀。其主要病害原因为：

（1）由于聚乙稀（Polyethylene，PE）强度低，在制造、运输、安装和使用中易剐蹭开裂。

（2）拉吊索用 PE 材料借鉴电力电缆标准，电缆与拉吊索受力不同。

（3）镦头锚拉吊索端部钢丝裸露。

（4）上下导管内灌注水泥浆不能有效防水。

（5）钢绞线索外包 PE 质量不易控制。

（6）拉吊索钢丝自身防锈能力差。

九、钢筋偏位

1．钢筋位置偏差

钢筋混凝土构件中钢筋的位置直接决定了构件截面的有效高度，而截面有效高度的改变，会引起构件承载能力更大的变化。因此在施工中确保钢筋位置的准确将是非常重要的。但是在实际工程中，钢筋位置的偏差现象却非常严重。主要原因是施工管理不严格：在现浇板中，钢筋绑扎完后，其他工种工作人员、检验人员、混凝土浇筑人员等在上面走动，施工机具在上面移动，都将会使上部钢筋发生移位。设计图纸由于图幅比例、设计深度等原因，往往表示得不清楚，工人绑扎钢筋时，或水平有限，或为赶进度，常常引起钢筋位置、约束关系的错误。

2．预应力筋竖向位置偏差

在多跨连续预应力混凝土桥梁中，曲线预应力筋的竖向坐标以预埋的波纹管中心线为准。在实际施工中，检查曲线孔道竖向坐标时经常遇到跨中处坐标偏高与支座处坐标偏低的现象，降低了预应力筋的有效高度，影响梁的承载力。预应力钢筋竖向位置偏差产生的主要原因如下：

控制曲线孔道竖向坐标的钢筋支托位置计算有误或安装不准；设计图纸上所标明的曲线孔道在支座处的竖向坐标有时偏高，但在该节点处纵横钢筋较多，使曲线孔道难以安装到位；在钢筋安装与绑扎过程中，操作人员贪图方便，没有严格控制钢筋位置，尤其在支座处对曲线孔道的竖向坐标影响较大；抢进度，预应力波纹管固定不牢固，浇筑混凝土或振捣时固定连接失效，波纹管移位。

第十四章　探地雷达检测混凝土桥梁技术参数选择

第一节　探地雷达主要技术参数

当前国内外几种主流商业探地雷达的技术性能参数比较，参见附录。探地雷达的主要技术参数如下：

（1）发射功率

天线的技术指标中输出功率的大小是很重要的。不同厂家的天线频率可能相同，但功率不同，因此探测深度可能不同。天线的类型以频率划分为低频、中频和高频；以结构特点又划分为非屏蔽、屏蔽天线；以电性参数分为偶极子天线、反射器偶极子天线、喇叭状天线。采用不同种天线结构是为了获得较高的发射效率。

（2）垂直分辨率

沿射线方向区分多个目标体或发现单个最小目标体的识别能力。垂直方向分辨率取决于脉冲的宽度，即与脉冲频带的设计有关。时域脉冲越窄，深度方向的分辨率越高。

按波的干涉理论，物体上下界面反射波最小可识别双向波程差为 λ/8 ～ λ/4，因而垂直分辨率 R_v 与工作频率有关，实际工作中可以半波长为尺度来表明垂直分辨率，如式（14–1）：

$$R_v = \lambda / 8 \sim \lambda / 4 (取 R_v = \lambda / 2) \tag{14–1}$$

式中：R_v——垂直分辨率；

λ——波长。

由于介质对不同频率选择性衰减，接收信号与发射型号相比，接收信号的带宽变窄，因此在硬件条件一定时，垂直分辨率还与深度有关，随着深度 h 的增大，分辨率降低。有专家提出可用式（14–2）、式（14–3）估算垂直分辨率 R_v。

$$Rv = 0.08h(0<h<3m) \quad (14-2)$$

$$Rv = 0.5h(h \geq 3m) \quad (14-3)$$

式中：h——探测深度。

（3）水平分辨率

水平分辨率是雷达能够分辨的物体的水平最小尺度。根据 Fresnel 原理，菲涅尔带中心垂直反射与边缘反射的波程差为 λ/2，菲涅尔带半径 d_f 见式（14-4）：

$$d_f = \sqrt{\frac{h\lambda}{2} + \frac{\lambda^2}{16}} \quad (14-4)$$

水平分辨率 R_h 一般近似等于菲涅尔带半径。假定雷达波以锥面形式向下传播，物体上表面将大部分能量反射回来，则水平分辨率还可根据式（14-5）估算：

$$R_h = \sqrt{\lambda h + \frac{\lambda}{4}} \quad (14-5)$$

水平分辨率的影响因素：水平分辨率与埋深及波长有关，而波长是由天线频率和介质波速决定的。表 14-1 给出了几种工程介质常见的介电常数，据此，得到各个常见频段雷达的水平分辨率。

表 14-1　介电常数表

材料	介电常数	材料	介电常数
空气	1	木头	2.8
聚氯乙烯	3	水	81
沥青	3 ~ 5	钢筋（在雷达波频率下）	∞
混凝土	4 ~ 11		

在一种介质中，只要介质不变，电磁波速度就不变，但不同的介电常数，会造成其波长不同。混凝土相对介电常数在 4 ~ 12 之间，主要和其湿度有关，和强度关系不大，混凝土越湿，介电常数越大。一般而言，结构混凝土的介电常数可取 6.5。公路常用雷达探测混凝土介质分辨率参见表 14-2、表 14-3 和图 14-1 与图 14-2，其中取混凝土的介电常数为 6.5。

表 14-2 及图 14-1、图 14-2 的结果表明，对混凝土内部结构物的水平辨识能力随探测深度的增加和雷达主频的降低而非线性降低，实际探测分辨率约介于 2 种理论公式的估计值中间。0.3m 左右的单面探测深度基本能覆盖大部分的常见混凝土桥梁构件，从水平辨识能力的角度，应有不低于 10cm 的辨识能力。表 14-3 的结果表明，随雷达主频的增加和探测深度的降低垂直分辨能力不断增加。从数值上看，2m 以内

雷达的垂直分辨能力远好于水平分辨能力。需要指出，这些分辨率数值仅具有参考性，实际上高频雷达波衰减很快。

表 14-2　雷达探测结构混凝土的理论水平分辨率（m）

天线频率（MHz）	900		1500		1600			
埋深（m）	0.1307		0.0784		0.0735		0.0588	
波长（m）	①	②	①	②	①	②	①	②
0.06	0.071	0.201	0.052	0.156	0.050	0.151	0.044	0.135
0.15	0.104	0.229	0.079	0.177	0.076	0.171	0.068	0.153
0.3	0.144	0.268	0.110	0.208	0.107	0.201	0.095	0.180
1.0	0.258	0.404	0.199	0.313	0.193	0.303	0.172	0.271
2.0	0.363	0.542	0.281	0.420	0.272	0.407	0.243	0.364
3.0	0.444	0.652	0.343	0.505	0.333	0.489	0.297	0.437

表 14-3　雷达探测结构混凝土的理论垂直分辨率（m）

天线频率（MHz）	900		1500		1600			
埋深（m）	0.1307		0.0784		0.0735		0.0588	
波长（m）	①	②	①	②	①	②	①	②
0.06	0.0654	0.0048	0.0392	0.0048	0.0368	0.0048	0.0294	0.0048
0.15	0.0654	0.012	0.0392	0.012	0.0368	0.012	0.0294	0.012
0.3	0.0654	0.024	0.0392	0.024	0.0368	0.024	0.0294	0.024
1.0	0.0654	0.080	0.0392	0.080	0.0368	0.080	0.0294	0.080
2.0	0.0654	0.160	0.0392	0.160	0.0368	0.160	0.0294	0.160
3.0	0.0654	1.500	0.0392	1.500	0.0368	1.500	0.0294	1.500

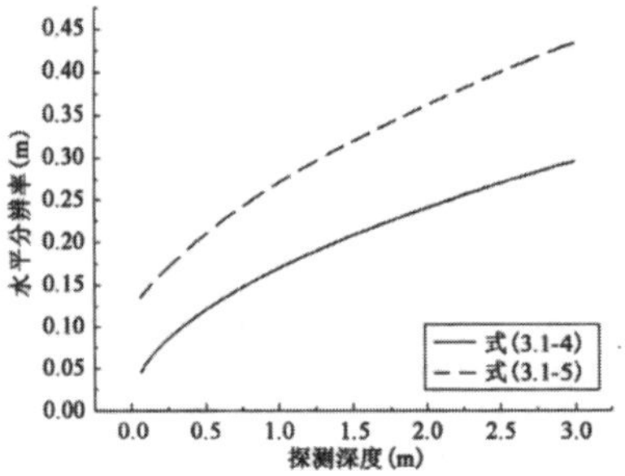

图 14-1　2GHz 雷达混凝土中水平分辨率与探测深度的理论关系

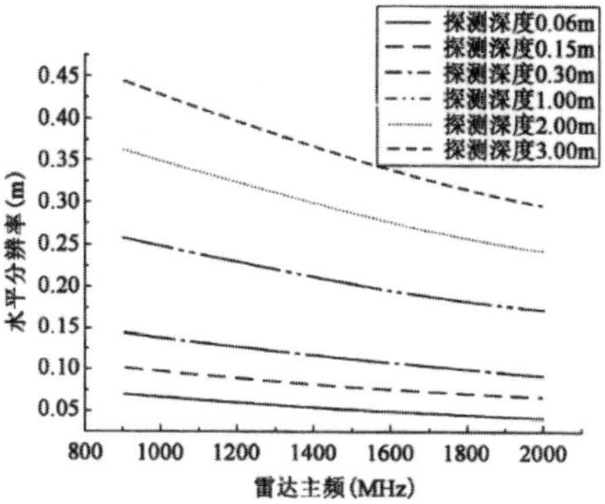

图 14-2 不同频率雷达对水平分辨率的影响关系示意图

综合雷达在混凝土内部水平与垂直分辨能力的理论分析，对于混凝土桥梁结构钢筋或内部缺陷而言，1500MHz 以上的雷达主频才是合适的。

（4）A/D 转换采样位数

雷达的 A/D 转换采样位数是决定其技术指标的核心。A/D 转换的采样位数有 24bits、16bits 和 8bits 几种，多数探地雷达采用 16bits 和 8bits，只有少数探地雷达达到 24bits。三种 A/D 采样位数动态范围的比为：8bits：16bits：24bits=256：65536：16777216=1：256：65536。动态范围大，在其他条件相同时，探测深度更深，三者的探测深度比为 1：8：16。24bits 动态范围大，探测深度大，理论上是好的，但从混凝土桥梁结构检测的角度看并不一定适合。

24bits 将强弱反射信号都能记录下来，将弱信号也增强了，包括干扰信号。图中强信号及弱信号的显示几乎一样，反而较难区分，并不利于内部缺陷的识别，因此并不是 A/D 转换采样位数越高越有利。对于桥梁结构的探地雷达检测，选用 16 位 A/D 转换位数的雷达，动态中等，较为合适。

（5）采样率

采样率的定义为每秒从连续反射波信号中提取并组成离散信号的采样个数，用赫兹（Hz）表示。采样率的倒数是采样周期或者叫作采样时间，它是采样点之间的时间间隔。由于一般反射波的最高频率是雷达中心频率的 1.5 倍，因此根据 Nyquist 采样定律，采样率应至少达到雷达天线中心频率的 3 倍。采样率高的仪器，扫描一条线重复发射的次数少，效率高，容许天线移动的速度快，可提高野外工作效率。

（6）采样点数

采样点数（Samples）是指每道扫描线上的离散采样点数，从 128 点到 16384 点不等。

（7）脉冲重复频率

脉冲重复频率（Pulse Recurrence Frequency，PRF）是指每秒中所发射的脉冲串个数，脉冲重复频率越高则可选择越高的雷达扫描速度，雷达可行走的速度越快则可选择越高的取样点数。

（8）扫描速率

扫描速率（Scans）表达了每秒钟雷达采集多少扫描线记录的能力。需要注意，由于扫描速率与采样点数具有相关性，在脉冲超宽带探地雷达中一般都存在扫描速度与采样点数的乘积小于脉冲重复频率 f_p 的关系，如式（14–6）所示：

$$Scans \times Samples \le f_p \tag{14–6}$$

故雷达虽然允许的扫描速率可以很高，但一般脉冲超宽带工程雷达脉冲重复频率参数对于用户是不可见的，在进行雷达参数设置的过程中，对扫描速度和采样点数会形成相互有所制约。美国 GSSI 公司的 SIR–30E 雷达给出的关系如表 14–4 所示。

表 14–4　扫描速率、采样率和脉冲重复频率的关系

采样点数（个）	脉冲重复频率	
	100kHz	800kHz
	扫描速率（scans/s）	
256	326	1449
512	178	990
1024	93	606
2048	48	341
4096	24	182
8192	12	94
16384	8	48

（9）天线频率与频带宽度

频率及频带宽度是雷达天线的重要技术指标，关系到天线的探测能力。不同仪器型号的频率及频带宽度会有所差异，雷达天线的频带宽度近似等于中心频率。

为满足不同探测目的的需要设计多种频率的天线。桥梁构件中经常用到频率高于 1GHz 的天线，称为闻频天线，中心频率与带宽的关系见表 14–5。

表 14–5　中心频率与带宽

中心频率	900MHz ~ 2GHz
带宽	通常涵盖$\frac{1}{2}f_0$~$\frac{3}{2}f_0$（f_0为天线中心频率）

（10）雷达脉冲与子波

雷达工作时控制部分输出触发波形，触发波形是矩形脉冲，上升沿 1/2 ~ 2ns，脉冲宽度 10ns（100MHz 天线）。常见频带宽度雷达的脉冲宽度如表 14–6 所示。天线是由高速开关电路驱动的，开关电路与天线类似于微分电路，将矩形脉冲变成震荡小波输出。矩形脉冲幅度约 150V，小波输出双峰幅度可达 1100V，中心频率对应脉冲宽度的关系见表 14–6。

表 14–6　中心频率对应脉冲宽度表

中心频率（MHz）	80	100	120	300	500	900	1000	2000	2500
脉冲宽度（ns）	12	10	8	3	2	1.1	1.0	0.5	0.4

对于一个触发脉冲，天线实际发射的是一个子波，也可称为一个小波。子波的波形并不像画出的那样简单，后边可能带有衰减震荡。子波越简单越有利于分析鉴别。各种雷达天线子波的形式可以现场实测。

（11）雷达天线的极化

天线极化是指天线发射（或接收）电场 E 的方向，极化是探地雷达天线的一项重要参数。雷达天线的极化可分为线极化、圆极化和椭圆极化。一个在各项同性理想均匀无限大空间中沿 z 轴放置的偶极子，其电磁场如图 14–3 所示。

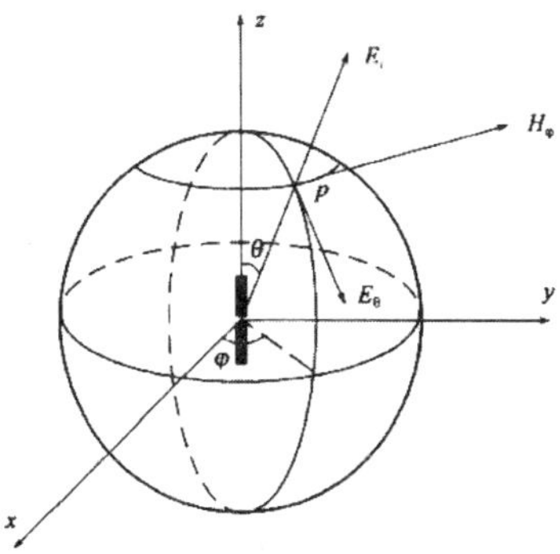

图 14–3　偶极子的空间电磁场

在远大于波长的远场区，电场分量 E_r 可以忽略，仅有相互垂直的电场分量 E_θ 和磁场分量 H_ϕ。将电场矢量 E_θ 分解到垂直坐标系的 3 个极化分量有：

$$E_x = E_\theta \cos\theta \cos\phi \tag{14-7}$$

$$E_y = E_\theta \cos\theta \sin\phi \tag{14-8}$$

$$E_z = -E_\theta \sin\theta \tag{14-9}$$

由式（14-7）~ 式（14-9）可知，当 θ =90°、270° 时，E_x 和 E_y 等于零，E_z 幅值达到最大，θ =0°、270° 时，E_z 等于零。其电场分量方向图如图 14-4 所示。显然在垂直于偶极子的方向上，只有平行于 z 轴的极化分量 E_z 存在，且达到最大值。

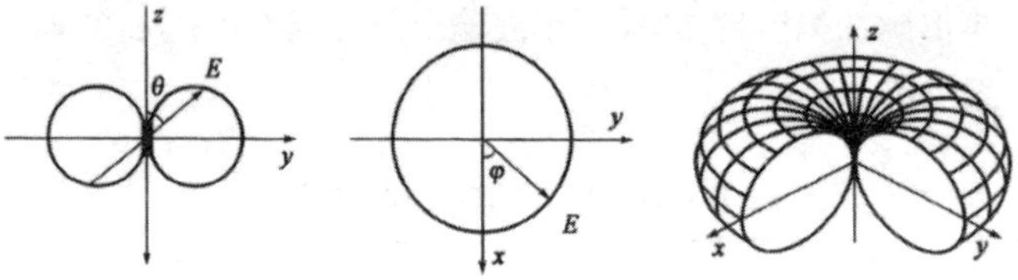

图 14-4　电场分量方向示意图

土木工程用探地雷达普遍采用平面蝶形偶极子天线。这种天线发射天线和接收天线以一定的偏移距并排平行或垂直于测线方向放置，接收天线与发射天线的属性相同，发射天线激发的是一个与长轴方向平行的线性极化波，即线性极化。在保持测线方向垂直于高导圆柱体（如钢筋等）的前提下，依据钢筋的走向与收发天线长轴方向的关系可以划分为两种极化模式：一是 TM 极化（天线长轴平行于钢筋），二是 TE 极化（天线长轴垂直于钢筋），如图 14-5 所示。

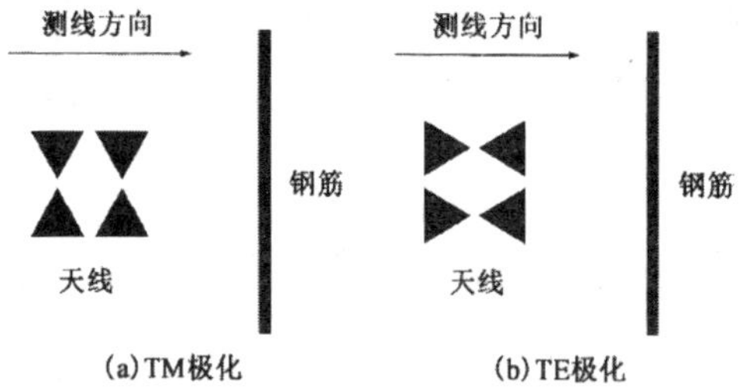

图 14-5　天线极化模式示意图

（12）双极化雷达天线阵与一般的单天线雷达不同，双极化天线雷达内置两对垂直排布的天线极子（两个发射极子和两个接收极子），一对极子与天线行进方向（测线方向）平行，一对极子与天线行进方向垂直。显然由于同时利用了天线的 TM 极化与 TE 极化（入射雷达波被表层钢筋反射的能量较小，更多入射能量进入下层，适合绕开表层钢筋干扰），使得此类雷达更满足实际混凝土桥梁结构多层目标的探测要求，如对钢筋网层下预应力钢筋（束）的探测等。其天线布置与工作原理分别如图 14-6 和图 14-7 所示。

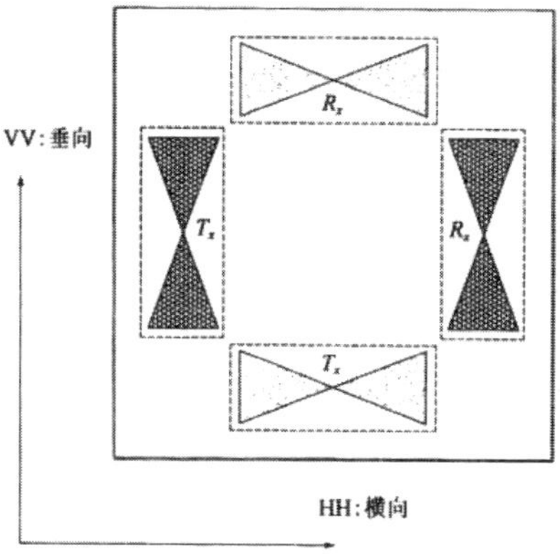

图 14-6　双极化天线雷达的天线布置示意图

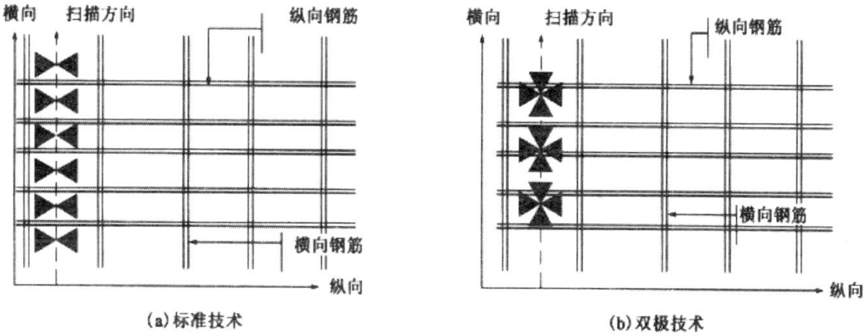

图 14-7　双极化天线雷达与单天线雷达的钢筋探测工作原理示意图

第二节　混凝土桥梁雷达检测参数选择

一、探地雷达频率选择

雷达天线中心频率的选择通常需要考虑三个主要因素：期望达到的空间分辨率、杂波的干扰和探测深度。根据每一个因素都可计算得到一个中心频率。在同时满足分辨率和场地条件的情况下，应尽量选择中心频率较低的天线。

设空间分辨率为 x（单位为 m），相对介电常数为 ε，则探地雷达天线中心频率可由式（14–10）初步选定：

$$f_c^R > \frac{75}{x\sqrt{\varepsilon}} \tag{14–10}$$

设检测目标尺度为△ L，则选择的探地雷达天线中心频率可按式（14–11）计算：

$$f_c^C < \frac{30}{\Delta L\sqrt{\varepsilon}} \tag{14–11}$$

设探测深度为 D，探地雷达天线中心频率可按式（14–12）计算：

$$f_c^C < \frac{1200\sqrt{\varepsilon - 1}}{D}(MHz) \tag{14–12}$$

正常情况下，合适的探地雷达天线中心频率 f_c 符合式（14–13）：

$$f_c^C < f_c < \min(f_c^R, f_c^D) \tag{14–13}$$

雷达天线中心频率直接影响探测精度，频率越高，波长越小，则识别分辨率越高，但探测深度会降低。对一般的混凝土桥梁雷达检测，雷达天线中心频率与探测深度的大致关系如表 14–7 所示。

表 14–7　雷达频率与探测深度关系

雷达天线中心频率（MHz）	探测深度（m）	雷达天线中心频率（MHz）	探测深度（m）
250	<2	1600	<0.6
500	<1	2000	<0.3

以空间分辨率为 0.02m，最大探测深度 0.5m，辨识物体尺寸大于 0.02m，混凝土的介电常数为 4 ~ 12 的条件计算。根据式（14–10）计算，中心频率的范围是 1.2G ~ 1.9GHz；根据需要探测的物体尺度计算式（14–11），中心频率的范围是 0.5G ~ 0.75GHz；根据最大探测深度计算式（14–12），中心频率的范围是 4.2G ~ 7.2GHz。中心频率与最大探测深度成反比，中心频率越小，探测深度越大。一般可根据初步计算出的中心频率，计算出雷达的探测深度。如果探测深度小于预计目标的埋深，则需要降低频率获得更合适的探测深度。桥梁混凝土构件为复杂的非匀质介质，频率越高，对钢筋的识别响应越明显。但频率增加到一定程度时，则很难分辨主要目标体和干扰体的响应。降低频率能增加较大目标体的响应，减小其中小的散射体干扰。综合上述，按式（14–13）进行选择，在混凝土桥梁结构中探地雷达的中心频率选 1.5GHz 左右是合适的。

二、采样点数选择

目前探地雷达的采样点数可高达 16384 点 /scan，对于低速的混凝土结构检测而言，常用采样点数为 128、256、512、1024、2048 点 /scan 基本够用。对于不同的天线频率 f_c、不同的时窗长度 Range，选择采样点数 Samples 应满足下列关系式：

$$Sample \geq 10^{-8} \times Range \times f_c \qquad (14\text{-}14)$$

该关系保证在使用的频率下一个波形有 10 个采样点以符合采样定理，采样波形不失真。例如，对于 2GHz 天线，12ns 采样长度时窗，要求每扫描道采样点数大于 240 点 /scan，可以选择接近的值 256 点 /scan。对于 900MHz 天线，40ns 采样长度的时窗，要求每扫描道采样点数大于 360 点 /scan，可以选择接近的值 512 点 /scan。采样点数大对提高资料的质量有利，但耗时较大，影响前进速度，这点需要权衡考虑，结构用雷达速度较低，可以尽量采用较大采样点数，如 512 点 /scan 或 1024 点 /scan。

三、探测深度选择

探测深度与垂直分辨率直接相关。一般选取探测深度为目标深度的 1.5 倍。

四、时窗大小选择

根据探测深度 H 和介电常数 ε 确定采样时窗长度（Range），见式（14–15）：

$$Range = \frac{2H\varepsilon^{1/2}}{0.3} = 6.6H\sqrt{\varepsilon}(ns) \qquad (14\text{-}15)$$

例如，对于混凝土介质介电常数为 10，探测深度为 0.3m 时，时窗长度应到 7ns 以上，时窗选择应略有富余，可考虑增加 30%，取 10ns。一般的混凝土桥梁结构介电常数在 6.5 左右，探测深度在 0.5m 左右，时窗取 10 ~ 12ns 较为合适。

五、移动速度选择

扫描速率大时采集密集，天线的移动速度可增大，但是它受仪器能力的限制。对于一种类型的雷达，其 A/D 采样位数、扫描样点数和扫描速度三者的乘积应为常数。当扫描速率（Scans/s）决定后，要认真估算天线移动速度 T_V。估算天线移动速度的原则是要保证最小探测目标（SOB）内至少有 20 条扫描线记录，计算方法如下式：

$$\leq \frac{Scans \times SOB}{20} \qquad (14\text{-}16)$$

例如：探测目标最小尺度为 10cm、扫描速率为 64Scans/s 时，推算天线运动速度应小于 32cm/s，相当于 0.5cm/scan。桥梁结构用工程雷达主要靠人工推动天线采集，因此对扫描速率要求比较低，一般都可以满足要求。

六、天线间距选择

一般的一体化天线，收发天线间的距离是固定的，不可调整。使用分离式天线时，适当选取发射与接收天线之间的距离，可使来自目标体的回波信号增强。偶极天线与临界角方向的增益最强，因此天线间距 s 的选择应使最深目标体相对接收和发射天线的张角为临界角的 2 倍，即

$$s=\frac{2D_{max}}{\sqrt{\varepsilon-1}} \tag{14-17}$$

式中：D_{max}——目标体最大深度；

ε——介质的相对介电常数。

实际测量中，天线间距的选择常常小于该数值。原因之一是天线间距加大，增加了测量工作的不便；原因之二是随着天线间距的增加，垂直分辨率降低，特别是当天线间距 s 接近目标体深度的一半时，该影响将大大加强。采用 2 个 1600MHz 天线进行合理间距验证。选择其中一个天线为接收天线，并固定它的位置，选择另一个为接收天线，通过移动接收天线，来调整两个天线的间距，从而确定天线间距的最合理距离。

选取预应力混凝土构件进行试验，发射天线（T）和接收天线（R）的间距分别选为 12cm、15cm、18cm、21cm、24cm 和 27cm。

发射天线和接收天线距离大于 12cm 小于 18cm 时，对于上层普通钢筋和下层预应力位置处，雷达探测的双曲线均较清楚，即钢筋都能被较清楚地检测到。发射天线和接收天线距离大于 21cm 后，检测的结果随着距离增大逐渐减弱，距离大于 27cm 后，检测结果很模糊。

对于该预应力混凝土构件，预应力钢筋最大深度为 18cm，混凝土相对介电常数取为 6.4，由式（14-17）计算可知，s 为 15.5cm。可见，结合试验结果，试验采用发射天线和接收天线距离在 12 ~ 18cm 之间时，能较清楚地探测到普通钢筋和预应力钢筋，与理论计算所得天线间距 15.5cm 较吻合。

七、道间距的选择

探地雷达混凝土桥梁检测时，其目标识别精度除受到天线频率、采样频率、天线间距和天线极化方向等的影响外，还受到探地雷达设置参数中道间距的影响，道间距过大会使得探测目标被遗漏，道间距越小雷达探测的精度越高，但随之探测数据量也会越大，后期数据处理时间会越长，一般情况下可选择道间距 4mm。

八、雷达数据采集方式选择

雷达数据采集方式有连续采集、逐点采集、控制轮采集。连续采集：具有工作效率高的特点，便于界面连续追踪，其作业特点是不管雷达天线是否移动都会按照设定的扫描速度进行数据采集。逐点采集：一般在表面起伏变化大的情况下采用，如隧道掌子面进行超前预报等情况，或是使用低频拉杆天线时采用。控制轮采集：是最常见的采集方式，是通过控制轮行走为记录打标记，资料位置标记均匀准确，一般在表面平整的机场跑道、平整的构件表面、高速公路路面等场合采用，是需要位置信息的唯一选择。

九、雷达设定参数组合的选择

采样点数和时间窗的大小选取影响实际的雷达垂直分辨能力 R_V，其关系式（14–18）：

$$R_V = \frac{Range \times \frac{\upsilon}{2}}{Samples} = \frac{Range \times \frac{c}{2 \times \sqrt{\varepsilon}}}{Samples} \qquad (14\text{–}18)$$

不妨取混凝土桥梁结构测试常用参数，即混凝土介质介电常数取 6.5，时间窗大小选取 12ns，电磁波速取 0.3m/ns，则不同采样点数下的垂直分辨率参见图 14–8。图 14–8 表明当采样点数超过 1024 点 /scan 时，垂直分辨率已低于 1mm，对工程应用样点数取 256 点 /scan 或 512 点 /scan 已足够精度。

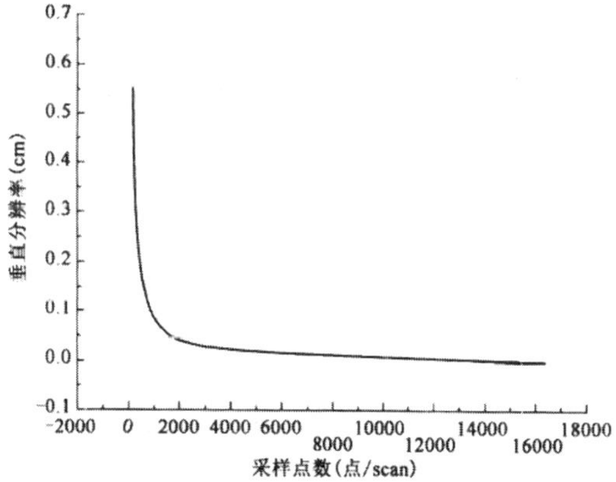

图 14–8　采样点数对雷达实际垂直分辨率的影响

第三节　探地雷达检测混凝土桥梁多维成像的测线布设研究

一、单天线雷达三维成像的测线间距布置的试验

雷达三维成像，单天线雷达必须探测两个方向的二维雷达图像。为研究单天线雷达三维成像情况，采用 1600MHz 单天线，选择雷达测线间距为 2.5cm、3.9cm、5.4cm、7.8cm 和 11.7cm 等对同一试件相同位置进行两个方向测试。

不同间距条件下，雷达探测深度方向的切片如图 14-9 ~ 图 14-13 所示。图中白色线为切片中钢筋的位置。

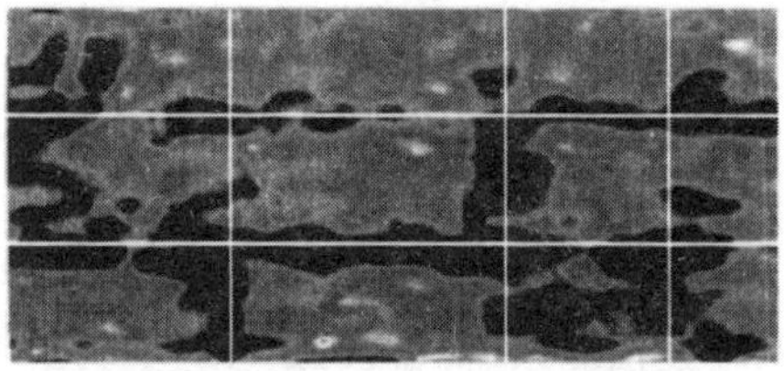

图 14-9　测线间距 2.5cm 切片

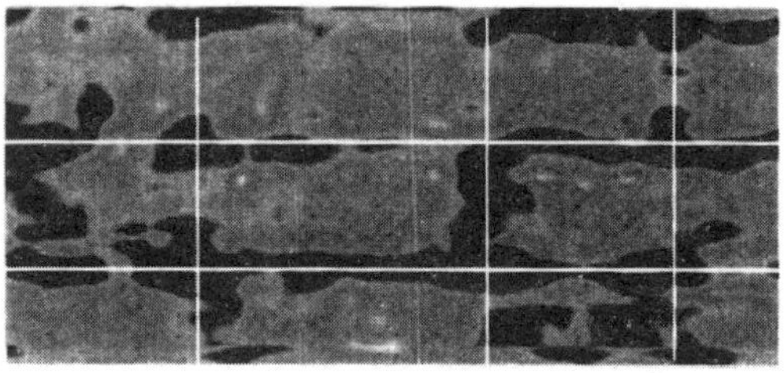

图 14-10　测线间距 3.9cm 切片

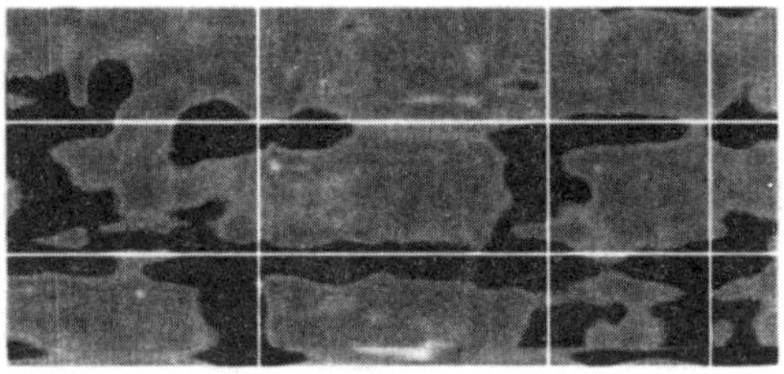

图 14-11　测线间距 5.4cm 切片

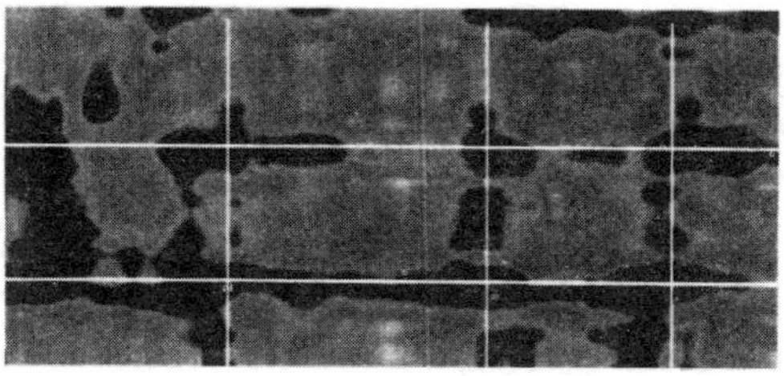

图 14-12　测线间距 7.8cm 切片

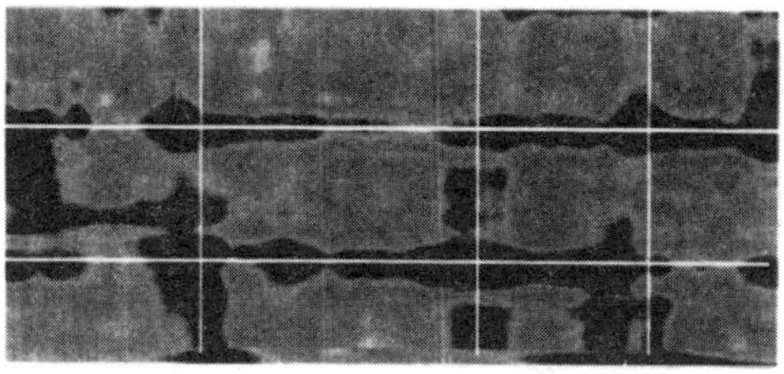

图 14-13　测线间距 11.7cm 切片

由图 14-9 ～图 14-13 可见，不同间距雷达探测的切片图中，横向钢筋（图中白色长线）和纵向钢筋（图中白色短线）均可探测到。但随着雷达测线间距增大，所形成的切片图中，第二根纵向钢筋在间距小于 5.4cm（大致相当于保护层厚度）时，其位置较清楚且深色区域连续性较好，随着间距的增大，深色区域显示连续性变差。因此，不同间距雷达探测的切片图中，均能探测到钢筋的分布情况；但随着探测间距的增大，钢筋的连续情况会越来越差，即图中表示钢筋横向和纵向的深色显示连续性变差。

故在使用单天线雷达三维探测中，横向和纵向探测间距宜同时小于或等于目标尺度（保护层厚度）与分辨率尺度，可根据探测目的对探测间距在该范围内进行调整。

二、天线阵雷达三维成像的测线间距布置的试验

雷达三维成像采用天线阵雷达，仅需探测一个方向的目标物情况。为研究天线阵雷达三维成像情况，采用 2000MHz 天线阵，选择雷达测试间距为 2.5cm、3.9cm、5.4cm、7.8cm 和 11.7cm 等对同一试件相同位置进行单方向测试。不同间距条件下，雷达探测深度方向的切片如图 14-14 ～图 14-18 所示。图中白色线为切片中钢筋的位置。

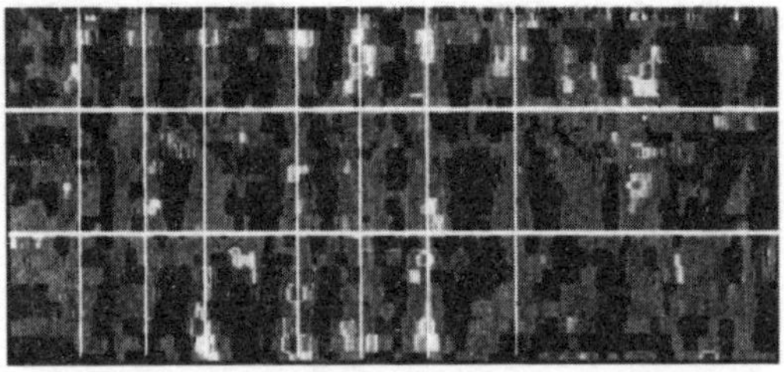

图 14-14 测线间距 2.5cm 切片

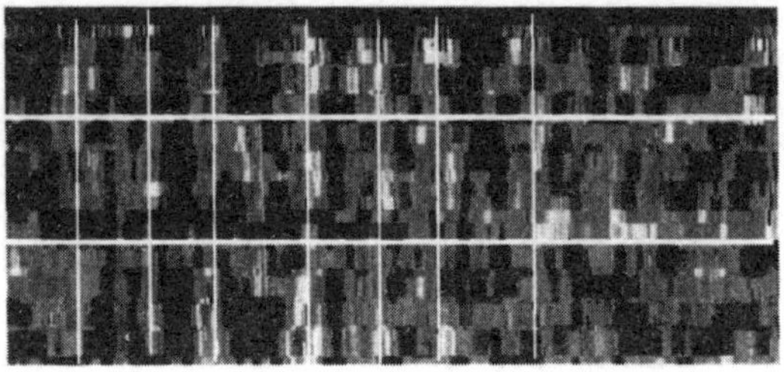

图 14-15 测线间距 3.9cm 切片

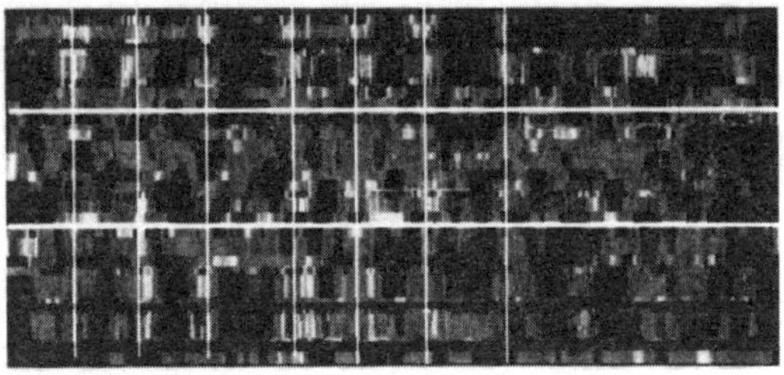

图 14-16 测线间距 5.4cm 切片

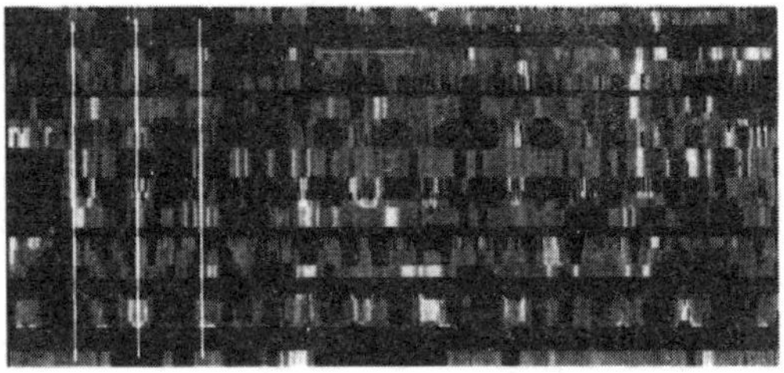

图 14-17 测线间距 7.8cm 切片

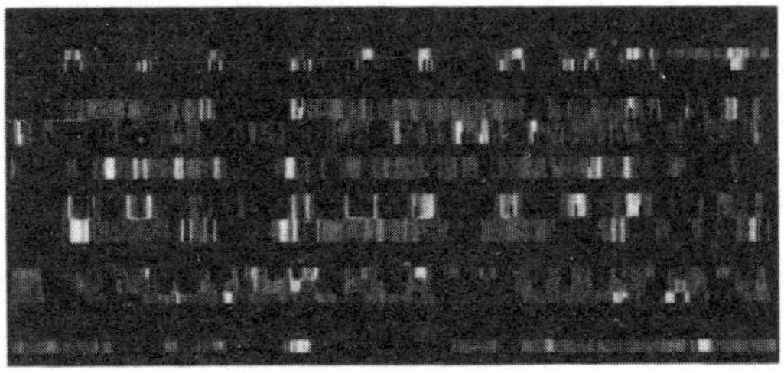

图 14-18　测线间距 11.7cm 切片

由图 14-14 ~ 图 14-18 可见，当探测间距小于 5.4cm 时，7 根钢筋的位置均可看到，间距 2.5cm 最清楚，间距 5.4cm 清晰度较好；当探测间距等于 7.8cm 时，可判断前两根钢筋位置，大于 7.8cm 探测中不可分辨钢筋位置。可见，随着探测间距的增大，不同间距雷达探测的切片图中，钢筋位置的判读越困难，同时由于不同测线间距加大后，受到雷达入射角度影响，测线间将出现盲区，导致合成 C-scan 时出现数据缺失的“数据盲区”，垂直于雷达测线方向的钢束会被遗漏，因此，在使用天线阵雷达三维探测中，探测间距同时小于或等于目标尺度与分辨率尺度，同时探测间距应小于 5cm（第一层钢筋保护层厚度）。

综合单天线和天线阵的试验研究成果，三维成像测线间距通用表达式可为：

$$D = 2h \cdot \tan\left(\theta / 2\right) \tag{14-19}$$

式中 D——三维测线间距；

h——钢筋层的保护层厚度；

θ——雷达天线发射角。

三、探地雷达检测混凝土桥梁的测线布设规则

测线应尽可能布置在平整的混凝土表面，同时应该注意以下几点：

（1）根据探测体的形态确定测线的形式，对于钢筋等二维体，测线应该彼此平行并垂直目标轴向，可采用单向布设，如图 14-19（b）所示；对内部缺陷等三维体，由于事先不能确定其方向，测线按网格状布设。网格的布设，通常的设置为 10cm × 10cm，如图 14-19（a）所示。

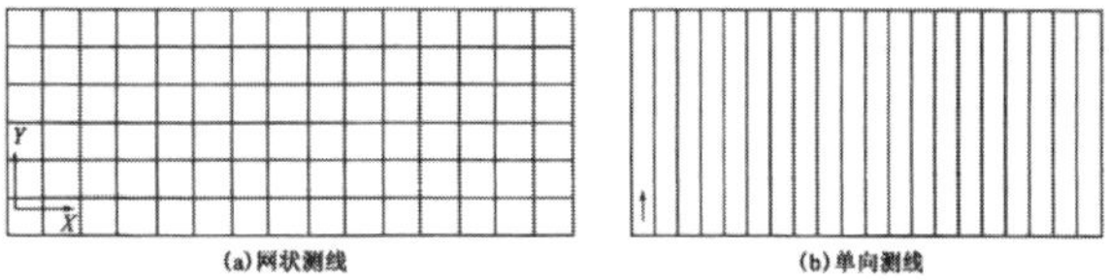

图 14-19　构件测线布置示意图

（2）根据检测的要求，确定和调整测线的间距。基本的要求：

①测线的间距应该同时小于或等于目标尺度与分辨率尺度。

②二维成像时，测线间距满足 C-scan 的成像要求。

③探测预应力钢筋时，间距应考虑与上层钢筋网格匹配，测线尽可能位于两根平行于测线的钢筋中间，避免从平行于测线钢筋正上方通过。测试前先横纵方向采用保护层或雷达扫描定位两个方向箍筋，做标记，避免扫描线直接位于构造筋上方。

（3）根据雷达的参数及检测要求，确定和调整测线的长度。

为了有效识别测区范围内雷达行走方向第一根和最后一根钢筋，得到完整的钢筋识别波形，应考虑雷达天线的发射角，对测线长度进行调整，设天线发射角为 θ，钢筋至混凝土上表面为 x，则至少延长 xtan（θ/2），如对于通常采用的雷达天线发射角为 90°，假设钢筋至混凝土上表面为 10cm，则测线垂直于钢筋相交后，至少还应延长 10cm。

第四节　探地雷达检测混凝土桥梁波速标定

在一种介质中，只要介质不变，介质中传播的电磁波速度就不变，但不同的介电常数 ε，会造成介质波速 V_P 的改变，其关系为：

$$V_P = \frac{c}{\sqrt{\varepsilon}} \tag{14-20}$$

式中，c 为真空中传播的电磁波速，取 0.3m/ns。因此测试前对波速进行标定对于检测目标的识别是必须实施的环节。探地雷达波速标定有多种方法，对于混凝土结构可采用如下 3 种：

（1）已知介质厚度测定法

用于介质（如混凝土等）厚度已知的波速标定，利用传播时间为实际值的前提，量出介质厚度 h_1，进行雷达走行测试，用雷达软件默认波速 c_2 得到厚度 h_2，则利用公式（14-21）可得实际波速 c_1：

$$\frac{h_1}{c_1} = \frac{h_2}{c_2} \tag{14-21}$$

（2）钻孔测定法

用于介质厚度未知，或现场介质厚度难以测量情况的波速标定，其原理同式（14-21），由于此时 h_1 未知，需要钻孔确定。对于钢筋混凝土结构可以利用雷达找到钢筋位置，并在钢筋上方钻孔到钢筋表面，利用卡尺确定钻孔的深度 h_1 用于波速的标定。

（3）几何反射法

对于收发一体的雷达天线，收发天线的间距为 0，此时可采用几何反射法确定在介质中传播的波速，其原理是利用天线在移动过程中地下目标物（如钢筋）对电磁波不同反射路径所耗费的不同时间及物体表面距离目标物的距离，如图 14-20 所示。

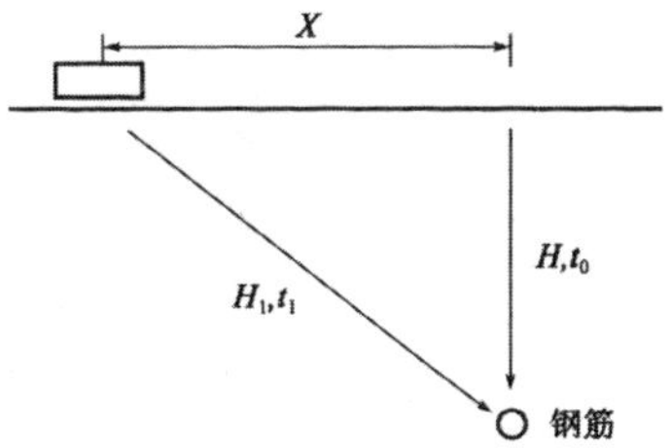

图 14-20　几何反射法求波速原理示意图

（4）波速标定实例验证

对室内试件和实桥钢筋进行探测，并分别利用已知介质厚度测定法、钻孔测定法和几何反射法三种方法进行波速对比标定，结果参见表 14-8。

表 14-8　波速标定方法比较

标定方法	钢筋混凝土块状试件	预应力混凝土箱梁
已知介质厚度测定法	10.5cm/ns	10.6cm/ns
钻孔测定法	10.4cm/ns	10.3cm/ns
几何反射法	10.1cm/ns	10.4cm/ns

由表 14-8 可见，对于试件探测结果，已知混凝土板厚测得波速为 10.5cm/ns，较钻孔测定法测得的波速 10.4cm/ns 和几何反射法测得的波速 10.1cm/ns 要大，三者差异较小。对于实桥探测结果，已知混凝土板厚测得波速为 10.6cm/ns，较钻孔测定法测得的波速 10.3cm/ns 和几何反射法测得的波速 10.4cm/ns 要大，但三者差异较小。

因此，采用已知介质厚度测定法、钻孔测定法和几何反射法均可对混凝土结构雷达探测波速进行标定。原理上以钻孔法最为精确。

第五节　探地雷达检测混凝土桥梁直达波的截取方法

探地雷达的直达波（主要包含收发天线直达和表面反射直达 2 种成分）的截取在雷达波形分析中至关重要，它直接影响到反射信号的深度和识别精度。

一、混凝土结构表贴铁板（钢尺）法截取直达波

1．直达波截取原理

采用较薄的铁片或者钢直尺对直达波进行截取试验。将薄铁片或者直尺置于测线位置，使得铁板或直尺与测线位置垂直，雷达沿测线走轮，越过薄铁片或直尺。根据雷达测试所得波形图，分别读取薄铁片或者直尺所在的位置处波形图和远离薄铁片或者直尺且避开钢筋位置的波形图，由于金属对电磁波全反射，故薄铁片或者直尺所在的位置处反射波不含有直达波成分，两条波形相交位置的时长即为直达波截取的位置。

2．试验验证直达波截取方法

直达波截取验证示意如图 14–21 所示。采用长 20cm × 2cm 薄钢尺进行试验，试验时混凝土块表面应尽量平整，钢尺在雷达越过时不可挪动。

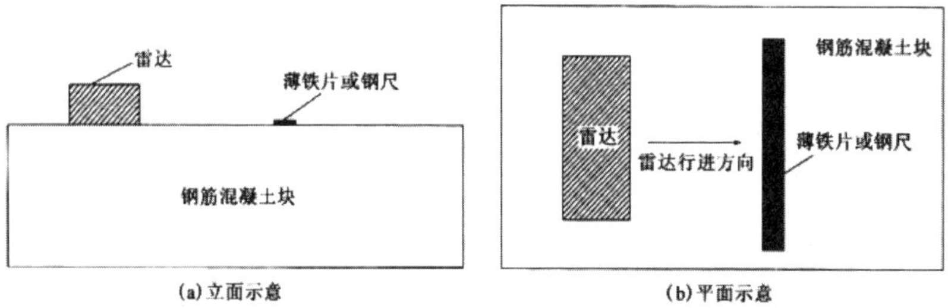

图 14–21　直达波标定方法验证示意图

任选三幅雷达探测灰度图，分别读取三幅图钢尺位置和远离钢尺位置的波形情况，如图 14–22 ~ 图 14–24 所示。

由波形图可读取钢尺位置与远离钢尺位置（尽可能选取与钢尺位置具有类似内部构造的部位）波形图交点处雷达波时长，该时长位置即为直达波截取的位置，三次测试读取结果如表 14–9 所示。同时，采用雷达自带处理程序自动后处理去除直达波的时长，三次测试读取结果如表 14–9 所示。

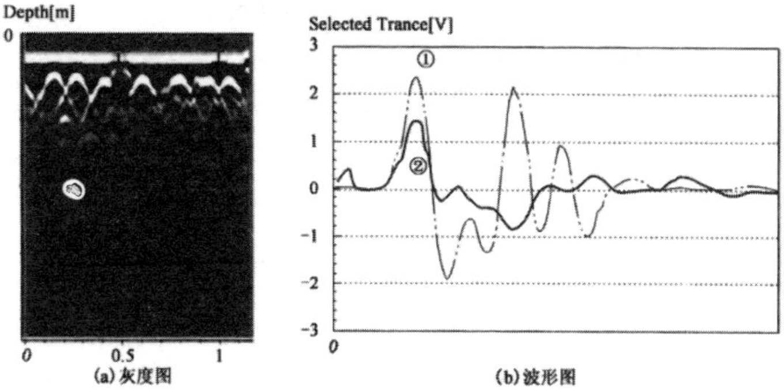

图 14-22　第一幅雷达探测灰度图及相应波形图

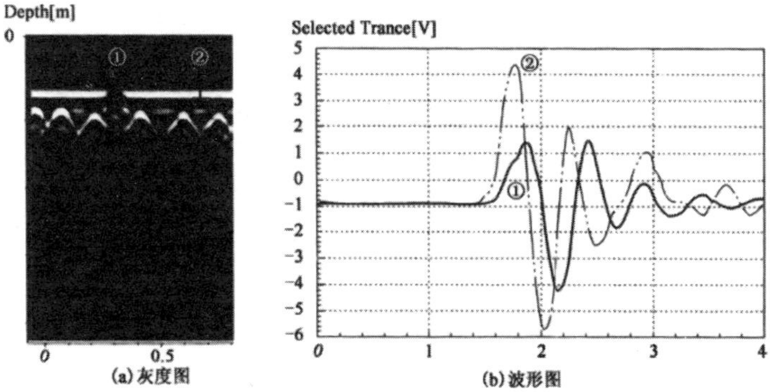

图 14-23　第二幅雷达探测灰度图及相应波形图

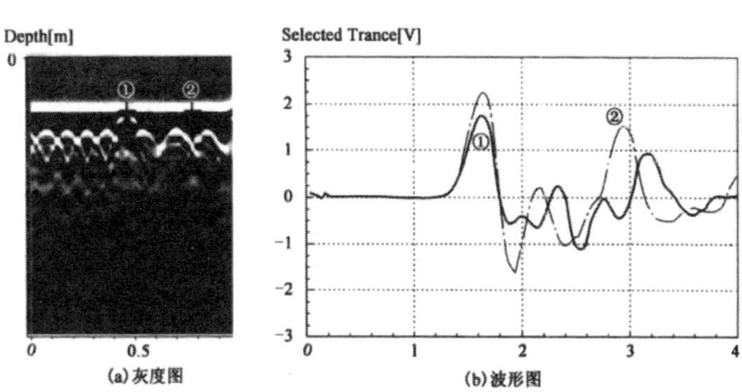

图 14-24　第三幅雷达探测灰度图及相应波形图

表 14-9 直达波截取时长（ns）

直达波截取时长	第一幅灰度图	第二幅灰度图	第三幅灰度图
雷达程序去除直达波时长①	0.85	1.85	1.78
钢板试验法去除直达波时长②	0.862	1.87	1.75
比值①/②	0.98	0.99	1.02

由表 14-9 可见，三次测试中，第一幅图中两者比值为 0.98，第二幅图中两者比值为 0.99，第三幅图中两者比值为 1.02。可见，雷达程序去除直达波时长与钢板试验法去除直达波时长较接近。按不同的直达波截取方法对某试验桥进行现场保护层厚度测定，并通过钻孔量测实际的厚度，其比较的结果参见表 14-10。

表 14-10 对直达波截取时长的试验验证

钢筋保护层厚度（mm）		比值
雷达程序去除直达波确定的保护层厚度①	27	①/③=0.9
钢板试验法去除直达波确定的保护层厚度②	28	②/③=0.93
钻孔实测厚度③	30	③/③=1

二、一般混凝土构件直达波截取标准

1．研究方法

对已知厚度的混凝土构件进行雷达测试。通过测试所得雷达图，读取单道波信息，通过截取单道波首波的 λ/4、λ/2、3λ/4 和 λ（λ 为雷达波在混凝土中的波长）四种情况，进行直达波去除。去除直达波后读取混凝土构件的厚度，并与已知厚度进行对比，以此来确定直达波去除时首波截取的合理取值。

2．40cm 厚混凝土构件不同直达波去除试验验证

（1）提取原始图及程序后处理结果

对 40cm 厚混凝土构件采用 2000MHz 天线进行检测。测试原始波形图如图 14-22 所示。雷达直达波去除采取铁板（钢尺）模型试验法，截取直达波时长为 0.862ns，波形截取后对所测灰度图进行滤波处理，结果如图 14-25 所示。由程序后处理灰度图可见，在雷达波穿透构件时，有较明显的分界线，如图 14-26 中的横线所示，该层同向轴连续，表明此处为分界面，该处为混凝土试件 40cm 处位置。通过此位置对波速进行校准，校准波速为 11.5cm/ns。

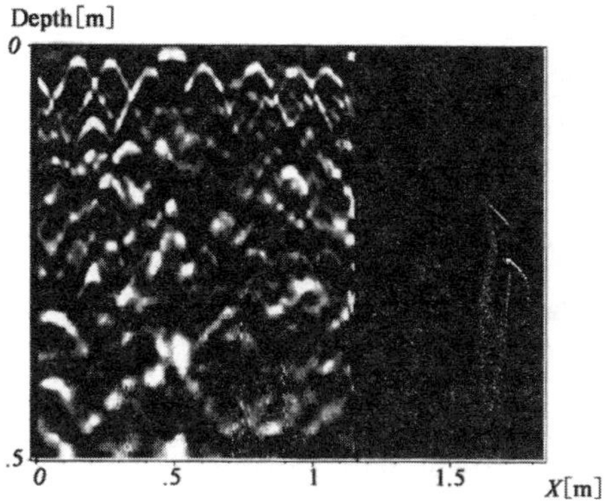

图 14-25　程序自动后处理灰度图

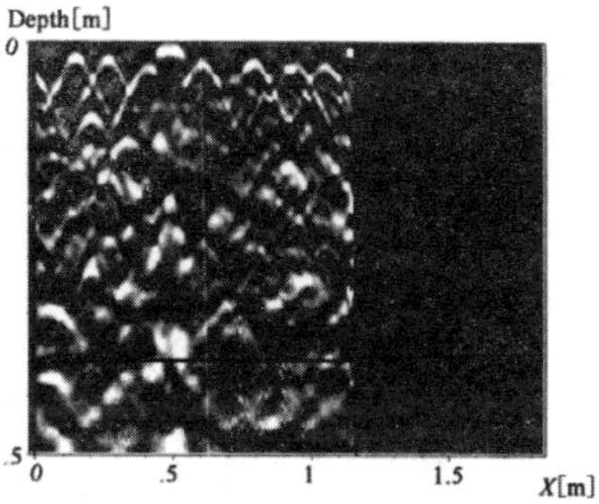

图 14-26　构件分界线示意图

（2）不同直达波去除后的比对

取图 14-22 所示远离钢板位置单道波，λ/4、λ/2、3λ/4 和 λ（波长）对应的双程时程为 0.711ns、0.866ns、0.978ns 和 1.186ns。对上述四种位置分别进行直达波去除，去除直达波后雷达波如图 14-27 ~ 图 14-30 所示。

由图 14-27 ~ 图 14-30 可知，雷达波截取 λ/4、λ/2、3λ/4 和 λ 后，混凝土试件分界线对应的深度分别为 40.7cm、40.1cm、39cm 和 38.3cm。与构件原厚度相比，直达波截取 λ/2 较符合实际情况。

（3）直达波截取标准

由上述分析可知，在混凝土结构中确定直达波截取时长时，直达波去除位置可定位在 1/2 波长处。

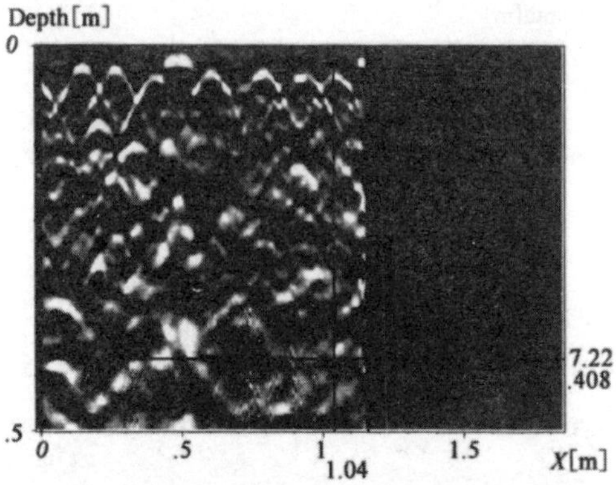

图 14-27　直达波截取 λ/4 雷达灰度图

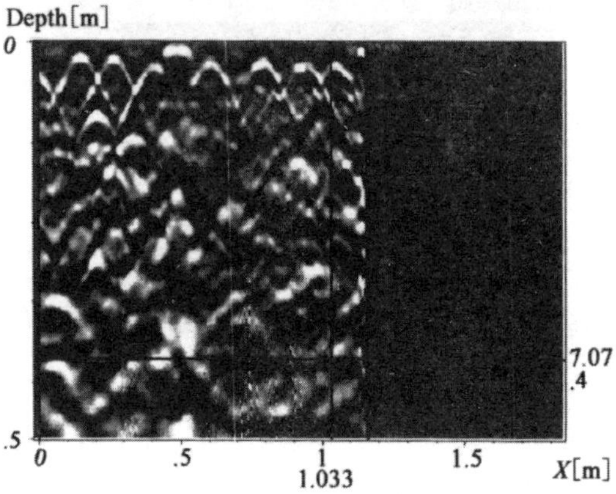

图 14-28　直达波截取 λ/2 雷达灰度图

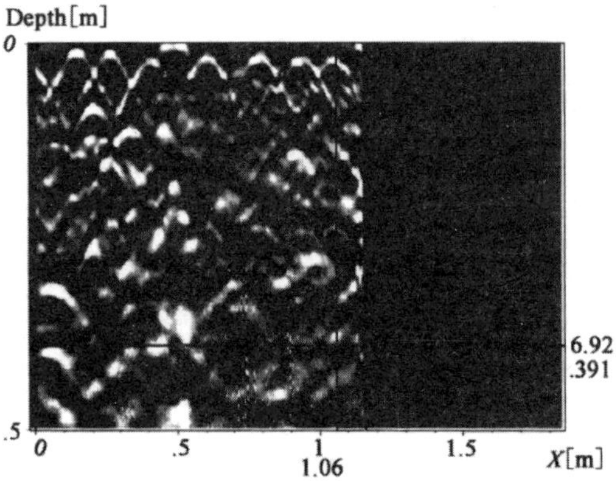

图 14-29　直达波截取 3λ/4 雷达灰度图

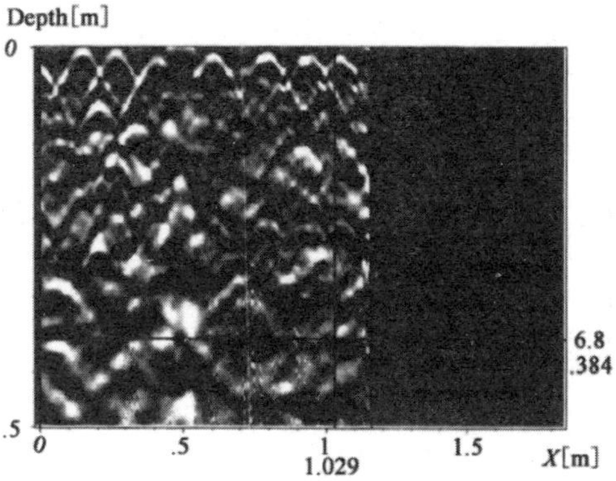

图 14-30　直达波截取 λ 雷达灰度图

第十五章　混凝土桥梁配筋的探地雷达检测技术

第一节　探地雷达天线方向对钢筋定位的影响研究

雷达天线方向的改变对探测物探测的精度有一定影响。传统雷达探测目标物时，天线长轴均与目标物平行以达到最大探测灵敏度，如雷达探测混凝土结构中的钢筋，通常天线与目标物平行时可清楚探测到钢筋位置。

为了研究雷达天线方向与探测物识别精度的影响，传统雷达天线与测线垂直探测的基础上，选择雷达天线方向与探测物呈现 0°、15°、30°、45°、60°、75° 和 90° 时，观察雷达探测对探测物的识别情况。雷达天线与测线相对位置如图 15-1 所示，雷达测线方向与探测物相对方向如图 15-2 所示。

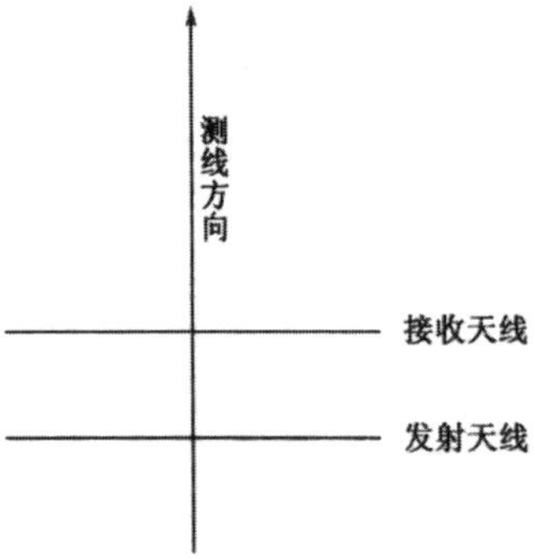

图 15-1　雷达天线与测线对应位置示意图

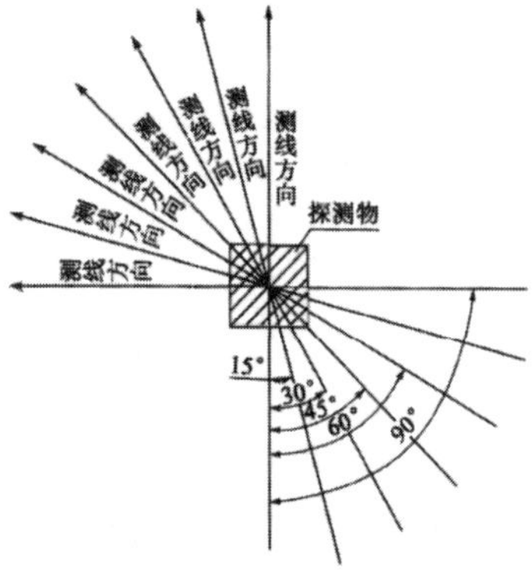

图 15-2　探测物与雷达不同测线方向情况

选择意大利 IDS 探地雷达对钢筋混凝土构件进行雷达探测，通过比较雷达探测钢筋情况，进而确定雷达天线方向的改变对探测物探测的精度。由于雷达测线与雷达天线垂直，因此，可转化为不同雷达测线与钢筋呈现 0°、15°、30°、45°、

60° 、75° 和 90° 的情况进行分析，探测灰度图如图 15–3（图中①线位置为所探测同一钢筋的位置）所示。

由图 15–3 可见，随着天线和钢筋所呈角度的增大即测线与钢筋探测角度的减小，雷达探测到钢筋的具体位置情况在逐渐变化。测线方向与钢筋位置呈 90° 时，探测到的钢筋在灰度图中呈现完整的双曲线，随着角度的增加，双曲线的曲率在逐渐变小，当测试方向与钢筋位置呈 0° 时，雷达天线长轴与钢筋垂直双曲线曲率接近于 0，在灰度图中呈现一条白线，本质上雷达已在沿钢筋方向走。由于探地雷达测线方向与天线方向垂直，由上述分析可见，随着天线和钢筋走向所呈角度的增大，雷达探测到钢筋的精度在逐渐变低。在雷达探测中，应尽量使发射天线和接收天线与探测物保持平行以保证探测精度。

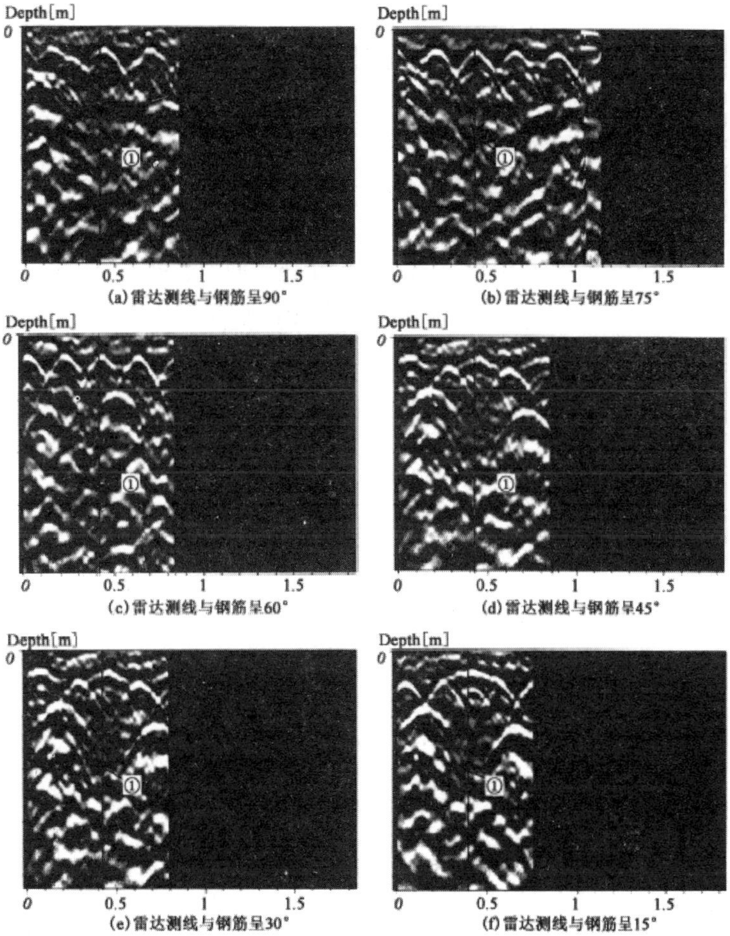

(a) 雷达测线与钢筋呈90°

(b) 雷达测线与钢筋呈75°

(c) 雷达测线与钢筋呈60°

(d) 雷达测线与钢筋呈45°

(e) 雷达测线与钢筋呈30°

(f) 雷达测线与钢筋呈15°

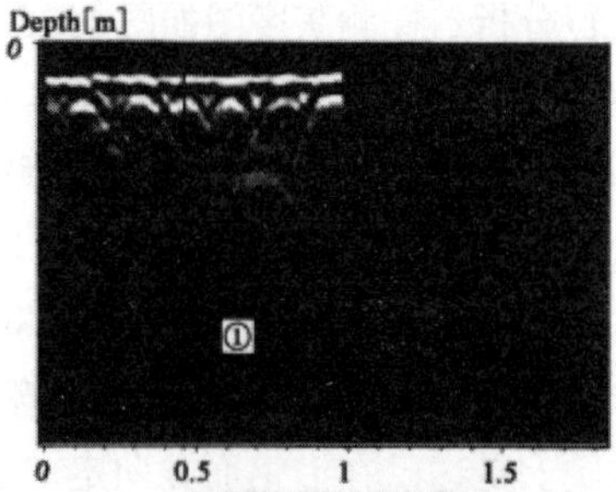

图 15-3 不同雷达测线角度探测灰度图

第二节 钢筋定位的雷达道间距选择

一、钢筋定位雷达道间距极值分析

钢筋直径用 D 表示，道间距用 N 表示，若要满足探测精度小于 0.5 倍钢筋直径，探测道数与钢筋相对位置如图 15-4 所示，即距离钢筋中心最近的发射电磁波距离钢筋中心线距离小于 0.5D。因此，钢筋直径 D 与道间距 N 存在如下关系：

$$N \leqslant D \tag{15-1}$$

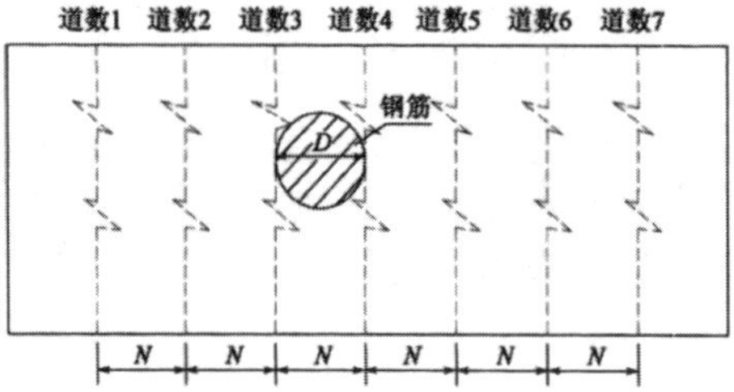

图 15-4 道间距与钢筋相对位置示意图

根据式（15-1），在常见钢筋直径范围内，雷达探测时道间距最大值如表 15-1 所示。

表 15-1 常见钢筋道间距最大值

钢筋直径（mm）	8	10	12	14	22	25	28	32
道间距最大值（mm）	8	10	12	14	22	25	28	32

在对指定直径钢筋探测时，为确保其精度小于 0.5D，道间距应小于表 15-1 中钢筋直径对应的道间距最大值。

二、不同道间距雷达钢筋定位最大误差分析

对于常用的道间距 N 为 2mm、4mm、6mm 和 8mm 进行数据采集时，探测钢筋位置的最大误差△ L 出现时，钢筋与道间距相对位置如图 15-5 所示。可见，钢筋定位道间距 N 与误差△ L 存在如下关系：

$$2\triangle L \leqslant N \quad (15\text{-}2)$$

即

$$\triangle L \leqslant N/2 \quad (15\text{-}3)$$

可见，道间距△ L 取 2mm、4mm、6mm 和 8mm 时，探测钢筋的最大误差为 1mm、2mm、3mm 和 4mm，钢筋定位绝对误差随着道间距增大而增大。

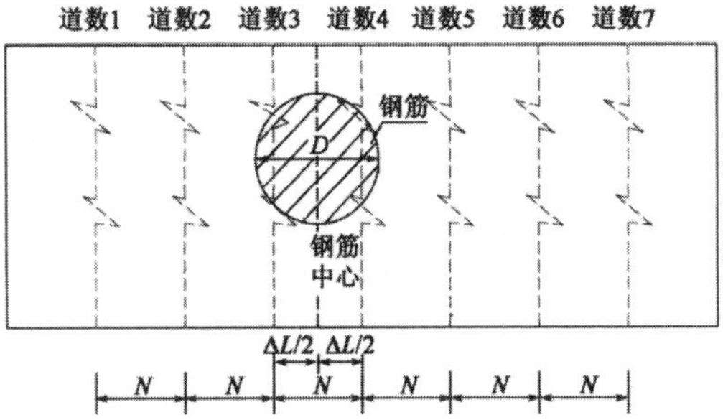

图 15-5　最大误差道间距与钢筋相对位置

三、常见钢筋定位雷达道间距允许值

对于常见钢筋 ф8、ф12、ф14、ф22、ф25 和 ф32，若要保证其定位误差在一定范围内，雷达探测道间距应根据探测钢筋的直径不同而进行不同设置，即可确保探测精度又可提高效率节约资源。

结合式（15-2）和式（15-3），对于常见钢筋 ф8、ф12、ф14、ф22、ф25 和 ф32 根据精度要求不同可给出不同的道间距允许值，如表 15-2 所示。

表 15-2　常见钢筋道间距允许值（mm）

误差（mm） 钢筋直径 d（mm）	8	10	12	14	22	25	28	32
1	≤ 2							
2	≤ 4							

续表

误差（mm） 钢筋直径 d（mm）	8	10	12	14	22	25	28	32
3	≤ 6							
4	≤ 8							
0.25d	≤ 4	≤ 5	≤ 6	≤ 7	≤ 11	≤ 12.5	≤ 14	≤ 16
0.5d	≤ 8	≤ 10	≤ 12	≤ 14	≤ 22	≤ 25	≤ 28	≤ 32

四、不同道间距对钢筋探测精度影响的室内试验

对于同一根钢筋道间距不同，探测到钢筋中心的位置会不同，钢筋探测位置与实际情况存在误差。为了确定道间距不同对钢筋影响并验证表 15–2，制作不同钢筋直径的混凝土试件，试件尺寸为 1000mm × 1000mm × 230mm，采用直径 ϕ8、ϕ12、ϕ14、ϕ22、ϕ25 和 ϕ32，钢筋水平间距为 100mm，最外层钢筋距离混凝土边缘为 250mm。

对试件进行雷达探测，天线频率为 1600MHz。道间距选择分别为 2mm、4mm、6mm 和 8mm。不同道间距情况下雷达对同一测线探测灰度如图 15–3 所示。

由图 15–6 可见，随着道间距的增加，同一测线雷达探测到的数据量减小，在雷达灰度图中，像素降低，仍可以观察到钢筋的位置。根据图 15–3 读取钢筋所在位置的水平距离 L（沿着测试方向钢筋中心至测试起点的距离），对读取数据与钢筋实际 L 值进行比较，进而确定不同道间距对探测钢筋的影响。直径 d=ϕ8、ϕ12、ϕ22 和 ϕ32 在不同道间距情况下，其模型实际值与实测值对比如表 15–3 ~ 表 15–6 及图 15–4 所示。

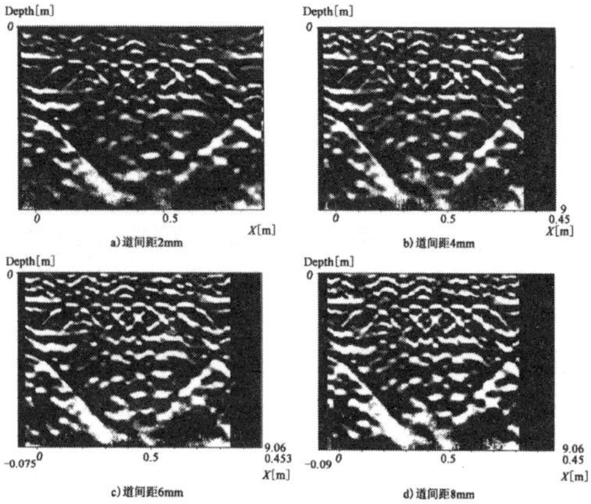

图 15–6　不同道间距雷达探测灰度图

表 15-3　直径 φ8 不同道间距水平距离 L 实测值与实际值（mm）

道间距（mm）	$L_{实测}$	$L_{实际}$	误差绝对值	相对直径误差
2	194.2	195	0.8	0.1d
4	195.7	195	0.7	0.1d
6	192.1	195	2.9	0.4d
8	192.3	195	2.7	0.3d

表 15-4　直径 φ12 不同道间距水平距离 L 实测值与实际值（mm）

道间距（mm）	$L_{实测}$	$L_{实际}$	误差绝对值	相对直径误差
2	294.6	295	0.4	0.03d
4	295.8	295	0.8	0.07d
6	294.4	295	0.6	0.05d
8	294.3	295	0.7	0.06d

表 15-5　直径 φ22 不同道间距水平距离 L 实测值与实际值（mm）

道间距（mm）	$L_{实测}$	$L_{实际}$	误差绝对值	相对直径误差
2	494.4	495	0.6	0.03d
4	496.2	495	1.2	0.054
6	492.8	495	2.2	0.1d
8	497.0	495	2.0	0.09d

表 15-6　直径 φ32 不同道间距水平距离 L 实测值与实际值（mm）

道间距（mm）	$L_{实测}$	$L_{实际}$	误差绝对值	相对直径误差
2	694.6	695	0.4	0.01d
4	696.8	695	0.8	0.03d
6	692.2	695	2.8	0.09d
8	696.2	695	1.2	0.04d

由表 15-3 ~ 表 15-6 可知，道间距 2mm 时，不同直径钢筋水平距离 L 的差值在 0.4 ~ 0.8mm 之间，均小于 1mm；道间距 4mm 时，不同直径钢筋水平距离 L 的差值在 0.7 ~ 1.2mm 之间，均小于 2mm；道间距 6mm 时，不同直径钢筋水平距离 L 的差值在 0.6 ~ 2.9mm 之间，均小于 3mm；道间距 8mm 时，不同直径钢筋水平距离 L 的差值在 0.7 ~ 2.7mm 之间，均小于 4mm。

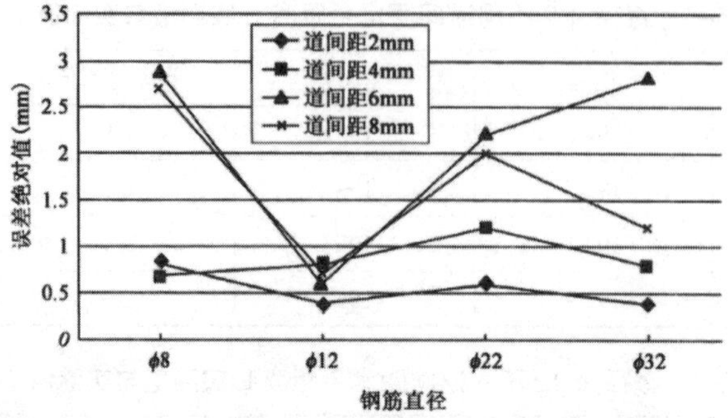

图 15-7　不同道间距不同钢筋定位误差示意图

由图 15-7 可见，对于 ϕ8 钢筋，道间距 6mm 误差最大，道间距 4mm 误差最小；对于 ϕ12 钢筋，道间距 4mm 误差最大，道间距 2mm 误差最小；对于 ϕ22 和 ϕ32 钢筋，道间距 6mm 误差最大，道间距 2mm 误差最小。

根据以上分析，可得如下结论：

（1）采用相同道间距采集数据时，不同直径钢筋定位误差均小于所选道间距的一半。

（2）同一位置钢筋道间距越大，钢筋定位最大误差越大。

（3）对于同一位置钢筋出现道间距大，定位误差反而小的情况，这是由于同一钢筋在道间距允许值相差较小的情况下，其定位还和钢筋中心与相邻两个探测线相对位置有关（即雷达的起始位置）。

第三节　表层钢筋对深层配筋识别的影响研究

对于探地雷达对第二层钢筋网的识别及定位理论基本同前所述，只是在此多了一个雷达分辨率的问题，第二层钢筋网在理论上是可以分辨的，但是实际测试过程中有些雷达能够探测到第二层钢筋网，有些不能够探测到，这些与雷达硬件本身性能有着很大关系。

雷达分辨率与探测深度是一个不可调和的矛盾，想要高的分辨率则需要选择高频天线，高频天线在探测深度上势必会大打折扣，因此在探测过程中需要在分辨率和探测深度上进行权衡来选择天线的频率。探地雷达分辨率有着水平分辨率和垂直分辨率之别，两者都与电磁波波长有关，对于第二层钢筋的识别问题上涉及的是垂直分辨率，垂直分辨率表示探测深度方向能分辨两个不同散射面的最小距离。当两个散射面之间的距离小于有效探测长度时，两个散射面的散射回波会叠加到一起，当两者的距离大于有效探测长度时，不会叠加到一起，散射回波波形可以区分。

雷达的垂直分辨率受多种因素影响，参见第三章的相关内容。一般的混凝土结构中电磁波波速大致在 12cm/ns，假设选用的天线中心频率为 1500MHz，那么理论上垂直分辨率约 2cm。即在混凝土中双层钢筋网间距在 2cm 以上理论上则是可分辨的，而在实际工程中双层钢筋网的间距基本都大于 2cm，因此对于第二层钢筋网的探测理论上是可分辨的。但在实际探测中不是所有雷达都能够探测到第二层钢筋网，这主要取决于雷达本身的性能与测线布设。雷达电磁波在经过钢筋网时，钢筋网会对电磁波有着屏蔽作用。尤其是上层钢筋网间距特别密集的情况，屏蔽现象更加明显，超宽带电磁波中的低频信号会被钢筋网屏蔽而无法穿透。理论上雷达电磁波波长大于 2 倍钢筋网间距的信号会被屏蔽，也即频率 $f<\upsilon/2d$ 的信号被屏蔽掉，其中 υ 为介质中的电磁波波速，d 为钢筋网间距，假设钢筋网间距为 10cm，那么根据公式 $f<\upsilon/2d$ 可知 600MHz 以下的低频电磁波会被屏蔽掉，如果钢筋网间距达到 5cm，1200MHz 以下的电磁波都会被屏蔽掉。高频信号在介质中衰减迅速，使得反射回波信号很微弱无法被接收机所感应到，一般探地雷达发射功率虽有一定差别但相同频率相差不大，能否探测到二层钢筋很大程度上取决于接收的噪声系数和灵敏度，噪声系数小、灵敏度高的接收机能够分辨微小信号的能力强，探测到第二层钢筋网甚至是多层钢筋网的可能性就大。同时测线布设时注意避免直接在钢筋上方的情况，也是为了让更多的信号进入混凝土内部，而不是被钢筋反射。

在研究表层钢筋对深层钢筋的影响过程中，分为两种情况：一种是深层钢筋为带有金属波纹管的竖向预应力筋或预应力钢绞线，其直径大于 40mm；另一种是深层钢筋为普通钢筋，直径为 8 ~ 32mm。

一、数值仿真参数选取

随着计算机技术的发展，探地雷达探测精度在逐步提高。但对于采集到的 GPR 图像解释的自动化程度还较低，人为因素较多，评价结果往往带有很大的主观性。因此，数值模拟雷达波对目标体的响应有重要意义，雷达的数值模拟是分析探测问题、研究电磁波在介质中传播规律的有效手段。通过分析各种结构模型的正演，可以加深对雷达反射剖面的认识，积累根据 GPR 图像判别结构介质分布的经验。

本节采用 GPRSIM 软件模拟 1600MHz 收发同体雷达，建立不同普通钢筋的间距、直径、波纹管的直径以及波纹管距离梁顶的距离等模型，研究普通钢筋对预应力波纹管的屏蔽效应。其总体参数选取参见表 15-7。

表 15–7　雷达正演分析模型参数表

参数项	介电常数	电导率 S（m）
混凝土介电常数	8	0.0001
钢筋介电常数	300	1000000
波纹管介电常数	3	0
模型网格划分（m）	0.001 × 0.001	
中心频率（MHz）	1600	

二、波纹管正上方无钢筋工况的数值仿真

1. 表层钢筋直径大小对波纹管检测的影响

在正演模拟计算中，根据预应力钢筋混凝土桥梁实际的钢筋配置情况，选取表层钢筋直径大小分别为 8mm、12mm、16mm 及 20mm，波纹管直径 50mm，波纹管距离顶缘的距离为 90mm 的模型，进行钢筋直径大小对波纹管检测的影响分析。模型如图 15–8 所示。无钢筋、钢筋直径 8mm、钢筋直径 12mm、钢筋直径 16mm、钢筋直径 20mm 的模型正演合成图。

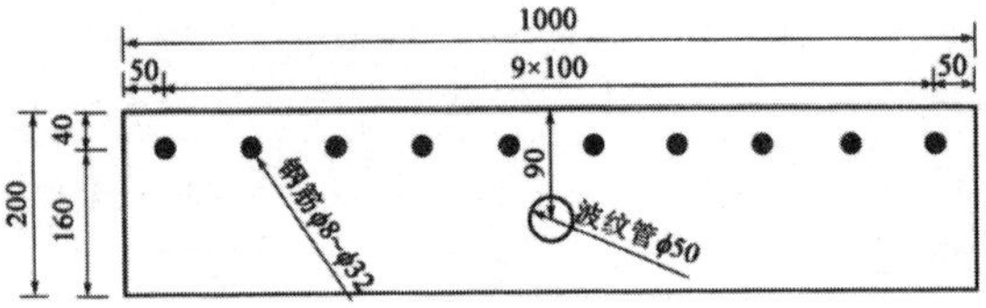

图 15–8　单层钢筋直径影响结构模型（单位尺寸：mm）

无钢筋和钢筋直径 8mm 时，可清楚看到波纹管所在位置黑色区域较其他位置清楚，可看到波纹管反射波形；钢筋直径 12mm 和 16mm 时，波纹管所在位置黑色区域变淡，也能较清楚地看到波纹管的反射波形图；钢筋直径大于 20mm，已无法分辨波纹管反射波形情况。由钢筋模型正演合成图分析得出如下结论：

（1）钢筋直径越大，波纹管反射波形越模糊，对电磁波的屏蔽效应也越大。

（2）当钢筋间距为 10cm，波纹管直径为 50mm，波纹管与钢筋中心间距为 50mm，波纹管正上方无钢筋时，钢筋直径大于等于 20mm，将无法清楚判断下层波纹管的情况，如表 15–8 所示。

2. 表层钢筋间距对波纹管检测的影响

在正演模拟计算中，选取钢筋直径大于等于 20mm，钢筋间距分别为 12cm、20cm，波纹管直径 50mm，波纹管距离顶缘的距离为 90mm 的模型，进行单层钢筋间距对波纹管检测的影响分析。模型如图 15–9 所示。

表 15-8　波纹管可探测情况

波纹管位置	钢筋直径（mm）	识别情况
正上方无钢筋	8	可见
	10	可见
	12	可见
	16	勉强可见
	20	不可见
	25	不可见
	28	不可见
	32	不可见

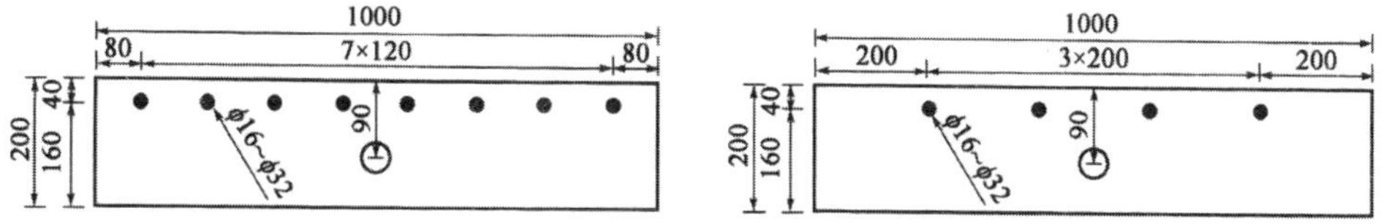

图 15-9　单层钢筋间距影响结构模型（尺寸单位：mm）

直径 20mm 钢筋间距由 10cm 增加到 12cm，波纹管识别情况有所改观。各直径钢筋间距由 12cm 增加到 20cm，被屏蔽的波纹管的反射波形均可清晰辨识，但随着增加钢筋直径，波纹管的反射逐渐减弱。钢筋直径小于等于 32mm，均可观察下层波纹管反射波形的情况。由此，可得出如下结论：

（1）随着钢筋间距的增大，所观察到的波纹管将越来越清晰。

（2）波纹管直径 50mm，距离表面 90mm，钢筋直径小于 32mm，间距大于 12cm 时，可判断下层波纹管的情况。

（3）由以上单层钢筋直径和钢筋间距对波纹管检测的影响分析，可推断不同钢筋间距、钢筋直径及波纹管与钢筋距离及钢筋直径组合存在情况下，波纹管能否被检测到，如表 15-9 所示。

表 15-9　波纹管可探测情况

波纹管位置	钢筋直径（（mm） 钢筋间距（cm）	10	12	15	20
正上方无钢筋	8	可见	可见	可见	可见
	10	可见	可见	可见	可见

续表

波纹管位置	钢筋直径（（mm） 钢筋间距（cm）	10	12	15	20
正上方无钢筋	12	可见	可见	可见	可见
	16	可见	可见	可见	可见
	20	不可见	可见	可见	可见
	25	不可见	可见	可见	可见
	28	不可见	可见	可见	可见
	32	不可见	可见	可见	可见

3. 钢筋与波纹管相对距离对波纹管检测的影响

在研究钢筋与波纹管相对距离对波纹管检测的影响正演模拟计算中，选取钢筋直径为 16mm，钢筋间距为 10cm，波纹管与钢筋相对距离为 5cm、6cm、7cm、8cm 和 9cm 的多个模型。模型如图 15-10 所示。

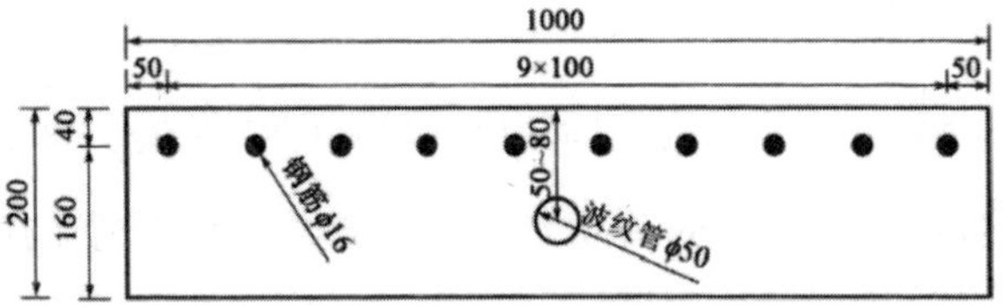

图 15-10 钢筋与波纹管相对距离结构模型（尺寸单位：mm）

随着钢筋和波纹管相对距离的增大，波纹管越来越清楚地被观察到。因此，随着钢筋和波纹管相对距离的增大，波纹管受上层钢筋的影响逐渐减小，钢筋对波纹管的屏蔽影响越来越小。

结合前述变化因素和波纹管相对距离对波纹管检测的影响分析，可推断不同钢筋间距、钢筋直径及波纹管与钢筋距离及钢筋直径组合存在情况下，波纹管能否被检测到，如表 15-10 所示。

由前述分析可知，钢筋直径小于等于 16mm，间距大于 10cm 时，可探测波纹管的具体情况，并且随着波纹管与钢筋相对位置的增大，钢筋对波纹管的屏蔽影响减小。因此，在研究钢筋与波纹管相对距离对波纹管检测的影响正演模拟中，选取钢筋直径大于等于 20mm，钢筋间距为 10cm，波纹管与钢筋相对距离为 5cm 和 6cm 的多个模型进行分析。模型如图 15-11 所示。

表 15-10　波纹管可探测情况

波纹管与钢筋间距（mm）		50				≥ 60			
波纹管直径（mm）		50				50			
波纹管位置	钢筋直径（mm） 钢筋间距（cm）	10	12	15	20	10	12	15	20
正上方无钢筋	8	可见	可见	可见	可见	可见	可见	可见	可见
	10	可见	可见	可见	可见	可见	可见	可见	可见
	12	可见	可见	可见	可见	可见	可见	可见	可见
	16	可见	可见	可见	可见	可见	可见	可见	可见
	20	不可见	可见	可见	可见	不可见	可见	可见	可见
	25	不可见	可见	可见	可见	不可见	可见	可见	可见
	28	不可见	可见	可见	可见	不可见	可见	可见	可见
	32	不可见	可见	可见	可见	不可见	可见	可见	可见

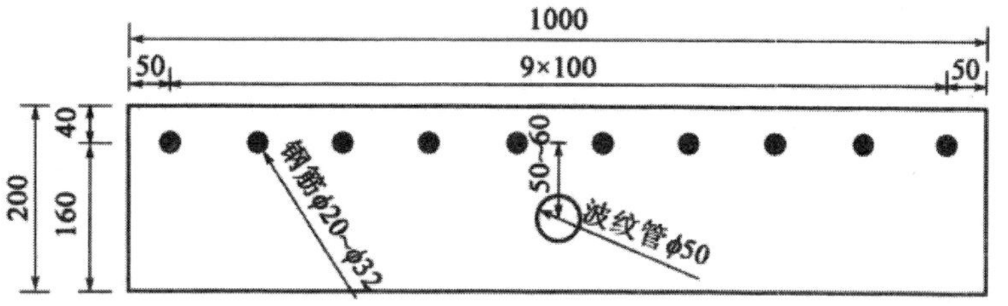

图 15-11　钢筋与波纹管相对距离结构模型（尺寸单位：mm）

钢筋与波纹管相对距离为 5cm 时，钢筋直径大于 16mm，波纹管无法检测到。钢筋与波纹管相对距离为 6cm 时，钢筋直径在 20 ～ 32mm 变化，也可探测到波纹管，但随着直径的增大，探测结果越来越模糊。

因此，变化的钢筋直径与波纹管相对距离对波纹管探测的影响结论如下：

（1）钢筋与波纹管相对距离大于等于 6cm，直径小于 32mm 的钢筋对波纹管的屏蔽影响较小，雷达可探测波纹管的位置。

（2）结合前述变化因素和波纹管相对距离对波纹管检测的影响分析，可推断不同钢筋间距、钢筋直径及波纹管与钢筋距离及钢筋直径组合存在情况下，波纹管能否被检测到，如表 15-11 所示。

表 15-11　波纹管可探测情况

波纹管与钢筋间距（mm）		50				≥ 60			
波纹管直径（mm）		50				50			
波纹管位置	钢筋直径（mm） 钢筋间距（cm）	10	12	15	20	10	12	15	20
正上方无钢筋	10	可见	可见	可见	可见	可见	可见	可见	可见
	12	可见	可见	可见	可见	可见	可见	可见	可见
	16	可见	可见	可见	可见	可见	可见	可见	可见
	20	不可见	可见	可见	可见	可见	可见	可见	可见
	25	不可见	可见	可见	可见	可见	可见	可见	可见
	28	不可见	可见	可见	可见	可见	可见	可见	可见
	32	不可见	可见	可见	可见	可见	可见	可见	可见

4．波纹管直径对波纹管检测的影响

由前述分析可知，钢筋直径小于等于 16mm，间距大于 10cm 时，可探测波纹管的具体情况。因此，在波纹管直径对波纹管检测的影响正演模拟中，选取钢筋直径为 16mm，钢筋间距为 10cm，波纹管与钢筋相对距离为 5cm，波纹管直径为 50mm、60mm、70mm、80mm 和 90mm 多个模型进行分析。模型如图 15-12 所示。波纹管直径为 60mm、70mm、80mm 及 90mm，钢筋间距为 10cm 的模型正演合成图，如图 15-10 ~ 图 15-13 所示。

由图 15-13 ~ 图 15-16 可见，钢筋和波纹管相对距离为 5cm 时，随着波纹管直径的增大，能越来越清楚观察到波纹管。因此，随着波纹管直径的增大，波纹管受上层钢筋的影响逐渐减小，钢筋对波纹管的屏蔽影响越来越小。

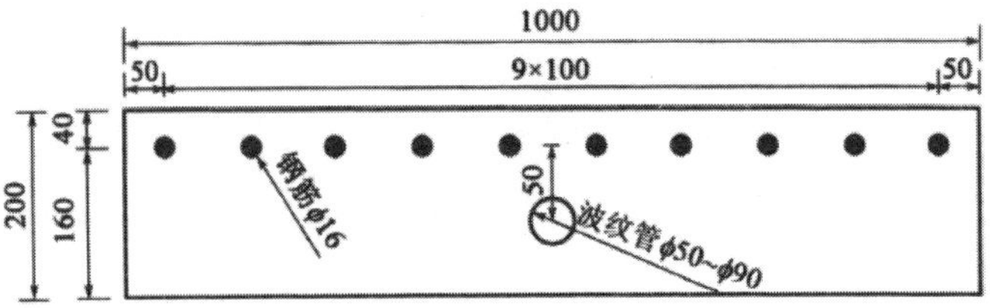

图 15-12　波纹管直径结构模型（尺寸单位：mm）

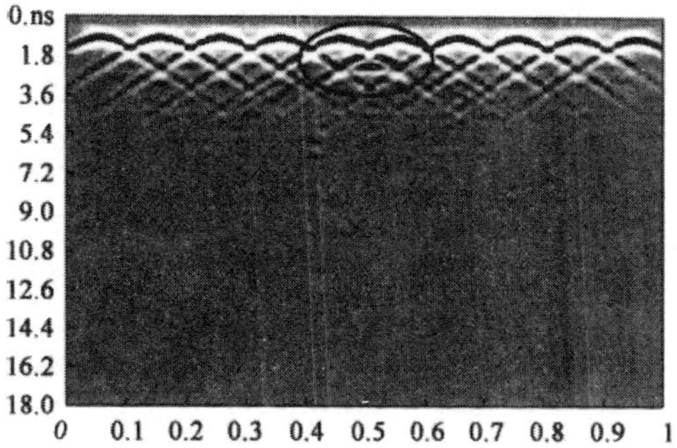

图 15-13　波纹管直径 60mm 模型正演合成图

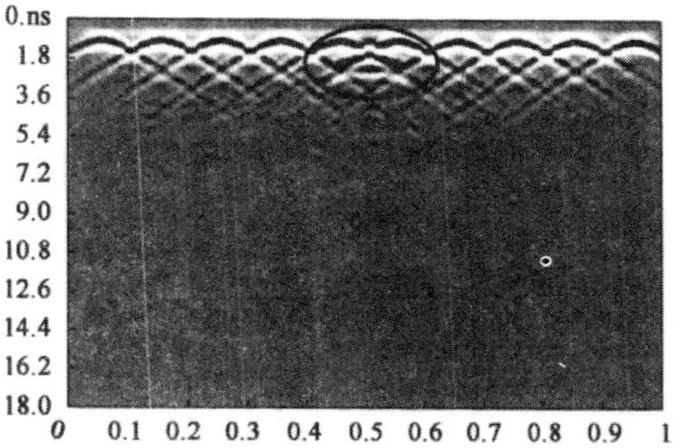

图 15-14　波纹管直径 70mm 模型正演合成图

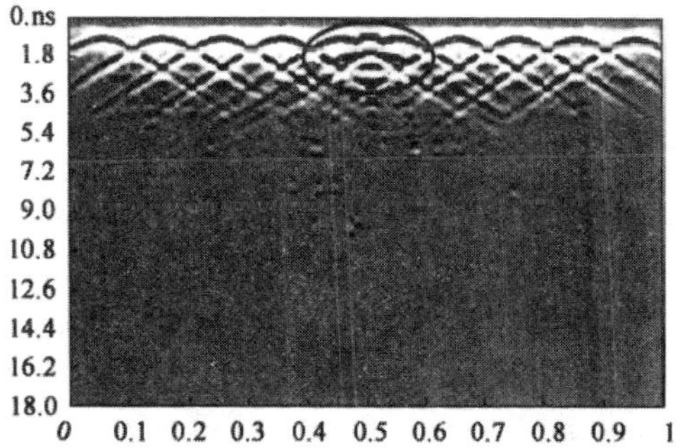

图 15-15　波纹管直径 80mm 模型正演合成图

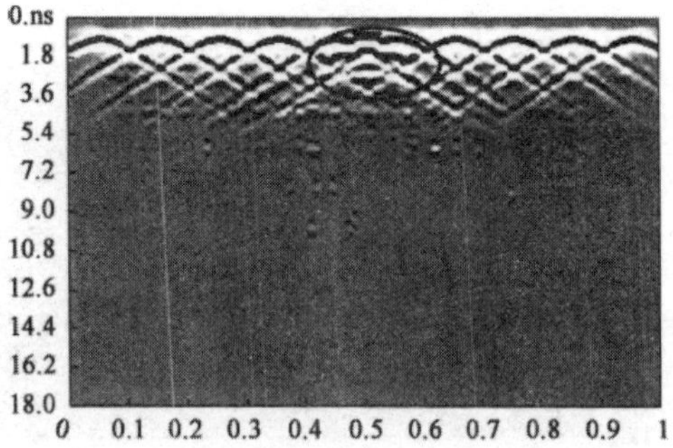

图 15-16 波纹管直径 90mm 模型正演合成图

变化的波纹管直径对波纹管检测的影响由前述分析可知，钢筋直径小于等于16mm，间距大于10cm时，可探测波纹管的具体情况，因此，在研究波纹管直径对波纹管检测的影响正演模拟中，选取钢筋直径大于16mm，分别为20mm、25mm、28mm和30mm，钢筋间距为10cm，波纹管与钢筋相对距离为5cm，波纹管直径为60mm、70mm的多个模型进行分析。模型如图15-17所示。波纹管直径为60mm和70mm，钢筋间距为10cm的模型正演合成图，如图15-18、图15-19所示。

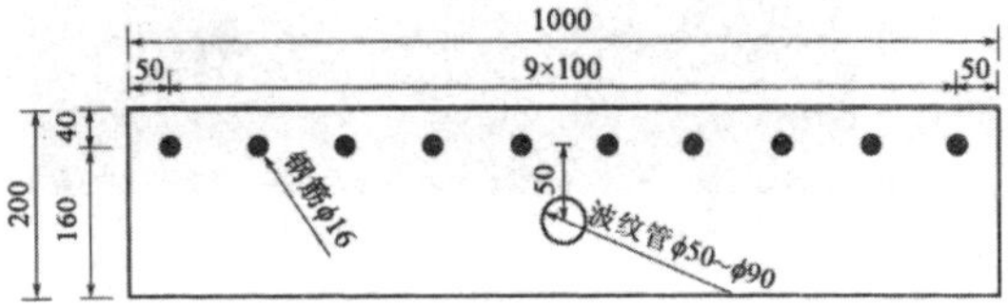

图 15-17 变化的波纹管直径结构模型（尺寸单位：mm）

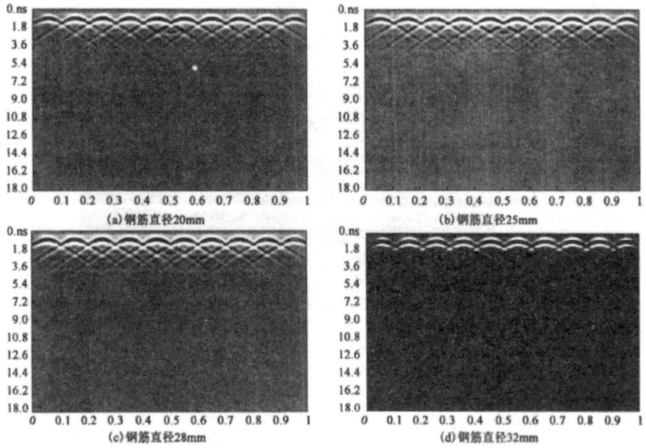

图 15-18 波纹管直径 60mm 模型正演合成图

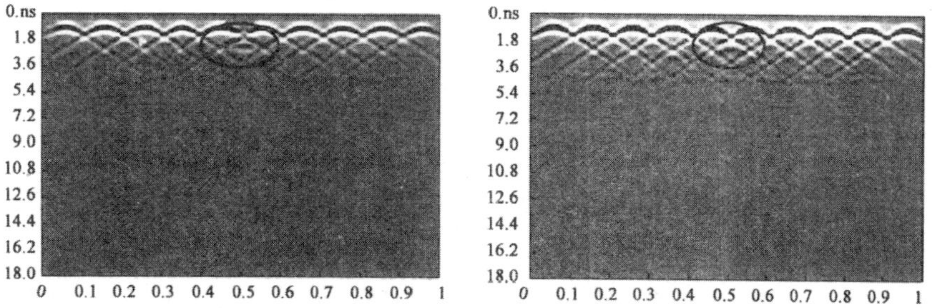

(a) 钢筋直径20mm　　(b) 钢筋直径25mm

图 15-19　波纹管直径 70mm 模型正演合成图

由图 15-15、图 15-16 可见，钢筋和波纹管相对距离为 5cm 时，波纹管直径为 60mm 时，钢筋直径大于 20mm 都无法观察到波纹管的位置；波纹管直径为 70mm 时，钢筋直径为 20mm，能清楚观察到波纹管情况。由于随着波纹管直径增大，波纹管受上层钢筋的影响逐渐减小，钢筋对波纹管的屏蔽影响越来越小。

因此，可得到如下结论：

（1）当波纹管直径为 60mm，波纹管与钢筋相对位置为 5cm，钢筋直径大于 16mm 时，不可观察到波纹管的位置。

（2）当波纹管直径为 70mm，波纹管与钢筋相对位置为 5cm，钢筋直径大于 20mm 时，可观察到波纹管的位置。

（3）结合前述变化因素和波纹管直径对波纹管检测的影响分析，可推断波纹管直径大于等于 70mm、波纹管与钢筋间距大于 5cm、钢筋直径小于 32mm 时，可观察到波纹管的位置。波纹管能否被检测到的情况如表 15-12 所示。

表 15-12　波纹管可探测情况

波纹管与钢筋间距（mm）		50				50				≥ 60			
波纹管直径（mm）		50				60				≥ 70			
波纹管位置	钢筋直径（mm）钢筋间距（cm）	10	12	15	20	10	12	15	20	10	12	15	20
正上方有钢筋	10	可见	可见	可见	可见	可见	可见	可见	可见	可见	可见	可见	可见
	12	可见	可见	可见	可见	可见	可见	可见	可见	可见	可见	可见	可见
	16	可见	可见	可见	可见	可见	可见	可见	可见	可见	可见	可见	可见

续表

波纹管与钢筋间距（mm）		50				50				≥ 60			
波纹管直径（mm）		50				60				≥ 70			
正上方有钢筋	20	不可见	可见	可见	可见	不可见	可见	可见	可见	可见	可见	可见	可见
	25	不可见	可见	可见	可见	不可见	可见	可见	可见	可见	可见	可见	可见
	28	不可见	可见	可见	可见	不可见	可见	可见	可见	可见	可见	可见	可见
	32	不可见	可见	可见	可见	不可见	可见	可见	可见	可见	可见	可见	可见

三、波纹管正上方有钢筋工况的数值仿真

1. 钢筋直径对波纹管检测的影响

在正演模拟计算中，选取钢筋直径大于 8mm，钢筋间距为 15cm，波纹管距离顶缘的距离为 90mm，波纹管直径为 50mm 的多个模型进行模拟分析。模型如图 15-20 所示。

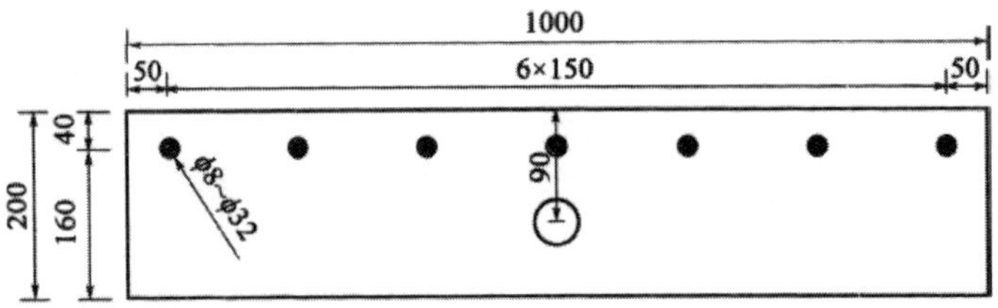

图 15-20 正上方钢筋直径影响结构模型（尺寸单位：mm）

可知，波纹管所在位波形图下方黑色区域随着钢筋直径增大逐渐变淡，当钢筋直径大于 16mm 时，黑色区域消失，无法判断波纹管的存在。因此，结合前述分析结果，波纹管探测情况随着钢筋间距增大，所观察到的波纹管将越来越清晰，可得出如下结论，并如表 15-13 所示：

（1）钢筋间距为 15cm、直径大于 16mm 时，距离钢筋 5cm、直径 50mm 的波纹管，雷达将无法探测到其位置。

（2）钢筋间距为 10 ~ 15cm、直径大于 16mm 时，距离钢筋 5cm、直径 50mm 的波纹管，雷达将无法探测到其位置。

（3）钢筋间距为大于 15cm、直径小于等于 16mm 时，距离钢筋 5cm、直径 50mm 的波纹管，雷达可探测到其位置。

表 15–13　波纹管可探测情况

波纹管与钢筋间距（mm）		50			
波纹管直径（mm）		50			
波纹管位置	钢筋直径（mm） 钢筋间距（cm）	10	12	15	20
正上方有钢筋	10	暂无法判断	暂无法判断	可见	可见
	12	暂无法判断	暂无法判断	可见	可见
	16	暂无法判断	暂无法判断	可见	可见
	20	不可见	不可见	不可见	暂无法判断
	25	不可见	不可见	不可见	暂无法判断
	28	不可见	不可见	不可见	暂无法判断
	32	不可见	不可见	不可见	暂无法判断

2．单层钢筋间距对波纹管检测的影响

选取钢筋直径为 16mm、20mm、25mm、28mm 及 32mm，钢筋间距分别为 10cm 和 20cm，波纹管直径 50mm，波纹管距离顶缘的距离为 90mm 的多个模型进行模拟分析。模型如图 15–21 所示。

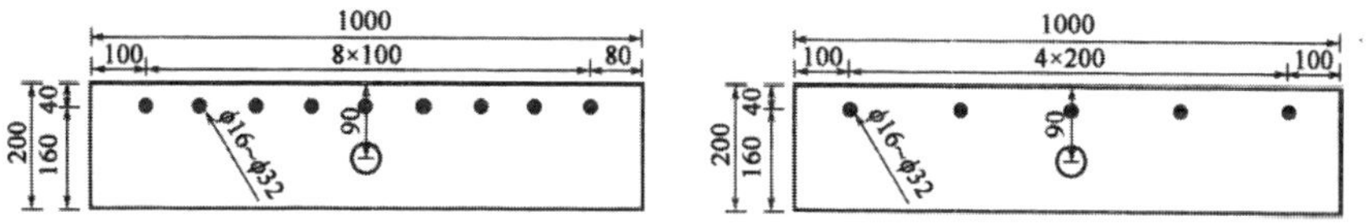

图 15–21　单层钢筋间距影响结构模型（尺寸单位：mm）

钢筋间距为 10cm，钢筋直径为 16mm 时，波纹管的位置，反射波形异常情况较突出，结合前述分析，钢筋间距大于 10mm，钢筋直径小于等于 16mm，波纹管位置可通过反射波形判断。波纹管上方有钢筋时，钢筋间距为 20mm，随着钢筋直径增大，波纹管位置反射波形异常情况逐渐变弱；钢筋直径为 32mm 时，波纹管位置反射波形仍然可以勉强看到。

由此，可得出如下结论：

（1）钢筋间距大于 10mm，钢筋直径小于等于 16mm，波纹管位置可通过反射波形判断。

（2）波纹管直径小于 32mm 时，钢筋间距为 20cm，可判断下层波纹管的情况。

（3）结合前述变化因素和波纹管直径对波纹管检测的影响分析，可推断当钢筋间距大于 10cm、钢筋直径小于等于 16mm 时，直径大于等于 50mm 且与钢筋间距大于等于 50mm 的波纹管可被雷达检测其位置；当钢筋间距大于等于 20cm、钢筋直径小于等于 32mm 时，直径大于等于 50mm 且与钢筋间距大于等于 50mm 的波纹管可被雷达检测其位置。波纹管能否被检测到的情况如表 15–14 所示。

表 15–14　波纹管可探测情况

<table>
<tr><td colspan="2">波纹管与钢筋间距（mm）</td><td colspan="4">50</td><td colspan="4">≥ 60</td></tr>
<tr><td colspan="2">波纹管直径（mm）</td><td colspan="4">50</td><td colspan="4">50</td></tr>
<tr><td>钢筋位置</td><td>钢筋直径（mm）
钢筋间距（cm）</td><td>10</td><td>12</td><td>15</td><td>20</td><td>10</td><td>12</td><td>15</td><td>20</td></tr>
<tr><td rowspan="7">正上方无钢筋</td><td>10</td><td>可见</td><td>可见</td><td>可见</td><td>可见</td><td>可见</td><td>可见</td><td>可见</td><td>可见</td></tr>
<tr><td>12</td><td>可见</td><td>可见</td><td>可见</td><td>可见</td><td>可见</td><td>可见</td><td>可见</td><td>可见</td></tr>
<tr><td>16</td><td>可见</td><td>可见</td><td>可见</td><td>可见</td><td>可见</td><td>可见</td><td>可见</td><td>可见</td></tr>
<tr><td>20</td><td>不可见</td><td>不可见</td><td>不可见</td><td>可见</td><td>暂无法判断</td><td>暂无法判断</td><td>暂无法判断</td><td>可见</td></tr>
<tr><td>25</td><td>不可见</td><td>不可见</td><td>不可见</td><td>可见</td><td>暂无法判断</td><td>暂无法判断</td><td>暂无法判断</td><td>可见</td></tr>
<tr><td>28</td><td>不可见</td><td>不可见</td><td>不可见</td><td>可见</td><td>暂无法判断</td><td>暂无法判断</td><td>暂无法判断</td><td>可见</td></tr>
<tr><td>32</td><td>不可见</td><td>不可见</td><td>不可见</td><td>可见</td><td>暂无法判断</td><td>暂无法判断</td><td>暂无法判断</td><td>可见</td></tr>
</table>

3. 波纹管直径对波纹管检测的影响规律

由前述分析可知，钢筋直径小于等于 16mm，间距大于 10cm 时，可探测波纹管的具体情况，因此，在研究波纹管直径对波纹管检测的影响正演模拟中，选取钢筋直径为 20mm、25mm、28mm 和 32mm，钢筋间距为 10cm、12Cm 和 15cm，波纹管与钢筋相对距离为 5cm，波纹管直径为 60mm、70mm 和 80mm 多个模型进行分析。模型如图 15–22 所示。

钢筋直径 20mm、间距 12cm、波纹管直径 60mm 时，上层钢筋反射波形相位均为白—黑—白，波纹管所在位置钢筋反射波形与其他钢筋反射波形相位几乎无差异，反射波形无法清楚判断。

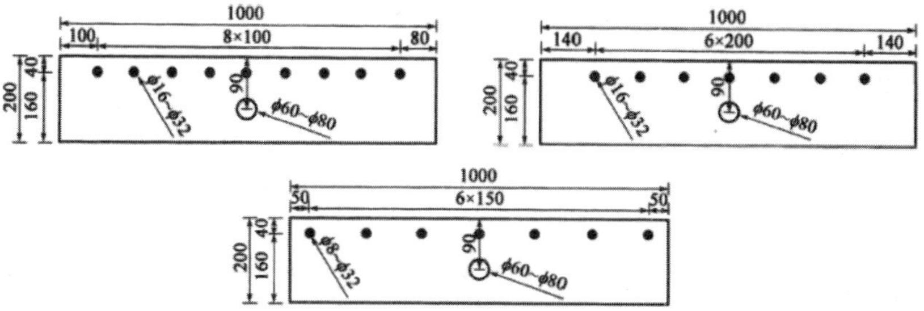

图 15-22　单层钢筋间距影响结构模型（尺寸单位：mm）

钢筋直径 20 ~ 32mm、间距 15cm、波纹管直径 60mm 时，随着钢筋直径增大，波纹管所在位置钢筋波形反射逐渐变弱，反射黑色区域逐渐变弱，钢筋直径达到 32mm 时，无法看到波纹管波形反射引起的黑色区域。

钢筋直径 20 ~ 28mm、间距 10cm、波纹管直径 70mm 时，随着钢筋直径增大，波纹管所在位置钢筋波形反射逐渐变弱，反射黑色区域逐渐变弱，钢筋直径达到 28mm 时，无法看到波纹管波形反射引起的黑色区域。

钢筋直径 28mm、间距 12cm、波纹管直径 70mm 时，波纹管所在位置钢筋反射波形交叉区域出现黑色部分，与其他钢筋反射波形交叉区域差异较大，波纹管可判断其存在情况。

因此，结合前述分析可得到如下结论：

（1）当波纹管直径小于等于 60mm，钢筋和波纹管相对位置为 5cm，钢筋间距在 10 ~ 12cm 时，钢筋直径大于 16mm，不能探测到下层波纹管的位置。

（2）当波纹管直径小于等于 60mm，钢筋和波纹管相对位置为 5cm，钢筋间距为 15cm 时，钢筋直径大于 28mm，不能探测到下层波纹管的位置。

（3）当波纹管直径大于等于 70mm，钢筋和波纹管相对位置为 5cm，钢筋间距大于 10cm 时，钢筋直径小于等于 28mm，均可探测到下层波纹管的位置。

（4）当波纹管直径为 70mm，钢筋和波纹管相对位置为 5cm，钢筋间距为 10cm 时，钢筋直径小于 28mm，均可探测到下层波纹管的位置，探测情况如表 15-15 所示。

4. 钢筋与波纹管相对距离对波纹管检测的影响

在研究波纹管和波纹管相对距离对波纹管检测的影响正演模拟中，选取钢筋直径为 25mm，钢筋间距为 10cm，波纹管与钢筋相对距离为 6cm，波纹管直径为 60mm 的模型进行分析。模型如图 15-23 所示。钢筋直径 25mm、间距 10cm、波纹管直径 60mm 时，波纹管与钢筋相对距离为 6cm 波纹管的正演合成图如图 15-24 所示。

表 15–15　波纹管可探测情况

波纹管与钢筋间距（mm）		50				50				50			
波纹管直径（mm）		50				60				≥ 70			
波纹管位置	钢筋直径（mm） 钢筋间距（cm）	10	12	15	20	10	12	15	20	10	12	15	20
正上方有钢筋	10	可见	可见	可见	可见	可见	可见	可见	可见	可见	可见	可见	可见
	12	可见	可见	可见	可见	可见	可见	可见	可见	可见	可见	可见	可见
	16	可见	可见	可见	可见	可见	可见	可见	可见	可见	可见	可见	可见
	20	不可见	不可见	不可见	可见	不可见	不可见	可见	可见	可见	可见	可见	可见
	25	不可见	不可见	不可见	可见	不可见	不可见	可见	可见	可见	可见	可见	可见
	28	不可见	不可见	不可见	可见	不可见	不可见	可见	可见	不可见	可见	可见	可见
	32	不可见	不可见	不可见	可见	不可见	不可见	不可见	可见	–	–	–	–

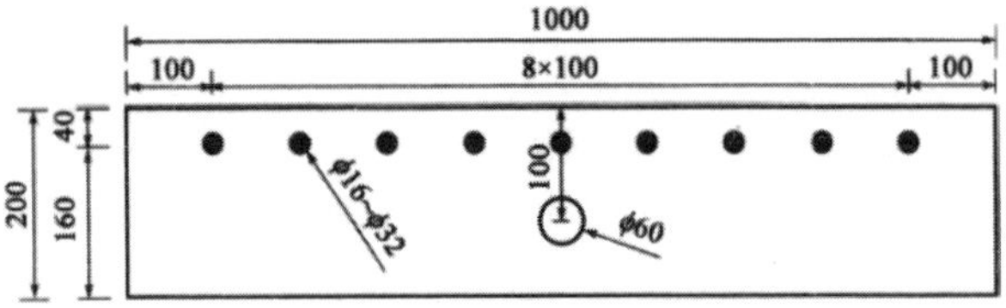

图 15–23　单层钢筋间距影响结构模型（尺寸单位：mm）

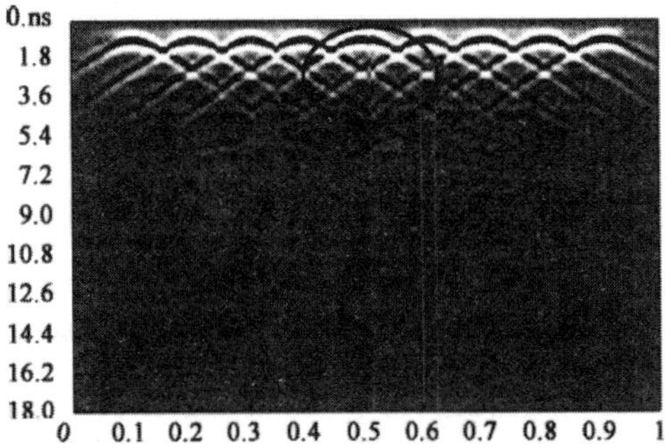

图 15–24　钢筋直径 25mm、间距 15cm、波纹管直径 60mm 模型正演合成图

由图 15-21 可以看到波纹管的反射波形，但在钢筋正下方处的波形被钢筋反射波形屏蔽，两侧的波形仍可见到。

因此，结合前述分析可得到如下结论：

（1）当波纹管直径大于 60mm 时，钢筋和波纹管相对位置大于等于 6cm，钢筋间距大于等于 10cm 时，钢筋直径小于 32mm，可探测到下层波纹管的位置。

（2）结合前述变化因素和波纹管与钢筋相对距离对波纹管检测的影响分析，可推断波纹管能否被检测到的情况，如表 15-16 所示。

表 15-16　波纹管可探测情况

波纹管与钢筋间距（mm）		50				50				50				≥ 60			
波纹管直径（mm）		50				60				≥ 70				≥ 70			
波纹管位置	钢筋直径（mm） 钢筋间距（cm）	10	12	15	20	10	12	15	20	10	12	15	20	10	12	15	20
正上方有钢筋	10	可见	可见	可见	可见	可见	可见	可见	可见	可见	可见	可见	可见	可见	可见	可见	可见
	12	可见	可见	可见	可见	可见	可见	可见	可见	可见	可见	可见	可见	可见	可见	可见	可见
	16	可见	可见	可见	可见	可见	可见	可见	可见	可见	可见	可见	可见	可见	可见	可见	可见
	20	不可见	不可见	不可见	可见	不可见	不可见	可见	可见	可见	可见	可见	可见	可见	可见	可见	可见
	25	不可见	不可见	不可见	可见	不可见	不可见	可见	可见	可见	可见	可见	可见	可见	可见	可见	可见
	28	不可见	不可见	不可见	可见	不可见	不可见	可见	可见	不可见	可见	可见	可见	可见	可见	可见	可见
	32	不可见	不可见	不可见	可见	不可见	不可见	不可见	可见	–	–	–	–	–	–	–	–

四、表层钢筋对深层配筋影响的数值仿真总结

1．钢筋对雷达探测波纹管的屏蔽总结简表

分别对正上方有钢筋和无钢筋的两种构造不同的混凝土情况，建立不同钢筋间距、直径、波纹管直径和波纹管与钢筋相对距离等多个模型，分析了上层钢筋对雷达探测波纹管的屏蔽情况，总结如表 15–17 所示。

表 15–17　雷达可探测波纹管的成立条件

钢筋位置	成立条件	对应图号
正上方无钢筋	波纹管与钢筋间距 50mm；波纹管直径≤ 60mm	图 15–22（a）
	波纹管与钢筋间距≥ 60mm；波纹管直径≥ 70mm	图 15–22（b）
正上方有钢筋	波纹管与钢筋间距 50mm；波纹管直径 50mm	图 15–23（a）
	波纹管与钢筋间距 50mm；波纹管直径 60mm	图 15–23（b）
	波纹管与钢筋间距 50mm；波纹管直径≥ 70mm	图 15–23（c）
	波纹管与钢筋间距≥ 60mm；波纹管直径≥ 70mm	图 15–23（d）

2．钢筋对雷达探测波纹管的屏蔽总结简图

为了较方便了解钢筋对雷达探测波纹管的屏蔽影响，根据不同波纹管与钢筋间距和波纹管直径给出钢筋间距和钢筋直径关系的简图，其成立条件如表 15–18 所示，简图如图 15–25、图 15–26 所示。

表 15–18　上层钢筋对波纹管屏蔽情况

波纹管与钢筋间距（mm）		50				50				50				≥ 60			
波纹管直径（mm）		50				60				≥ 70				≥ 70			
波纹管位置	钢筋直径（mm） 钢筋间距（cm）	10	12	15	20	10	12	15	20	10	12	15	20	10	12	15	20
正上方有钢筋	10	可见	可见	可见	可见	可见	可见	可见	可见	可见	可见	可见	可见	可见	可见	可见	可见
	12	可见	可见	可见	可见	可见	可见	可见	可见	可见	可见	可见	可见	可见	可见	可见	可见
	16	可见	可见	可见	可见	可见	可见	可见	可见	可见	可见	可见	可见	可见	可见	可见	可见

续表

波纹管与钢筋间距（mm）		50				50				50				≥ 60			
波纹管直径（mm）		50				60				≥ 70				≥ 70			
正上方有钢筋	20	不可见	不可见	不可见	可见	不可见	不可见	可见	可见	可见	可见	可见	可见	可见	可见	可见	可见
	25	不可见	不可见	不可见	可见	不可见	不可见	可见	可见	可见	可见	可见	可见	可见	可见	可见	可见
	28	不可见	不可见	不可见	可见	不可见	不可见	可见	可见	不可见	可见	可见	可见	可见	可见	可见	可见
	32	不可见	不可见	不可见	可见	不可见	不可见	不可见	可见	–	–	–	–	–	–	–	–
正上方无钢筋	10	可见	可见	可见	可见	可见	可见	可见	可见	可见	可见	可见	可见	可见	可见	可见	可见
	12	可见	可见	可见	可见	可见	可见	可见	可见	可见	可见	可见	可见	可见	可见	可见	可见
	16	可见	可见	可见	可见	可见	可见	可见	可见	可见	可见	可见	可见	可见	可见	可见	可见
	20	不可见	可见	可见	可见	不可见	可见	可见	可见	可见	可见	可见	可见	可见	可见	可见	可见
	25	不可见	可见	可见	可见	不可见	可见	可见	可见	可见	可见	可见	可见	可见	可见	可见	可见
	28	不可见	可见	可见	可见	不可见	可见	可见	可见	可见	可见	可见	可见	可见	可见	可见	可见
	32	不可见	可见	可见	可见	不可见	可见	可见	可见	可见	可见	可见	可见	可见	可见	可见	可见

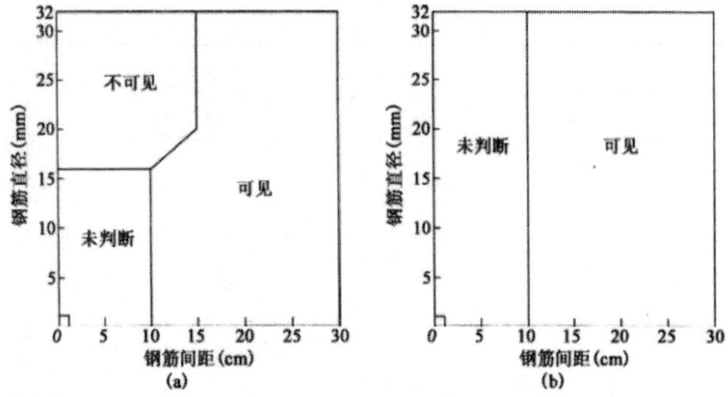

图 15-25　正上方无钢筋示意图

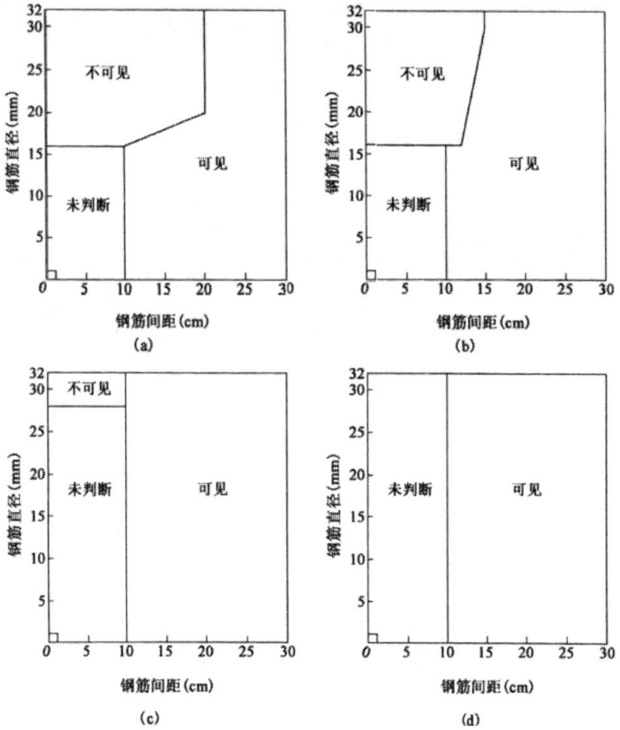

图 15-26　正上方有钢筋示意图

五、表层钢筋对深层配筋影响的试验验证

1. 试件试验验证

试验试件构造如图 15-27 所示，J1、J4 和 J7 管道为通过粗钢筋的钢管管道，G2、G3、G5 和 G6 为波纹管管道。普通钢筋不位于管道正上方，普通钢筋直径为

16mm，间距除管道附近为 20cm×20cm 外，其余位置为 15cm×20cm。预应力钢绞线拟采用 19ϕ15.2 和 7ϕ15.2 的钢绞线及其配套的锚具，预应力钢绞线的波纹管直径分别为 100mm 和 70mm，波纹管与钢筋相对间距为 220mm。在本次试验中主要进行了 19 个测区的试验，测线布置如图 15-28 所示。

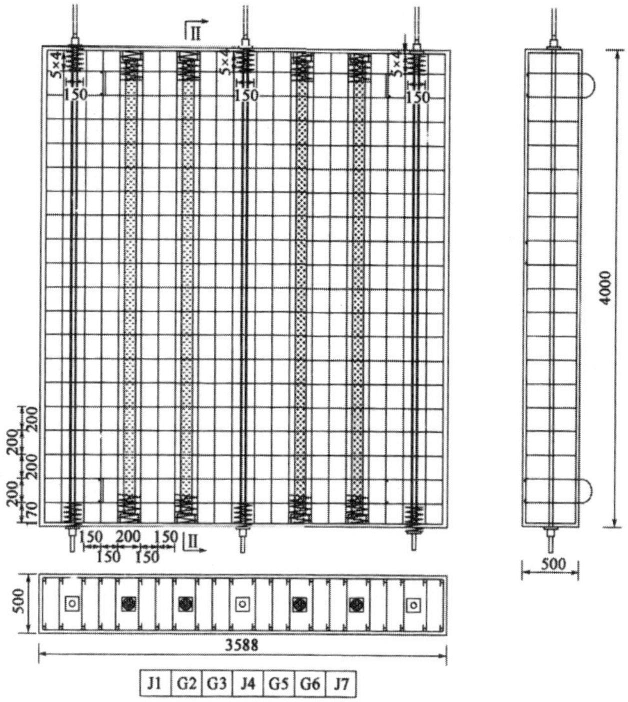

图 15-27　试件构造图（尺寸单位：mm）

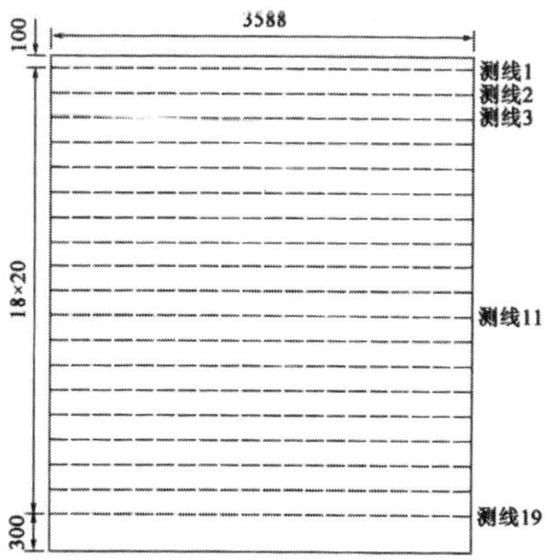

图 15-28　试件测线布置情况（尺寸单位：mm）

测试主要采用了2000MHz双极化天线阵雷达进行混凝土内部缺损探测，由于多次探测结果较一致，仅给出测线1～测线3的结果，如图15-29～图15-30所示。

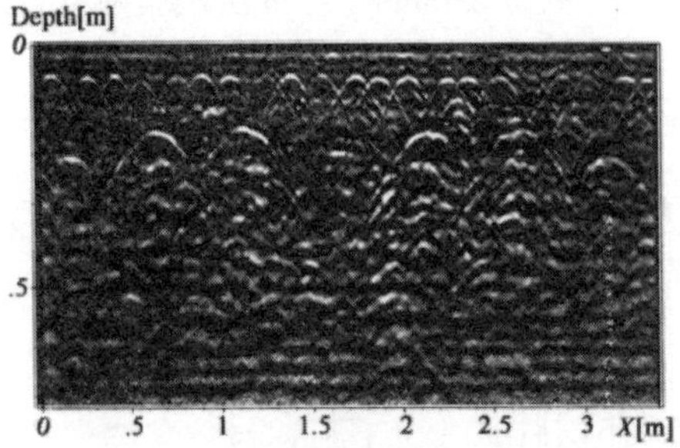

(a) 1号天线雷达图

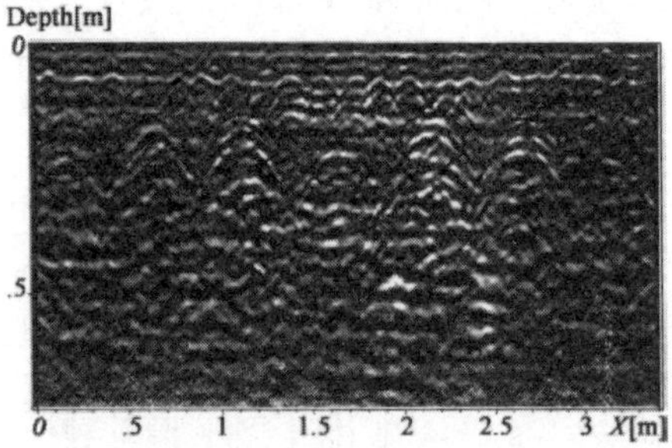

(b) 2号天线雷达图

图15-29　测线1测试雷达图

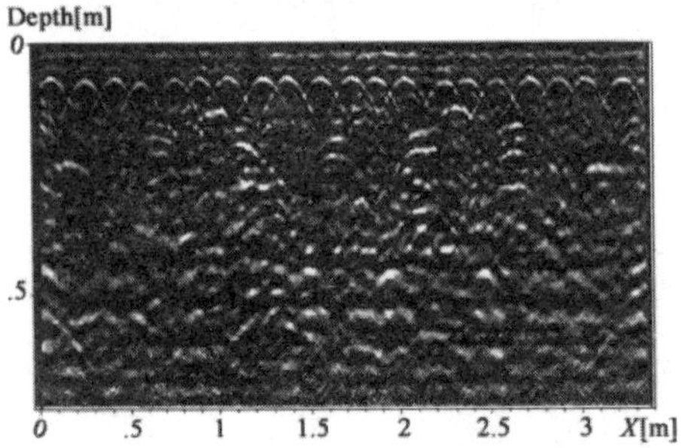

(a) 1号天线雷达图

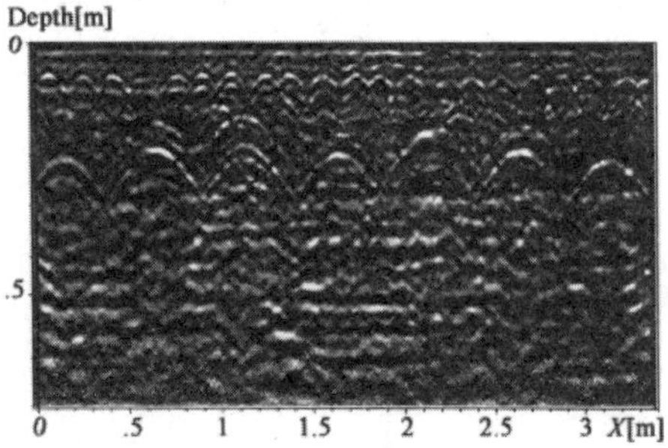

(b) 2号天线雷达图

图15-30　测线2测试雷达图

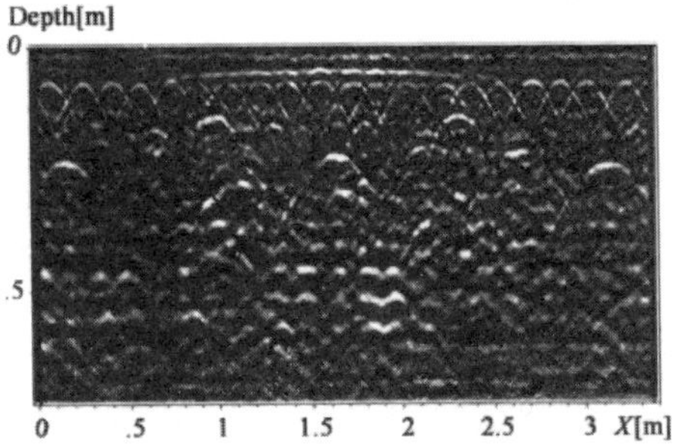

(a) 1号天线雷达图

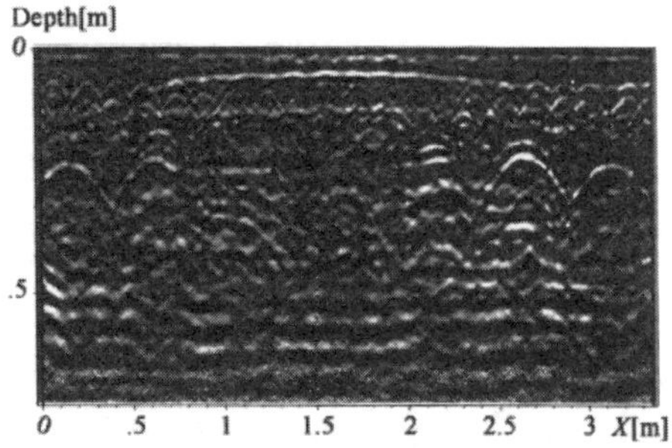

(b) 2号天线雷达图

图15-31　测线3测试雷达图

由图15-29～图15-31可知，对于上层钢筋，天线1（垂直于测线方向）较准确清晰地得到其位置；天线2（平行于测线方向）可以较准确清晰地得到第二层波纹管的位置，对于预应力钢筋，两个天线均可看到其位置，但相对天线 1 更加清晰明确。G2、G3、G5 和 G6 为波纹管管道，在图中均可清楚看到波纹管位置的反射回波。

因此，在波纹管正上方无钢筋，钢筋直径为 16mm，间距为 20cm，波纹管与钢筋相对间距为 220mm，波纹管直径为 100mm 和 70mm 时，雷达可探测到波纹管的位置。该探测结果符合图 15-24（a）和表 15-18 的结果。

2．实桥试验验证

选取预应力混凝土连续梁桥——甘竹滩大桥主跨合龙段箱梁底板进行钢筋定位研究，实桥底板钢筋布置与测线布设参见图 15-32、图 15-33。选择测线 1、测线 5、测线 10 和测线 15 进行详细分析，如图 15-34 ~图 15-37 所示。

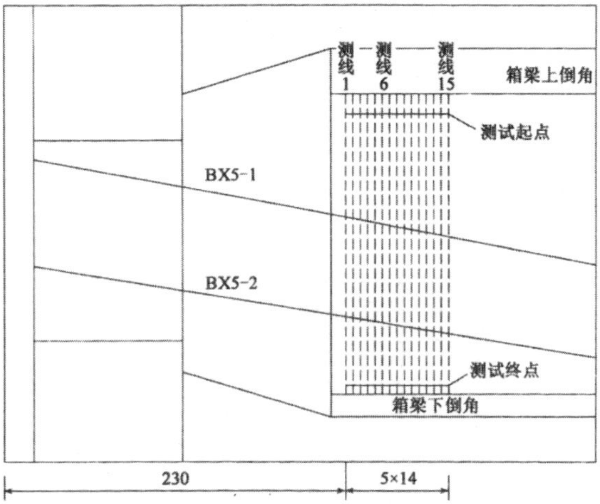

图 15-32　边跨预应力管道测试测线布置（尺寸单位：cm）

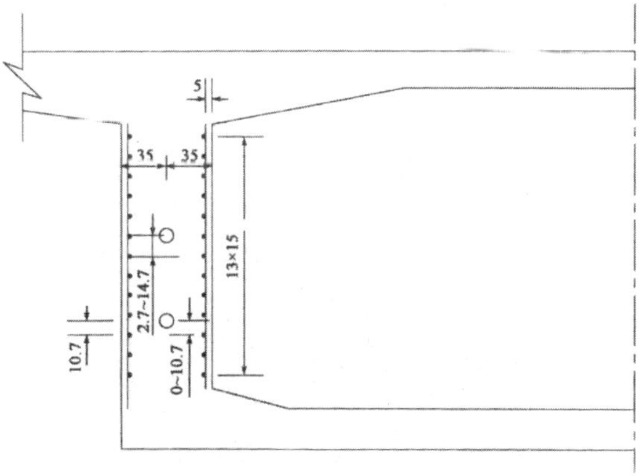

图 15-33　边跨截面腹板配筋图（尺寸单位：cm）

由图 15-31 ~ 图 15-34 可见，当上层有间距为 15cm 的钢筋时，不论波纹管正上方有无钢筋，均可观察到下层波纹管直径为 104mm 的预应力钢束，但当预应力钢束中心线与上层纵向钢筋中心线相对距离较近时，探测结果不理想，如测线 1 和测线 15，测线 1 未探测到第二根钢束，测线 15 探测的抛物线并不完整。

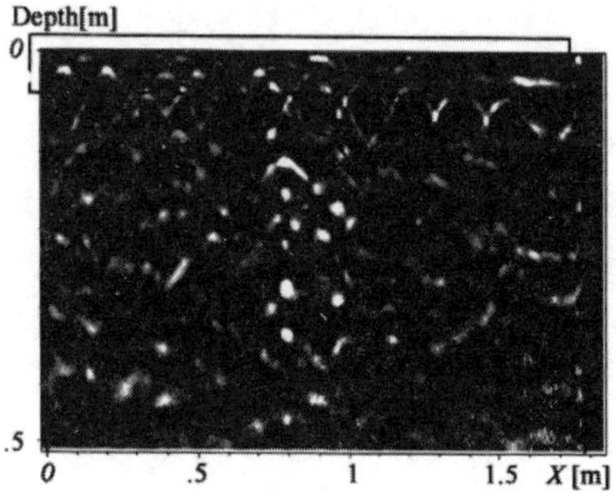

图 15-34　测线 1 测试结果

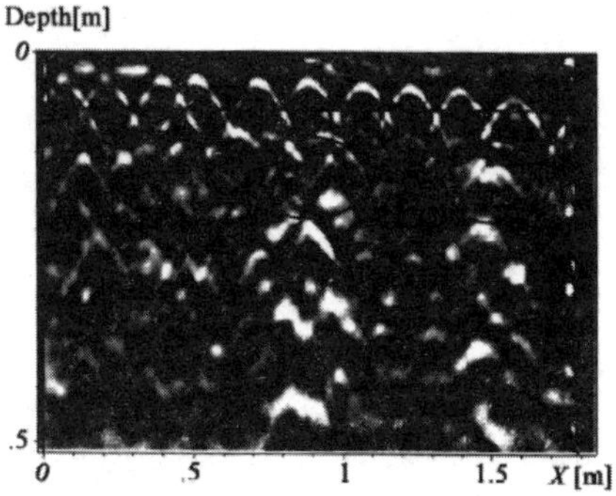

图 15-35　测线 5 测试结果

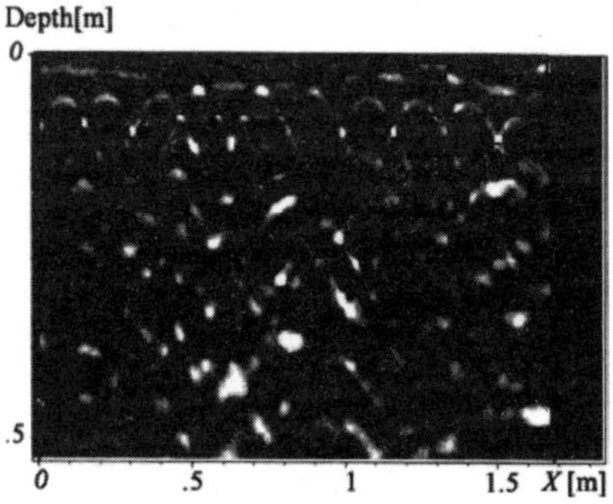

图 15-36　测线 10 测试结果

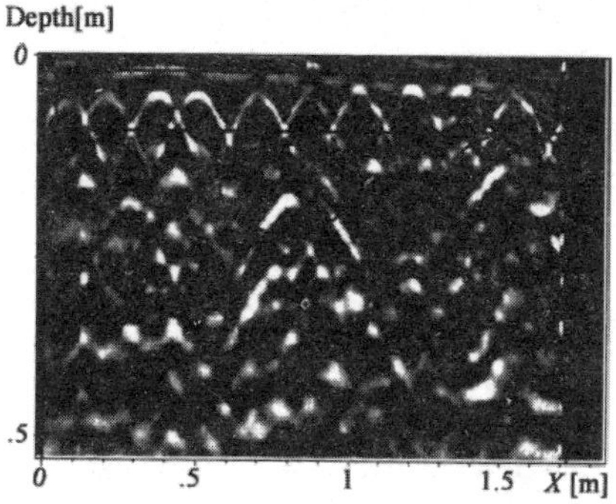

图 15–37　测线 15 测试结果

因此，箱梁腹板普通钢筋直径为 16mm，钢筋间距为 15cm，下层预应力钢绞线波纹管直径为 107mm，普通钢筋与波纹管相对间距为 29.1cm，不论波纹管正上方有无钢筋，均可观察到下层波纹管直径为 104mm 的预应力钢束。

第四节　天线阵雷达混凝土桥内部配筋定位检测技术研究

一、天线阵特点

天线阵雷达是由多部同频或不同频率单天线雷达通过互联与空间匹配形成的雷达阵列，和普通单天线雷达相比具有以下特点：

（1）多部雷达同步测量，覆盖范围更广，效率更高，如图 15–38 和图 15–39 所示。

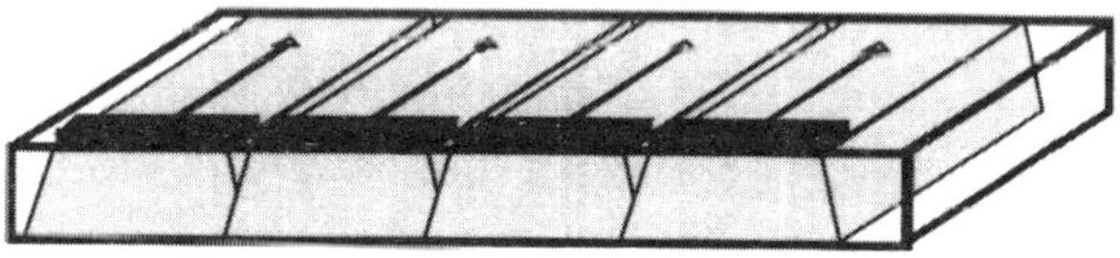

图 15–38　天线阵雷达的覆盖范围示意图

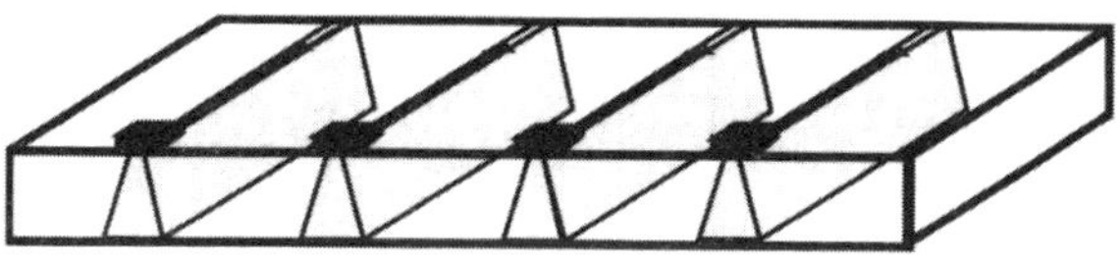

图 15–39　单天线雷达的覆盖范围

（2）高低雷达频率配置，可有效解决雷达探测深度和精度间的矛盾，实现对结构物深部和浅部目标的同时检测。

（3）多天线的空间布设，各个天线之间进行交叉的发射与接收信号，可加大雷达的探测角度，提升水平距离很近或上下重叠的复杂目标体的探测效果。

二、商业天线阵检测

目前，国内外已有多种商业化天线阵雷达设备，如意大利 IDS 公司的 MF 天线阵和瑞典 MALA 公司的 RAMAC/GPR 天线阵雷达等。采用意大利 IDS 公司的 ALADDIN 天线阵进行试验，对混凝土内部配筋进行钢筋定位。

1．试验目的

验证天线阵雷达对混凝土桥内部钢筋的定位能力。

2．试验设备

意大利 ALADDIN 天线阵雷达系统，其多通道 FASTWAVE 主机的主要技术参数参见本书附录。

意大利 ALADDIN 天线阵雷达天线为双极化高频天线（2GHz）；双极天线一次扫描可获得 2 张雷达图像，准确定位目标体；交叉极化的双极天线技术，提高了多层目标体的识别质量。

3．试件概况

8 号基本试件设三层钢筋网，其中既有钢筋粗细不一样，也有埋深不一样。尺寸为 1500mm × 1500mm × 350mm，采用直径 ϕ8、ϕ14、ϕ20、ϕ24 钢筋。其测线布设如图 15–40 所示。图 15–40（a）中的红线（竖线）和蓝线（横线）表示测线，红色箭头 X、Y 轴）表示雷达天线的移动方向。X 方向的测线依次编号为 1 ～ 14，Y 方向的测线依次编号为 A ～ N。11 号基本试件尺寸为 1000mm × 1000mm × 230mm，采用直径 ϕ8、ϕ12、ϕ14、ϕ22、ϕ25、ϕ32，钢筋层数为 2 层。其测线如图 15–42、图 15–42 所示。X 方向的测线依次编号为 1 ～ 9，Y 方向的测线依次编号为 A ～ I。

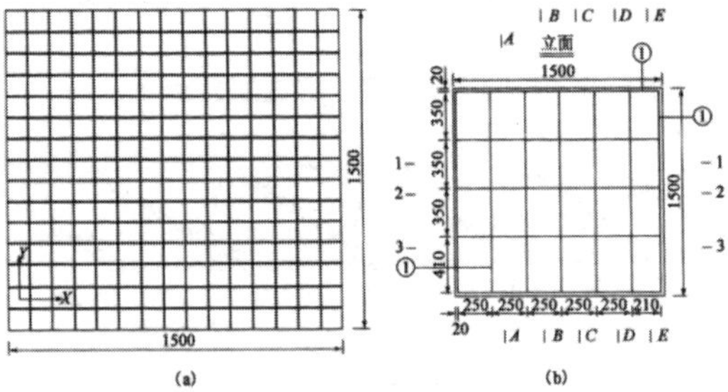

图 15–40　8 号基本试件及其测线布置（尺寸单位：mm）

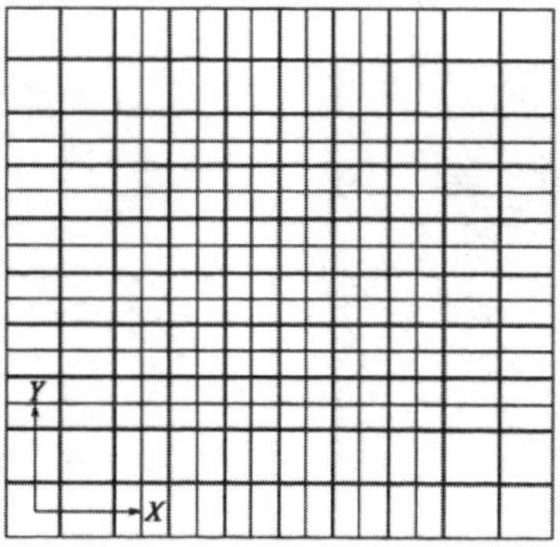

图 15-41　11 号基本试件的测线布置示意图

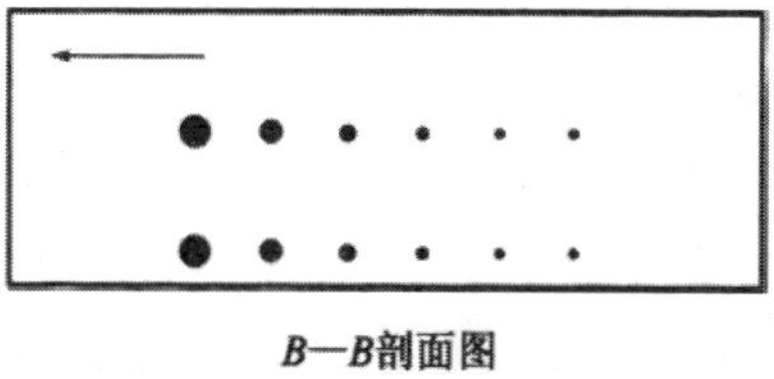

图 15-42　试件 11 的走行方向示意图

4. 试验结果分析

（1）8 号基本试件

意大利阿拉丁天线测试结果，如图 15-43、图 15-44 所示。

（2）11 号基本试件

11 号基本试件意大利阿拉丁天线探测结果如图 15-45 所示。

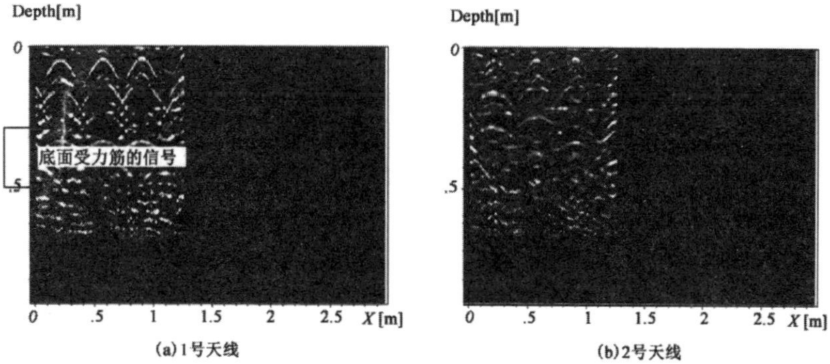

图 15-43　8 号基本试件 A 测线意大利阿拉丁天线探测结果

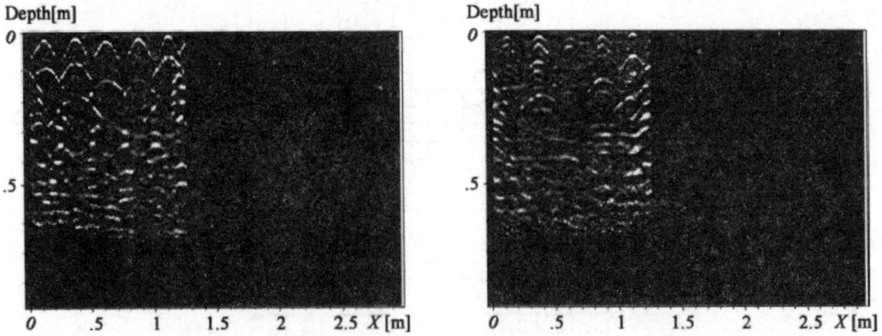

(a) 1号天线　　(b) 2号天线

图 15-44　8 号基本试件 1 测线意大利阿拉丁天线探测结果

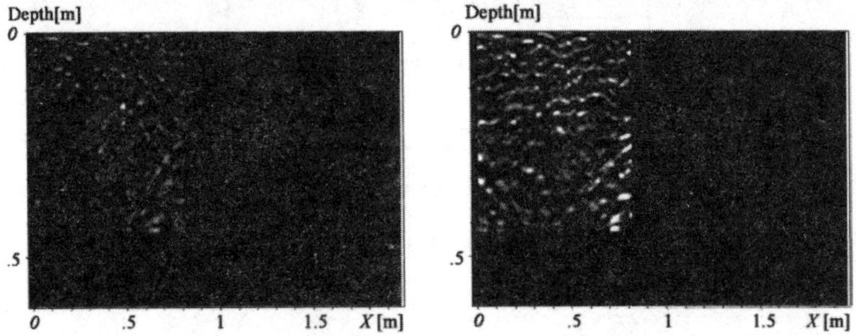

(a) 1号天线　　(b) 2号天线

图 15-45　11 号基本试件意大利阿拉丁天线探测结果

5. 图像判别分析及规律总结

从图 15-43、图 15-44、图 15-45 中可以看出，探测效果较单天线结构大为改善。天线阵雷达在两个方向收发模式的配合下，对多层钢筋的识别能力加强，可以探测到布置于底面的构造钢筋，所呈弧线完整、清晰。

三、自组天线阵雷达检测

在不具备天线阵雷达设备时，可通过多个单天线自组天线阵雷达进行钢筋定位检测。本节利用现有的意大利 IDS 公司 1600MHz 的 RIS-K2 单天线进行自组天线阵，并对钢筋的定位效果进行比对。

1. 试验目的

为了验证自组天线阵、已有天线阵及单天线三种天线对钢筋定位的检测效果。

2. 自组天线阵设备

采用两个单天线配合多通道主机，自组 2×1600MHz 天线阵。为了获得准确、稳定的测试结果，设计制作了双天线固定支架，具有收发天线间距可调、便于携带、强制双天线协同工作、适合混凝土结构检测使用的特点。

3．试件的制作及测线布设试件构造如图 15–46 所示。试件共 7 根预应力管道。其中 J1、J4 和 J7 管道为通过粗钢筋的钢管管道，G2、G3、G5 和 G6 为波纹管管道。普通钢筋直径为 16mm，预应力钢绞线拟采用 19ϕ15.2 和 7ϕ15.2 的钢绞线及其配套的锚具，预应力钢绞线的波纹管直径分别为 100mm 和 70mm，波纹管与钢筋相对间距为 220mm。采用单天线 1600MHz、ALADDIN 天线和自组 2×1600MHz 天线阵对试件进行测试，测线布置如图 15–47 所示。

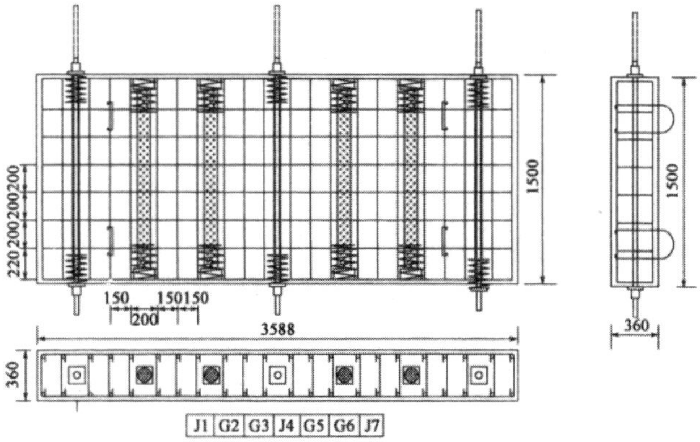

图 15–46　试验试件构造（尺寸单位：mm）

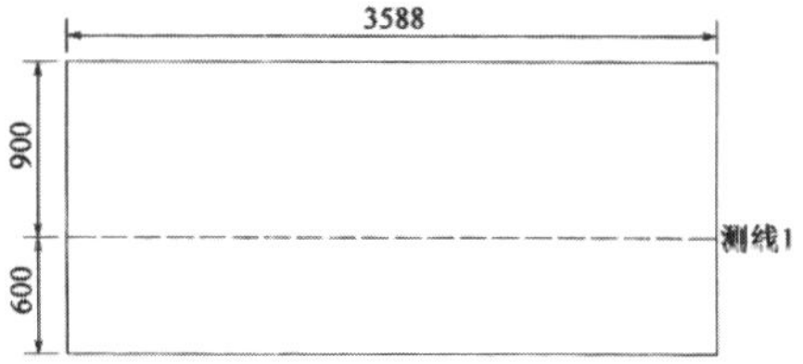

图 15–47　测线位置（尺寸单位：mm）

4．试验结果分析

经不同天线检测后，检测结果如图 15–48 ~ 图 15–50 所示。

由图 15–48 ~ 图 15–50 可见，三种方法均可定位普通钢筋和预应力管道，单天线不能较好地定位第二层的预应力管道。自组天线阵和已有天线阵设备均可在存在表层钢筋屏蔽的情况下，很好地探测第二层预应力管道。因此，可用自组天线阵代替昂贵的天线阵雷达设备用于排除表层钢筋的场合，而且由于可控制收发天线的间距，其灵活性更佳。

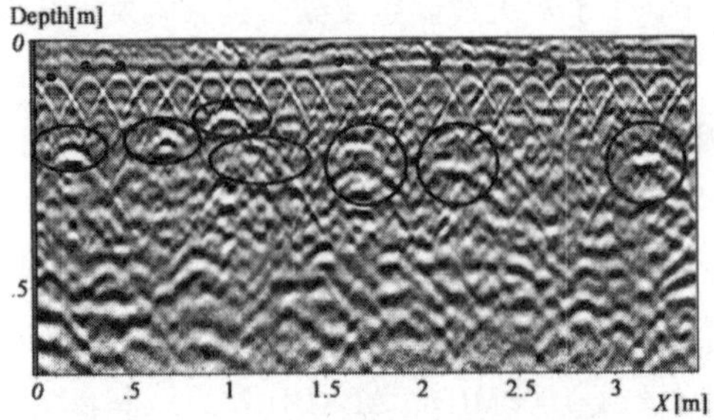

图 15-48　ALADDIN 天线阵定位钢筋及预应力管道

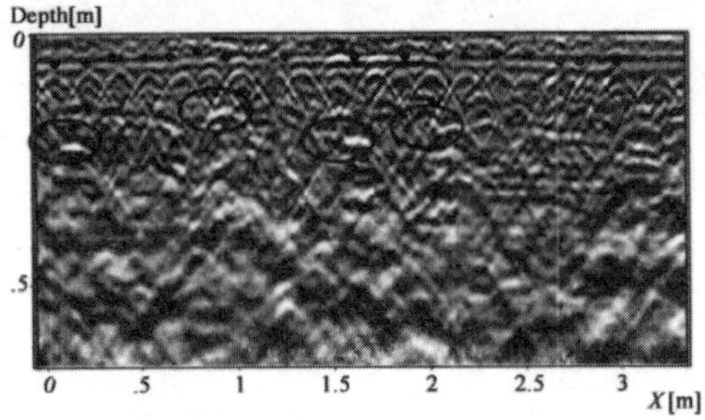

图 15-49　1600MHz 单天线定位钢筋及预应力管道

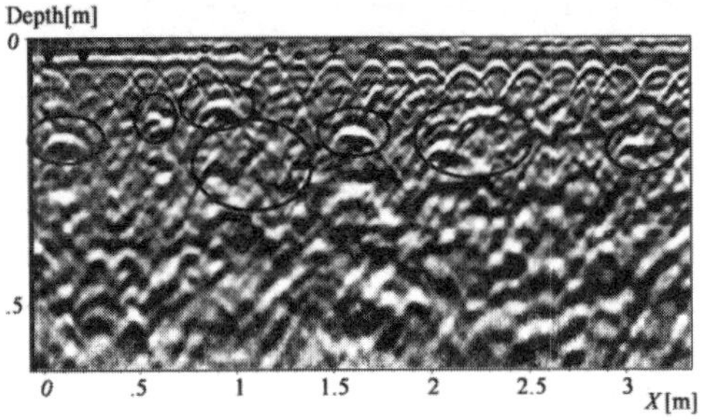

图 15-50　自组天线阵定位钢筋及预应力管道

四、自组天线阵雷达的深层叠加法

其原理即考虑采用不同天线距的发射—接收天线在同一测线上重复测量，并将相同位置的雷达记录进行叠加，以增强来自深层反射体的反射波的信噪比，提高对下层物体如钢筋的识别能力。采用自组 2 × 1600MHz 天线阵，设置单发—单收的模式，对同一测线采用不同的天线间距进行测量。

对不同间距雷达图像进行叠加，其结果如图 15-51 所示。结果表明，对原来不能识别或识别困难的下层目标(预应力钢筋),通过叠加处理后,其识别效果大大增强,有利于改善表层存在较密集钢筋对下层钢筋识别的干扰。

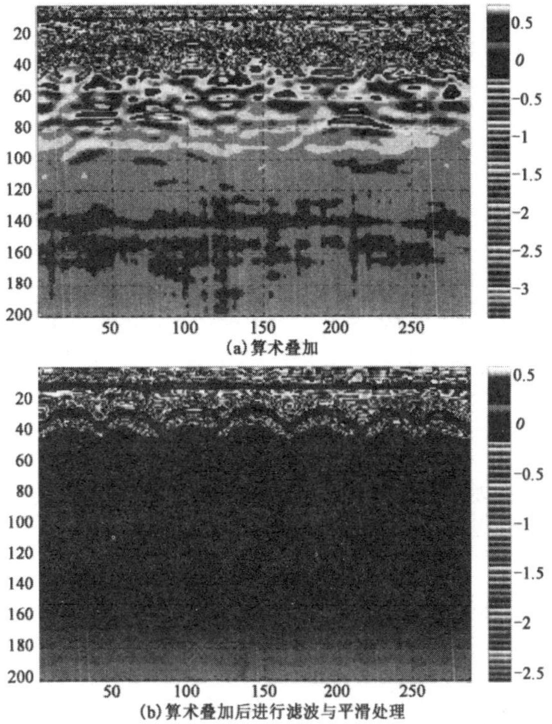

图 15-51　图像叠加处理的结果

第十六章　混凝土桥梁内部缺陷的探地雷达检测技术

第一节　混凝土桥梁典型内部缺陷的雷达图像特征

混凝土桥梁内部的几种常见典型缺陷有：空洞、脱空、裂缝、断层和预应力管道灌浆不饱满等，通过试验、仿真等方法获取并分析这些缺陷的典型雷达图像特征，为雷达图像的解读提供依据。

一、空洞缺陷典型雷达图像

在空洞缺陷中由于空洞本身的不规则性，电磁波在其中会形成来回反复多次反射，根据空洞的大小形态不同形成的雷达回波也不相同，对于空洞比较大的，电磁波辐射方向上的尺度大于 0.5 倍介质内传播波长，空洞内的反复反射可辨识，在 B-Scan 图上形成一串重叠回波。实测大空洞二维剖面图如图 16-1 所示。三维切片大空洞雷达图像如图 16-2 所示。

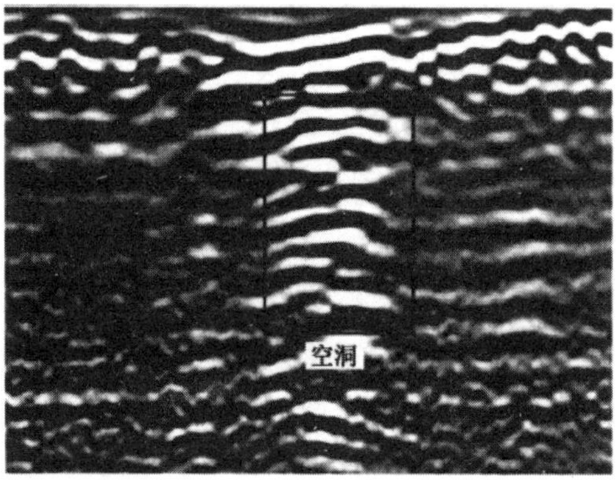

图 16-1　实测大空洞二维剖面图

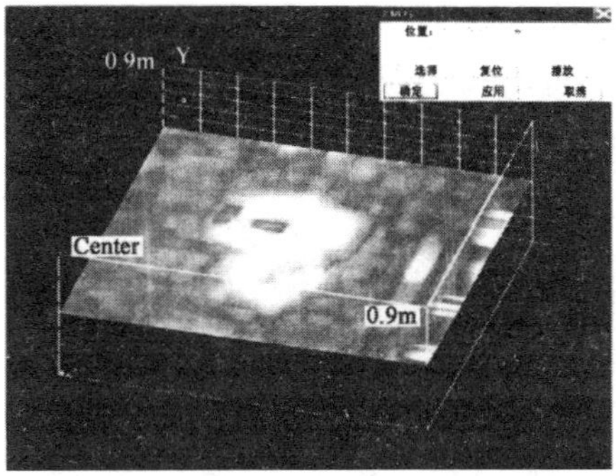

图 16-2　三维切片大空洞雷达图像

对于厚度比较小的空洞，不会形成如图 16-1 所示的波串，而是形成平顶的抛物线。在采用的雷达参数设置不变的情况下，空洞平面尺度越大雷达图像的曲率越大，如图 16-3、图 16-4 所示，空洞的平面形态圆形、方形还是五边形对雷达图像特征无显著影响。

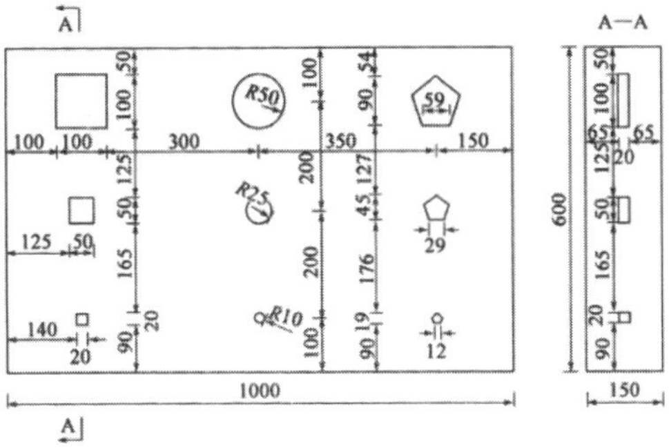

图 16-3　内置缺陷混凝土试件（尺寸单位：mm）

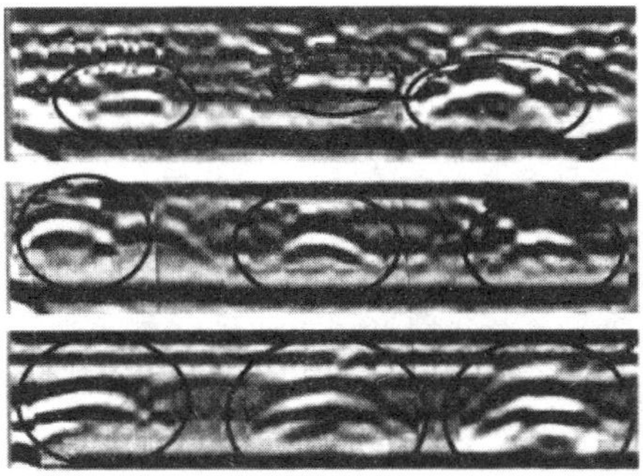

图 16-4　空洞扫描图像

二、空缺陷典型雷达图像

脱空与分层存在一定的相似性，当脱空够长时也即为一层介质，在雷达回波中会形成典型层位回波反应，如图 16–5 所示。

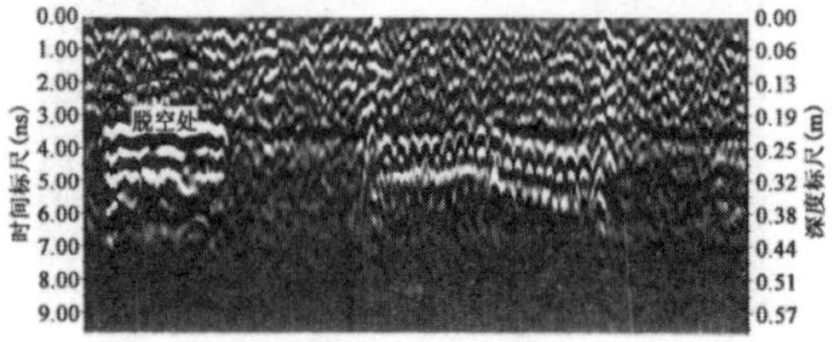

图 16–5　脱空图像

三、裂缝缺陷典型雷达图像

裂缝的雷达回波在一定程度上同样表现为双曲反应，如图 16–6 所示。在进行模拟仿真时考虑钢筋网及裂缝含水对其雷达图像的影响。

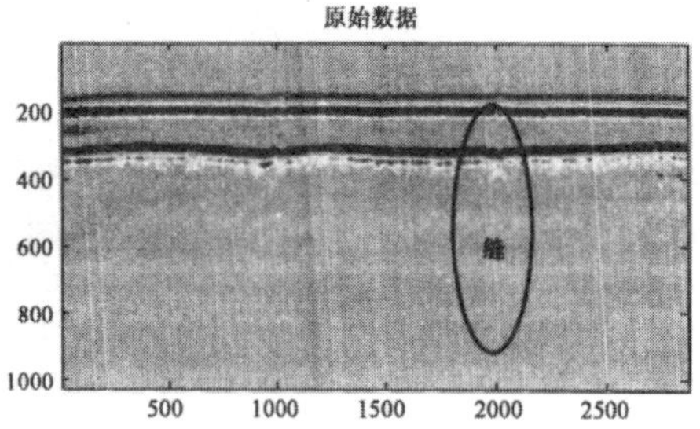

图 16–6 实测裂缝二维剖面图

（1）不存在表层钢筋网时，裂缝雷达图像如图 16–7 ~ 图 16–9 所示。

对比充满水时的裂缝反应，由于介电常数差异大，图像相对更加明显。

裂缝宽度变小后，相应的雷达图像双曲线宽度也变小，颜色变浅，显示反射减弱。

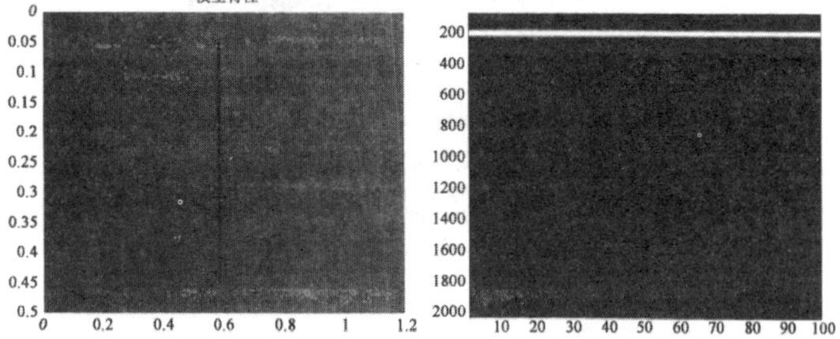

图 16–7　裂缝（宽 5mm，长 40cm）雷达图像

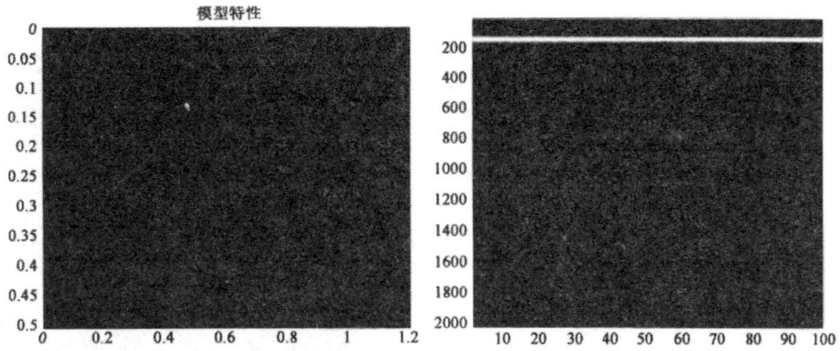

图 16-8　裂缝（宽 5mm，长 40cm，充满水）雷达图像

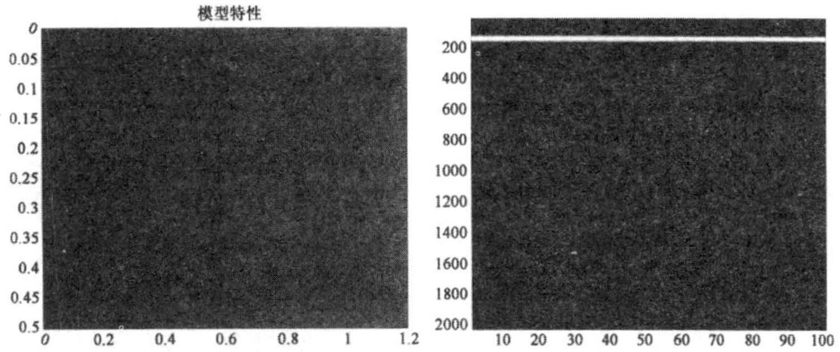

图 16-9　裂缝（宽 2mm，长 30cm）雷达图像

（2）存在钢筋时的裂缝雷达图像如图 16-10 ~ 图 16-12 所示。

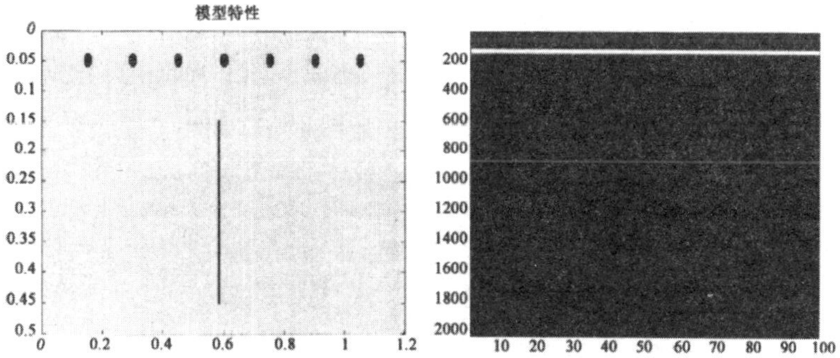

图 16-10　裂缝（宽 5mm，长 30cm，充满水）雷达图像

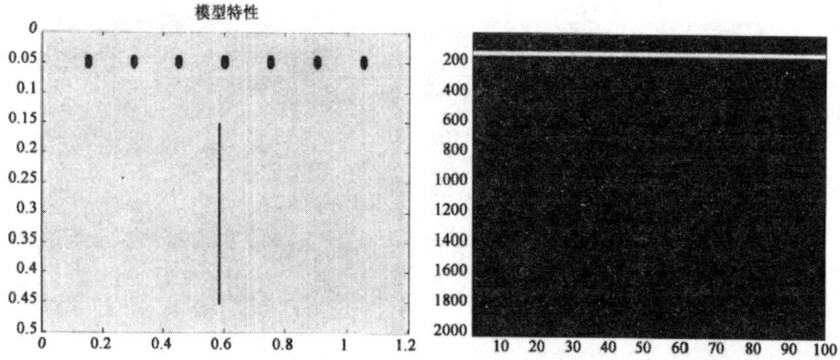

图 16–11 裂缝（宽 10mm，长 30cm，充满水）雷达图像

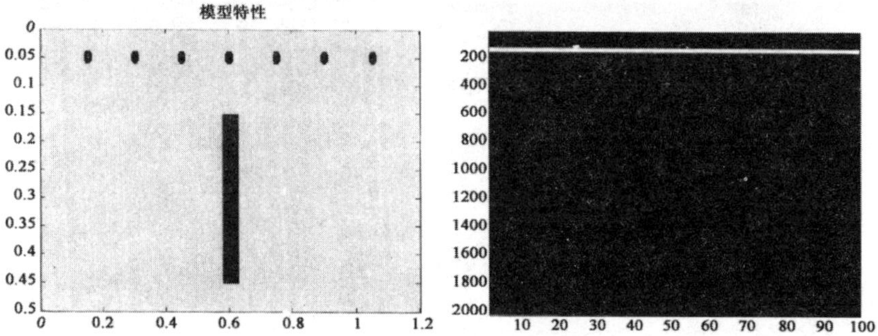

图 16–12 裂缝（宽 50mm，长 30cm，充满水）雷达图像

相比之下，当钢筋网存在时，严重地影响着裂缝的探测，当裂缝宽达 5cm 且充满水时才有所反映。总体看，雷达探测混凝土裂缝比较困难。

四、断层缺陷典型雷达图像

断层缺陷在雷达图像上会比较明显地反映出来，如果有断层存在则雷达回波中断层处本应有层位反应的会消失，如图 16–13、图 16–14 所示。

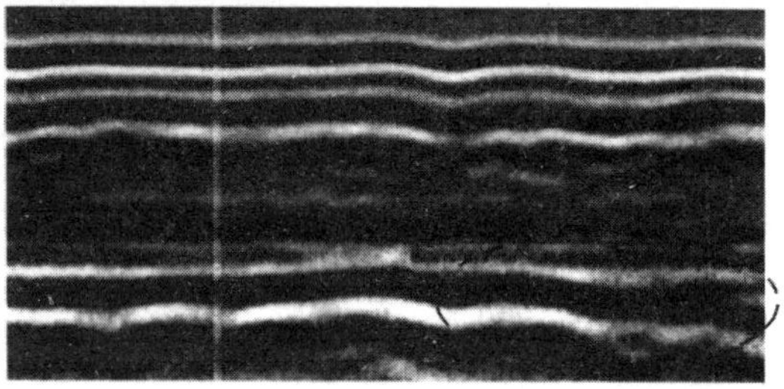

图 16–13 断层图像

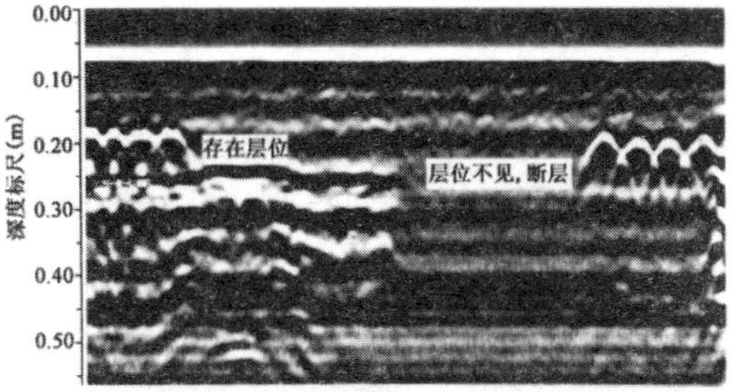

图 16-14　断层缺陷二维剖面图

第二节　波纹管道灌浆饱满度雷达识别方法

管道灌浆是隐蔽工程，预应力系统设计上又没有设置检查孔，施工中又无其他检查措施，因此管道灌浆中的质量好坏不易被评估。目前常用的方法有钻芯法、冲击回波法、超声脉冲法和雷达法等。由于探地雷达波的反射特性，对于关键饱满度的检查，主要针对采用塑料波纹管的预应力管道灌浆情况。

雷达法探测管道灌浆空洞工作原理是雷达向探测管道的混凝土结构内定向发射高频电磁波，同时接收混凝土内部界面的反射和散射波，通过反射和散射波的双程走时、强度以及波形特点确定结构内部管道灌浆情况。其原理参见图 16-15。

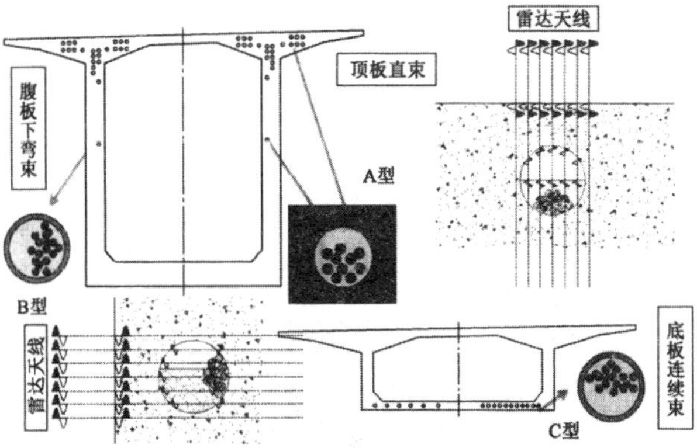

图 16-15　雷达法探测管道灌浆空洞工作原理

采用探地雷达探测管道灌浆中，通常采用雷达探测的图像进行识别，其主要包括波形图识别、灰度图（二维）识别和三维成像识别。

一、波形图识别试验验证

试件的尺寸为 2000mm × 1800mm × 200mm，预先在混凝土中埋入内径为 70mm 的塑料波纹管和金属管，灌浆以模拟实际工程中的预应力管道。灌架程度为未灌浆、半浆和满浆，试件的设计平面图和侧面图如图 16–16、图 16–17 所示。

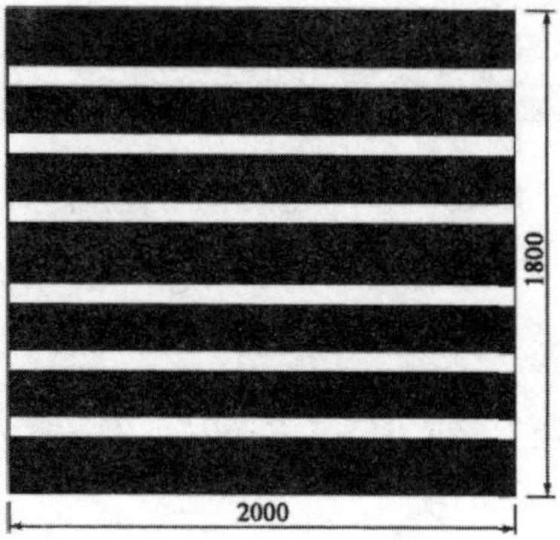

图 16–16　设计平面图（尺寸单位：mm）

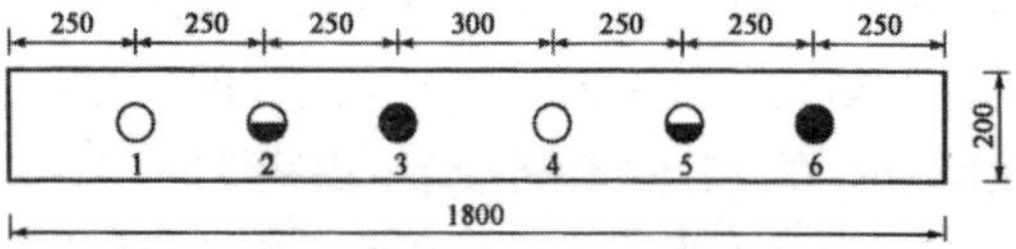

图 16–17　设计侧面图（尺寸单位：mm）

处理后的雷达灰度图，如图 16–18 所示。从图中可以清晰地看到预制的 6 根直径为 70mm 的金属管和塑料波纹管，由反射相位可判断，前三个反射相位为黑—白—黑，为金属管，后三个反射相位为白—黑—白，为塑料波纹管，其相位是反的。金属管和塑料波纹管的单波波形如图 16–19、图 16–20 所示。

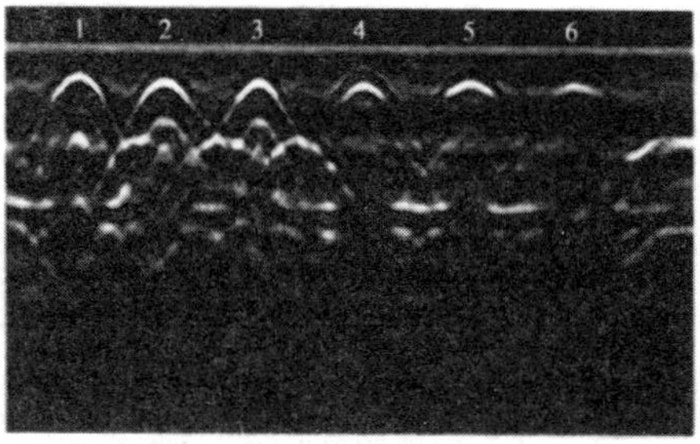

图 16–18　6 根管道雷达测试灰度图

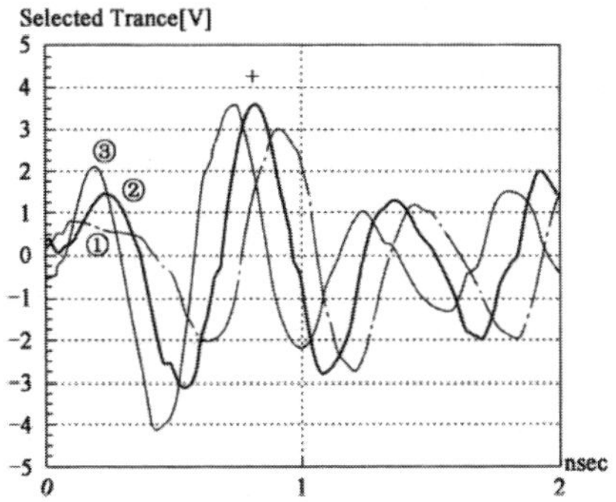

图 16–19　3 根金属管单波示意图

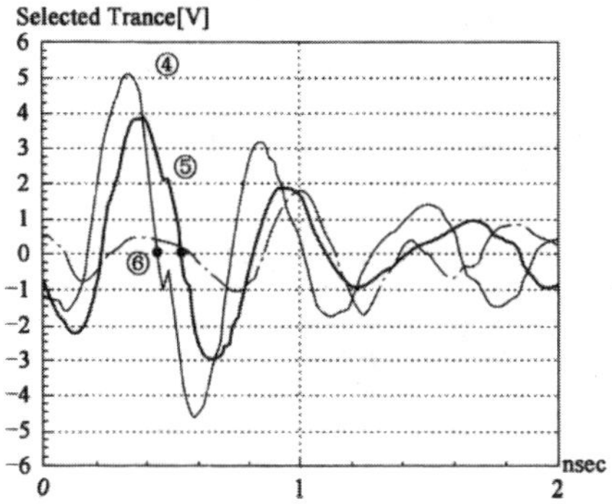

图 16–20　3 根塑料波纹管单波示意图

由图 16–19 可见，电磁波由混凝土进入钢管，即由低速介质进入高速介质，雷达波相位与入射波相反。由图 16–20 可见，电磁波由混凝土进入波纹管，即由高速介质进入低速介质，雷达波相位与入射波相同。

灌浆饱满的第三根塑料波纹管，波形图变化较其他两根不明显，且灰度图也不明显。未灌浆和灌浆不饱满的波纹管，灰度图表现基本相似，但波形图差异较大。总体上对塑料波纹管灌浆越饱满越不易分辨，这和空洞深度和雷达波长有关，一般至少半空以上才能识别，同时如塑料波纹管内，已经穿好钢绞线束，对于管道内的灌浆情况的辨识也比较困难，主要原因是金属与混凝土的介电常数的差异远远大于空气与混凝土，另外在实际工程中，钢绞线束占据了预应力管道绝大部分空间，因此在金属对混凝土的强反射作用下，即便是完全没有灌浆，也很难反映出管道内的空洞缺陷。金属管由于电磁波全反射，内部灌浆情况在图像上反映也无明显区别。

二、灰度图（二维）识别试验验证

在本次试验中主要进行了19个测区的试验，主要进行混凝土块内部缺损的探测。试件构造和管道灌浆情况如图16–21所示，1、4和7管道为通过粗钢筋的钢管管道，2、3、5和6为波纹管管道，其中有一根管道为空波纹管，一根管道为灌浆饱满程度不同的波纹管，另外两根管道通过预应力钢绞线且管内灌浆情况不同。预应力钢筋采用直径为32mm的精轧螺纹钢筋及其配套的锚具、配套千斤顶；预应力钢绞线拟采用19ϕ15.2和7ϕ15.2的钢绞线及其配套的锚具。测线布置如图16–22所示。

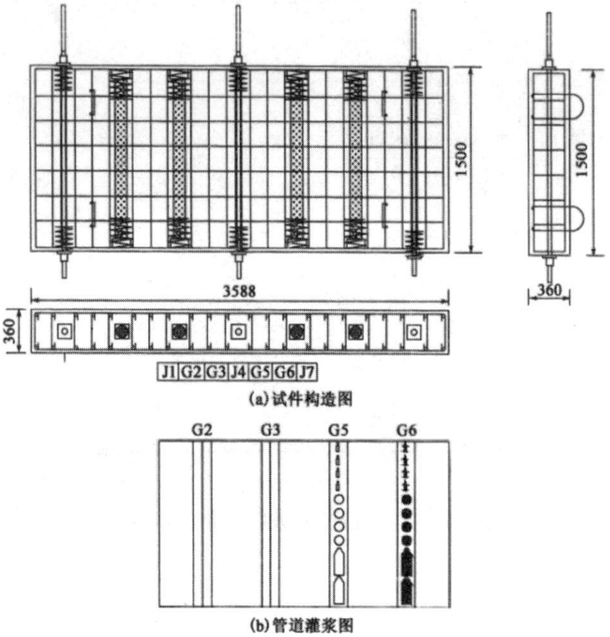

图16–21　试件构造（尺寸单位：mm）

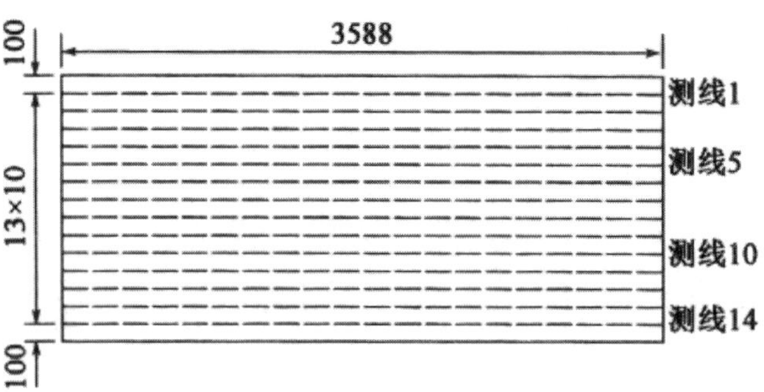

图16–22　试件测试布置情况（尺寸单位：mm）

本次测试主要采用了 2000MHz 天线进行混凝土内部缺损探测。其中测线 6 的阿拉丁天线探测结果如图 16–23 所示。

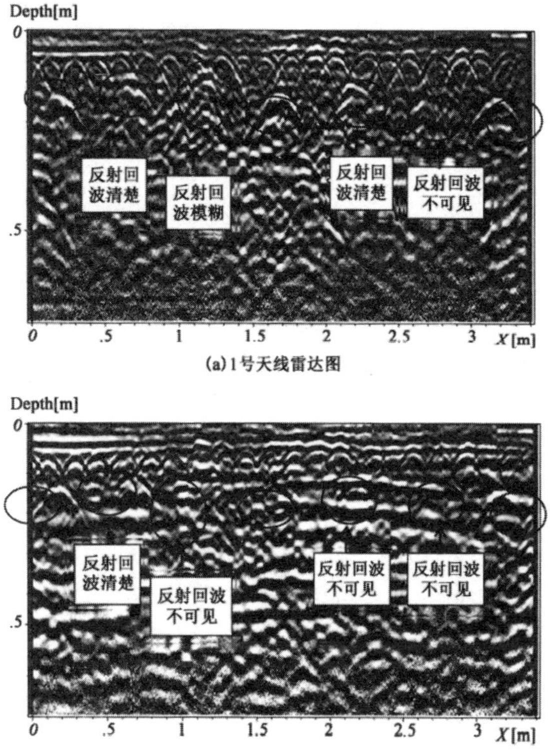

(a) 1 号天线雷达图

(b) 2 号天线雷达图

图 16–23　测线 6 探测雷达图

由图 16–23 可以看到：

（1）对于上层钢筋，大线 1 可较准确清晰地得到其位置；天线 2 可以较准确清晰地得到第二层波纹管的位置，对于预应力钢筋，两个天线均可看到其位置，但天线 1 较清楚。因此，在分析多层钢筋或者钢筋下有缺陷的试件时，应将 2 个天线雷达图结合起来分析。

（2）结合每个测区雷达天线 1 和 2 测试的雷达图，可见第 1、4、7 根管道相位与第一层钢筋反射相位相同为白—黑—白，因此可判断 1、4 和 7 所在位置为预应力螺纹钢筋 J1、J4 和 J7，多数预应力螺纹钢筋雷达图在天线 1 中更清晰。剩余管道反射为黑—白—黑，可判断为塑料波纹管。

（3）第二根和第三根管道为波纹管，在 14 次不同位置测试中，除靠近锚固处 1、2 测线外，其他测区均能较清楚看到反射回波，在测线 1 ~ 测线 3 有强反射现象。

根据前述研究可知，对于非金属管的灌浆饱满度：灌浆饱满的雷达反射回波小，相反则反射回波强，灌浆饱满度无法量化。因此，可判断第二根和第三根管道灌浆不饱满。

（4）第五根管道为通过 7 根钢绞线的波纹管，由雷达图可见，锚固区附近测线 1 ~测线 3 波纹管雷达反射弱，测线 4 雷达反射回波不可见，测线 5、7 波纹管雷达图反射回波较弱，测线 6 清楚，测线 8 ~测线 11 反射回波较强，测线 12 反射回波弱，测线 13 ~测线 14 反射回波较强。

（5）第六根管道为灌浆程度不同的波纹管。

（6）对于第 1、4、7 根管道内为通过钢绞线的波纹管，钢绞线数量不同。在雷达图中无法判断其数量情况。

（7）由于构件制作完成时间较长，水分蒸发较快，因此，管道内相同缺陷内填水和空气时，无法用雷达区分。

综合所有 14 根测线的结果可以得到如图 16-24 所示的内部灌浆情况。

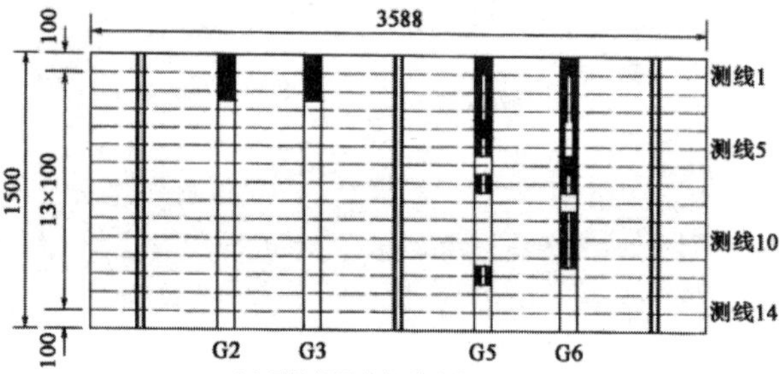

(a) 雷达探测内部灌浆情况

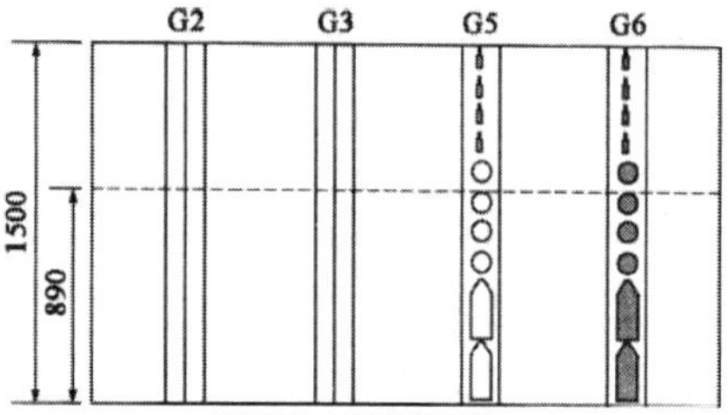

(b) 实际内部灌浆情况

图 16-24　波纹管内部缺陷情况（尺寸单位：mm）

三、三维成像识别灌浆饱满度雷达探测

本次试验中进行了 23 个测区的试验，主要进行混凝土块内部管道灌浆空洞的探测。试件构造及灌浆饱满度情况如图 16-25 所示，测线布置如图 16-26 所示。

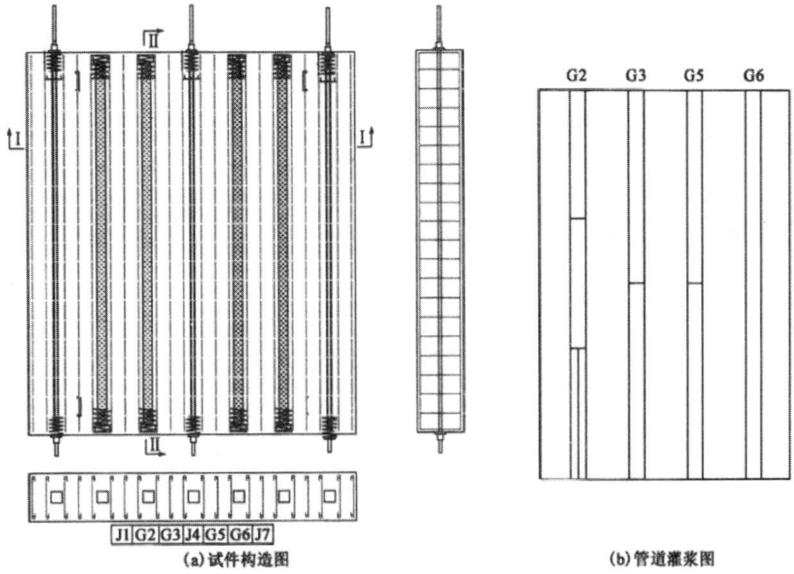

图 16-25　试件构件示意图

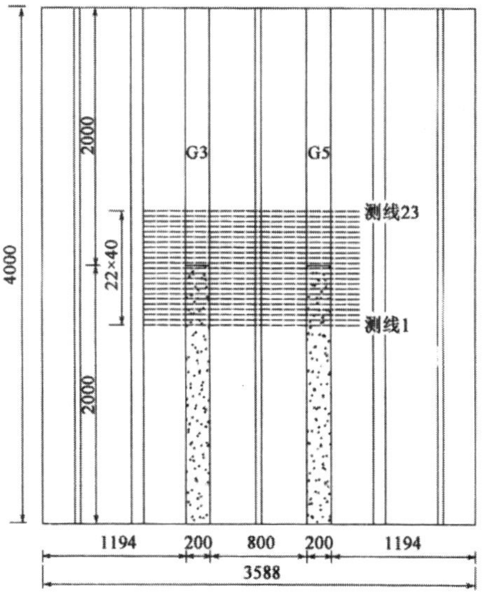

图 16-26　试件测线布置情况（尺寸单位：mm）

本次试验中测试区 J4 为精轧螺纹钢筋，灌浆饱满。G2 和 G3 预应力钢绞线不同，灌浆饱满度不同。通过多次测量结果形成三维图像，对三维图像不同深度切片进行观察，可得到灌浆饱满程度不同的差异。灌裝饱满程度不同在三维成像中的反应如

图 16–27 所示。三维切片情况如图 16–28 所示。

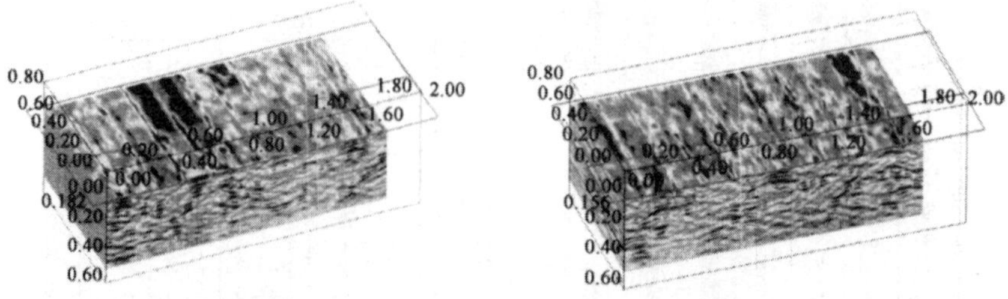

(a) 19根预应力钢束半空　　(b) 7根预应力钢束半空

图 16–27　管道灌浆饱满程度三维成像图

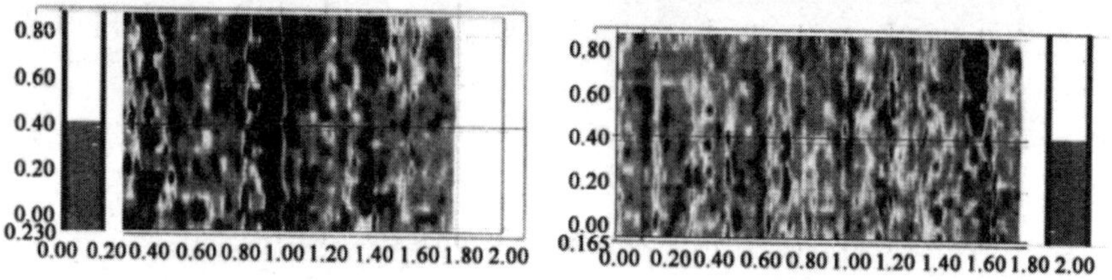

(a) 19根预应力钢绞线管道三维切片　　(b) 7根预应力钢绞线管道三维切片

图 16–28　灌浆饱满程度三维切片图

由图 16–27、图 16–28 可见，灌浆饱满和灌浆不饱满的波纹管，在三维成像及切片中均显示不同的颜色，是由于灌浆不饱满时，管道中存在空气，导致其双程走时和强度存在差异因而可在三维成像中反映出明显的差异。可见，管道灌浆饱满情况可通过管道三维成像切片中色彩不同进行反映。

第三节　混凝土内部缺陷的无损联合检测技术

不同的检测技术有不同的优缺点和应用范围。其中，雷达检测的结果的准确性取决于图像特征识别，雷达检测的图像只反映钢筋混凝土介质的电性分布，因此如何建立现有图像信息与内部结构的关系是工程界的一个研究热点，目前也取得了一些有益的成果，如对钢筋、空洞、异物的图像特征的初步概括等，亟待形成一套可供参考的雷达图谱。红外检测技术受温度、湿度、风速等环境因素影响较大，结果也与受检试件的表面状况有关，同时存在热扩散导致的边界不清晰等问题。混凝土超声层析成像仍处于研究的初级阶段，大多只是简单搬用地震层析成像的反演方法，没有充分考虑混凝土材料的组成特点及结构构造形式对超声层析成像的影响，即使是纯粹的数值模拟也存在着不尽如人意的问题，应用于实际工程还需做大量的研究工作。冲击回波实际应用中，应对测量表面进行处理，以减小表面不平对测量结果的影响。

实际应用中，针对同一构件可能会使用2种或多种检测方法进行检查，如何根据实际情况来确定各种检测方法是否适用，如何安排多种检测方法的检测顺序来提高检测精度，如何综合分析各种检测方法的检测结果以提高结论的可靠度，这些都是研究的主要目标。

无损检测的联合检测技术可以达到以下目的：

根据应用范围和条件的不同，选择不同的检测方法；综合各种方法的结果达到尽量避免误判、提高精度；综合各种方法的结果达到尽量避免漏判；综合各种方法提高效率。

一、冲击回波与雷达联合测试

在实桥预应力管道中，内部缺陷主要是空气泡或水泡。为了研究管道内部缺陷对冲击回波测试的影响，选择试块6号和7号管道测线进行测试，小试块厚度36cm，6号和7号管道均为直径10cm的塑料波纹管，并且均穿有7根 ϕ15.2mm 的钢绞线，6号管道中预埋有捆绑在钢绞线上的空气缺陷，缺陷特征属性分别为直径6cm圆柱形、直径4cm球形、直径2cm圆柱形。7号管道中预埋有捆绑在钢绞线上的灌水缺陷，缺陷特征属性分别为直径6cm圆柱形、直径4cm球形、直径2cm圆柱形。混凝土试件如图16–29所示。

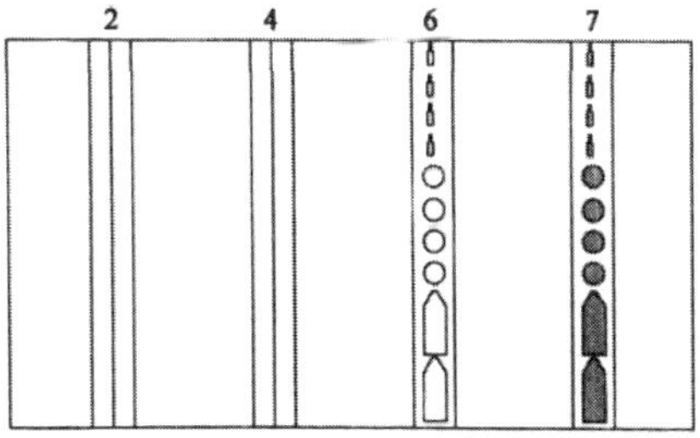

图16–29　混凝土试件示意图

分别使用冲击回波法与雷达法在实桥预应力管道中检测内部缺陷（主要是空气泡或水泡）。冲击回波选择激振频率为9.690kHz的测试结果进行分析，测试结果如图16–30所示。

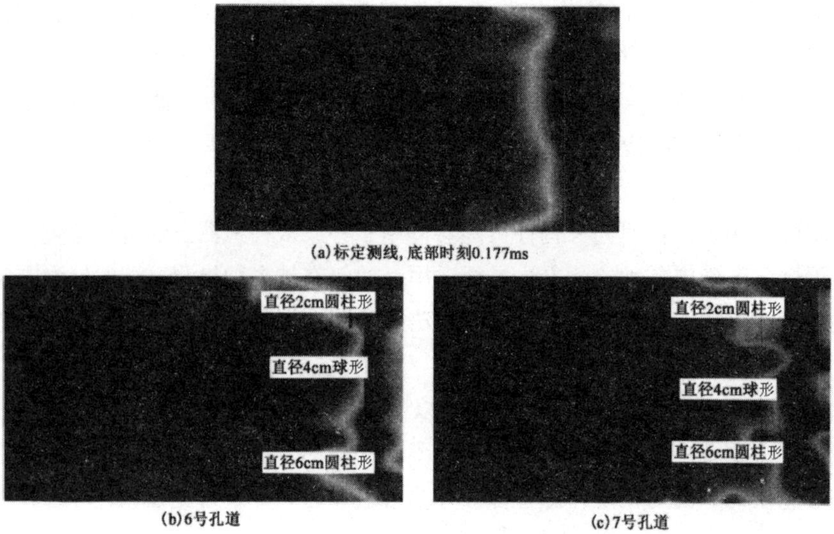

图 16–30　试块管道内部缺陷的冲击回波测试结果图

冲击回波测试方法和雷达测试方法都可以得到一些有益的结果，综合比较这两种方法，可以得出以下结论：

（1）两种测试方法得到的测试结论基本一致并与实际状态较为符合。

（2）冲击回波测试定位不直观明显，而雷达测试的定位较为直观而且更为准确。

（3）雷达测试可以判断出预应力管道是否灌浆饱满，但比较难于进行精确量化；相反，冲击回波测试可以对预应力管道的灌浆饱满程度进行量化，弥补了雷达测试的不足之处。

（4）雷达测试方法可以判断出预应力管道内是否有积水，而冲击回波测试方法做不到这一点。

（5）雷达测试结果受上层钢筋影响较大，而冲击回波测试基本上不受上层钢筋的影响。

基于以上结论，建议在实际应用中，可以先使用雷达进行探测，判断预应力管道是否灌浆饱满以及是否有积水，充分利用其探测的精度，在得到内部空洞位置后，使用冲击回波对该区域进行二次探测，来得到量化结果。如果上层钢筋比较密集，影响到雷达测试时，冲击回波方法也是一种非常不错的补充。

二、红外热成像与雷达联合测试

试件尺寸为 2000mm × 1800mm × 200mm，预先在混凝土中埋入内径为 70mm 的塑料波纹管和金属管，灌浆以模拟实际工程中的预应力管道。

从红外热成像和雷达的检测结果来看，雷达检测技术在定位上更加准确快速，但在灌浆密实度检测中需要有专业检测人员的判断，主观性较大，当波纹管为金属时，检测失效。而红外热成像在定位上容易受到其他因素的干扰，造成判断失误，但在灌浆密实度检测中有较佳的效果。所以可以综合此两种检测方法的优点，在灌浆密实度检测中，先使用雷达进行定位，并在试件表面使用记号笔标识出管道的位置，然后对此区域进行快速的均匀加热，通过红外热成像检测，可以更加准确地得到波纹管灌浆饱满状况信息。管道灌浆密实度联合检测结果如图 16-31 所示。

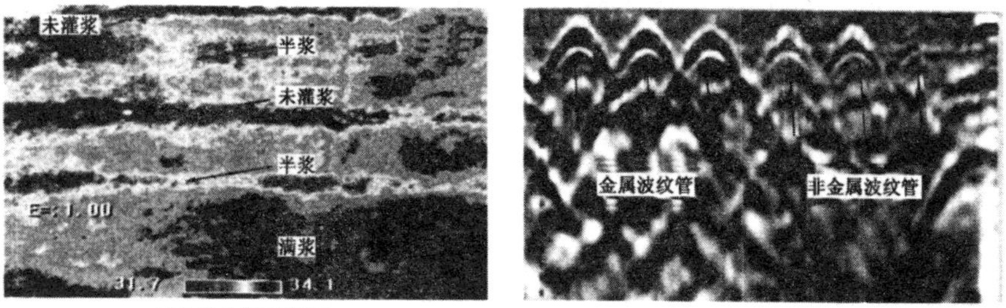

(a) 红外热像识别结果　　(b) 雷达检测结果

图 16-31　管道灌浆密实度联合检测结果

第十七章　探地雷达图像的识别

采用数学形态学处理方法对探地雷达图像中钢筋、缺陷所对应的区域进行提取，通过偏心率、面积凹凸比、圆形度等参数对特征区域的特征进行描述，利用支持向量机算法进行钢筋、缺陷区域的识别。三维显示信息重建主要采用二维转三维的思想，是通过软件算法的方式将二维的图像或视频转换成人们可以接受的具备三维显示效果的图像及视频。在转换的过程中，要使用到深度图像序列信息。深度图是三维显示区别于二维显示的差异信息，一幅二维图像如果有了深度信息的配合就可以通过基于深度图像绘制技术，将一幅二维图像转换为三维图像。

第一节　图像预处理

由于在结构测量中，受到结构内部均匀性、环境等因素的影响，雷达图像在采集和存储过程中容易受到噪声干扰，造成雷达图像中有用信息不明显，因此在图像处理之前需要对雷达图像进行预处理以增强有用信息。图像增强技术就是在对图像进行正式处理前所做的一系列操作，通过理论研究与试验分析，适用于混凝土内部配筋状况识别的图像增强技术包括：直方图均衡化、平滑滤波、灰度拉伸等。

同时，针对探地雷达检测混凝土内部配筋的雷达图像特点，本书基于分段线性变换和非线性拉伸变换特点，以 100 幅雷达测试结果为研究对象，经过试验、分析，设计了一种改进的拉伸变换。

一、直方图均衡化

对于雷达灰度图，图像的灰度直方图是反映图像的像素灰度级与这种灰度级出现的概率之间的相对关系的图形。通常灰度级为（0，L–1）范围的图像直方图则是离散函数 $h(r_k)=n_k$，r_k 是第 k 级灰度，n_k 是图像灰度级 r_k 的像素个数。求灰度直方图的方法就是拿图像中像素数目的总和 n 去除图像的每一个像素灰度值，表达式如下：

$$P(r_k)k = \frac{n_k}{n}(k = 0,1,2\cdots\cdots) \tag{17-1}$$

直方图均衡化是图像处理领域中利用图像直方图对对比度进行调整的方法。直方图均衡化处理的中心思想是把原始图像的灰度直方图从比较集中的某个灰度区间变成在全部灰度范围内的均匀分布，是对图像进行的一种非线性拉伸，重新分配图像像素值，使一定灰度范围内的像素数量大致相同，从而把给定图像的直方图分布改变成“均匀”分布。

这种方法对于背景和前景都太亮或者太暗的雷达图像非常有用，从而使得钢筋、管道、脱空等对应的雷达波形状更加明显。这种方法处理探地雷达图像的一个主要优势是：它是一个相当直观的技术并且是可逆操作，如果已知均衡化函数，那么就可以恢复原始的直方图，并且计算量也不大。这种方法的一个缺点是它对处理的数据不加选择，可能会增加背景图像的对比度并且降低有用信号的对比度。

应用该方法处理探地雷达图像的基本思路：设原始图像在（x，y）处的灰度为 f，而改变后的图像为 g，则对图像增强的方法可表述为将在（x，y）处的灰度 / 映射为 g。在灰度直方图均衡化处理中对图像的映射函数可定义为：g=EQ（f），这个映射函数 EQ（f）必须满足两个条件（其中 L 为图像的灰度级数）：

（1）EQ（f）在 0 ≤ f ≤ L–1 范围内是一个单值单增函数。这是为了保证增强处理没有打乱原始图像的灰度排列次序，原图各灰度级在变换后仍保持从黑到白（或从白到黑）的排列。

（2）对于 0 ≤ f ≤ L–1 且 0 ≤ g ≤ L–1，这个条件保证了变换前后灰度值动态范围的一致性。

累积分布函数即可以满足上述两个条件，并且通过该函数可以完成将原图像 f 的分布转换成 g 的均匀分布。此时的直方图均衡化映射函数为：

$$g_k = EQ(f_k) = \sum_{i=0}^{k} \frac{n_i}{n} = \sum_{i=0}^{k} P_r(r_i)(k = 0,1,2\cdots\cdots L-1) \tag{17-2}$$

式中：P_r——灰度级出现的概率；

r_i——第 i 个灰度级。

上述求和区间为 0 ~ k，根据该方程可以由原图像的各像素灰度值直接得到直方图均衡化后各像素的灰度值。在实际处理变换时，一般先对原始图像的灰度情况进行统计分析，并计算出原始直方图分布，然后根据计算出的累计直方图分布求出 f_k 到 g_k 的灰度映射关系。在重复上述步骤得到原图像所有灰度级到目标图像灰度级的映射关系后，按照这个映射关系对原图像各点像素进行灰度转换，即可完成对原图像的直方图均衡化。

图 17–1 示为两幅原始雷达图像及用直方图均衡化方法处理后的图像，由图可知，直方图均衡化后的图像中的有用信息明显增强了，但是背景噪声也随之增强，产生了很多的干扰信息，因此不利于后续的桥梁缺陷识别。

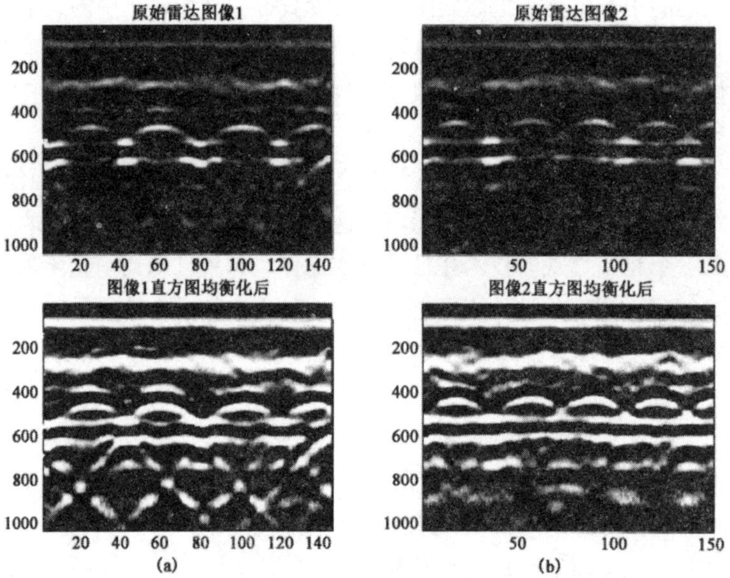

图 17–1　直方图均衡化方法效果

二、平滑滤波

为了抑制和消减噪声，改善探地雷达图像质量，以便于做进一步的处理，对图像进行去噪预处理也是一种有效的预处理方法。图像的去噪方法很多，常用的包括：均值滤波、高斯滤波以及中值滤波和低通滤波。通过理论分析及试验，以及合理设置高斯滤波参数，高斯滤波对探地雷达测量混凝土内部配筋获得了较好的效果。

1．均值滤波

均值滤波也称局部平滑法或邻域平均法，由其原理组成的滤波器叫作均值滤波器，这是一种典型的线性滤波。它是一种直接在空间域里进行图像平滑处理的技术。假设图像由许多灰度值恒定的小块组成，相邻像素之间存在着很大的空间相关性，而噪声却是独立存在的，因此可以用邻域内各个像素的灰度级平均值来代替该像素原来的灰度值，这样各个像素之间的灰度值就都具有相关性，就可以去除噪声，实现图像的平滑。均值滤波还分为算术均值滤波和几何均值滤波。算术均值滤波顾名思义是以窗口内所有像素点灰度值的算术平均值替代窗口中心的灰度值，这是最简单的均值滤波；而几何均值滤波的原理是将窗口中图像像素的灰度值以几何运算求均值，下面给出均值滤波的一般公式。

设有一幅 N×N 的图像 f（x，y），若平滑图像为 g（x，y），则有

$$g(x,y)=\frac{1}{m}\sum_{i,j\in s}f(i,j) \tag{17-3}$$

可知邻域平均法就是将当前图像各像素邻域内的灰度平均值作为其输出值的一种简单的去噪办法。选用 5×5 窗口对探地雷达图像进行均值滤波算法主要步骤如下：

（1）选择一个 5×5 窗口，中心像素是该点输入时的像素值，其余的是它邻域内像素的值。

（2）然后求这些像素值的均值，作为输出的像素值。

（3）另外对于第一行和最后一行、第一列和最后一列来说，不能找到与自己相邻的八个像素，因此保持它们的数据不变，最后把这几行列的数据和那些变化后的数据组合在一起组成图像的灰度矩阵。

（4）按照此灰度矩阵的值输出图像。

图 17-2 所示为使用 3×3 大小的模板对两幅雷达图像进行均值滤波前后的对比。

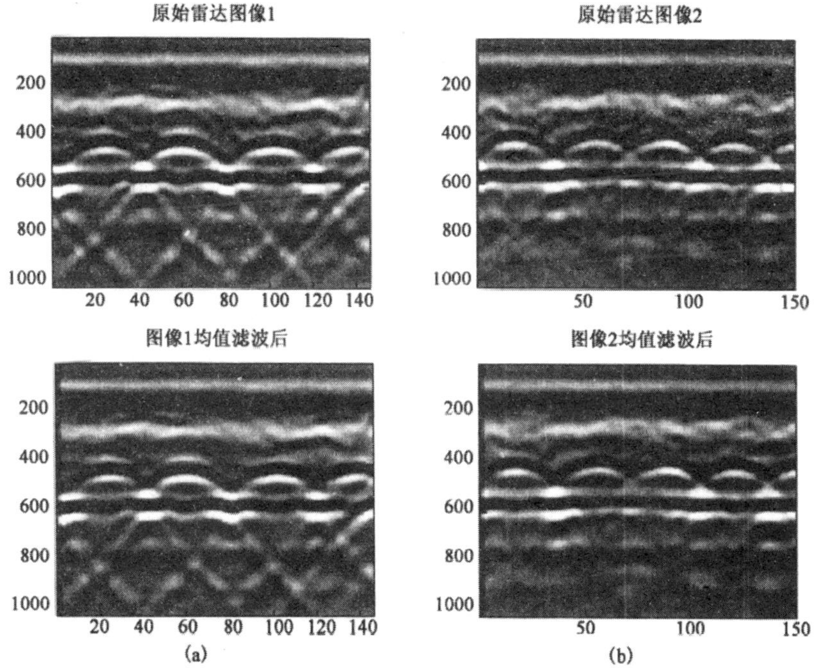

图 17-2　使用均值滤波对两幅雷达图像进行滤波的效果

通过对30幅探地雷达图像进行3×3、5×5均值滤波试验发现，在对噪声进行滤波的同时，有用信号也变得模糊了。分析其原因，均值滤波算法的输出图像是以窗口内所有像素按照某种数学操作取均值，算术滤波器可以有效地去除高斯噪声和强度不大的椒盐噪声，几何均值滤波器相对于算术滤波器能够保留更多的图像细节，但是由于算法过程中缺少对保持图像中含有目标边缘的考虑，对图像中的所有像素点包括信号突变处都进行了平滑，使用均值滤波会造成边缘的模糊和细节的湮没，因此均值滤波在图像去噪的同时也产生了不好的影响，这种方法在平滑了图像信号的同时也使图像的细节部分变得更加模糊，且当邻域取的越大图像会越模糊。

2. 高斯平滑滤波

高斯平滑滤波也属于线性滤波，它是根据高斯函数的形状来选择权值的线性平滑滤波器。高斯平滑滤波对去除服从正态分布的噪声特别是高斯噪声效果显著。高斯函数可以分为一维零均值高斯函数和二维零均值高斯函数。高斯分布参数决定了高斯滤波器的宽度。对图像处理来说，常用二维零均值离散高斯函数作平滑滤波器。高斯滤波的特性与高斯函数息息相关，高斯函数具有5个重要性质：

（1）二维高斯函数具有旋转对称性，也就是滤波器在各个方向上的平滑程度是相同的。通常来说一幅图像的边缘方向是不知道的，因此，在滤波之前是无法确定哪个方向上需要更多的平滑的，而这意味着高斯滤波在图像处理中不会偏向任一方向。

（2）高斯函数是单值函数。与均值滤波相似，高斯滤波用图像像素邻域的加权均值来代替该点的像素值，而权值的选取是随着该像素点与中心点距离单调递减的，所以离中心点比较远的像素权值较小，受到的高斯滤波影响会很小。相反如果平滑滤波对边缘像素点仍然有很大的作用，则会导致图像失真。

（3）高斯函数的傅立叶变换频谱是单瓣的。因为图像常被高频信号所污染，而我们所期望的图像特征，既含有低频分量，又含有高频分量。高斯函数傅立叶变换的单瓣意味着平滑图像不会被不需要的高频信号所污染，同时保留了大部分所需要的信号。

（4）高斯滤波器的宽度（决定着平滑程度）是由参数 σ 表征的，而且 σ 和平滑程度的关系是非常简单的。σ 越大，高斯滤波器的频带就越宽，平滑程度就越好。通过调节平滑程度参数 σ，可在图像特征分量模糊（过平滑）与平滑图像中由于噪声和细纹理所引起的过多的不希望突变量（欠平滑）之间取得折中。

（5）由于高斯函数的可分离性，大高斯滤波器可以有效实现。通过二维高斯函数的卷积可以分两步来进行，首先将图像与一维高斯函数进行卷积，然后将卷积的结果与方向垂直的相同一维高斯函数进行卷积。因此，二维高斯滤波的计算量随滤波模板宽度呈线性增长而不是呈平方增长。这些性质使得它在早期的图像处理中特别有用，表明高斯平滑滤波器无论在空间域还是在频率域都是十分有效的低通滤波器。

高斯滤波的算法如下：

（1）使用 imread 读入原始的雷达图像。

（2）输入高斯滤波器的均值和方差。

（3）利用高斯滤波函数 A1=fspecial（“gaussian”，k，n3）生成高斯序列。

（4）用生成的高斯序列进行滤波。Y1=filter2（A2，g）/255。

（5）显示滤波后的图像。

高斯滤波的效果是由高斯函数决定的，它非常适合对正态分布的高斯噪声进行滤波，而对那些随机分布的噪声，如脉冲噪声和椒盐噪声的清除效果较差，而探地雷达在测量混凝土内部配筋时的随机噪声并不多。

图 17–3 所示为使用高斯滤波器对两幅雷达图像进行滤波前后的对比，其中高斯滤波器大小为 5 × 5，sigma=0.5。

通过对 50 幅探地雷达图像进行 3 × 3、5 × 5 高斯滤波试验发现，汽斯滤波对于探地雷达测量混凝土内部配筋状况图像滤波有较好效果，其中高斯滤波器大小为 5 × 5，sigma=0.5。

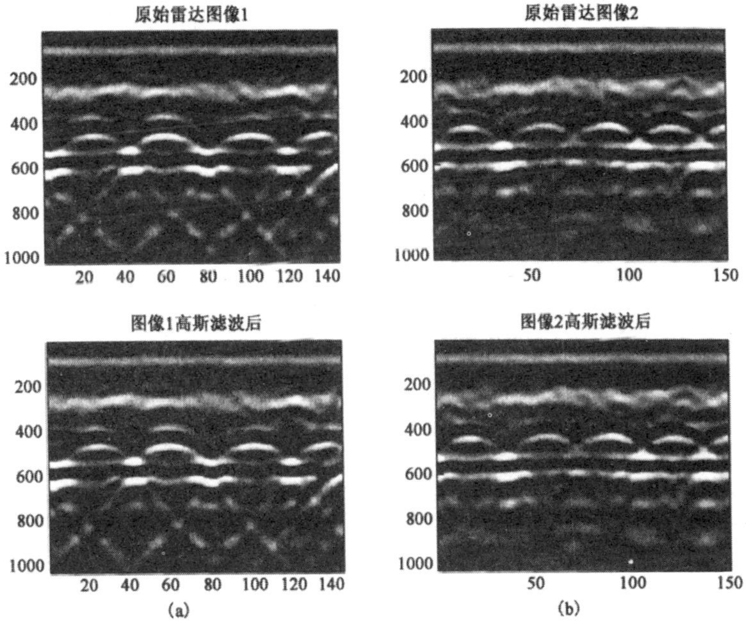

图 17–3　使用高斯滤波对两幅雷达图像进行滤波的效果

3. 中值滤波

中值滤波是一种基于排序统计理论的可有效抑制噪声的非线性平滑滤波。其滤波原理是：首先确定一个以某个像素为中心点的邻域，一般为方形邻域，然后将邻域中各像素的灰度值进行排序，取中间值作为中心像素灰度的新值，这里的邻域通常被称为窗口；当窗口在图像中上下左右进行移动后，利用中值滤波算法可以很好地对图像进行平滑处理。中值滤波的输出像素是由邻域图像的中间值决定的，因而中值滤波对极限像素值(与周围像素灰度值差别较大的像素)远不如平均值那么敏感，从而可以消除孤立的噪声点，使图像产生较少的模糊。

中值滤波去除噪声的效果除与噪声的类型有关外，还与邻域的空间范围和中值计算中涉及的像素数有关。一般来说，小于滤波器面积一半的亮或暗的物体基本上会被滤除，而较大的物体几乎原封不动地保存下来，因此，中值滤波器的空间尺寸必须根据现有的问题来进行调整。较简单的模板是 N×N 的方形。中值滤波具有算法简单、实时性好、可靠性高等特点，既能保护图像的边缘信息，又可以除去图像中的噪声，具有较高的实用价值。3×3 中值滤波窗口如图 17–4 所示。

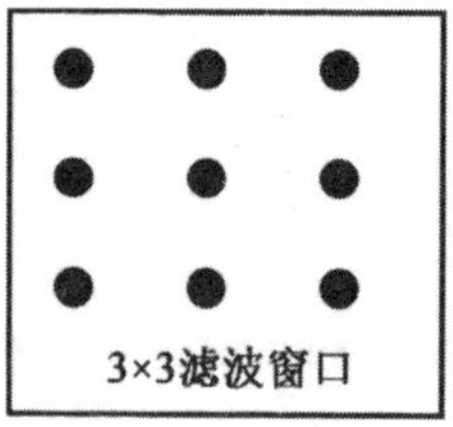

图 17–4 3×3 中值滤波窗口示意图

中值滤波算法的实现过程如下：

（1）选择一个（2n+1）×（2n+1）的窗口（程序中选用 3×3 和 5×5），并用该窗口沿图像数据进行行或列方向的滑动。

（2）每次移动后，对窗口内的诸像素灰度值进行排序。

（3）用排序法所得到的中值替代窗口中心位置的原始像素灰度值。

（4）以此作为新图像的灰度值并输出。

中值滤波算法对去除高斯噪声和低强度的椒盐噪声有不错的效果，但是由于它是以去窗口内像素的中值作为新图像的灰度值的，如果椒盐噪声分布范围较广且不均匀，那么进行中值处理后有可能噪声不仅没清除反而会加重噪声点的范围，所以传统的中值滤波缺点也很明显，尽管它在处理椒盐噪声上优于高斯滤波和均值滤波。除了传统的中值滤波，还有自适应中值滤波算法，但一般只用来消除椒盐噪声。

图 17–5 所示为使用 3×3 大小的中值滤波器对两幅雷达图像进行滤波前后的

对比。

通过对 50 幅探地雷达图像进行 3×3、5×5 中值滤波试验，中值滤波对于雷达图像滤波有一定效果，但不明显。

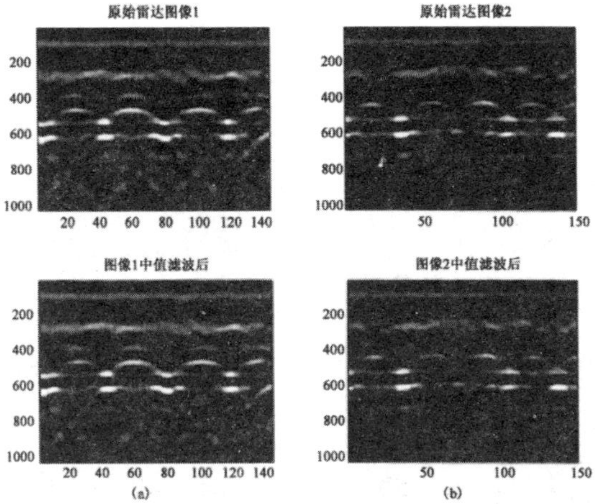

图 17–5 使用中值滤波对两幅雷达图像进行滤波的效果

三、灰度拉伸

灰度拉伸又叫对比度拉伸，它的主要思想是提高图像处理时灰度级的动态范围。如果一幅图像的灰度集中在较暗的区域而导致图像偏暗，可以用灰度拉伸功能来拉伸（斜率＞1）物体灰度区间以改善图像；同样如果图像灰度集中在较亮的区域而导致图像偏亮，也可以用灰度拉伸功能来压缩（斜率＜1）物体灰度区间以改善图像质量。该方法对于普遍偏浅或偏深的雷达图中钢筋特征的加强非常有效。

根据不同的拉伸方法，灰度拉伸可分为线性拉伸变换、分段线性拉伸变换以及非线性拉伸变换三大类。

1. 线性拉伸变换

假定输入图像 f（x，y）的灰度值范围为（a，b），变换后的输出图像 g（x，y）的灰度值范围扩展至（c，d），则对于图像的任一点的灰度值（x，y），其表达式如下所示：

$$g(x,y)=\frac{d-c}{b-a}\times\left[f(x,y)-a\right]+c \tag{17-4}$$

若原图像大部分像素的灰度级在区间（a，b）内，maxf 为原图像灰度最大值，只有个别部分的灰度值不在区间内，则为了改善图像增强效果，可以令：

$$g(x,y)=\begin{cases}c0\le f(x,y)\le a\\ \dfrac{d-c}{b-a}\times\left[f(x,y)-a\right]+ca\le f(x,y)\le b\\ db\le f(x,y)\le \max f\end{cases}\qquad(17\text{–}5)$$

因此线性变换适合那些曝光不足或过度的图像，它们的灰度可能会分布在一个很小的范围内，这时得到的图像是一个比较模糊、没有灰度层次的图像。采用上述线性变换对图像的每一个像素进行灰度线性拉伸，将会有效地增强图像的质量。

图 17–6 所示为使用灰度线性拉伸变换对两幅雷达图像进行处理的效果，图中将两幅雷达图像的灰度范围调整到了（0，1）范围。

由于雷达图像灰度范围已经几乎覆盖了（0，1），因此这一变换效果不明显。

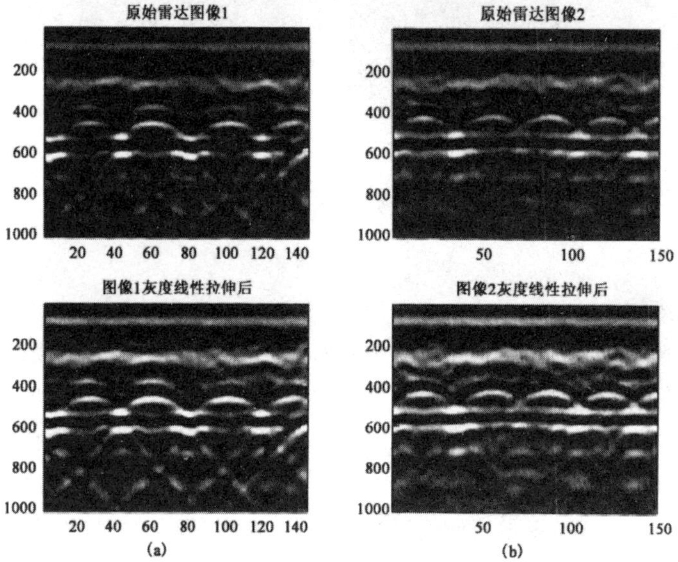

图 17–6 使用灰度线性拉伸变换对两幅雷达图像进行滤波的效果

2. 分段线性拉伸变换

分段线性拉伸变换与线性拉伸变换类似，区别是为了突出图像中感兴趣的灰度区间，相对抑制不需要的灰度区间，可以进行分段线性变换，它对图像灰度区间进行两段至多段的分段。进行变换时，把 0 ~ 255 灰度值区间分为几个线段，每一线段都对应一个线性变换函数。

对于雷达图像来说，有用信号多集中在灰度较低的区域，对于这一区域可以适当增大灰度范围，而对于噪声及无用信号，可通过压缩其灰度范围减小其影响。

图 17–7 所示为使用分段线性拉伸变换进行雷达图像增强的效果。

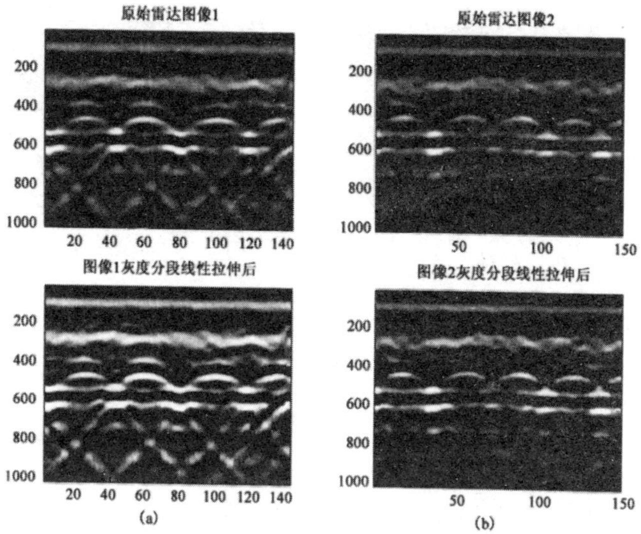

图 17–7　使用分段线性拉伸变换进行雷达图像增强的效果

3. 非线性拉伸变换（指数拉伸变换和对数拉伸变换）

非线性拉伸变换就是利用非线性拉伸变换函数对图像进行变换，常见的有指数拉伸变换和对数拉伸变换。指数拉伸变换，就是指输出图像像素点的灰度值与输入图像灰度值之间是指数关系，其一般公式为：

$$g(x,y)=b^{f(x,y)} \tag{17-6}$$

对数拉伸变换也就是指输出图像像素点的灰度值与输入图像的灰度值之间呈现出对数关系，其一般公式为：

$$g(x,y)=\lg\left[f(x,y)\right] \tag{17-7}$$

指数拉伸变换对于高灰度区间的扩展度要远远高于低灰度的区间，指数拉伸变换适用于过亮的探地雷达图像；与指数拉伸变换相反，对数拉伸变换对于低灰度区间扩展度较大，用来对过暗的探地雷达图像进行处理。

图 17–8 所示为使用指数拉伸变换进行雷达图像增强的效果。

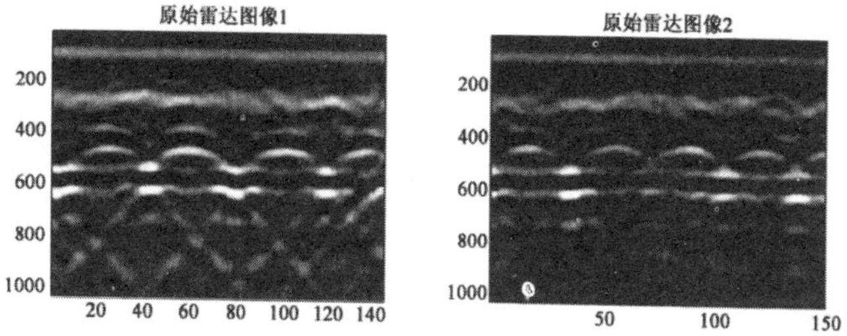

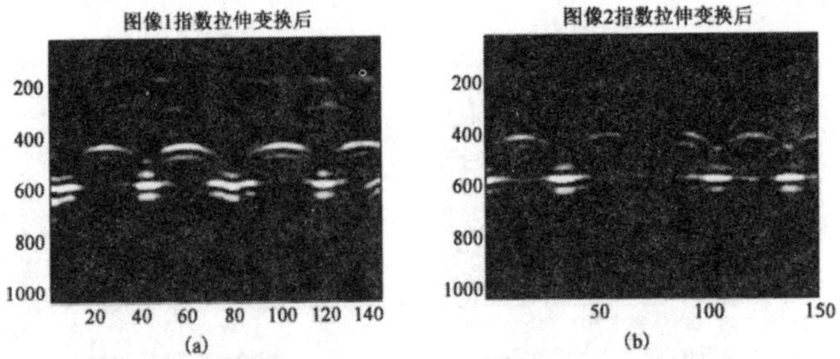

图 17–8　使用指数拉伸变换进行雷达图像增强的效果

图 17–9 所示为使用对数拉伸变换进行雷达图像增强的效果。

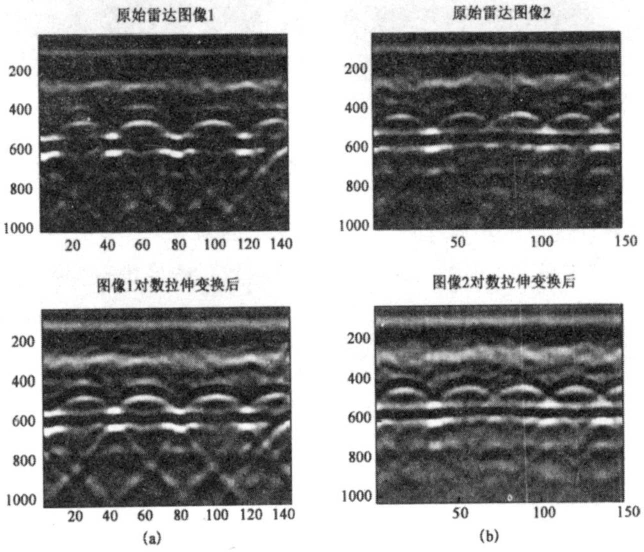

图 17–9　使用对数拉伸变换进行雷达图像增强的效果

经试验，指数拉伸变换和对数拉伸变换不太适合雷达图像的预处理。

4．改进的拉伸变换

针对探地雷达检测混凝土内部配筋的雷达图像特点，本书基于分段线性变换和非线性拉伸变换特点，以 100 幅雷达测试结果为研究对象，经过试验、分析，设计了一种改进的拉伸变换。

分段线性拉伸变换属于非线性拉伸变换，如下所示的函数称为对比度拉伸变换函数，其变换公式为：

$$T(r)=\frac{1}{1+(m/r)^{E}} \tag{17-8}$$

式中 r——输入图像的亮度；

T（r）——输出图像的相应亮度；

E——控制函数斜率。

输入亮度值低于 m 的压缩为输出图像中较暗灰度窄区域；高于 m 值的压缩为输出图像中较亮灰度窄区域。

图 17-10（a）是一个非线性对比度拉伸变换曲线，它邻近灰度值之间的变化坡度平缓，这样的拉伸曲线比较适用于整个灰度值域内边界的值域拉伸。而在探地雷达图像中，目的是使该区域的对比更加明显，从而突出钢筋区域的形态，宜采用图 17-10（b）所示的改进的拉伸变换。

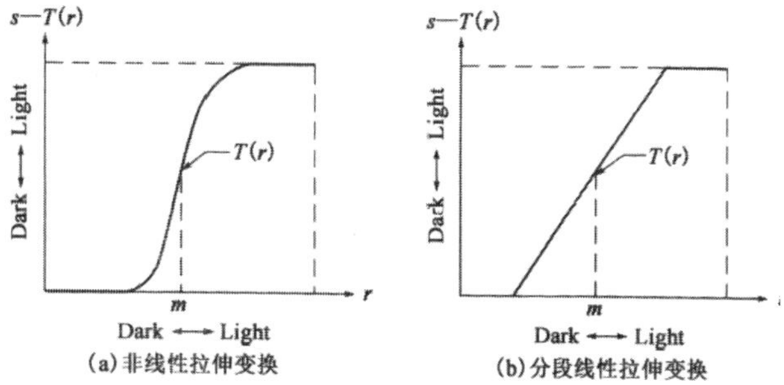

图 17-10 拉伸变换原理图

通过分析、试验，发现探地雷达所采集的灰度图像灰度值主要集中在（0.3，0.7）这一区间，因此采用的分段线性拉伸变换如下所示：

$$T(r)=\begin{cases}0 & r<m_1\\ \dfrac{\left[T(m_2)-T(m_1)\right](r-m_1)}{m_2-m_1}+T(m_1) & m_1\le r\le m_2\\ 1 & r>m_2\end{cases}\tag{17-9}$$

式中，m_1 和 m_2 分别对应灰度阈值的边界值 0.3 和 0.7，当输入图像亮度小于 0.3 时，输出图像中对应的亮度值为 0，当输入图像的亮度值大于 0.7 时，输出图像中对应的亮度值为 1；当输入图像的亮度值在［0.3、0.7］范围时，输出图像对应的亮度值以斜率为 2.5 线性变换。

四、图像预处理方法适用性总结

通过理论研究与试验分析，对多种可应用于混凝土内部配筋状况识别的探地雷达图像预处理方法进行了总结对比。本书基于分段线性变换和非线性拉伸变换特点，设计了一种改进的拉伸变换，并取得了良好效果。预处理方法对比见表 17–1。

表 17–1 预处理方法对比

预处理方法		基本思想	适用范围	试验结果	作用
直方图均衡化		对原始图像的像素灰度做某种映射，使变换后图像灰度的概率呈均匀变化	对比度较小的图像	图像的对比度增强	增加像素灰度值的动态范围，增强图像整体对比效果
平滑滤波	均值滤波	对信号进行局部平均，以平均值来代表该像素点的灰度值	图像特征部分像素较多的情况	模糊效果非常严重，去噪效果不是很理想	把突变点的灰度分散在其相邻点中来达到平滑效果，操作起来简单
	高斯滤波	对高斯函数进行离散化，以离散点上的高斯函数值为权值，对图像的灰度矩阵的每个像素点做一定范围邻域内的加权平均	含有高斯噪声，要求保留局部边缘的图像	图像纹路清晰，模糊度降低	减少滤波中图像模糊的效果，更好地保留图像细节和边缘
	中值滤波	对一个滑动窗口内的诸像素灰度值排序，用其中值代替窗口中心像素的原来灰度值	适合于消除图像的孤立噪声点	把比较细的线滤掉了	对脉冲干扰级椒盐噪声的抑制效果好，在抑制随机噪声的同时能有效保护边缘少受模糊
灰度拉伸	线性拉伸变换	以线性函数的对应规则进行灰度值变换	适合曝光不足或过度的图像	整体增强图像亮度	增强图像的质量
	分段线性拉伸变换	将图像灰度区间分成两段或多段，分别按不同的线性函数进行灰度值变换	灰度范围广，特征区域的灰度集比较集中的图像	图像对比度增强，使得图像中的有用信息得到了增强	突出图像中感兴趣的灰度区间，相对抑制不需要的灰度区间
	指数拉伸变换	以指数函数的对应规则进行灰度值变换	适用于比较亮丽的图像目标	使图像亮区的层次更加清晰，突出了细节	在亮度值较高的部分扩大亮度间隔，亮度值较低的部分缩小间隔
	对数拉伸变换	以对数函数的对应规则进行灰度值变换	适用于比较潮湿或山体阴影区内的地物目标	使图像暗区的层次更加清晰，突出了细节	在亮度值较低的部分拉伸，亮度值较高的部分压缩

续表

预处理方法		基本思想	适用范围	试验结果	作用
灰度拉伸	改进的非线性拉伸变换	将图像灰度区间分成两段或多段，分别按不同的线性函数或者非线性函数进行灰度值变换	灰度范围广，特征区域的灰度集范围比较广的图像	增强了图像中钢筋目标与其他目标之间的反差	比较灵活地增强特征区域信息

第二节　图像分割

在预处理后的图像中，包含类似双曲线和不规则曲线，采集到桥梁钢筋的反射曲线在几何形态上呈双曲线，并且曲线开口向下，钢筋的直径越大，双曲线的曲率半径越大。其中类似于双曲线的形态，正是所要研究的目标区域，而其他的非规则曲线，属于图像的干扰信息。针对以上预处理后的图像，按如下步骤实现钢筋特征区域的提取：

（1）对预处理后的图像进行二值化处理

图 17–11 所示为一幅选用 0.5 处理后的二值化后图像。

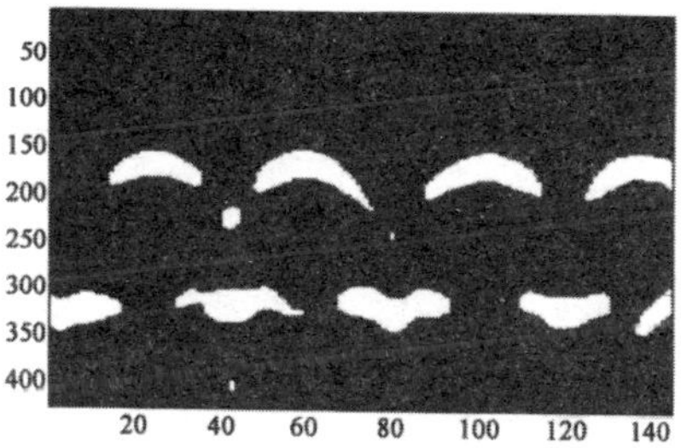

图 17–11　二值化后的图形

（2）对二值化图像中的连通区域进行处理

主要包括断开不同区域之间的连接以及去掉小面积的干扰区域。本节采用先腐蚀后膨胀的开运算这种形态学算法，为了较好地分离不同的特征区域，并消除其中的噪声点，避免不同区域表现为一个连通区域，本节连续两次腐蚀后再进行两次膨胀，这样使得二值化后的特征区域边缘更加平滑，不同特征区域之间能够较好地断开，便于后续的区域分割。小面积的连通区域一般为干扰区域，本节将面积小于 120 的小连通区域直接去除。图 17–12（a）所示为经过处理后的二值图像。

（3）去除边界处的不完整区域

由于探地雷达测量的边界效应，图像边界处存在不完整的连通区域，这些区域会对最后的分类结果造成影响，需不考虑边界上的区域将其直接去除。

（4）对连通区域进行标记

为了实现钢筋定位功能，需要对提取的特征区域中的每个连通区域进行标记，这里根据每个连通区域的中心坐标来标记。图 17–12 为采用数字来标记后的各个区域。

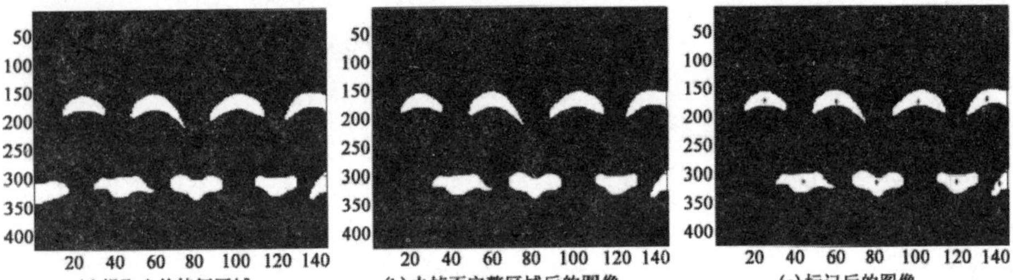

(a) 提取出的特征区域　(b) 去掉不完整区域后的图像　(c) 标记后的图像

图 17–12　钢筋特征区域提取

探地雷达采集到的每张图像中，可能含有一根或多根钢筋，这就需要对图像进行分割处理，将每个钢筋特征区域单独分离出来进行识别，这里同样应用到了形态学原理，每个子区域都是闭合的，两两之间是不连通的，分别以每个子区域的中心点为种子，以 4 邻域的结构元进行膨胀处理，将满足 4 邻域结构元的点作为备选种子点，继续进行筛选，最后得到一个区域子集。图 17–13 为分割后的各子区域。

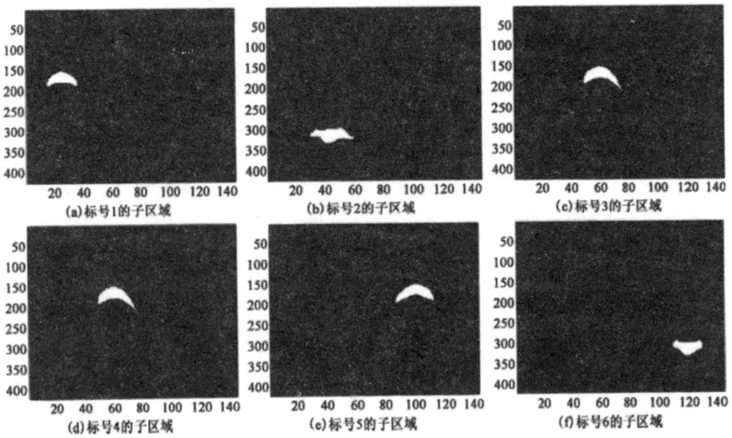

(a) 标号1的子区域　(b) 标号2的子区域　(c) 标号3的子区域

(d) 标号4的子区域　(e) 标号5的子区域　(f) 标号6的子区域

图 17–13　图像分割

第三节　特征提取

探地雷达采集的混凝土内部钢筋形状特征的描述可分为两类：基于边界轮廓的特征和基于区域的特征。前者利用的是目标形状的外边界，后者利用的是整个目标所在的区域。应用傅立叶形状描述符做基于边界轮廓的特征提取，利用 Hu 不变矩描述子做基于区域的特征提取。

一、傅立叶形状描述符

傅立叶形状描述符的基本思想是用目标边界形状特征函数的傅立叶变换来描述形状。傅立叶变换通过把敏感的直接表示转换到频域以获得目标的一般特征，频域特征不容易被微小的变化和噪声所影响。

基于傅立叶变换的描述符能够给出一种有效的轮廓表示法。从目标轮廓上任一点开始绕轮廓一周就可以得到一个沿轮廓曲线长度的函数f(k)，并进行傅立叶变换:

$$F(u)=\frac{1}{N}\sum_{k=0}^{N-1}f(k)\exp(-j2\pi uk/N)u=0,1\cdots\cdots N-1 \qquad (17\text{–}10)$$

F（u）可以称为轮廓的傅立叶描述符。变换产生高频分量表达了形状的细节特征，而低频分量对应表示总体形状。为了保持旋转不变性，一般只保留参数的大小，省去相位信息。缩放不变性通过将参数的大小除以 DC 分量保证。这里的 DC 分量即直流分量。傅立叶描述法是应用比较成熟的一种算法，在具体实现时需要的存储空间比较小，实现起来也比较快，因此已经被很多检索系统采用，如赫尔辛基大学的 PicSOM 系统中就用到了傅立叶描述法。

表 17–2 为一幅经过前述步骤进行操作的探地雷达图像做傅立叶形状描述获得的矩阵。

表 17–2　所示各区域的傅立叶形状描述符的前 7 个值

区域值	值 1	值 2	值 3	值 4	值 5	值 6	值 7
区域 1	1	0.09864	0.109451	0.028282	0.0397	0.017762	0.018075
区域 2	1	0.008648	0.106628	0.039873	0.03444	0.015504	0.020045
区域 3	1	0.07785	0.136229	0.164092	0.063867	0.039948	0.039406
区域 4	1	0.10951	0.065333	0.096661	0.017844	0.040161	0.039855

续表

区域值	值 1	值 2	值 3	值 4	值 5	值 6	值 7
区域 5	1	0.130477	0.057439	0.070934	0.038288	0.080158	0.071988
区域 6	1	0.104846	0.10931	0.006279	0.028209	0.002517	0.022694

二、Hu 不变矩描述子

1962 年，Hu 首次提出利用 7 个不变矩来表征图像的形状，这个矩组对于平移、旋转和尺度变化均具有不变性，探地雷达图像中的钢筋经过预处理、图像分割等处理后的图像非常适合于对区域形状的识别。程序中实施的步骤如下：

（1）定义图像 f（x，y）的（p+q）阶矩和中心矩：

$$m_{pq}=\int_{-\infty}^{+\infty}\int_{-\infty}^{+\infty}x^{p}y^{q}f(x,y)$$

$$\mu_{pq}=\int_{-\infty}^{+\infty}\int_{-\infty}^{+\infty}\left(x-\overline{x}\right)^{p}\left(y-\overline{y}\right)^{q}f(x,y)$$

其中，$\overline{x}=m_{10}/m_{00},\overline{y}=m_{01}/m_{00}$ 也就是重心坐标。

归一化的中心矩定义为：

$$\eta_{pq}=\frac{\mu_{pq}}{\mu_{00}^{r}}$$

其中，$r=\frac{p+q}{2}+1$。

（2）归一化的二阶和三阶中心矩可以构造 7 个不变矩函数式，这 7 个函数式对于连续图像具有平移、旋转、尺度缩放不变性。

$$\varphi_1=\eta_{02}+\eta_{20}$$

$$\varphi_2=\left(\eta_{20}+\eta_{02}\right)^2+4\eta_{11}^2$$

$$\varphi_3=\left(\eta_{30}-3\eta_{12}\right)^2+3\left(\eta_{21}-\eta_{03}\right)^2$$

$$\varphi_4=\left(\eta_{30}+\eta_{12}\right)^2+\left(\eta_{21}+\eta_{03}\right)^2$$

$$\varphi_5=\left(\eta_{30}-3\eta_{12}\right)\left(\eta_{30}+\eta_{12}\right)\left[\left(\eta_{30}+\eta_{12}\right)^2-3\left(\eta_{21}+\eta_{30}\right)^2\right]+$$

$$\left(3\eta_{12}-\eta_{03}\right)\left(\eta_{21}+\eta_{03}\right)\left[3\left(\eta_{30}-\eta_{12}\right)^2-\left(\eta_{21}+\eta_{03}\right)^2\right]$$

$$\varphi_6=\left(\eta_{20}+\eta_{02}\right)\left[\left(\eta_{30}+\eta_{12}\right)^2-\left(\eta_{21}+\eta_{30}\right)^2\right]+4\eta_{11}\left(\eta_{30}+\eta_{12}\right)\left(\eta_{21}+\eta_{03}\right)$$

$$\varphi_7=\left(3\eta_{12}-\eta_{03}\right)\left(\eta_{30}+\eta_{12}\right)\left[\left(\eta_{30}+\eta_{12}\right)^2-3\left(\eta_{21}+\eta_{30}\right)^2\right]+$$

$$\left(3\eta_{12}-\eta_{30}\right)\left(\eta_{21}+\eta_{30}\right)\left[3\left(\eta_{30}+\eta_{12}\right)^2-\left(\eta_{21}+\eta_{03}\right)^2\right]$$

前 6 个归一化中心矩对旋转不变，而第 7 个对扭曲不变。

表 17-3 为图 17-13 中所示各区域的 Hu 不变矩描述子的值。

表 17-3　图 17-13 中所示各区域的 Hu 不变矩描述子的值

区域值	值 1	值 2	值 3	值 4	值 5	值 6	值 7
区域 1	1.162094	0.167657	0.087529	−0.90306	1.413948	−0.0358	2.123828
区域 2	1.097835	−0.14215	0.020786	0.039031	1.268561	−0.36627	1.436474
区域 3	1.558998	−0.54636	0.938367	−1.73375	3.388624	−1.56848	4.68521
区域 4	1.449354	−0.30103	0.892756	−1.49389	2.810335	−1.24881	3.814656
区域 5	1.37489	0.002604	0.127873	−1.49302	2.142476	−0.07858	3.412041
区域 6	1.128335	0.191134	0.38302	−0.62789	1.385911	−0.00814	1.648794

三、其他参数

除了以上两种区域描述方法，还选择了各闭合区域的偏心率、矩形度、面积凹凸比、圆形度、形状参数等作为区别各形状的特征参数。表 17-4 为图 17-13 所示各区域的特征参数值。

表 17-4　图 17-3 中所示各区域的特征参数值

标号 特征属性	偏心率	矩形度	面积凹凸比	圆形度	形状参数
区域 1	0.756008	0.626566	0.784929	1.809524	0.49471
区域 2	0.612483	0.613158	0.818501	1.266667	0.565783
区域 3	0.859929	0.387755	0.628099	2.25	0.271507
区域 4	0.730691	0.633388	0.850549	1.807692	0.541543
区域 5	0.759368	0.518519	0.704935	1.851852	0.378207
区域 6	0.800244	0.680098	0.854294	1.857143	0.588701

第四节　基于机器学习的图像识别

分别利用了支持向量机（Support Vector Machine，SVM）、误差反向传播（Back Propagation，BP）神经网络、自组织特征映射（Self Organizing Map，SOM）神经网

络分类方法对提取的钢筋的特征参数进行分类识别。

一、BP 神经网络

BP 神经网络是一种按误差逆传播算法训练的多层前馈网络，是目前应用最广泛的神经网络模型之一。BP 网络能学习和存储大量的输入—输出模式映射关系，而无须事前揭示描述这种映射关系的数学方程。它的学习规则是使用最速下降法，通过反向传播来不断调整网络的权值和阈值，使网络的误差平方和最小。BP 神经网络模型拓扑结构包括输入层（Inpu tlayer）、隐含层（Hide Layer）和输出层（Output Layer）。

BP 神经网络拓扑结构如图 17-14 所示。BP 识别模块流程图如图 17-15 所示。

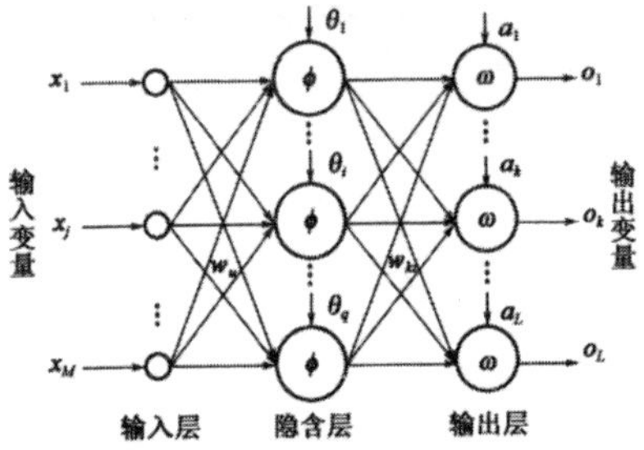

图 17-14　BP 神经网络拓扑

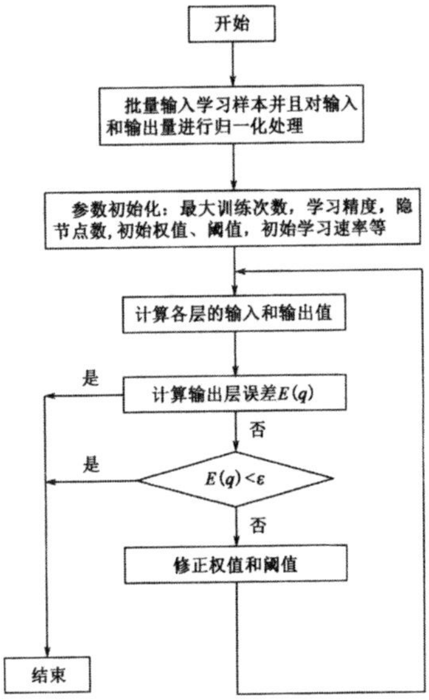

图 17-15　BP 识别模块流程图

BP 算法具有简单、易行、计算量小、并行性强等特点，但是该算法本质上为梯度下降法，而它所要优化的目标函数又非常复杂，这样易出现“锯齿形现象”，使得 BP 算法分类效率低下，同时在处理这个问题的过程中，选择优化的目标函数比较复杂，这样会在神经元输出接近 0 或 1 的情况下，出现一些平坦区，使得该区域中的权值误差改变变小，易陷入局部最小，最终导致训练过程几乎停顿，这样会影响钢筋识别的效果。

二、SOM 神经网络

SOM 神经网络聚类算法网络结构简单，具有很好的生物神经元特征，通过再学习中拓扑领域内的神经元进行权值更新，使得网络在学习后具有了特征映射能力，另外网络具有自稳定性，无须外界给出评价函数。但是在探地雷达混凝土内部钢筋识别中，利用 SOM 聚类算法处理存在着局限性，神经网络结构是初始设定的，一旦设定后在后面的学习中都保持固定不变，不能动态改变，而且样本的输入顺序会影响甚至决定了训练的结果，这在数据量少时就表现出来了，这样会导致试验的结果不稳定，很难达到高的识别准确率。

三、SVM

支持向量机 SVM 的基本思想可以概括为：首先通过非线性变换将输入空间变换到一个高维空间，然后在这个新空间中求取最优线性分类面，而这种非线性变换是通过定义适当的内积函数实现的。SVM 分类函数形式上类似于一个神经网络，输出是中间层节点的线性组合,每个中间层节点对应于输入样本与一个支持向量的内积。由于最终的判别函数中实际只包含与支持向量的内积和求和，因此识别时的计算复杂度取决于支持向量的个数。而且，关于最优和广义最优分类面的推广能力，有下面的结论：如果一组训练样本能够被一个最优分类面或广义最优分类面分开，则对于测试样本分类错误率的期望的上界是训练样本中平均的支持向量占总训练样本数的比例。因此，支持向量机的推广性与变换空间的维数无关，只要能够构造一个支持向量数相对较少的最优或广义最优分类面，就可以得到较好的推广性。

SVM 能够较好地解决探地雷达混凝土内部钢筋识别中小样本、非线性、高维数、局部极小点等实际问题。

四、基于多种学习与识别算法的对比试验

在进行分类处理的过程中，由于特征参数属性、样本集、分类算法等的不同，分类的结果可能不完全一致，需要对各相关影响因素进行分析试验，以此来达到比

较好的分类识别效果，在不同方法理论研究的基础上，研究了不同的分类算法对识别率的影响。

从采集的300幅图像中，随机选择200幅进行以上处理，同时以3：2的比例作为分类的训练和测试样本，选择不同的分类算法对钢筋区域进行识别（表17–5），根据识别的正确率来选择最佳分类方法。

表17–5 不同分类算法结果对比

分类算法	SVM	BP	SOM
正确率	93.75%	82.23%	85.65%

将不同的分类算法和特征提取方法组合，进行测试验证其识别效果，见表17–6。

表17–6 不同分类算法与特征提取算法组合的结果对比

分类算法	傅立叶形状描述符	Hu不变矩描述子	形态特征组合
SVM	92%	89.5%	93.75%
BP	89.3%	85.2%	82.23%

SVM分类算法与将偏心率、矩形度、面积凹凸比、圆形度、形状参数作为形态特征参数的组合取得了较高的识别正确率，效果较好。特征参数属性的选取也是影响分类结果的关键因素之一，如图17–16所示，6条折线分别对应于多个不同的分割子图像的特征参数，横坐标依次表示偏心率、矩形度、面积凹凸比、圆形度、形状参数、三阶矩特征属性，纵坐标表示各特征属性对应的参数。从图17–16可知，在同一个特征属性下，有的参数之间相差比较大，如标记3的区域和其他标记的区域三阶矩参数相差很大，但实际标记3的区域和标记5的区域属于同一类，对于这样的参数一般定义为异常值，异常值是影响分类结果好坏的重要因素，异常值的存在，使得数据统计分析的误差大大增大，可能会导致分类的结果完全相反。因此，在利用已得数据进行分类算法之前，必须对异常值进行检验，以便剔除这样的异常值，减少分类错误率。可以针对如何对所选特征属性进行进一步筛选，根据回归方程的参数估计值，剔除各特征参数中的异常值，然后利用系数变异法将以上维度各不相同的属性进行同度量处理，再利用极值处理法进行评价特征属性指标的无量纲化，从而得到各特征属性的权值，最后应用权值求和法和SVM算法结合对处理后的特征参数进行分类识别，对比识别结果，选择最优的特征权值组合。

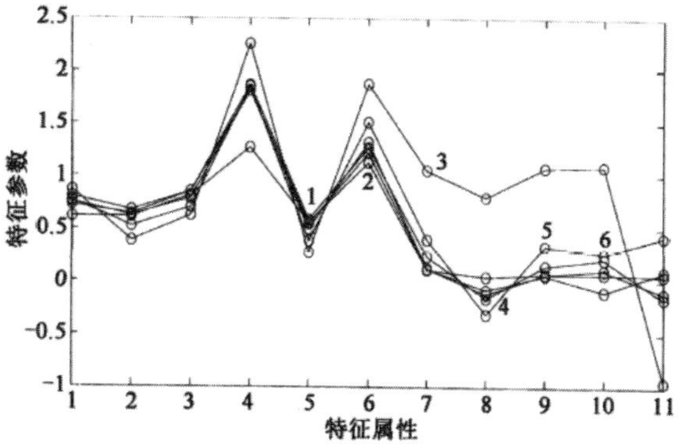

图 17-16　特征参数对比图

五、结论

结合前部分的研究，可获得如下结论：

SVM 分类算法取得了较高的识别正确率，效果较好；应用权值求和法和 SVM 结合对处理后的特征参数进行分类识别，针对不同的目标物，对比识别结果，选择最优的识别特征权值组合；特征参数属性的选取也是影响分类结果的关键因素之一；在同一特征属性下，有的参数之间相差比较大，异常值的存在，使得识别误差增大，在利用已得数据进行分类算法之前，必须对异常值进行检验，以便剔除异常值，减少分类错误率；应用不同的预处理、特征提取、图像识别方法的组合，分别适合不同的探测目标物。

参考文献

［1］李永河，张俊平．超声波无损检测技术在桥梁工程中的应用［J］．铁道建筑，2003（12）：11–13.

［2］师小妹．无损检测技术在混凝土结构工程中的应用［J］．建筑知识，2016（4）：74–76.

［3］张丽芳．桥梁病害无损检测技术探究［J］．山西建筑，2013，39（1）：157–159.

［4］程俊．基于电磁脉冲涡流的桥梁内部钢筋锈蚀度检测试验研究［D］．2015.

［5］魏永高．预应力混凝土结构孔道压浆无损检测技术研究项目通过鉴定［J］．市政技术，2012（2）：10.

［6］韩劲龙．基于 NDT 的桥梁性能检测与评价研究［D］．武汉理工大学，2007.

［7］李秋锋．混凝土结构内部异常超声成像技术研究［D］．南京航空航天大学，2008.

［8］金虎．常规桥梁结构无损检测技术对比分析［J］．科技创新导报，2011（17）：76.

［9］范颖芳，刘江林，王大为．利用超声无损检测技术评价模拟酸雨环境下混凝土损伤厚度［C］// 全国结构工程学术会议．2010.

［10］赵尚传，鲁亚斌．桥梁混凝土结构冻融耐久性无损检测评定［J］．中国公路，2017（10）．

［11］潘海结．探地雷达在桥梁工程检测中的应用研究［D］．重庆交通大学，2012.

［12］薛桂玉，刘道明，余志雄，等．地质雷达检测技术及应用［J］．人民长江，2008，39（5）：84–85.

［13］王涛涛．浅析混凝土桥梁内部缺损无损检测技术及评定标准［J］．科技资讯，2017（3）．

［14］崔国宏．钢筋混凝土桥梁安全检测方法研究［D］．武汉大学，2004.

［15］陆伟东，刘金龙，路宏伟，et al. 混凝土结构厚度的雷达检测［J］．无损检测，2009，31（5）：364–366.

［16］杨立辉．桥梁结构无损检测技术分析［J］．科技创新导报，2011（17）.

［17］牛京伟．桥梁无损检测技术［J］．交通世界，2016（Z2）：150–151.

［18］李志，郑晓妍．混凝土桥梁内部缺损无损检测技术及评定标准分析［J］．交通世界，2018.

［19］荣桂枫．无损检测技术在道路桥梁检测中的应用［J］．交通世界，2018.

［20］高紫君．无损检测技术在桥梁检测实践中的应用［J］．山西建筑，2018，44（31）：175–176.